관광학개론

김봉 저

형설출판사
www.hyungseul.co.kr

머리말

이동을 본질로 하는 관광현상은 인류의 탄생과 더불어 시작했다고 해도 과언은 아니다. 생명의 유지와 종족의 보존이라는 차원에서 이러한 이동은 필연적인 것이었으며, 이러한 유랑이 인류의 원초적인 문화 형태였던 것이다. 따라서 이동으로서의 관광은 바로 이 문화 형태로부터 유래한 것이다. 과거에는 현대와 비교할 수 없을 정도로 이동에 많은 제약이 있었고, 비록 관광에 참여하는 계층이 한정되었다고 하더라도 오랜 옛날부터 즐거움을 위한 여행이 존재했었다는 사실은 부인할 수 없는 사실이다.

이러한 관광현상이 현대에 들어오면서 과거 그 어느 때보다 가처분소득의 증대, 교통수단의 발달, 여가시간의 증가 등으로 인하여 관광을 위한 인간의 동기는 모든 사람에게 공통된 것으로 인식되고 있는 대량관광(Mass Tourism) 시대로 접어들게 되었다.

관광은 그동안 개인적인 삶의 질을 높여 왔을 뿐만 아니라 경제·사회·문화·교육 등 여러 분야에 파급효과가 커 그 역할과 중요성이 강조되어 온 것이 사실이다. 이러한 관광현상을 연구하는 관광학이 다른 학문에 비해 역사가 짧은 것은 부인하지 못하지만, 근래 다양한 주제와 관점에서 활발한 연구가 진행되고 있으며, 연구의 결과가 많은 논문과 저서 등으로 나타나고 있다.

본서는 관광학에 관심을 가진 일반인이나 대학에서 관광학을 처음 접하는 학생들에게 관광이라는 관심의 영역을 넓히는 데 도움이 되고자 하는 목적에서, 그동안 강단에서 경험한 것과 모아둔 여러 가지 자료를 토대로 출판되었다. 즉 관광현상을 이해할 수 있도록 하는 데 중점을 두어 관광학은 무엇을 대상으로 하는가? 무엇을 추구하는 학문인가? 또 관광이 내포하고 있는 다양한 내용들은 무엇인가? 등을 해설한 입문서라고 할 수 있다.

본서는 전부 15장으로 구성되어 있다. 제1장에서는 관광의 기초이론을 다루었고, 제2장에서는 관광의 역사를 되새겨 보았다. 제3장에서는 관광학의 학문적 성격을 다루었고, 제4장에서는 관광의 효과와 영향에 대해 초점을 맞추었으며, 제5장에서는 관광현상을 유발하는 주체로서의 관광동기와 관광객 행동을 다루었다. 제6장에서는 관광객체를 구성하고 있는 관광자원과 관광개발에 대해 살펴보았고, 제7장에서는 관광과 문화, 제8장에서는 관광과 환경을 다루었다. 제9장에서는 최근 우리나라에서도 관심이 많은 유네스코 세계유산을 다루었고, 제10장에서는 관광의 구성요소 중 매체역할을 하는 관광사업에 대해 다루었으며, 제11장에서는 관광분야의 관심사항과 여러 현안에 대한 처방을 다루는 관광정책과 관광행정을 살펴보았다. 그리고 제12장에서는 관광과 복지, 제13장에서는 관광과 정보, 제14장에서는 관광법규, 제15장에서는 관광마케팅을 다루었다.

본서의 내용은 저자의 독창적인 연구에 의한 이론이나 지식으로 쓰인 것이 아니고, 기존의 연구나 저서, 간행물 등을 참고하여 나름대로 정리한 결과물로서 이 교재를 발간할 수 있도록 단서를 제공해 주신 모든 분들께 깊은 감사를 드린다.

저자의 능력이나 노력의 부족 또는 부주의의 결과로 잘못 설명되거나 내용이 누락되거나 오히려 본래의 뜻을 잘못 전달한 부분도 없지 않았을 것이다. 이는 전적으로 저자의 책임으로 향후 계속적인 연구를 통해 고치고 다듬어 나가겠다.

본서의 출판을 위하여 적극적으로 도와주신 장지익 사장님을 비롯한 편집부 여러분의 노고에도 진심으로 고마움을 전합니다.

2017년 1월

저자 김 봉

목 차

제1장 관광의 기초이론

제2장 관광의 역사

제7장 관광과 문화

제8장 관광과 환경

제9장 유네스코 세계유산

제10장 관광사업

제11장 관광정책과 관광행정

제1장

관광의 기초이론

1 관광의 어원과 개념
2 관광의 분류 및 유사개념
3 관광의 구성요소

제1절 관광의 어원과 개념

1. 관광의 어원

1) 동양에서의 관광의 어원

인류의 일상생활에서 이동을 본질로 하는 여행 또는 관광의 행동은 지극히 자연스러운 현상에서 발생되어 왔다. 그리고 그 어원이나 개념은 인류의 문화가 발달되어 가는 과정에서 말과 문자로 기록되고 구전에 의해서 역사적으로 전해져 왔으리라 생각되지만, 그 기록을 추정하기란 쉽지 않은 일이다.

현재까지 밝혀진 관광의 어원으로서 가장 오래된 출처는 중국의 가장 오랜 철학서이고 중요한 경전 중의 하나인 『주역(周易): 유교의 경전(經典) 중 3경(三經)의 하나인 역경(易經)』이라는 책자에서 발견할 수 있다. 주역(周易)이란 글자 그대로 주(周)나라(BC 1046~BC 771) 시대의 역(易)이란 말이며, 역이란 말은 변역(變易), 즉 '바뀐다', '변한다'는 뜻이다. 다시 말하면 천지만물이 끊임없이 변화하는 자연현상의 원리를 설명하고 풀이한 것이다.

주역(周易)에는 20괘 풍지관(風地觀)과 56괘 화산여(火山旅) 등이 관광과 관련된 것으로 보인다. 즉 풍지관의 64효의 관괘(觀卦)에는 다음과 같은 효사(爻辭)가 있다. '관국지광(觀國之光)이니 이용빈우왕(利用

賓于王)하니라.' 이는 '나라의 빛을 보는 것(사람)은 왕에게 이로운 손님이다', '나라의 빛을 보러가는 것은 왕에게 귀한 손님으로 접대받기에 좋다', '타국의 삶의 빛(문물, 제도, 풍속 등)을 살펴보는 것은 임금의 손님 노릇하기에 적합하다', '한나라의 사절이 타국을 방문해 그 나라의 왕을 접견하고, 자국의 우수한 문물을 소개하고, 동시에 그 나라의 우수한 문물 · 제도 · 자연 등을 관찰한다는 것은 왕의 손님으로서 접대받기에 적합하다'라는 등의 의미를 나타낸다고 볼 수 있다.

이 구절에서 '관국지광(觀國之光)'의 첫 자와 끝 자를 접속하여 '관광(觀光)'의 어원이 유래되었다고 한다.

또한 상전(象傳)에 해석하기를 '관국지광(觀國之光)은 상빈야(尙賓也)'라고 하였다. 즉 '국가의 빛을 보는 것은 국가의 손님으로 숭상한다'는 것이다. 즉 제국(諸國)의 왕들은 귀빈을 환대하였으며, 당시의 치자계급(治者階級)이 정치에 도움을 받고자 대현(大賢)이나 제자백가(諸子百家)들을 여러 나라에 순회여행시키고 있었는데 이들이 각국의 풍속을 관찰하고 견문을 확대하는 것이 곧 관광이라는 것이다.

여기에서 '국(國)'은 단순한 의미의 나라를 의미하는 것을 떠나 타국 · 타 지역 등의 관광대상지역을 의미하는 관광목적지를 나타내며, '광(光)'은 타국 및 타 지역의 토지, 그리고 문화 · 제도 · 풍속 · 문물 · 자연경치 등 관광목적물을 의미하는 관광대상이나 자원을 나타낸다고 볼 수 있다. '왕(王)'은 한 나라의 임금 · 국왕을 의미하는 것이라기보다 국민 · 지역주민을 의미한다고 볼 수 있다. 이런 의미에서의 '관광(觀光)'은 타 지역 및 타 국민과의 만남이나, 자연 · 문화 · 제도 · 풍속 등을 보고 느끼는 행위와 그 대상을 의미한다.

한편 『문선(文選)』의 권(卷)17에 보면 위(魏)나라의 조식(曹植: 192~232)이 지은 칠계팔도(七啓八道)라는 글 중에 '경기자왈, 세유성재 익제패세 동량건곤 등요일월…민망여초 아택여춘…교악무소거지민 시이준우래사 관국지광 거불유재 진각이방'(鏡機子曰, 世有聖宰 翼帝覇

世 同量乾坤 等曜日月…民望如草 我澤如春…喬岳無巢居之民 是以俊又來仕 觀國之光 擧不遺才 進各異方)이라고 하였다. 이를 해석해 보면 황제의 행적을 묘사하면서 '높은 산악지대에는 거처 없이 사는 백성이 있어 뛰어난 사람을 보내 봉사케 하고 임금의 치적을 보게 하였다.'라는 내용이다. 여기에서 관국지광(觀國之光)의 의미는 임금의 치적을 보게 하는 것으로 해석되기 때문에 오늘날 관광의 의미와는 성격이 다르다.

또한 맹호연(孟浩然: 688~740)의 시를 모은 『맹호연집(孟浩然集)』4에는 '하행우휴명 관광래상경'(何幸遇休明 觀光來上京)이란 구절이 있다. 즉 어찌 다행히 시간(休命)을 얻어 관광차 서울로 올라왔다는 것이다. 이 문구가 지금까지 밝혀진 문헌 중 관국지광(觀國之光)의 형태를 벗어나 관광(觀光)이라는 성어(成語)로 사용된 최초의 것이다.

정이(程頤: 1033~1107)는 『이천문집(伊川文集)』을 저술하였는데, 그 가운데 다음과 같은 구절이 있다. '신세칭 사방인사원관광자장의열입 유람당사 관례의 청현송 유불득입제'(新制稱 四方人士願觀光者掌儀列入 遊覽堂舍 觀禮儀 聽絃誦 唯不得入齊) 즉 새로 지은 궁궐을 둘러보려고 사방에 많은 사람이 구경와서 건물, 예의, 음악(치덕)을 접견하였다. 이 내용에서의 관광은 실제 행동이라기보다는 추상적 · 포괄적 의미로서의 특정 지역이나 대상을 구경하는 것으로 보인다. 또한 야율초재(耶律楚材: 1190~1244)의 시 가운데 '여민환앙덕 만국희관광'(黎民歡仰德 萬國喜觀光)이라는 구절이 있다. 즉 여민(백성)들이 덕 있는 자를 기쁘게 맞이하고 온 나라 사람들이 기쁜 마음으로 그를 구경하였네(맞아들였네). 고로 관광은 덕자(德者)가 업적을 구경하는 것으로 볼 수 있다.

그리고 원(元)나라 진부(陳孚: ?)라는 사람이 지은 기행시집(紀行詩集)인 『관광고(觀光稿)』가 있다고 하나 확인되지 않고 있다. 이 책이 나온 지 약 1세기 후인 1468년 우리나라 조선시대의 문신 성현(成俔: 1439~1504)이 형(兄) 성임(成任: 1421~1484)을 따라 북경에 갔는데, 가는 길에 기행시를 엮어 『관광록(觀光錄)』을 지었으니 이와 무관하지 않을 것으로 생각된다.

결론적으로, 동양에서의 관광(觀光)의 빛(光)은 타국의 빛(그 사회의 고유한 문화와 발전)을 본다는 것이며, 본다(觀)는 것은 사물을 정리해 멀리 넓게 보는 것, 그저 막연히 보는 것이 아니라 자세히 관찰하는 것, 깊은 곳까지 관찰하는 것, 그리고 더 나아가 보는 것보다는 생각하는 것, 즉 자신의 생각을 곁들여 제대로 보는 것을 의미한다. 따라서 '보는' 개인이 자신의 생각을 가지고 타인의 역사와 문화를 구체적으로 관찰 · 비교 · 평가해 자신과 세계에 대한 정체성을 구하는 것이 진정한 의미에서의 관광이라고 할 수 있다.

2) 서양에서의 관광의 어원

인간의 이동은 그 목적에 따라 이주(migration)와 관광여행(tour)으로 대별할 수 있다. 이입민(移入民: immigrant)과 이출민(移出民: emigrant)은 다시 일상생활권으로 돌아온다는 보장이 없고, 관광여행은 출발지인 일상생활권으로 반드시 돌아온다는 전제하에 이동을 하는 것이다. 이 점이 이주와 관광여행의 뜻이 명백히 서로 다른 것이다.

영국에서는 일찍부터 정주지를 떠나 장소의 이동을 갖는 개념으로 영어의 Travelling이라는 용어를 사용하였으나, 산업혁명 이후 교통기관의 발달로 여러 나라를 통한 관광여행의 흥성기를 맞이하게 되자, 19C에 이르러 새로운 시대적 용어로서 단기간의 이동을 의미하는 Tour라는 단어가 사용되었고, 이의 파생어로 Tourism 또는 Tourist라는 말이 1811년 영국 잡지의 하나인 Sporting Magazine에 소개되었다.

제2차 세계대전 이전에 있어서의 관광여행이란 대체로 Tour를 한다고 하였다. 그러나 제2차 세계대전 이후 여행이라는 행태가 차츰 구경에서 어떤 목적의식을 갖는 행위로 변화함에 따라 Tour라는 용어를 다시 생각하지 않을 수 없게 되었다.

Tour는 원래 라틴어의 Turnus에서 유래된 것으로 Turnus는 각지를 순회한다는 의미로서 영어의 Turn 즉, 돌아다닌다는 개념을 말하며 이른바 소풍이나 여행을 한다는 뜻으로 인식되었다.

Tour 뿐만 아니라 Sightseeing 또는 Travel이라는 말도 같이 혼용하였다. 'Travel'은 'Trouble(걱정)', 'Toil(고통, 힘든 일)'과 같은 용어에서 파생되었다. 이는 중세의 종교적 순례여행을 반영한 것으로 당시의 여행은 별다른 기반시설이 없었기 때문에 힘들고 먼 여행이기도 했지만, 정신적 수행과 신앙심을 추구하기 위해 힘들고 먼 길을 무릅쓰는 고행(苦行)의 의미이기도 했다.

Travel은 1946년 관광의 국제적 촉진기구인 IUOTO(International Union of Official Travel Organization) 즉, '官設觀光機構國際聯合'의 명칭에도 공식적인 용어로서 세계인의 의견으로 Travel이라고 정하였다. 즉, 관광이라는 말로 Travel이라는 영어의 표현을 최초로 정한 것이다. 그러나 1975년 IUOTO의 후신인 UNWTO(World Tourism Organization)라는 새로운 '世界觀光機構'에서는 관광의 어의를 각국의 동의를 얻은 Tourism이라는 용어로 통일되었다.

한편 독일어로는 관광을 뜻하는 용어로 'Fremdenverkehr'를 사용하고 있는데, 이는 '외국의' 또는 '외국인'의 뜻을 가진 'Fremden'과 '왕래' 및 '교통'이라는 의미를 가진 'Verkehr'의 합성어로 외국관광객의 왕래를 뜻하고 있다.

미국과 캐나다 등지에서도 이입민들을 의미하는 소위 이민(immigrant)의 반대어인 여행자란 뜻으로 Non-immigrant라고 하는 길고 불편한 단어 대신에 간단한 Tourist라는 용어를 사용하기 시작하였다.

더욱이 IUOTO가 UNWTO로 개칭됨에 따라 현대의 관광용어로 새롭게 정립되었다. 관광이란 경제적인 소비와 여행목적만을 가지고 이루어지는 행위가 아니라 건전하면서도 효과적이고 참여적인 여행을 표현하게 되었다. 즉 Tourism이란 용어이다. Tourism이란 여행객의 생활연장으로서의 가치 있는 참여행위를 칭하는 말이다.

결국, Tourism은 Tourist에 대응된 용어지만 'ism'이 학설 · 주의 · 사상 등을 의미하는 접미사이므로, Tour에 대응하는 Touring을 쓰지 않고 Tourism이라고 한 것은 격식을 갖춘 말이라 할 수 있다.

이상에서 동양과 서양의 관광의 어원을 살펴본 바와 같이 용어상에서 영어의 Tourism은 즐거움을 위한 단기간의 관광여행을 뜻하는 행동의 목적과 기간을 강조한 특징이 있고, 독일어의 Fremdenverkehr는 외국인의 왕래라는 주체와 행동의 상태를 나타내고 있는 데 반하여, 동양에서의 관광은 문물 · 풍광 등을 유람하고 '타국의 광화(光華)를 본다'라는 행동의 목적과 대상을 강조한 특징이 있다.

표 1-1 언어별 관광의 어원 · 어의 · 특징 비교

언어별	어원	어의	특징
중국어	관광(觀光)	타국의 광화(光華)를 감상	행동의 목적과 대상 강조
영 어	Tourism	즐거움을 위한 단기간의 관광여행	행동의 목적과 기간 강조
독일어	Fremdenverkehr	외국인의 왕래	주체와 행동의 상태 강조

3) 한국에서의 관광의 어원

먼저 어원에 관한 한, 언제 이 어구(語句)가 우리나라에 들어왔으며, 언제부터 친숙한 용어로 자주 인용되었는가에 대해서는 별로 알려진 바 없다. 물론 언제부터 이 어구가 현대적 의미로 관광현상을 지칭하는 뜻

으로 바뀌어졌는가에 대해서도 밝혀진 바 없다. 단지 역사기록을 참조해 볼 때 삼국시대부터 지식인들 사이에서 간간이 이 어구가 사용되지 않았나 짐작된다. 특히 14세기 말, 즉 여말선초(麗末鮮初)의 문헌에 자주 등장하고 있는 점은 주목할 일이다.

신라 말기 대학자인 최치원(崔致遠: 857~?)의 시문집『계원필경(桂苑筆耕)』에서 '…실득인백지이천지 관광육년 금명방미(實得人百之已千之 觀光六年 金銘榜尾)…'라는 구절이 있다. 이것이 우리나라에서 관광이라는 글자가 들어간 지금까지 밝혀진 최고(最古)의 기록이다. 즉 남보다 몇 곱절 더 노력하여 관광한지 6년 만에 이름을 금방(金榜: 과거에 합격한 자의 이름을 내거는 牌)에 걸게 되었다는 것이다. 여기에서의 관광의 의미는 과거(科擧)를 의미한다. 곧 과거시험을 준비한지 6년 만에 그 이름을 올리게 되었다는 내용이다. 그러므로 당시 관광의 의미는 과거시험을 위한 공부를 의미한 것이 아닌가 생각된다.

고려시대에 들어와서는 2건의 용례가 발견된다.『고려사절요(高麗史節要)』와 정도전의 언급이 그것이다. 즉『고려사절요』에는, 고려 예종 11년(1115)에 중국 송(宋)나라 임금이 우리나라 사신에게 "…관광상국 진파숙습…"(觀光上國 盡把宿習: 우리나라(중국 송나라)를 관광하여 구습을 전부 버리도록 하고…)라고 교시하였다고 기록되어 있다. 물론 이는 중국 황제가 사용한 말이라는 점에서 우리나라 사람이 쓴 최초의 어휘는 아니나 이는 다분히 사회·문화적 활동으로서 중국의 문물제도를 시찰하는 것을 말한다. 또한 고려 말인 우왕 10년(1385년)에 당시의 유명한 문사(文士)였던 정도전(三峰 鄭道傳: 1342~1398)도 '관광'이라는 용어를 사용한 것으로 밝혀지고 있다. 정도전은 당시 그의 친구 이숭인(陶隱 李崇仁: 1349~1392)이 중국 북경에 신년 하례 사절단 단장(賀正使)으로 떠난 뒤 그의 문집에서 이르기를, 명나라의 명령을 받아 중국으로 간 그의 친구 이숭인이 그곳의 선진문물을 돌아보고 귀국하게 되면 자신은 그의 견문록 제목을 '관광집'이라고 붙여주겠노라고 서술하였다고 한다.

이러한 사료(史料)로 미루어 볼 때 중국과 교류하던 정도전, 이숭인 등 고려 상류층 지식인들 그리고 더 거슬러 올라가 최치원 등 신라 지식인들 사이에서 관광이란 용어가 이미 보편적으로 통용되고 있었음을 짐작할 수 있으며, 그런 의미에서 그 어원은 적어도 9세기 통일신라 말기까지 거슬러 올라간다고 볼 수 있다.

그 후 조선시대에 들어와서 관광이라는 용어는 지식사회에서 아주 일반화된 용어로 자리 잡은 것 같다. 조선 건국 직후인 태조 5년(1396)에 도읍을 개경으로부터 지금의 서울인 한성으로 옮기면서 정도전, 조준 등은 신도읍지의 지명을 정하였는데, 서울 북부에 지금의 동(洞)에 해당되는 10개의 방(坊)을 설치하면서 그 중 한 방의 명칭을 '관광방'(觀光坊)으로 정하기도 하였다(朝鮮王朝實錄, 太祖 卷九 및 世宗 卷一 八). 그 외에도 세종, 세조, 성종, 연산군, 중종 등 조선조 초기부터 중엽에 걸쳐 기술된 왕조실록에는 '관광'이라는 용어가 빈번히 사용되고 있음을 볼 수 있다.

이 당시 성현(成俔: 1439~1504)은 『관광록』이라는 기행시집을 저술하였는데, 관광록에 대한 기록은 『해동명신록(海東名臣錄)』이나 『이조명현집(李朝名賢集)』 등에 나타난다. 두 기록 가운데 나타나는 것은 여행 도중에 술 마시고 노래 부르며 지나는 곳마다 경치를 읊은 것이므로 오늘날의 관광행위와 매우 흡사한 면을 지니고 있다. 또한 중종실록 을사조(乙巳條)에는 '명엄금사족부녀관광자 종경연관지언야'(命嚴禁士族婦女觀光者 從輕筵官之言也)라 하여 선비(양반) 부녀자의 관광을 엄격히 금지하고 있다.

박지원(燕巖 朴趾源: 1737~1805)의 『열하일기(熱河日記)』에는 '위관광지상국래'(爲觀光之上國來)라는 구절이 나오는데, 상국 즉 중국에 관광차 온 것을 말하고 있다. 또한 조선말기 작자 미상의 한양가(漢陽歌)

에도 관광과 구경 등의 용어가 등장하고 있는데, 여기서는 관광과 구경 모두 급제행렬의 구경으로 국한되고 있어서 같은 의미로 사용되었음을 알 수 있다.

유길준(兪吉濬: 1856~1914)은 『관광약기(觀光略記)』라는 책을 저술했는데, 이 책은 1910년 4월에 일본 나고야박람회의 견문기이다. 이후 관광차(觀光車), 관광환(觀光丸), 관광지(觀光地) 등의 용어도 등장하고 있어서 일제시대에는 이미 관광용어가 보편적인 일상용어로서 사용되고 있음을 알 수 있다.

2. 관광의 개념

관광의 정의는 시대, 나라 또는 학자에 따라 매우 다양하게 사용되어 왔기 때문에 관광의 개념을 간단 · 명료하게 정의하기란 그리 쉬운 일이 아니다. 관광을 나타내는 말이 시대에 따라서 상이한 바와 같이 그 시기의 개념도 결코 동일하지 않다. 따라서 그동안 관광을 연구해 온 학자들의 정의를 토대로 공통점을 추출하여 현대적 관광현상의 개념을 도출해 본다.

■ 슐레른(H. Schülern: 1911년)

관광에 대해서 검토할 수 있는 정의 가운데 가장 오래된 관광의 개념을 규정한 학자는 독일의 슐레른이다.

슐레른은 '관광이란 일정한 지구(地區) · 주(州) 또는 타국에 들어가서 머물다가 나가는 외래객의 유입, 체재 및 유출이라고 하는 형태를 취하는 모든 현상과 그 현상에 직접 결부되어 있는 모든 사상(事象), 그 중에서도 특히 경제적인 모든 사상을 포함한 개념'이라고 하였다. 즉 경제 형태를 대상으로 하고 있음이 특징이다.

■ 마리오티(A. Mariotti: 1927년)

이탈리아의 마리오티는 그의 저서 『관광경제학강의(Lezionidi Economia Turistica)』에서 '외국인 관광객의 이동'을 관광으로 정의하고, 이러한 이동으로 인해 얻게 되는 경제적 의의를 규명하기 위한 연구를 수행하였다.

그는 단편적인 연구에서부터 시작하여 체계적인 연구에 이르기까지 『관광경제학강의』의 사상적 체계를 완성하기에 이르렀으며, 관광학이 독립적인 연구대상 영역으로 자리를 잡는 데 이바지하였다. 그의 관광경제학적 연구는 그 후 30년대, 40년대의 전환기에 관광경영학적 · 관광사회학적 연구로 개화의 싹을 틔우게 된다.

■ 보르만(A. Bormann: 1931년)

독일의 보르만은 그의 저서 『관광론(Die Lehre vom Fremdenverkehr)』에서 '견문, 휴양, 유람, 상용 등의 목적을 갖거나 혹은 기타 특수한 사정으로 정주지를 일시적으로 떠나는 여행은 모두 관광이라고 칭할 수 있다'라는 소위 일시여행설을 주장하였다. 다시 말하면, 특정의 지역에서 일시적 체재를 목적으로 하여 그 지역까지 거리를 이동하는 인간의 활동을 관광이라고 정의하면서 '일시적 체재'와 '이동'을 강조하고 있다.

■ 오길비(F. W. Ogilvie: 1933년)

오길비는 영국의 관광연구자로서 관광객의 이동에 관한 문제를 다루었는데, 그의 저서 『관광이동론(The Tourist Movement)』에서 '관광객이란 1년을 넘지 않는 기간 동안에 집을 떠나서 그 기간 동안 돈을 소비하되, 그 돈은 여행하면서 벌어들인 것이 아닐 것'이라고 관광객의 요건을 규정하고 귀환예정소비설을 주장하였다.

오길비는 관광의 구체적인 요건을 다음과 같이 설명하고 있다.

첫째, 복귀할 의사를 가지고 거주지를 일시적으로 떠날 것

둘째, 1년을 초과하지 않는 기간만 거주지를 떠날 것

셋째, 여행 중 소비되는 돈은 반드시 그의 거주지에서 취득한 것이어야 하고, 여행 중에 취득한 것이 아닐 것

그의 설명은 관광의 경제적 효과가 왜 일어나는지를 명확히 설명하고 있는데, 1년이라는 시간적 설정에 대해서는 당시의 교통형편을 고려할 필요가 있다.

■ 글릭스만(R. Glücksmann: 1935년)

독일의 글릭스만은 그의 저서 『일반관광론(Allgemeine Fremdenverkehrskunde)』에서 '관광이란 체재지에 일시적으로 머무르고 있는 사람과 그 지역에 살고 있는 사람들과의 여러 가지 관계의 총체'라고 정의하였다. 글릭스만 또한 다른 학자들과 마찬가지로 일시적 체재를 강조하고 있으며, 방문한 지역 주민과의 관계를 발전시킴으로써 관광의 의의를 부여하고 있다.

그의 주장에 의하면 관광연구의 접근범위는 관광에 관한 기초는 물론 원인과 수단 및 영향 등에 관해 광범위한 연구 분야가 되어야 한다고 하였다.

■ 훈지커와 크라프(W. Hunziker & K. Krapf: 1942년)

스위스의 훈지커와 크라프가 공저로 발간한 『일반관광학개요(Grundriss der Allgemeinen Fremdenverkehrleslehre)』에서 '관광은 광의로서나 가장 본질적인 의미로서는 외래관광객이 방문한 지역에서 체재기간 중 계속적이든 혹은 일시적이든 간에 추호도 영리활동을 수행할 목적으로 정주하지 않는 한, 그 외래관광객의 체재로 인하여 발생되는 모든 현상의 총체적 개념'이라고 정의하였다.

이 두 학자는 관광학을 경제학의 범주에 한정시키지 말고 종합적인 사회과학으로 다루어야 한다고 주장하였다.

■ 이노우에 만주소(井上萬壽藏: 1962년)

일본의 학자인 이노우에 만주소는 그의 저서 『관광교실』에서 관광을 정의하기를 '사람이 다시 돌아올 예정으로 일상생활권을 떠나 레크리에이션을 얻기 위하여 이동하는 것'이라고 하였으며, 또한 '정신적 위안이 바로 관광의 본질이며, 관광의욕이란 것은 정신적 위안을 구하는 마음'이라고 설명하고 있다.

그러나 이러한 이노우에의 정의는 관광의 개념을 너무 확대해석한 점이 있다. 왜냐하면 관광을 스키나 요트 그리고 해수욕과 같은 야외 레크리에이션을 얻기 위한 이동이 전부인 것처럼 설명하고 있기 때문이다. 현대의 관광은 레크리에이션의 다양한 내용을 포함하고 있는 것도 사실이나, 반면에 관광대상을 보고 돌아다니는 유람, 감상 같은 다양한 내용도 포함하고 있다.

■ 베르넥커(P. Bernecker: 1962년)

오스트리아의 베르넥커가 집필한 『관광원론(Grundlagenleagenlehre des Fremdenverkehrslehre)』에서는 관광개념을 다음과 같이 서술하고 있다.

'우리들이 상용상 혹은 직업상의 이유로서 이동하는 것이 아니라 일시적 또는 개인의 자유의사에 의해서 타지로 이동한다는 사실과 결부된 모든 관계 또는 모든 결과를 관광이라고 명명할 수 있다'라고 정의함으로써 관광주체로서의 관광객의 역할을 중시하면서 이동의 모든 사실을 관광의 개념 속에서 분류하였다. 즉, 관광을 단순한 사회과학으로 연구하는 데 만족하지 않고 종합과학으로서 연구할 것을 주장하였다.

■ 메드상(J. Medecine: 1966년)

프랑스의 학자인 메드상은 '관광이란 인간이 기분전환을 하고 휴식을 취하며 인간 활동의 새로운 여러 가지 국면이나 미지의 자연풍경에 접촉함으로써, 그 경험과 교양을 넓히기 위하여 여행을 한다든가 정주지를 떠나서 체재함으로써 성립되는 여가생활의 일종'이라고 관광을 정의하고 있다.

그는 이전의 학자들과는 다르게 관광을 경제적 행위보다는 오히려 광범위한 문화적 활동 면에 보다 더 치중하였다는 점이 다르다.

■ 일본 관광정책심의위원회(1969년)

일본 관광정책심의위원회 보고서에 의하면 '관광이란 자기의 자유시간 안에서 감상, 지식, 체험, 활동, 휴양, 정신교육 등의 생활변화를 추구하는 인간의 기본적 욕망을 충족시키기 위한 레크리에이션 행위로서, 일상생활권을 떠나 다른 자연 및 문화 등의 환경 속에서 행하고자 하는 일련의 행동'이라고 정의하였다.

■ 레이퍼(N. Leiper: 1979년)

레이퍼는 '관광이란 여행기간 동안 보수를 목적으로 한 고용활동을 제외하고, 인간이 일상의 거주지를 떠나 자유로이 여행하여 1박 이상 동안 일시적으로 체류하는 것을 내용으로 하는 시스템이다. 이 시스템의 5대 요소는 관광객, 발생지, 교통루트, 목적지, 그리고 관광산업이며 이 5대 요소는 공간적 · 기능적으로 상호 연결되어 있다. 개방시스템적 특성을 갖고 있는 5대 요소 조직은 광역환경, 즉 물리적 · 문화적 · 사회적 · 경제적 · 정치적 · 공학적 환경 속에서 상호작용을 한다'라고 하였다.

■ 세계관광기구(UNWTO: World Tourism Organization: 1982년)

UNWTO에서는 '관광이란 즐거움, 위락, 휴가, 스포츠, 사업, 친구 ·

친지 방문, 업무, 회합, 회의, 건강, 연구, 종교 등을 목적으로 방문국을 적어도 24시간 이상 1년 이하의 기간 동안 체류하는 행위'라고 정의하고 있다.

이 밖에 국내 학자들의 정의를 살펴보면, 이장춘(李長春)교수는 '관광이란 주거지를 일시적으로 떠나 휴식, 휴양, 위락, 놀이, 교육, 교양증진, 수련을 통한 자기발견으로 삶의 가치증대를 꾀하며 이를 위한 시설, 자원, 제도, 정책이 뒷받침되는 현상'이라고 정의하고 있고, 이항구(李亢求)교수는 '관광이란 자기의 생활을 건전하게 영위하기 위하여 다시 돌아올 예정으로 여행하면서 경제적인 소비를 하는 행위'라고 하였으며, 안종윤(安鍾允)교수는 '관광이란 사람이 일상생활권을 떠나서 다시 돌아올 예정으로 이동하며 즐거움을 맛보는 것'이라고 정의하였다.

이상에서 몇몇 학자들의 논의를 종합해 보면, 관광은 한마디로 말할 수 없는 복잡한 사회현상으로서 관광현상은 대체로 다음과 같은 여덟 가지 속성(요소)으로 이루어졌다고 요약할 수 있다. 이들 8개 요소가 종합된 결합행위가 곧 관광이란 개념이다.

① **공간적 이동행위이다:** 관광은 공간을 이동하는 행위이다. 이동이라는 점에서는 이주, 통근, 통학행위와 다르지 않다.
② **자발적이며 자유의지에 따른다:** 관광은 자유의사에 의해 이루어지는 행위이다. 따라서 회사 또는 소속기관의 명(命)에 따른 해외출장, 해외파병 등 외부에 의해 의무적 · 강제적으로 행해지는 행위와는 구분된다.
③ **'즐거움'이 따르는 행위이다:** 관광은 심리적으로 즐거움이 전제되는 행위이다. 자유의지에 따르더라도 즐거운 마음이 따르지 않는다면 관광이라고 볼 수 없다.

④ **일시적 행위이다:** 관광은 생활의 틈을 이용해 짧은 기간에 이동했다가 다시 돌아오는 것을 전제로 하는, 일시적으로 이루어지는 막간행위이다. 따라서 장기적인 체류, 영구적인 체류(예: 유학, 이주 등)와는 구분된다.

⑤ **비영리적 행위이다:** 관광은 영리를 목적으로 하는 행위가 아니다. 따라서 이윤취득을 목적으로 하는 취업여행, 업무여행 등은 순수한 관광행위가 아니다.

⑥ **부정기적이며 비규칙적인 행위이다:** 관광은 일상적으로 혹은 규칙적으로 일어나는 행위가 아니다. 그래서 통근, 통학, 장보기 등의 일상적인 행위와는 구분된다. 원거리 이동이라도 만약 규칙적으로 이루어진다면 그것은 진정한 관광이라 할 수 없다.

⑦ **주거지로부터 상당한 정도의 공간이탈을 하는 탈일상적행위이다:** 관광은 주거지 주변 등 일상을 벗어나 이동, 여행하는 행위이다. 심리적으로 '신기로움(novelty)'과 신선미를 느낄 수 있을 정도로, 다시 말해서 '일상적'이라는 느낌을 벗어나기 위해서는 '상당 정도의' 공간적 이동(먼 거리)이 뒤따라야 한다. 먼 거리를 이동한다는 점에서는 업무여행, 유학, 선교여행 등과 크게 다르지 않다.

⑧ **새로운 '지식 체득'을 하는 자기계발 행위이다:** 관광은 새로운 제도나 문물을 체험하고 습득하는 자기계발(self-enlightenment) 행위로서, 교육적인 함의를 지니고 있다. 관광은 새로운 지식습득을 통한 자기계발이라는 중요한 기능을 하기 때문에 즐거움의 추구만을 주된 기능으로 삼는 여가(leisure)나 위락(recreation) 등과 분명하게 구분된다.

3. 관광객의 정의

관광객에 대한 정의는 국내 · 외 관광관련기구 및 단체에서 통계를 수립하기 위한 과정으로 관광객의 범위를 규정하기 시작하였는데, 그 정의는 국제기구의 실무적 성격, 정책차원과 국가 또는 지역단위에 따라 다소간의 차이를 나타내고 있다.

1) ILO의 관광객 정의

국제노동기구(ILO: International Labor Organization)가 1937년에 국제회의에 제출한 보고서에서는 '국제관광 통계의 통일성을 보장하기 위하여 원칙상 관광객이란 용어는 24시간 또는 그 이상의 기간 동안 거주지가 아닌 다른 나라에 여행하는 사람을 의미한다'라고 정식으로 관광객을 규정하였다.

이 정의의 특징은 통계상의 통일성을 기하기 위하여 관광객으로 볼 수 있는 자와 없는 자를 구별한 것이라 할 수 있다.

관광객으로 볼 수 있는 자는 다음과 같다.

① 위락목적이나 가정상의 이유 또는 건강상의 이유로 여행하는 자
② 회의참석을 위하여 여행하는 자
③ 사업상의 목적으로 여행하는 자
④ 해외여행 도중에 귀항하는 자(이 경우 24시간 이내의 체재자도 포함)

관광객으로 볼 수 없는 자는 다음과 같다.

① 약정의 유무에 관계없이 직업에 종사하거나 사업활동에 종사하기 위하여 입국하는 자

② 정주하기 위하여 입국하는 외국인
③ 기숙사 또는 기술학교에서 생활하는 유학생이나 청소년
④ 국경지대의 주민과 한 국가에 주소를 두고 인접한 국가에서 직업에 종사하는 자
⑤ 여행이 24시간 이상을 소요하게 되더라도 그 나라에 체재하지 않고 통과하는 여행객

2) OECD의 관광객 정의

1960년 12월 4일 프랑스 파리에서 결성된 경제협력개발기구(OECD: Organization for Economic Cooperation and Development)는 관광을 OECD가 추구하는 여러 경제적 목표에 일치시킬 수 있는 한 분야로 인식하게 됨으로써, 정책조정과 관광에 따른 영향을 분석함에 있어서 회원국의 통계방법을 개선하기 위한 목적으로 관광위원회(Tourism Committee)를 설치하여 우선적으로 관광객에 대한 정의를 설정하게 되었다.

OECD의 정의에서는 관광객을 다음과 같이 두 가지로 규정하고 있다.
① **국제관광객:** 인종이나 성별, 언어, 종교에 관계없이 자국을 떠나 외국의 영토 내에서 24시간 이상 6개월 이내의 체재자
② **일시방문객:** 24시간 이상 3개월 이내의 체재자

3) UN의 관광객 정의

1963년 로마(Rome)에서 개최된 유엔회의는 국제관광객을 '금전취득의 목적 없이 통상 거주지가 아닌 다른 나라를 방문하는 모든 사람'이라고 정의하면서 특히 아래와 같은 여행목적에 해당하는 사람임을 강조하였다.

① 여가, 위락, 휴가, 스포츠, 건강, 연구 및 기타 종교행사 참가목적으로 여행하는 자
② 업무, 친족 및 지인 방문, 사절, 회의참가 목적으로 여행하는 자

그리고 이 회의에서는 여행객이 24시간 미만을 체재하는 경우는 당일관광객으로, 그 이상 체재할 경우에는 관광객으로 취급하여야 한다고 하였다. 이상의 정의를 참고하면, 상용 목적이든 순수관광 목적이든 외국을 방문하는 사람은 누구든지 간에 방문국에서 경제활동에 종사하지 않으면 국제관광객으로 간주될 수 있음을 이해하게 된다.

UN 통계분과위원회는 1968년에 이 정의를 수용하면서 UN 회원국이 당일관광객에 대해 'excursionist' 또는 'day visitor'의 용어를 선택 · 사용할 것을 제안한 바 있다. 여기서 중요한 점은 숙박시설 이용 여부에 따라 국제관광객의 여부를 구분한다는 사실이다.

또한 1978년 UN 경제사회이사회에서는 국제관광객에 대한 정의를 다룬 지침서를 발간하였는데, 이에 따르면 해외에서 특정국을 방문해 오거나(inbound) 또는 특정국에서 해외를 방문하는(outbound) 모든 사람을 국제관광객이라고 보았으며, 체재기간은 최대 1년으로 하고 그 기간 내에 체재하는 모든 사람을 관광객으로 취급해야 한다고 건의하였다. 따라서 오늘날 대부분의 국가는 이 정의를 수용하고 있다.

요컨대 국제관광객이란, 1일 이상 1년 미만의 기간을 해외여행하는 사람으로서 방문지역에서 경제활동을 하지 않고 여행하는 자라 규정할 수 있다. 그러나 이상의 기준에는 해당하지만 해당지역에서 24시간 미만 체류하는 사람은 당일관광객이 된다.

4) UNWTO의 관광객 정의

UNWTO(세계관광기구: World Tourism Organization)는 1984년 '관광통계에 관한 유럽지역 실무단회의 결과보고서'에서 여행객(traveler)을 국제관광객과 국제관광객에서 제외되는 비관광객으로 구분하여 설명하였다.

(1) 국제관광객

① **관광객(tourist)**: 국경을 초월하여 타국에서 유입된 방문객으로 방문국에서 24시간 이상 체재하는 사람으로서 위락, 휴가, 스포츠, 사업, 친척 · 친지 방문, 국가의 파견, 회의 참가, 연수, 종교 · 스포츠 행사 참가 등의 목적으로 여행하는 자

② **방문객(visitor)**: 자기의 통상 거주지가 아닌 국가를 방문하는 국내 비거주 외국인, 해외거주 국민, 승무원(방문국의 숙박시설 이용자) 등

③ **당일관광객 · 유람객(excursionist)**: 방문국에서 24시간 미만 체재하는 자(선박여행객, 낮 동안 방문자, 선원, 승무원 등)

(2) 국제관광객에서 제외되는 비관광객

① **국경근로자(border workers)**: 국경에 인접하여 거주하면서 다른 나라로 통근하는 자로서 정기적이고 빈번하게 국경을 넘어 거주지로 되돌아가는 점에서 단기 이주자와 구별된다.

② **통과객(transit passengers)**: 공항의 지정 지점에 잠시 머무르는 항공 통과여행객이나 상륙이 허가되지 않는 선박승객과 같이 국경 내에 도착하기는 했으나 여권 심사를 통해 공식적으로 입국하지 아니한 자

③ **무국적자(stateless people)**: 신분을 증명하는 서류로는 항공권 등의 transit ticket만 소지하고 있는 자로서 방문하고자 하는 나라에서

국적불명으로 인정하는 자

④ **장기 이주자:** 1년 이상 체재하기 위하여 입국하는 자와 그 가족 및 동반자

⑤ **단기 이주자:** 1년 미만 체재하되, 체류국에서 보수를 받는 취업목적 입국자와 그 가족 및 동반자

⑥ **외교관、영사:** 대사관이나 영사관에 상주하는 외교관과 영사 및 그 가족과 동반자

⑦ **군인:** 주둔하는 외국 군대의 구성원 및 그 가족과 동반자

⑧ **망명자:** 인종, 종교, 국적, 특정 단체의 회원가입 또는 정치적 견해에서 기인하는 박해에 대한 근거 있는 두려움 때문에 국적국에서 벗어나 있으며, 돌아가고자 하지도 않는 자

⑨ **유랑자:** 이 부류에는 거의 정기적으로 입국 또는 출국하여 상당기간 체류하는 자 및 국경에 인접하여 생활하는 관계로 짧은 기간 동안 매우 빈번하게 넘나드는 자들이 포함된다.

제2절 관광의 분류 및 유사개념

1. 관광의 분류

1) 국적과 국경에 의한 분류

이는 관광객이 이미 설정된 정치적 내지 법적 경계를 넘느냐의 여부를 기준으로 삼는, 즉 국적과 국경에 의한 분류이다. 이 기준에 의한다면 국내관광과 국제관광으로 나눌 수 있다. 내 · 외국인에 관계없이, 주체의 관광행위가 국내에서 발생되면 국내관광(domestic tourism), 법적으로 정해진 국경을 넘어서서 관광이 이루어지면 국제관광(international tourism)으로 볼 수 있다. 다시 말하면 국내관광은 '관광객의 이동 공간이 자국의 영토 내에서 이루어지는 관광'이고, 국제관광은 '관광객의 이동 공간이 자국 또는 특정국의 국경을 넘어 이루어지는 관광행위'라 말할 수 있다. 따라서 이제까지 우리가 통속적으로 정의하여 온 외국인의 국내관광(inbound tourism)도 국제관광에 포함될 수 있지만, 우리 국민의 국외관광(outbound tourism)도 마찬가지로 국제관광에 포함시킬 수 있다.

그림 1-1 관광의 국적 · 국경에 의한 분류도

국내관광(domestic tourism)=내국인의 국내관광+외국인의 국내관광

국민관광(national tourism)=내국인의 국내관광+내국인의 국외관광

국제관광(international tourism)=내국인의 국외관광+외국인의 국내관광+외국인의 제3국 관광

〈그림 1-1〉에서 세로축을 국가의 물리적 지역경계, 가로축을 관광객의 국적분류에 따른 경계로 삼으면 관광객의 특성은 그림과 같이 네 가지 특성집단으로 분류할 수 있다. 즉 내국인으로서 국내관광을 하는 집단(Ⅰ상한), 내국인으로서 국외를 관광하는 집단(Ⅱ상한), 외국인 국적자로서 제3국(자국 제외)을 관광하는 집단(Ⅲ상한), 외국인 국적으로서 국내를 관광하는 집단(Ⅳ상한)이 바로 그것이다.

한편 한국인 관광(korean tourism)의 범위는 자국민의 관광행위를 통칭한다는 측면에서 '한국인이 자국 내에서의 관광행위'인 국내관광과 '한국인이 외국을 방문하는 관광행위'인 국외관광을 말하는데, 국외관광은 국제관광의 성격을 동시에 가지고 있다고 할 수 있다. 국외관광을 국민관광에 포함시키는 것이 바람직한가에 대한 논의는 학자들에 따라 다른 견해를 보이고 있으나, 1989년 국외여행자유화가 완전히 이루어져 국외관광이 활발하게 이루어지면서 국민관광의 범주에 포함시키는 것이 일반적인 정설이다.

2) 관광목적에 의한 분류

관광행위는 순수한 관광을 목적으로 하는 경우와 두 가지 이상의 목적을 가지고 하는 경우가 있다.

순(純)목적관광은 자유로운 관광으로서 개인의 오락, 휴양, 레크리에이션, 견문확대 등의 순수한 관광목적 행위로 여행을 하는 것을 말한다. 겸(兼)목적관광은 두 가지 이상의 목적을 가지고 관광활동을 하는 것으로서 '사업+관광', '회의+관광', '스포츠+관광', '종교+관광' 등과 같이 다양한 목적을 가지고 여행하는 것을 말한다.

3) 지역구분에 의한 분류

지역구분에 의한 관광의 분류는 일정한 지역 내에서 이루어지는 역내관광(域內觀光: intra-regional tourism)행위와 지역 간을 이동하여 관광을 하는 역외관광(域外觀光: inter-regional tourism)으로 구분할 수 있다. 관광지역에 대한 이러한 일정한 공간적 범위는 가변적으로 변할 수 있다.

세계관광기구(UNWTO)는 지역구분에 따라 관광을 구분하고 있는데, 대륙을 지역 기준으로 하여 분석해 보면, 역내관광은 '특정지역에 속해 있는 관광객이 그 지역 내의 다른 국가로 이동하는 여행형태'라고 정의하였다. 즉, 한국관광객이 아시아 지역의 일본이나 중국을 관광하는 행위나, 독일관광객이 유럽지역의 프랑스나 오스트리아를 관광하는 행위를 말하며, 국내의 지역을 기준으로 한다면 경상도지역 주민이 경상도내를 관광하는 형태를 말한다.

역외관광은 '특정지역 내에 속해 있는 국가의 관광객이 다른 지역 내 다른 국가로 이동하는 여행형태'를 말한다. 즉, 아시아지역의 한국관광객이 유럽지역의 국가나 미주지역의 국가를 관광하는 행위 또는 유럽지역의 독일관광객이 미주지역의 국가나 아프리카지역의 국가를 관광하는 행위를 말하며, 국내를 기준으로 한다면 경상도 관광객이 전라도나 충청도의 관광지를 여행하는 형태를 말한다.

4) 관광활동 유형에 의한 분류

관광객이 활동하는 관광유형에 따라 유동형(遊動型)관광, 목적형(目的型)관광, 체재형(滯在型)관광으로 구분할 수 있다.

유동형관광은 자연탐방, 드라이브 등과 같이 자연관찰지나 역사·문화자원을 대상으로 자유로이 움직이는 관광활동이고, 목적형관광은 해수욕·피크닉·골프·등산 등 구체적인 목적을 가지고 관광하는 활동유형이며, 체재형관광은 휴양·보양 등 숙박시설이 완비된 종합휴양지를 대상으로 하는 숙박관광형태의 관광활동을 말한다.

표 1-2 유형별 관광의 특성

유형	자원성의 내용	관광·레크리에이션활동		행동권	체재기간
유동형 관광	훌륭한 경치를 보는 자원성(자연풍경지, 역사자원, 관광대상시설)	풍경탐방 (전망, 유람, 견물) 견학, 음식, 매물	자연탐방 드라이브 사이클링 주 유 야외캠프	소역적/ 광역적	0.25/ 2.00시간

목적형 관광	훌륭한 곳을 즐기는 자원성, 쾌적한 곳을 즐기는 자원성	해수욕, 피크닉, 낚시, 요트, 수상스키, 스킨스쿠버, 골프, 스키, 등산, 하이킹, 수렵 등	자연탐방 드라이브 사이클링 주 유 야외캠프	소역적/ 중역적	반일
체재형 관광	다양한 경치를 즐기는 자원성, 쾌적한 휴양·숙박 자원성	캠프, 보양, 휴양 등		중역적/ 광역적	1일 이상

* 체재기간은 1개소당 관광에 필요한 시간을 제시함.

5) 기간에 의한 분류

기간에 따라서는 당일(하루)관광과 숙박관광으로 구분된다. 당일관광은 '관광목적지에서 1박 이상을 체류하지 않고 출발 당일 거주지로 되돌아오는 형태의 관광'으로 가장 단순한 관광코스를 선택한다.

숙박관광은 관광목적지에서 최소한 1박 이상을 체류하는 형태로 단기숙박관광과 장기숙박관광으로도 분류할 수 있다. 일반적으로 장기숙박관광은 일주일 이상의 숙박관광을 말하는 것으로, 여행기간이 길어짐에 따라 다양한 관광코스를 선택하며, 많은 경비가 필요하다.

2. 관광과 유사개념과의 관계

1) 여행(Travel)

여행은 한자어로 '나그네'라는 뜻의 旅(여)와 '다니다', '가다', '관찰하다'라는 뜻의 行(행)이 결합된 말로 '자기의 거주지를 떠나 객지에 나다니는 일' 또는 '다른 고장이나 다른 나라에 가는 일'이라고 풀이된다.

여행과 관광은 보는 시각에 따라 달리 설명한다. 여행의 개념을 관광의 개념보다 더 포괄적인 개념으로 보고 관광을 여행의 한 형태로 보는 사람도 있고, 여행하는 사람들이 참여하는 활동이 관광이라고 정의내리는 학자도 있다. 그리고 여행은 여행자가 알지 못하는 미지의 세계에 대한 탐험이며 도전이지만, 관광은 관광객이 이미 알고 있는 세계를 관광객의 눈으로 확인하는 것이라고 설명하기도 한다.

또한 여행은 관광과 달리 뚜렷한 목적이나 동기가 없어도 가능한 행위유형으로 즉 이동한다는 특성을 가지고 있지만 목적이나 동기를 전제하지 않는 데 반해, 관광은 유흥, 오락, 재미, 문화적 욕구, 역사 탐방, 각종 행사 참여 등 목적이나 동기가 여행에 비해 분명하다고 주장하는 사람도 있다.

그러나 오늘날 우리의 일상생활에서는 여행과 관광이 동의 및 유사개념으로 혼용되어 사용되고 있다.

2) 여가(Leisure)

여가(Leisure)의 어원은 라틴어 'Licere'에서 파생된 것으로 '자유롭게 되다' 또는 '허락하다'는 뜻이다. 우리말로는 겨를 또는 짬 혹은 틈에 해당하는 말인데, 일로부터 면제되어 자유로우며 무엇이든지 마음대로 지적 · 문화적 · 사회적 활동 등에 참여할 수 있는 시간을 의미한다.

일반적으로 '여가'라고 하면, '시간'과 '활동'의 개념이 함께 포함되어 있다. 시간개념의 여가는 본래 인간이 사용할 수 있는 하루 24시간이란 전체 생활시간 가운데서 생리적 필수시간과 사회생활에 필요한 구속시간을 뺀 나머지 시간, 즉 자신이 자유로이 사용할 수 있는 자유시간의 개념이다. 활동개념으로서의 여가는 자유시간에 행해지는 자유로운 활동이라는 의미이다.

프랑스의 유명한 사회학자인 듀마즈디에(J. Dumazedier)는 '여가란 개인이 직장이나 가정 그리고 사회에서 부과된 의무로부터 해방되었을 때에 휴식 · 기분전환을 위하여 혹은 소득과는 관계없는 지식이나 능력의 배양, 자발적인 사회참여, 자유로운 창조력의 발휘 등을 위하여 자발적으로 행하는 활동의 총체'라고 정의하였다.

관광은 여가시간 내에 자기계발과 자아실현을 위해 행해지는 활동의 하나이기 때문에 여가의 하위개념이라고 볼 수 있다.

3) 레크리에이션(Recreation)

레크리에이션(Recreation)이라는 단어는 라틴어의 '레크레아티오(recreatio)'에서 시작하여 '리크리에이트(recreate)'로 된 것이데, 발음별로 분류해 보면 두 가지의 뜻이 있다. 첫째로 리크리에이션(re-creation)으로 악센트가 앞에 있으며 리와 크리에이션의 합성어로 개조, 재창조, 새롭게 만듦의 뜻을 지니고 있다. 둘째로 레크리에이션(recreation)으로 악센트가 뒤에 있고 오락, 유희, 취미, 휴양, 위안, 기분전환 등의 뜻을 지니고 있다.

레크리에이션이라는 것은 자발적으로 선택한 활동이나 놀이를 통해 만족을 느끼며, 자아실현과 자아발견 그리고 사회성을 길러줌으로써 재창조의 기회를 삼도록 도와주는 활동이라고 할 수 있다. 레크리에이션 활동을 통한 리크리에이션이 되는 것이 참다운 레크리에이션이라고 할 수 있겠다.

일반적으로 레크리에이션활동은 실내 레크리에이션활동과 실외 레크리에이션활동으로 대별된다. 실내 레크리에이션은 가정에서의 레크리에이션활동으로서 집과 정원 가꾸기, 애완동물 기르기, 신문읽기, 잡지구독, 실내 게임 등으로 집안 내에서 이루어지는 활동이다. 실외 레크리에이션은 가정 밖에서 이루어지는 영화 및 연극 관람, 등산, 스포츠 관람, 스포츠활동 참가, 관광여행 등의 활동이 포함된다.

레크리에이션과 관광이 어떻게 관련되어 있는가 하는 판단기준은 어떠한 장소에서 어떠한 유형의 활동을 하느냐 하는 것에 달려 있다. 이렇게 볼 때 레크리에이션의 자율성과 활동유형성에 비추어 관광활동은 실외 레크리에이션의 범주 속에 포함되고 있으므로 관광은 레크리에이션의 하위개념으로 볼 수 있다.

제3절 관광의 구성요소

그림 1-2 관광의 구조

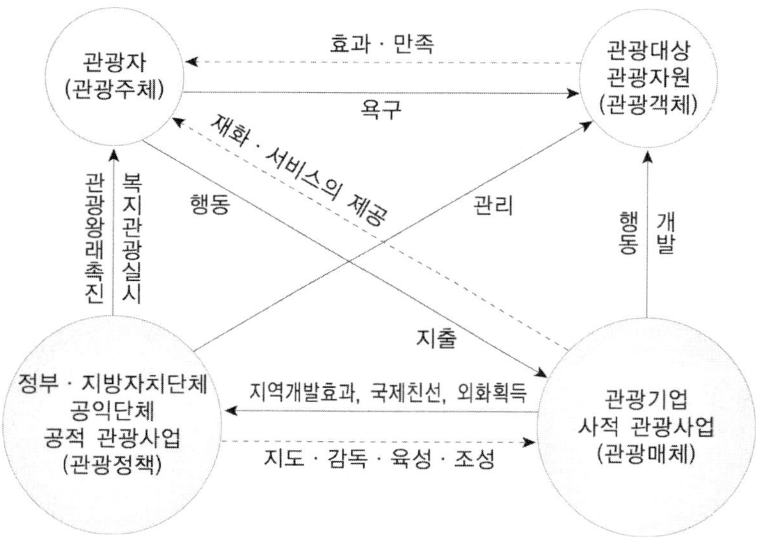

관광이 구체적으로 성립되기 위해서는 관광을 둘러싸고 있는 여러 조건이 충족되어야 한다. 자유시간(여가), 경제적인 여건, 이동수단, 관광목적지에 대한 정보 등 이루 헤아릴 수 없을 만큼 많은 구성요소를 필요로 한다. 예를 들면 관광을 하려면 관광목적지가 있어야 하고 목적지에 가려면 적절한 이동수단이 확보되지 있지 않으면 안 된다. 또한 관광목적지도 관광객을 수용할 수 있는 제반 조건을 갖추지 않으면 관광객을 맞이할 수 없을 것이다. 더욱이 아무리 매력 있고 좋은 관광지라 해도 그 존재가 알려져 있지 않으면 그곳을 목적지로 한 관광은 이루어질 수 없다.

여기서는 구성요소를 4가지로 대별하여 관광은 관광을 하는 사람(관광주체)과 그 사람이 보고 즐기고자 하는 관광의 대상(관광객체) 및 이 두 요소를 다양한 측면에서 연결시켜 주는 매개체(관광매체), 그리고 관광행정활동을 종합적으로 조정하고 추진하기 위한 기본방향을 설정하는 관광정책에 대하여 고찰하고자 한다.

1. 관광주체

관광의 구성요소로 가장 먼저 들 수 있는 것은 관광을 하는 사람, 관광을 행하는 주체, 즉 관광객(tourist, traveller)이다. 관광객은 관광행동의 주체자로서 이들은 관광을 하고자 하는 욕구 및 동기, 지각, 학습, 성격, 태도 등의 심리적인 요소뿐만 아니라 문화, 사회계층, 역할, 준거집단 등의 사회적 요소에 의해서도 영향을 받는다.

관광객은 일상생활의 근거지를 떠나 다시 돌아올 목적으로 이동을 하고 목적지에서 체재하며, 결국에는 정신적 · 육체적 휴식을 얻으려는 관광소비자이다. 그러한 과정에서 관광객은 목적지에서 경제적 · 사회적 · 환경적인 영향을 미치기도 하고, 영향을 받기도 한다. 관광객은 관광욕구에 따라 관광행동을 유발하면서 관광수요시장을 형성하는 주체적 요소이다.

즉 여기서 관광객이라 함은 관광을 하는 자이고, 순(純)목적 관광객과 겸(兼)목적 관광객이 모두 포함된다. 전자는 순수한 관광목적만을 가지고 여행하는 자를 말하고, 후자는 다른 목적을 겸하여 관광여행을 하는 자를 가리킨다.

한편 관광자(者)와 관광객(客)은 동의어이지만 보는 관점과 견해에 따라 서로 다르게 해석할 수 있다. 곧, 관광객은 경제적 대상으로서 관광경영학적인 관점에서 바라보는 견해이고, 관광자는 관광을 하는 주체로서 인간의 행위를 연구과제로 하는 관광사회심리학적인 관점에서 보는 견해일 것이다. 또한 여행자(traveler)와 관광객(tourist)도 일반적으로 동의어로 사용하고 있으나 여행자는 순수관광 목적뿐만 아니라 스포츠관광, 회의관광, 사업관광 등의 겸목적 관광의 의미를 포함하는 여행을 말하며, 관광객은 여가시간에 즐거움을 추구하기 위한 관광목적으로만 여행하는 순수여행자로 규정할 수도 있다.

2. 관광객체

관광주체인 관광객의 다양한 욕구를 불러일으키게 하고 관광욕구를 충족시켜주는 대상이 필요한데, 이를 관광대상이라 한다. 관광객체는 관광대상을 말하고 있다. 관광대상은 관광객의 관광욕구를 충족시켜 주는 모든 것이다. 또한 관광대상은 관광공급시장을 형성하는 요소임과 동시에 관광목적물과 관광행동의 목표가 되는 것이다.

관광대상에는 관광객을 끌어들이는 유인력의 요소로서의 관광자원과 관광객이 그러한 매력을 실제 향유할 수 있도록 각종 편익을 제공하는 관광시설(서비스 포함)로 나누어 생각할 수 있다. 전자인 관광자원은 관광객의 욕구와 기대와는 관계없이 존재하기도 하지만, 실제로는 관광객의 관광행동을 유발시키는 직접적인 원인이 되는 것이며, 후자인 관광시설(서비스 포함)은 관광객의 욕구나 기대를 충족시키기 위하여 인위적으로 만들어진 것이라 할 수 있다.

관광대상과 관련하여 그 특징을 살펴보면 먼저 관광자원보다 관광시설(서비스)의 중요성이 더욱 커져가고 있다는 점이다. 예를 들어 아름답고 뛰어난 자연환경은 소재로서의 관광자원이며, 아름다운 자연을 많은 사람들이 누리기 위해서는 숙박시설 · 식음료시설 등과 같은 관광시설과 이에 수반하는 서비스가 필요하게 된다. 물론 관광시설과 서비스가 존재하지 않더라도 자연의 아름다움을 향유할 수는 있지만 수적으로 많은 제한을 받게 된다. 오늘날과 같이 관광의 대중화가 일반화 되어 있는 상황에서 관광시설이라는 구성요소의 존재는 매우 큰 의의를 지닌다고 하겠다.

3. 관광매체

주체와 객체, 그 양자의 급부를 매개하고 조성하여 주는 것이 존재하지 않는다면 관광은 구체적으로 성립하기 어려운 것이다. 이처럼 관광주체와 관광대상을 결부시키는 기능을 이루고 있는 것을 관광매체라 부르며, 그것은 기본적으로 이동과 체재 및 정보와 관련되어 있다.

산업혁명 이래 이동수단의 비약적인 진보 및 호텔 등 숙박시설의 발달과 매스미디어(mass media)의 발전과 더불어 관광은 대중의 것이 될 수 있는 기초적 조건을 갖출 수 있게 되었다.

이동수단(관광이동) 및 체재수단(호텔 등 숙박시설)과 정보(관광정보)는 현대 관광의 기본적 구성요소이며, 이들이 관광매체로서의 존재와 그 역할이 커짐에 따라 관광의 대중화를 가져왔다고 할 수 있다.

이동수단을 담당하는 것은 항공 · 육상 · 해상 등의 교통운송업이고,

정보를 담당하는 것은 여행사를 비롯한 중개업이다. 또한 매체에서 빼놓을 수 없는 것이 숙박시설, 식음료시설, 유흥시설 등이다.

여기에서 교통운송업, 여행업, 숙박업, 위락시설업 등의 기업군을 관광매체라 하며, 환언하면 관광사업이라고 부르고 있다. 관광사업은 관광의 공급자 내지 생산자가 되어 관광소비자로서의 관광객을 상대로 관광자원과 함께 관광공급시장을 형성한다.

4. 관광정책

관광정책과 행정도 관광성립에 필요한 요소로서 결정적인 역할을 한다. 여기서 정책이란 관광에 대한 국가의 방침을 뜻하며 행정이란 방침에 의거한 구체적인 시책을 의미한다. 관광정책과 행정은 주로 제도적·물적 기반 구축에 관련하게 되는데 공원, 도로, 공항, 항만 등의 정비와 같은 행정의 역할을 상기한다면 쉽게 이해가 될 것이다.

현실적으로 관광은 개인의 일인 동시에 사회적인 현상이므로 국가가 개입하게 되는 것이 일반적이다. 왜냐하면 현대사회가 복지차원의 지원을 강화하고 그와 관련된 관광정책을 추진하면서 중앙정부나 지방정부의 역할이 증대되고 있기 때문이다. 그러므로 정부는 관광의 주체에 대해 기회의 확대(복지관광)와 지원 · 제약 · 통제 · 유도 등의 활동을 하게 되고, 매체에 대해서는 조성과 감독 · 통제 · 지원 · 관리 등에서 거의 절대적인 영향을 미치게 된다. 또한 객체에 대해서는 관리와 개발을 통하여 공급의 양과 질을 결정하게 된다. 즉 정부는 관광을 구성하는 나머지 세 요소(주체, 객체, 매체)에 대하여 상당히 구체적이면서도 결정적인 영향을 끼치고 있고, 또한 그 요소들로부터 영향을 받고 있다.

제2장

관광의 역사

● 제1절 우리나라 관광사

1. 고대의 한국관광

1) 부족국가시대

부족국가란 원시사회시대에 부족에 의하여 형성된 국가로서 고대 통일국가가 성립하기까지의 과도기적 국가형태이다. 몇 개의 씨족(氏族)이 결합하여 포족(胞族: Phratry)을 이루며, 또한 이 몇 개의 포족이 결합하여 부족을 이룰 때에, 이 부족으로서 하나의 국가형태를 형성하는 것을 부족국가라 일컫는다.

한국에 있어서 고대 부족국가, 곧 부족연방국가의 대표로서는 고조선(古朝鮮) · 부여(夫餘) · 옥저(沃沮) · 동예(東濊) · 삼한(三韓: 馬韓, 辰韓, 弁韓) 등이 있다.

고조선은 기원전 24세기경에 한반도의 서북부에 건설된 한국 초기의 부족국가로 대동강 유역이 그 중심지가 되었다. 고조선은 제사와 나라정치가 일치한다는 사상을 지닌 제정일치(祭政一致) · 정교일치(政教一致)의 농경국가였다.

고대인들은 인간 만사와 모든 자연현상을 신(神)이 섭리한다고 믿었기 때문에 종교가 그 사회를 지배하고 있었는데 고조선도 예외는 아니었다. 고조선이 건국되기 오래 전부터 여러 씨족들은 각각 수호신을 모시고 있었는데 이러한 신들은 최고신인 하느님보다는 권능이 약한 민속 신앙으로 전해 내려오고 있었다. 또한 국가적인 큰 행사가 있을 때에는 신분차별 없이 사람들이 많이 모여 연일 함께 먹고 마시며 노래하고 춤을 추었다고 전해져, 제정일치를 구성했던 고조선사회에서는 놀이적 여가가 제의(祭儀)와 관련된 각종 축제 등의 놀이와 깊은 연관을 맺었다고 볼 수 있다.

한편 우리나라의 경우 무역이 언제부터 이루어졌는지 그 기원을 살펴보면 문헌상에 나타난 최초의 무역은 기원전 7세기경에 고조선이 중국의 제(齊)나라와 무역을 한 것이 시초이다. 고조선 시대에도 이미 교환경제가 상당히 발달되었다고 본다. 그것은 고조선 시대에 이미 자모전(子母錢)이라는 화폐가 사용되었으며, 고조선의 법률인 범금팔조(犯禁八條)에도 50만이란 돈에 관한 기록이 있는 것으로 보아서 짐작할 수 있다.

따라서 화폐경제하에서 무역을 한다면 지금처럼 일상생활권을 떠난 이동의 현상들이 많았으리라는 것은 자명한 일이다.

부여는 기원전 1세기경부터 300년간 퉁구스계의 부여족(夫餘族)이 세웠던 부족국가이다. 신분계급은 왕과 그 밑에 마가(馬加) · 우가(牛加) · 저가(豬加) · 구가(狗加) 등 4가(四加)와 대사(大使) · 사자(使者) 등의 지배층, 그 밑에 하호(下戶)라고 불리우던 농노(農奴)와 노예(奴隸)로 구성된 피지배 계급의 둘로 나뉘었다.

부여에서는 추수 후 음력 섣달에 영고(迎鼓)라는 제천의식(祭天儀式)이 있었으며, 남녀노유를 가리지 않고, 또 때와 장소를 가리지 않고, 항시 노래 부르기를 그치지 않았다고 한다. 고조선에서처럼 부여에서도 이러한 과정에서 자연스럽게 놀이문화가 형성되었으리라 짐작해 볼 수 있다.

부여의 대외무역도 순수한 민간무역은 아니며, 조공무역(朝貢貿易)이었던 것이고, 당시 고대사회의 공적무역의 대표적 유형으로 보아야 할 것이다. 여기에서 관광현상으로 주목해 볼 사항은 이러한 무역을 하는 과정에서 가고 오는 도중에 필히 각 지방의 문물이나 풍습 등을 구경하고 왔음을 짐작할 수 있다.

옥저는 낙랑동부도위(樂浪東部都尉)의 소관이던 7현(縣) 중의 1현인 부조(夫租)의 후신으로 후한(後漢) 광무제 6년(30)에 도위가 철폐됨에 따라 해방이 된 동시에 한(漢)나라로부터 형식적인 현후(懸侯)의 봉작(封爵)을 받아 후국(侯國)이 되었다. 『위지(魏志)』에 의하면, 옥저는 총 5,000여 호(戶)를 가진 사회로 여러 읍락(邑落: 共同體)으로 나누어져 있었는데, 각 읍락에는 거수(渠首)가 있어 스스로 삼로(三老)라 일컫고 하호(下戶)를 다스렸다. 이들 삼로 위에 현후가 군림하였다. 옥저는 토지가 비옥하여 농경이 발달하고 해산물도 풍부하여 생활조건이 비교적 좋았다.

동예는 한반도 중동부에 위치해 북쪽은 고구려와 옥저, 남쪽은 진한, 서쪽으로는 낙랑, 동쪽은 동해(東海)에 면하였으며, 지금의 강원도 북부와 함경도 남쪽 일부를 중심으로 이루어진 부족국가였다. 매년 10월에 무천(舞天)이라는 추수감사제를 지냈는데, 이때는 음주가무를 즐겼으며 제사지역의 산천을 중히 여겼다. 호(戶)수는 2만 정도로 농사를 주업으로 하였으며 직조기술이 발달하였다.

한편 고조선 말기에 이르러 한강 유역으로부터 남부 일대에 걸쳐 진국(辰國)이라는 하나의 부락연맹체(部落聯盟體)가 있었다. 진국은 그의 지리적 환경에 따라 마한(馬韓), 진한(辰韓), 변한(弁韓) 등 기원전 2세기에서 기원후 3세기경까지 한반도 중남부에 위치했던 삼한(三韓)으로 변하였다. 마한은 지금의 충청남북도 · 전라남북도, 진한은 지금의 경기도 · 강원도 · 경상도 일부, 변한은 낙동강 유역으로 경상남도로 추정하고 있다.

그 당시 삼한은 공업과 상업이 발달함에 따라 특히 국제간의 무역과정에서 교환 방법으로 화폐가 통용되었던 것이다. 낙랑군에 와있던 중국 상인의 존재가 문헌 기록을 통해 확인되고 한반도 여러 지역에서 발견되는 오수전(五銖錢), 왕망(王莽)시대의 화천(貨泉)과 같은 중국 화폐는 중국 상인 내지는 군현 거주 상인들에 의한 상거래의 흔적으로 볼 수 있다.

한편 주호(州胡: 제주도)상인들도 마한과 왕래하면서 통상거래를 행하였다. 1936년 제주 산지항(山地港) 축항 공사 시에 오수전(五銖錢)과 화천(貨泉), 대천오십(大泉五十), 포화(布貨: 布錢) 등이 출토되었다. 여기서 전한(前漢)말 왕망시대에 주조된 고전(古鐵)이 있는 것으로 보아 이 유물은 제주도 상인이 마한과 무역할 때에 반대급부로 받아가지고 간 유물로 추정되고 있다.

2) 삼국시대

(1) 고구려

압록강 중류 지역에서 건국한 고구려는 백제 · 신라에 앞서 제6대 태조왕(太祖王: 53~121?) 때에는 이미 고대국가로서의 기반을 확립하게 되었다.

고구려는 평양으로 도읍을 옮기고 나서는 중앙집권체제가 강화되어 국가기구의 정비에 따라 중앙 유족(遺族)들은 여러 신분 층으로 갈라져 있었다. 따라서 사회 · 경제 신분적으로 지배계층과 피지배계층의 사회적 활동범위는 뚜렷이 구분되었다.

이러한 사회구조로 인하여 고구려의 여행참여계층은 자연히 신분적으로 자유스러운 지배계층(왕, 귀족, 학생, 승려 등)의 여행활동이 많았기 때문에 사적인 개인여행보다는 공적인 목적의 여행이 많을 수밖에 없었다. 고구려인의 여행주체자로서 지배계층의 여행 동기와 목적은 경제 · 사회 · 문화적인 동기로 왕이 백성을 위해 지방을 순수(巡狩)하거나, 종교적인 목적으로 불법을 구하기 위한 구도여행(求道旅行), 사신에게 잔치를 베푸는 등의 목적과 정치 · 외교적인 동기로서 중국을 비롯한 주변국과의 관계개선을 위한 군사요청, 왕위책봉(王位冊封), 신년하례, 조공, 문물전달, 화친(和親) 등의 목적과 교육적인 동기로서 불법(佛法)을 구학(求學)하기 위한 목적으로 유학하거나 학문(中國의 國學)을 배우기 위해서 귀족의 자제를 중국에 보내는 등 종교적 · 학문적 탐구의 목적과 유람 · 위락적인 동기로서 산수(山水)를 좋아하여 경치 좋은 곳을 유람하거나, 사냥 등의 목적으로 여행한 것이 대부분이었다.

국내 · 외의 여건과 시대변천에 따라서 고구려 사람들의 여행지는 백제, 신라는 물론 중국의 한(漢)나라, 위(魏), 여진(女眞), 진(陣), 북진(北晋), 송(宋), 제(齊), 동위(東魏), 북제(北齊), 수(隋), 당(唐) 등의 나라로 왕래하였다. 이들의 여행 시기는 대체로 기후가 좋은 봄, 가을에 여행(특히 사냥이나 유람)을 많이 하였으며 여행기간은 짧게는 5일, 7일, 10일과 길게는 30일, 60일 등 그때의 상황에 따라 차이가 있었다. 여행 중 숙박은 주로 지방 귀족의 집이나 절 등을 이용하였다.

(2) 백제

백제는 고구려를 경유하여 남하한 부여계(夫餘系) 유이집단(流移集團)에 의하여 진한의 땅에 세워진 나라이며, 먼저 진한의 제(諸)부락을 통일하고 나아가 마한의 본토를 잠식하여 마침내 진 · 마한 2체제의 융합을 실현하였다. 백제의 문물제도가 완비된 것은 8대 고이왕(古爾王: 234~286) 때이다.

백제의 여행참여계층은 고구려와 같이 왕이나 귀족, 귀족의 자제 등 상류 지배계층에 속하는 사람들이었다. 이들의 여행 동기와 목적은 고구려와 비슷하나 정치 · 외교적인 면에 있어서 남방(南方)이나 일본과의 교류가 빈번하였으므로 일본과 사신의 왕래가 많았으며 유람 · 위락적인 면에 있어서는 사냥이나 활쏘기, 활쏘기 관람, 말타기 등이 있었다. 이들의 여행지는 국제사정과 시대변천에 따라 고구려, 신라를 비롯하여 낙랑(樂浪), 마한(馬韓), 동진(東晋), 왜(倭), 송(宋), 수(隋) 등의 나라였는데 특히 일본과의 교류를 통하여 백제는 사회 · 문화적으로 일본에 많은 영향을 주었다.

이러한 인적 교류는 필연적으로 해상교통의 발달을 전제로 하지 않을 수 없으며, 그들의 왕래하는 과정에서 그들이 머물고 간 지역의 풍습, 풍광 등을 구경하고 체험하였으리라 추측해 볼 수 있다.

(3) 신라

신라는 고구려 · 백제에 비하여 고대국가의 형성이 뒤늦게 시작되었다. 3세기경까지 경주지방의 사로(斯盧)라는 하나의 작은 부족국가에 불과하였으나, 4세기 중엽 내물왕(奈勿王: 356~402)이 즉위함에 이르러 고대국가의 건설이 궤도에 오르기 시작하였다.

신라의 관광유형을 구체적으로 알아보기에 앞서 신라의 사회적 구조를 살펴보면, 신라의 사회는 귀족사회였으므로 씨족제(氏族制)가 사회의 맥을 유지시켜주면서 신라인은 일찍부터 상부상조의 협동이 강하여 제사, 정치, 군사, 경제에 이르기까지 화합과 충성의 덕(德)을 존중하였으며 명랑, 쾌활한 기질을 가지고 산천초목(山川草木)을 좋아하며 자연에 대하여 한없는 환희와 신비함을 가졌다.

그리고 신라의 골품제도(骨品制度)는 신분에 따라서 사회, 정치, 경제적으로 여러 특권과 제약이 부여되는 제도로서 유족사회(遺族社會)의 특징을 잘 나타내 주고 있어 이러한 신분제도로 인하여 신라의 여행참여계층은 고구려, 백제와 같이 왕, 귀족, 승려, 학생(遺族의 자녀) 등의 지배계층이었다.

지배계층과 피지배계층의 사회적 활동범위는 사회계층상 엄격한 신분제도로 말미암아 뚜렷이 구분되었는데 피지배계층인 평민들은 경제, 사회, 신분적 여건에 따른 수동적인 이동(생계유지, 전쟁 등으로 인한 이주)과 소극적 놀이문화(민속)만을 형성하였으나 경제, 사회, 신분적으로 자유스러운 지배계층은 신라인의 여행주체로서 국내지역은 물론 국외지역을 자유로이 왕래할 수 있는 사회적인 특혜가 주어졌다.

신라인의 여행주체로서 지배계층의 여행 동기와 목적은 경제 · 사회 · 문화적인 면에서 종교적인 목적의 구도여행(求道旅行), 문물의 교환과 국가의 안녕과 발전을 위한 여행과 정치 · 외교적인 동기로서 군사요청, 조공, 방물전달(方物傳達), 왕위책봉, 신년하례, 화친(和親) 등의 목적으로 여행한 것과 교육적인 동기로서 불교의 교법(敎法)을 구하기 위해, 중국의 학문을 배우기 위한 목적으로 여행하는 등의 교육적인 목적을 위한 여행형태와 유람 · 위락적인 동기로서 사신(使臣), 군신(軍臣)을 위하여 베푸는 가무(歌舞)와 연회(宴會), 경치 좋은 곳을 구경하며 자기 수양을 위해 산천을 유람하거나 사냥을 즐기는 등의 여행형태는 고구려와 백제의 여행형태와 비슷하다. 그들의 여행지는 중국, 일본, 서역에 이르기까지 광범위하였는데 숙명적으로 맺어지는 중국과의 정치 · 외교적인 관계로 인하여 중국과의 왕래가 가장 빈번하였다. 또한 여행대상 국가는 주변 국가들의 정세나 국내사정으로 여행대상지는 변경되었으나 주로 왕래한 국가는 고구려, 백제, 양(梁), 가야(伽倻), 진(晋), 북제(北齊), 수(隋), 일본, 오(吳), 초(楚), 당(唐)나라였다. 특히 서역에 왕래한 기록이 있어 신라인은 새로운 것에 대한 모험심과 호기심이 많았다는 것을 알 수 있다.

여행시기와 기간은 고구려, 백제와 비슷한데 왕의 경우 오랫동안 여행할 때는 주로 귀족의 집이나 절에서 숙박을 하였다. 여행할 때의 교통수단은 말과 수레, 뗏목(배) 등을 이용하였으며 개별적인 여행보다는 많은 사람이 동행하는 단체여행의 형태가 강했다.

2. 중세 · 근세의 한국관광

1) 고려시대(중세)

고려시대의 신분제도는 최상류의 왕족(王族)과 문무양반(文武兩班), 중류의 하급관리(下級官吏)와 군인(軍人), 하류의 평민(平民), 최하층의 천민(賤民)과 노비(奴婢) 등 대체로 네 계층으로 이루어져 있었다.

고려 초의 문무양반은 신라말(新羅末)에 지방에서 성장한 호족(豪族)을 주축으로 하고, 이에 소수의 신라구귀족(新羅舊貴族)이 포함되어 있었다. 이들은 과거(科擧)를 통하여 관료가 되는 것이 보통이었지만, 음서(蔭敍)라고 하여 과거를 보지 않고도 고급관료가 될 수 있는 특권을 가지고 있었다. 문무양반은 많은 토지를 소유하고 있는 지주계급(地主階級)으로서 부귀(富貴)를 독차지하고 있는 지배계층이었다.

다음 중류계층은 남반관리(南班官吏: 內僚職), 기술관(技術官: 雜職), 이속(吏屬) 및 군인(軍人)으로 이루어져 있었다. 이들은 상당한 지식과 기술의 소유자로서 상류의 귀족에는 따르지 못하였지만, 전시과(田柴科: 科田)나 군인전(軍人田) 등의 토지를 지급받을 수 있는 넓은 의미의 지배계층에 속해 있었다. 그리고 때로는 과거를 통하거나 정치적 배경을 이용하여 고급관료에 진출할 수 있는 길이 열려 있었다.

하류의 평민계급은 농민과 상공업에 종사하는 일반평민이었다. 이들은 생산을 담당하는 계층이었으나 특정의 직역(職役)이 없었기 때문에 전시과(田柴科)의 혜택을 받지 못하였다. 농민들은 소수의 자영농민(自營農民)을 제외하고는 대부분이 경작권(耕作權)만을 갖고 그 대신 조세(租稅) · 공부(貢賦) · 역역(力役)의 의무를 지며 빈곤한 생활을 면치 못하고 있었다. 농민의 부담으로 가장 힘겨웠던 것은 군역(軍役)과 요역(徭役)이었다. 그들은 이 같은 고역(苦役)으로 말미암아 농토를 떠나 유민(流民)이 되거나 혹은 노비(奴婢)로 전락하는 일도 있었다.

천민계층(賤民階層)은 농민보다 더 천대를 받는 최하류의 피지배계층(被支配階層)이었다. 향(鄕) · 소(所 · 부곡(部曲) · 역(驛) · 진(津) · 관(館)과 화척(禾尺) · 재인(才人) · 노비(奴婢) 등이 이에 속하였다. 향(鄕) · 소(所) · 부곡(部曲)은 집단으로 거주하며 특수행정구역을 이루어 어떤 것은 현(縣)보다 행정구역이 더 큰 것이 있었다. 그 중에서도 사회의 최하층에서 가장 천대를 받는 것은 노비였다. 노비는 국가기관에 예속된 공노비(公奴婢)와 개인에 예속된 사노비(私奴婢)로 구분되었다.

고려시대에는 이처럼 철저한 신분사회가 시행되고 있었기 때문에 공사노비는 천민으로서 이주의 자유가 제한되어 있어 관광에 참여할 수 없었으며, 따라서 관광참여계층은 자연히 상류지배계층에 국한될 수밖에 없었을 것이다. 즉 호족(豪族)이나 권문세가(權門勢家), 사대부(士大夫), 양반 등에게만 여가를 누릴 수 있었다. 즉 생계에 지장이 없거나 특별한 생업을 필요로 하지 않는 유한계층(有閑階層)이 풍류를 즐기기 위하여 명승(名勝)을 찾아 구경을 다녔던 것에서 그 연원을 찾을 수 있을 것이다. 그러나 서민들의 경우에는 농번기를 피해 잠시나마 가까운 강변이나 해변, 개울 등에 나가 낚시를 하거나 그물로 고기를 잡으면서 목욕을 즐기는 등의 일상생활권 내에서의 이동이 주류를 이루고 있었을 것이다.

한편 고려시대에는 역참제도(驛站制度)가 발달하여 교통기반시설을 서서히 갖추어 나갔다. 고려의 역(驛)은 육상 교통로에 설치되어 중앙과 지방 및 외국과의 신속한 전명(傳命)을 행하는 것과 사신 왕래에 불편함이 없도록 영송(迎送)을 지원하는 것 등을 주요 임무로 하였다. 특히 고려시대의 역로(驛路)조직은 변방지역에 대한 교통 · 통신관계를 신속하게 대처하기 위한 군사적인 측면이 강하게 반영된 것으로 지적되고 있다. 전국 525개역 중 147개역이 개경을 중심으로 서북, 동북, 강원도 연안에 분포되어 있는 것이 그것을 반증한다.

고려시대의 국외여행은 대외적인 관계와 더불어 상류층의 사람들이 여행을 하였는데 이들의 공식적인 여행목적은 주로 정치 · 외교적인 것으로서 동여진(東女眞), 서여진, 송, 거란 등과 같은 나라들과 방물(方物)전달이나 생신축하, 왕위책봉 등 공식적인 업무성격을 띤 사신들의 여행이 주류를 이루었으며, 귀족 자제인 학생교육 및 인재양성을 위한 유학 등 교육목적의 국내여행도 많이 나타나고 있다. 또한 이 시대는 비로소 우리나라가 서방세계에 알려지는 계기가 되어 사라센(大食國)상인들의 왕래나 왜나 여진의 상인과 사신왕래가 빈번하여 국제관광이 성행하였음을 알 수 있다.

2) 조선시대(근세)

조선시대의 신분제도는 관료조직(官僚組織)의 중추가 된 양반계층(兩班階層)을 비롯한 중인(中人) · 상민(常民) · 천민(賤民)으로 대별할 수 있으며, 양반은 지배계급으로 학업(學業)에 전념함으로써 관리(官吏)로 입사(入仕)함을 궁극의 목표로 삼은 최상의 지식인에 속한 사대부(士大夫)들이며, 그들의 생활기반은 국가로부터 전지(田地)와 녹봉(祿俸)으로서 충당하였고, 생산과 부역(賦役)의 의무를 면하였다. 이들 양반 중에도 문(文) · 무(武) · 적(嫡) · 서(庶)의 차별이 있었다.

중인(中人)은 기술관에 속하여 외국어(外國語) · 의학(醫學) · 법률(法律) · 천문(天文) · 지리(地理) · 산학(算學) 등과 같은 관직에 종사하고, 그들의 직업은 세습(世襲)하게 되어 대대로 서울의 중앙관서(中央官署)에 종사한 양반에 이어 지배층에 속한 지식인들이었다. 또한 지방관아(地方官衙)에는 수령(守令)밑에서 실무를 담당한 향리(鄕吏)도 이에 속한다.

상민(常民)은 농(農) · 상(商 · 공(工) 등의 생업에 종사하고, 국가에 부역의 의무를 지녔으며, 이들 대부분은 농민들이다. 농민들은 자작농(自

作農)도 다소 있었으나 대부분 전호(佃戶: 小作農)들로서 그들의 수확은 조세(租稅)로 전주(田主)나 국기기관에 납부하고 나머지로 생계를 유지하게 되며, 그밖에 공납(貢納)과 병역(兵役) · 부역(賦役)의 의무가 있어 대부분 영세농의 상태를 벗어나지 못하여 생활향상의 기대를 가질 수 없었다. 상 · 공업에 종사하는 자도 농본주의(農本主義)로 상 · 공업이 억제되어 제반 활동이 규제되었기 때문에 농민보다도 오히려 천시된 경향이 있었다.

천민(賤民)은 최하층으로 재산과 같이 매매(賣買) · 양여(讓與) · 상속(相續)될 수 있는 노비(奴婢)들이었으며, 이들은 공천(公賤: 官奴婢) · 사천(私賤: 私奴婢)으로 구별되었다. 노비 이외에도 노비나 다름없이 천시되었던 광대 · 무당(巫堂) · 창기(娼妓) · 백정(白丁) 등이 있었다.

그러나 이러한 신분체제는 18세기 말 서서히 무너져, 순조(純祖) 1년(1801)에는 여러 궁방(宮房)과 관아(官衙)에 예속되어 있던 노비에 관한 장적(帳籍)을 불살라 버리고 그들이 양민이 되는 것을 허용하게 되었으며, 대부분의 관노비(官奴婢)는 법제상(法制上) 노비신분에서 해방될 수 있었다.

조선시대에 들어서면서 전국에 41개의 노선(路線)과 538개의 역(驛), 1200개의 원(院)이 설치되어 서울을 중심으로 각지에 방사상(放射狀)으로 교통망이 발달되어 지역과 지역 간의 교류가 활발하게 이루어지고 관민(官民)의 여행과 매년 정기적으로 개최되는 그 지방 특유의 민속행사 참가, 산렵(山獵), 뱃놀이 등 여러 여행현상이 나타나게 되었다.

조선시대에는 교통과 통신수단으로서 역참(驛站) · 조운(漕運) · 봉수제도(烽燧制度)가 있었는데 그 중 육운계통을 형성한 도로망이 역참으로, 그것은 사회경제상의 의의를 지니는 산업도로로서의 기능보다는 군사 · 행정상의 기능을 가진 것이다. 역(驛)은 통신기능, 숙박기능, 교통 · 운송기능을 수행함으로써 중앙집권적 통치체제를 공고히 유지하는데 궁극적인 동맥(動脈)의 구실을 한다.

한편 관용(官用)으로 출장을 가는 관원들을 위한 여관인 역(驛)과 반관반민(半官半民)의 성격으로 평민이 관리하고 공용여행자의 숙식 이외에 일반 민중의 여사(旅舍) 또는 가난한 자에게 음식을 제공하고 여행자에게 약을 무료로 제공하였던 원(院)제도도 생겼으나 임진왜란(1592년, 선조25년)과 병자호란(1636년, 인조14년) 등을 거치면서 유명무실하게 되었다. 그 후 객상(客商)을 숙박시켰던 객주(客主)와 여상(旅商)을 숙박시켰던 여각(旅閣) 및 주막(酒幕) 등이 등장하여 그 기능을 담당하게 되었다. 역(驛)이나 원(院)이 관용적(官用的) 성격을 띠었다면 객주(客主)나 여각(旅閣)은 사용적(私用的) 성격을 띤 것으로 일반여행자보다는 상인을 대상으로 한 여숙(旅宿)이었고, 주막의 경우에는 임진왜란 때부터 성행하여 주로 시골의 길거리에서 일반여행자를 대상으로 술과 음식을 제공하고 숙박도 겸하는 여숙(旅宿)의 형태였다. 또한 조선중기 이후에는 보부상(褓負商) 조직이 전국적으로 이루어져 상인들의 왕래가 왕성하게 이루어지고 있음을 알 수 있다.

3. 근대의 한국관광

근대에 들어 최초의 관광형태는 일본을 통해 서구문물을 받아들이고자 했던 갑오경장(甲午更張: 고종 31년, 1894)이후의 개화기에 기초하고 있다. 이때 일본으로부터 관광단(觀光團) 일행이 우리나라의 문물을 견학하고자 단체여행을 했던 기록이 그것이다.

근대관광의 태동은 1876년 일본과의 병자수호조약(丙子修護條約: 강화도조약)의 체결에 따라 삼포개항(三浦開港)으로 이어져 1876년 부산(釜山), 1880년 원산(元山), 1882년 인천항(仁川港)이 차례로 개항되게 되었다. 1884년에는 인천과 상하이(上海) 간 기선항로가 열리게 되었으며, 1887년에는 목포(木浦)와 진남포(鎭南浦)항이 개항되었다.

근대에 들어와 우리나라 최초의 관광사업은 소규모 숙박시설로부터 출발하고 있는데, 인천 서림동에 위치한 1889년(고종 26)의 대불(大拂)호텔이 그것이다. 그 후 이 호텔 바로 길 건너에 스튜워드(Steward)호텔이 개업되어 우리나라를 찾아오는 외래객들이 이용하였으나, 1899년에 경인선 철도가 개통됨으로써 반드시 인천에 숙박해야 할 필요가 없게 되고 보니 이용객이 줄어들어 사양길을 걷다가 문을 닫았다. 그리고 1896년 손탁(Sontag)호텔이 서울 정동에 개관되어 프랑스 요리를 선보였다. 1900년경 서울에는 파성관(巴城館) · 우라오여관(浦尾旅館) · 야마모토여관(山本旅館) 등 5개의 여관과 12개의 요리점이 있었으며, 당시의 요리점은 사교뿐만 아니라 숙박도 가능했던 것으로 알려지고 있다.

1899년에는 서울(당시에는 경성)의 청량리와 서대문 간에는 전차궤도가 완공되었으며, 동년 경인선(노량진↔제물포)이 개통되었다. 1900년에는 대한제국 철도원이 신설되면서 1905년 경부선 개통, 1906년 경의선 개통 등 주요 간선 철도망이 속속 완공을 보게 되었고, 1908년 부산↔신의주 간 급행열차(隆熙號)가 운행되고 차내 영업도 승인되었다.

한편 1905년 부관연락선(釜關連絡船)의 취항으로 일본과 국내의 교통망이 형성되자 조선을 찾아오는 일본인 여행자의 수가 증가하였고, 제2차 세계대전 종전 직전까지 취항하여 한 · 일 간의 중요한 해상교통로가 되었다.

1908년 7월에는 철도승차권의 대리발매업무를 토마스 쿡 앤드 선(Thomas Cook & Son)상회 및 영국침대 회사의 동양지배인과 협정하여 판매하기도 하였으며, 1909년에는 여행자의 편의를 도모하기 위해 각 역에는 명승지 안내판이 설치되었다. 한편 동년 서울 정동에 프랑스 여인의 소유였던 하남(何南)호텔이 개업하였다.

1912년 7월 15일에는 부산역과 신의주역에 각기 부산철도호텔과 신의주철도호텔이 개관하였고, 또한 1914년에는 여행업의 효시라 할 수 있는 일본교통공사(JTB: Japan Tourist Bureau)조선지사가 개업하였다. 일본교통공사조선지사는 조선총독부 철도국 내에 영업소를 시작으로 평양, 부산, 군산, 전주에 각각 안내소를 설치하고 해주, 여수 등지에도 사무소를 두는 등 여행안내 및 철도승차권의 대매업무(代賣業務)를 수행하였다. 그러나 일본교통공사조선지사는 한국인을 위한 여행업무를 했다기보다는 일본인의 방한여행에 주력한 것으로 보인다. 동년 1월 11일에는 호남선(대전↔목포)이 개통되었다.

1914년 3월에는 당시로서는 초현대식 호텔인 조선호텔이 객실 69실 건평 2,123평의 규모로 개업하였다. 1919년 4월에 경성철도학교가 개교되었고, 동년 12월에는 서울(당시 경성)에 택시영업이 개시되었다. 1923년에는 부산에서 중국의 봉천(현재의 瀋陽)까지 최초의 국제열차가 개통되었다. 1926년에는 일본항공이 한국영공 경유로 오사카(大阪)↔다렌(大連) 간 국제선 정기항로 영업을 개시하였고, 1928년에는 서울에 최초의 시내버스(京城附營버스)가 등장하였다. 1929년에는 서울 여의도를 비롯하여 대구, 평양, 신의주, 울산, 함흥, 청진 등지에 간이 착륙장을 개장하여 군용기 및 민간항공기의 운행이 개시됨에 따라 국내선 운항의 기틀이 조성되게 되었다. 동년에 조선박람회가 개최됨에 따라 일본항공수송에서는 최초의 한국여객노선이 선보이게 되었으며, 1931년에는 현재 관광택시의 일종인 경성유람자동차가 등장하게 되었다. 한편 동년 12월에 장항선이 개통되었다. 1936년에는 미국의 스타틀러 호텔의 대중상업용 호텔양식을 도입한 반도호텔이 개업하였는데, 이 호텔 내에 있는 몇 개의 객실은 일시적이나마 대통령 집무실로 사용된 적이 있었다. 1939년에는 경춘선(청량리↔춘천)이 개통됨으로써 강원도 지역의 관광에 활기를 불어넣게 되었다.

4. 현대의 한국관광

1) 해방 이후~1950년대의 관광

일본이 패망하자 1945년 10월에 일본 여행사인 JTB(Japan Travel Breau)를 인수하여 우리나라 최초의 여행사인 조선여행사가 설립되었고, 1949년에 대한여행사로 회사명을 변경하였다. 또한 1948년에는 우리나라 최초의 항공사인 대한민국항공사(KNA: Korean National Airlines)가 설립되어 서울-부산, 서울-강릉, 서울-광주-제주 등의 노선이 취항하였으나 탑승객이 적어 경영난을 겪기도 했으며, 1949년에는 미국 팬암항공사가 시애틀-도쿄-서울을 연결하는 노선에 취항하였는데 우리나라 최초의 외국항공사 국내취항이었다.

1950년 2월 13일에는 한국 최초의 국내여행업체인 서울교통공사가 설립되었으며, 동년 12월에는 그간 전쟁으로 중단되었던 국내선 운항이 부정기적으로나마 재개되었다. 1952년에는 정부 역사상 처음으로 교통부에 관광계가 신설되어 처음으로 관광행정업무를 담당하였고, 관광계는 1945년 관광과로 승격되었다.

1957년에는 교통부가 세계관광기구(UNWTO) 전신인 IUOTO(국제관설관광기구)에 가입하여 국제협력기반을 조성했으며, 동년 6월에는 대통령령 제1850호로 중앙관광위원회(교통부장관 자문기관)와 지방관광위원회(시 · 도지사 자문기관) 등을 설치하였고, 1959년에는 민간관광단체인 한국호텔업협회가 발족되었다. 이 무렵 주된 관광여행자는 주한외국인들이었다. 1950년대 후반 이들은 RAS(Royal Asiatic Society)라는 조직을 만들어 전국의 명소를 누비고 다녔는데, 이 때 등장한 호텔이 온양호텔 · 불국사호텔 · 서귀포호텔 · 해운대호텔 등이다.

이와 같이 8 · 15해방 이후 1950년대까지의 관광은 우리나라 최초로 여행사와 항공사가 설립되고 관광행정이 시작되었지만, 정부수립 이후의 사회혼란과 6 · 25전쟁에 따른 정치 · 경제 · 사회적 불안 등으로 발전을 이루지 못해 우리나라 관광사에서 암흑기라고 할 수 있다.

2) 1960년대의 관광

1961년에 들어서자 관광에 관한 최초의 법률인 관광사업진흥법이 제정 · 공포되어 우리나라 관광의 전환점을 이루게 되었다. 1962년 민간관광사업이 한계를 보이자 정부가 나서서 외화획득을 위한 관광사업과 국제수지 개선을 위하여 정부출자의 국제관광공사와 대한항공공사를 설립하였으며, 유능한 관광안내원을 양성하기 위하여 통역안내원 자격시험제도가 도입되었다. 1963년도에는 교통부 관광과가 관광국으로 승격되었고, 관광외화를 획득할 목적으로 종합위락시설인 워커힐이 당시 최대규모(254실)로 개관하였다.

1965년 워커힐호텔에서 개최된 태평양지역관광협회(PATA: Pacific Area Travel Association) 제14차 연차총회는 대규모 외국인관광객을 유치하기 위하여 적극적인 활동이 필요하다는 것을 인식한 중요한 계기가 되었다. 일본은 1964년 자국민의 해외여행 자유화를 실시하였는데, 1965년 한 · 일국교정상화는 일본관광객에게 문호를 개방함으로써 우리나라 관광의 발전에 일대 도약의 계기를 마련하였다. 또한 이 시기에 관광호텔종사원 자격시험제도가 실시되어 접객서비스의 질적 향상에 기여하였다.

1966년에는 외국 관광전문가에 의한 한국관광지 전반에 관한 연구보고서(일명 Morton, D. Kauffman 보고서)에서 한국 관광사업의 밝은 전망을 제시하였다. 1967년은 '국제관광의 해'로 정해 국제친선과 외래관광객의 방한촉진을 조성했으며, 이 해 3월에는 공원법이 제정됨에 따라

지리산이 국내 최초로 국립공원으로 지정되었고, 5월에는 한 · 일 항공협정이 체결되었다.

이와 같이 1960년대 우리나라의 관광은 처음으로 정부의 적극적인 관광진흥시책과 제도에 의하여 활기를 띠기 시작했다는 점에서 우리나라 관광의 태동기라고 할 수 있다.

3) 1970년대의 관광

1970년에 경부고속도로가 개통되면서 전국이 1일 생활권이 되는 동시에 전국적으로 관광지 개발을 촉진시켰다. 1972년 1월에는 국제관광공사에서 한국의 관광자원을 집대성한 '한국관광자원총람'을 발간하였으며, 1974년에는 미국 보잉(Boeing)사와 계약을 체결 '한국관광종합개발기본계획'이라는 보고서가 발간됨으로써 국가적 차원의 관광개발계획이 수립되었다.

1975년에 열린 경제장관간담회에서는 관광산업을 국가전략산업으로 격상시키고 수출산업에 준하는 세제감면 혜택과 금융 · 행정지원 등을 제공하기로 결정하여 이후 신규호텔의 건설이 증가하였다. 그리고 1975년 12월에는 종전의 관광사업진흥법을 폐지하고 관광기본법과 관광사업법으로 분리 제정 · 공포하여 외화획득을 위한 국제관광 진흥정책에서 건전한 국민관광의 발전도 도모하겠다고 선언을 한 점은 우리나라 관광사에서 특기할 만하다고 할 수 있다.

특히 1975년 전후시기에 외국인관광객을 유치하기 위하여 경주 보문단지와 제주 중문단지와 같은 대규모 관광단지의 개발에 착수하는 등 관광진흥에 대한 노력으로 1978년 우리나라 관광역사상 처음으로 외래관광객 100만명선을 돌파하고, 관광수입 4억 달러라는 결실을 맺게 되어 관광입국으로서 기틀을 마련했을 뿐만 아니라 관광선진국으로 도약할 수 있는 가능성을 보여주었다.

이와 같이 1970년대 우리나라의 관광은 경제성장과 더불어 관광산업을 국가전략산업으로 육성 · 발전시켜 관광입국의 초석을 다졌다는 점에서 우리나라 관광의 성장기라고 할 수 있다.

4) 1980년대의 관광

1982년 1월 5일 야간통행금지 해제조치는 국민생활과 경제산업활동에 촉진제가 되었을 뿐만 아니라 대외적인 이미지 개선에도 큰 기여를 하였다. 특히 시간의 제한 없이 관광을 즐길 수 있게 되자 외국인관광객들의 심야관광활동이 활기를 띠게 되었고, 일본인관광객들의 주말여행이 성행하여 관광수입을 증대시키는 기폭제가 되었다.

1983년 1월 1일부터 관광여권(50세 이상)과 친지방문여권 발급제도의 부분적 시행으로 국외여행 자유화 시대를 선언하게 되었다. 동년 9월에는 대한민국 건국 후 최대 국제행사라는 미주여행업협회(ASTA: American Society of Travel Agent) 제53차 총회가 개최되었다.

1986년에는 관광사업법을 폐지하고 관광진흥법을 제정 · 공포하여 종전의 규제중심의 정책에서 민주적 정책으로 전환하는 계기가 되었으며, 1988년에는 서울올림픽이 개최되었을 뿐만 아니라 이 무렵 제2민항인 아시아나항공사가 출범하여 우리나라 관광산업의 발전에 새로운 전기를 마련하였는데, 이 해에 외래관광객 유치 200만 명을 돌파하였다.

1988년 1월 1일에는 해외여행 3단계 완화조치(해외여행 자유화 연령을 45세→40세로 낮춤)가 시행되었고, 1월 26일에는 해외여행 4단계 완화조치(해외여행 자유화 연령을 40세→35세로 낮춤)가 취해졌으며, 7월 1일에는 해외여행 5단계 완화조치(해외여행 자유화 연령을 35세→30세로 낮춤)가 이루어지게 되었다.

한편 1989년 1월 1일에는 그간 부분적으로 시행해오던 해외여행이 완전 자유화되어 관광산업을 국제화하는 토대를 마련하였는데, 이후 내국인들의 해외여행이 폭증하자 국외여행업체가 급증하게 되었다.

이와 같이 1980년대 우리나라 관광은 1970년대 초석을 바탕으로 여러 기회요인에 의하여 외래관광객 대량유치와 내국인 해외여행자유화의 기반을 마련하였으므로 관광의 도약기라고 할 수 있다.

5) 1990년대의 관광

1991년도에 처음으로 외래관광객이 300만 명을 돌파하였고, 1992년에는 중국과 수교하여 관광시장 다변화의 계기를 마련하였으며, 1993년의 대전엑스포, 1994년의 한국방문의 해 사업 등으로 인하여 1990년대에도 외래관광객 유치는 꾸준히 늘어났으나 무분별한 국민해외여행으로 인하여 1994년도부터는 관광수지가 적자로 나타나기 시작하였다. 그리고 동년 12월 23일 1954년 이후 관광분야를 관장해 오던 교통부가 그 업무를 문화체육부로 이관하게 되었다.

1997년 말부터 시작된 외환위기에 따른 IMF체제의 기간에는 국외여행사를 비롯하여 호텔 · 외식사업체 등 많은 관광사업체가 도산하거나 구조조정을 겪어야 했다. 따라서 이 기간에는 비록 1998년에 처음으로 외래관광객 400만 명을 돌파하였으나 국내관광의 불황과 내국인의 국외여행이 저조하여 전체적으로 관광산업은 침체기 국면을 맞이하였다. 이러한 여건 속에서 1998년에는 금강산관광이 시행되어 남북관광시대의 물꼬를 트는 역사적인 순간도 맞이하였다.

6) 2000년대의 관광

IMF체제를 벗어나기 시작한 2000년대에 들어서자마자 대망의 외래관광객 유치 500만명선 돌파에 관광수입 약 68억 달러를 달성하였다. 2001년에는 인천 신공항이 개항하여 동북아의 허브공항으로서 역할을 하게 되었으며, 2002년 한 · 일 월드컵이 개최되어 대규모 관광객 유치는 물론, 대외 이미지 제고에 한 몫을 하였다. 또한 2004년도에는 2000년대 초부터 불기 시작한 한류열풍이 최고조에 달하였고, 고속철도 KTX의 개통 및 대형 국제회의 개최 등 외래관광객 유치를 위한 여러 기회요인을 맞이하였으며, 국내관광분야에서도 주 5일제 근무 실시에 따라 국내관광산업이 활성화되었다.

2010~2012 한국방문의 해 사업을 계기로 외래관광객 유치 확대를 위한 대책을 모색하였으며, 관광인프라 확충을 위한 제도개선과 규제개혁을 통해 선진형 관광산업으로 도약하기 위한 제도적 기반을 마련하였다. 2012년 외래관광객 1000만 명 시대에 진입한 이후 2013년 한국을 방문한 외래관광객은 전년대비 9.3% 증가한 1,218만 명으로 역대 최대 규모를 기록하였다. 특히 중국 시장이 전년대비 52.5%의 성장률을 보이며 급격히 증가하여 우리나라 제1의 인바운드 시장으로 올라서면서 방한 시장 구성에 큰 변화를 가져왔다.

한편 2013년 10월 서울에서 관광경찰이 출범한 데 이어 2014년에는 부산과 인천에도 관광경찰이 출범하여 안전하고 편안한 한국관광을 위해 활동하고 있다. 2014년에는 관광두레사업을 본격적으로 추진하였고, '올해의 관광도시'사업을 처음으로 시행하였으며, '2016년 올해의 관광도시'에는 제천시 · 통영시 · 무주군이 선발되었다.

제2절 세계 관광사

1. 고대의 관광

1) 이집트 시대의 관광

기원전 4500년경 메소포타미아문명의 바빌론제국(함무라비 대왕)은 상업도시를 형성하여 상류층은 여가 활동을 누렸고, 기원전 4000년경 재능이 풍부한 민족인 슈메르족(바빌로니아, 현 이란 남부)은 화폐 · 문자 · 바퀴를 발명하여 문명에 명예로운 공헌을 하였으며, 여행의 개척자 역할을 담당하였다고 한다.

특히 메소포타미아문명은 농업이 성행하였고, 자연의 재해와 침략을 막기 위해 종교의식이 행해졌는데 종교축제의식의 일환으로 놀이 및 레크리에이션이 발생하였던 것이다. 이 메소포타미아문명이 이집트로 전파되면서 그곳에 예술, 문학, 여가를 만들었다.

이집트에서 여행자의 대부분은 정부의 관리들이었다. 기원전 3200년경까지 제1폭포 이북의 나일계곡은 한 사람의 왕의 지배하에 놓여 있었다. 델타지역의 3각형 정점 바로 밑에 있는 수도 멤피스로부터 파라오(Pharaoh)는 행정관과 대관(代官), 사자들을 하천의 상류와 하류로 파견하였다. 이집트인이라면 누구나 아비도스(Abydos)에 있는 오시리스(Osiris) 성역에 기념비를 남기고 싶어 했는데, 공무로 그곳을 경유하여 여행을 한 고관들도 예외는 아니었다. 파라오의 가신(家臣)들은 하천을 따라 가고 오고 했을 뿐만 아니라 동쪽의 사막을 넘어 시나이 반도에까지 여행하였다.

이집트에서는 종교가 주민들의 주요 관심사였고, 나일 강을 이용하여 찾아 가면 이집트 전 지역 어느 곳이든지 비교적 용이하게 도달할 수 있었으므로 그 시기에는 많은 수의 사람들이 여행하였다.

헤로도투스(Herodotus: BC 484?~425?)가 기록으로 남기고 있는 다음과 같은 광경은 아마도 그의 시대보다 몇 천 년 이전부터 행해지고 있었을 것이다.

"이집트인이 모여서 축제를 벌이는 것은 1년에 한 차례만 그런 것이 아니라, 수차례나 행해진다. 가장 성대하면서도 가장 인기 있는 제1의 축제는 부바스티스 축제(Bubastis)이고, 제2는 부시리스(Busiris), 제3은 사이스(Sais), 그리고 제4는 헬리오폴리스(Heliopolis), 제5는 부토(Buto), 제6은 파프레미스(Papremis)의 축제이다. 그들이 부바스티스에 모일 때, 다음과 같은 광경이 벌어진다.

"그들은 남성이든 여성이든 모두 함께 배를 타고 강을 따라 그 지역으로 향한다. 강을 따라 전진하면서 여성 가운데 어떤 사람은 캐스터네츠를 울리고, 남성 가운데 어떤 사람은 피리를 불고 있으며, 다른 사람들은 남녀 할 것 없이 손뼉을 치면서 노래를 부르는 것이다. 마을 앞을 통과할 때 그들은 언제나 배를 언덕에 대고 다음과 같은 행동을 한다. 여성 가운데 어떤 이는 위와 같은 행동을 계속하거나, 다른 사람들은 큰 소리를 외치고 마을 부녀자들을 희롱한다. 어떤 사람들은 춤을 추고, 그 이외의 사람들은 마을 쪽을 향해 서서 나체가 된다. 그들은 강가의 모든 마을입구에서 이런 행동을 반복하여 행한다. 그리고 부바스티스에 도착하면, 그들은 성대한 희생물을 바치는 제사를 올린다. 이 축제 기간에 소비되는 와인의 양은 이 시기를 제외한 1년간에 소비되는 양보다도 많다. 이 지역 사람들의 말에 따르면 남녀 포함하여(어린이들은 계산에 넣지 않는다) 70만 명에 가까운 사람들이 그 곳에 모인다고 한다."

헤로도투스가 말하는 과장된 참가자의 인원을 감안한다 하더라도, 그 당시 엄청난 인원의 사람들이 한꺼번에 이동하였다는 사실에는 틀림이 없다.

그리고 기원전 1500년경의 이집트에서는 관광여행, 즉 단순한 호기심 또는 즐기기 위한 여행이 존재했다는 확실한 증거를 확인할 수 있다. 그것이 어째서 메소포타미아에서가 아니고 이집트에서 시작되었는가 하면, 파라오들은 기원전 2700년경부터 나일 강 연안에 풍부하게 널려 있는 건축용 석재를 사용하여 피라미드와 같은 장엄한 묘와 신전 등을 건조하고 있었기 때문이다. 그 결과 후대의 이집트인들은 먼 옛날의 건축물에 둘러싸여 실로 야외박물관에서 생활하는 것 같은 상황에 놓여 있었다.

이집트에서는 일찍이 메소포타미아(Mesopotamia)를 중심으로 관용여행이 성행하고 있었으나, 그것은 단지 지방과 중앙정부 간의 통신을 전달하기 위한 것이었지만, 이 지역의 여행 증가는 점차 호스피탈리티 센터(hospitality centers)와 호텔의 개념과 같은 숙박시설들이 등장하게 된 것이다.

지금의 그리스 영토인 크레테(Crete)섬에는 기원전 1500년경에 세워진 가장 오래된 호스텔(hostel)이 남아 보존되고 있다. 이 호스텔은 크노수스(Cnossus)에 있는 궁(宮)에 가는 길을 따라 길가에 위치한 우아한 유물로서, 몇 개의 방과 부엌 그리고 식당도 갖추어진 숙박시설도 있어 당시 여행의 형태와 숙박의 개념을 찾아 볼 수 있는 역사적인 의미를 갖고 있다.

이집트에 있어서 또 한 가지는 대사원(大寺院)과 무덤(pyramids) 등의 유물들은 오늘의 관광객들에게 호기심과 역사교육을 줄 수 있는 크나큰 관광자원으로서의 사명을 다하고 있지만, 고대 이집트의 여행은 무역과 같은 상용여행, 관용여행, 종교적인 축제여행이 성행하면서 숙박시설의 발전을 동시에 촉진하고 있었다.

2) 그리스 시대의 관광

그리스 도시국가 대부분은 바다연안에 몰려 있었다. 경제적으로 번영한 아테네, 고린토, 시라쿠사, 미레토스 등의 도시는 모두가 항구도시였다. 철도가 출현하기까지, 배는 무거운 짐을 운반하기 위한 유일한 수단이었으며, 장거리를 여행하는 데 있어 가장 편리한 수단이었다. 따라서 선박여행이 주를 이루었다.

헤로도투스의 기술에서도 이집트의 축제에 운집하는 사람들의 수도 엄청났다는 것을 알 수 있는데, 그리스의 축제도 마찬가지로 많은 사람들을 불러 모으고 있었던 것이다. 공동으로 종교의식을 치른다는 발상은 그리스 역사상 오랜 옛날부터 있어왔다. 인접해 있는 도시국가들이 공통으로 숭배하는 신에게 의식을 바치기 위해 모이는 행위가 관습으로서 확립되었다. 이유는 잘 알려져 있지 않으나, 점차 그 가운데 4가지는 중요도가 커져서 전 그리스인이 참가하는 민족적 축제로 인정을 받게 되었다.

그 축제는 올림피아(Olympia) 제전, 피티아(Pythia) 제전, 이스트미아(Isthmia) 제전, 그리고 네메아(Nemea) 제전이다. 어떤 축제도 어느 특정 신(神)을 받들고, 희생의식과 기원(祈願)이 포함되어 있었다. 이러한 행사를 '경기(競技)'로 불리어진 것은 그리스인들이 고도의 육상경기와 예술적 연기를 신들을 숭배하는 방법의 하나로 믿고 있었기 때문이다.

축제는 동서고금을 막론하고 관광객을 유인하고 있는 모든 매력물을 하나로 모은 것이었다. 대행사에 참가하여 특별한 경험을 하고 있다는 감동, 성대한 축제 분위기와 틈틈이 그에 감격을 안겨주는 종교적 순간, 신기한 구경거리, 고도의 기량을 보유한 선수들의 경기 등과 이러한 모든 것과 더불어 유명한 건축물과 예술작품을 감상할 기회 등이 그것이다.

아테네도 기원전 5세기 후반부터는 관광목적지로 발전하였다. 아크로폴리스에 파르테논 신전 등의 새로운 건축물이 세워진 것이다. 이익추구를 목적으로 하지 않고 관광을 떠나려면 여가(餘暇)와 돈이 필요하다. 기원전 5세기와 4세기에 그와 같은 특권을 향유하고 있었던 것은 그리스 사회의 상류계층에 속하는 극히 소수의 사람들이었다.

기원전 5세기 무렵이면, 신전의 경내(境內)에는 전용 숙박시설이 정비되어 있었다. 약간 늦게 몇 개 도시들도 신전의 예를 모방하여 숙박시설을 경영하게 되었다. 그리스 서부 에페이로스의 중심지로부터 약간 떨어진 장소에서 발견된 숙박시설의 유적은 그 일례이다. 정면입구는 기둥으로 장식되어 있고, 중정(中庭)은 널찍하여 대개 14m×12m 정도였다. 모든 객실은 중정을 향하고 있었는데, 1층에는 18실, 2층에는 12실 정도이고, 침대 이외에도 테이블까지 놓여 있었다. 도시는 또한 레스케(leschai)로 불리는 개랑(開廊)을 운영하고 있었다. 이는 주민이 비와 따가운 태양을 피하여 휴식을 취하는 휴게장소였으나, 숙박시설을 이용할 만큼 돈이 없는 사람이나 여행자에게도 급한 대로 지붕만은 제공하였다.

축제가 벌어지는 동안에는 공식 혹은 비공식적인 구경거리가 끊임없이 이어졌으므로, 사람들은 지루할 새가 없었다. 어느 정도 큰 도시의 경우, 기분전환을 원하는 사람들은 카페레이아(Kapeleia) 또는 포티스테리아(Potisteria)라 불리는 주점(酒店)을 찾아 갈수가 있었다. 그곳에서는 와인을 마실 뿐만 아니라 식사를 하든가, 도박을 하기도 하고, 무희들의 춤 구경도 할 수 있었다. 대부분의 경우 그러한 술집은 매우 소박하여 그렇게 고급스러운 고객을 상대로 영업을 한 것은 아니었다.

한편, 그리스는 무엇보다도 근동(近東)지역과 아프리카 일부와 해상무역이 성행하여 에게해(Aegean Sea) 주변과 특히 델로스(Delos) 섬을 중심으로 상용목적의 여행객들이 많이 집중되고, 또한 도시 간에도 관광루트가 잘 발달되고 있었다.

이 시대의 관광이 새로운 차원의 전기를 주어 그리스는 상용여행, 관용여행 및 종교여행이 역시 주종을 이루고 있었다. 그리고 델포이(Delphoi)에 있는 아폴론 신전과 아테네(Athenai)의 제우스 신전이 유명하여 여행객들을 많이 유치하게 되었고, 이 시대의 여행객들은 이러한 여행 중에 민박하는 것이 보통이었다. 특히 여행자를 모두 제우스신의 보호받는 '신성(神聖)한 사람'으로 생각하고 후대(厚待)하는 습관이 있었다. 이와 같은 환대의 정신이 '호스피탈리타스(Hospitalitas)'로서 최고의 미덕으로 생각했던 것이다.

그리스시대 가운데서도 기원 4세기 중엽 이후의 소위 헬레니즘(Hellenism)시대는 '인간존중의 정신'이 지배했던 시대로서 호스피탈리타스도 이곳에서 기원을 가지는 것이라고 생각된다. 그리고 원거리를 장기간 여행하는 도중 질병으로 치료를 요하는 사람을 수용해서 진료하던 곳을 호스피틀(hospital), 건강한 사람을 따로 숙박시키는 곳을 호텔(hotel)로 분류하여 오늘날의 병원과 호텔로 발전한 것도 이 호스피탈리타스에서 비롯된 것이다.

그리스에서의 여행활성화는 다음의 두 가지 발전요인에 근거한다.

첫째, 화폐교환의 가능이다. 이 제도가 정착되기 전 여행객들은 여행비 마련을 위해 각종 물건을 휴대하여 떠났고 목적지에서 판매한 돈으로 여행비를 지불해야 했다. 그리스 도시국가의 화폐가 당 시대에서 국제화폐로 통용됨에 따라 이러한 번거로움에서 해방된 것이다.

둘째, 그리스어(語)가 지중해 전역에 통용되게 됨으로써 의사소통이 훨씬 용이해진 점이다.

3) 로마 시대의 관광

로마시대에 와서 공화정(共和政)、제정(帝政) 양 시대를 통하여 국가의 법체계가 정비되었고, 이로 인하여 사회적으로 안정적인 기반이 조성되면서 관광은 한층 더 번성하기 시작하였다.

로마사람들은 그리스 사람들보다는 훨씬 미식가였는데 그 상세한 내용은 당시의 요리교본인 '조리의 왕(De re Coquinaria)'을 보아도 알 수 있다. 그래서 각지의 포도주를 마시고 다니면서 미식을 즐기는 식도락은 '가스트로노미아(Gastronomia)'라 불렀으며 하나의 관광형태가 되었다. 이와 같은 미식으로 인해 사람들이 비만에 시달리게 되었으며, 이를 치료하기 위해 요양이 필요하게 되었는데, 남이탈리아의 바이아(Baia)가 대표적인 온천요양지로 등장했다. 바이아는 이런 종류의 관광중심지의 하나이며, 요양객을 위해 연극을 행하고 또한 카지노를 개설하기도 했다.

한편 전통적인 그리스의 경기대회, 예를 들면 제우스에게 바치는 올림피아 경기와 아폴론에게 바치는 피티아 경기는 오래도록 존속하였다. 기원 2세기가 될 무렵에는 1년 중 130일은 축제일이었는데, 전차(戰車) 경주 · 복싱 · 연극 등과 같은 인기 있는 대중오락이 펼쳐졌다. 특별한 축제일에는 검(劍)투사 경기가 대대적으로 개최되어 유혈장면을 좋아하는 로마인들의 취향을 마음껏 충족시켜주었다.

로마의 상류사회 사람들은 2종류 이상의 빌라를 소유하고 있었다. 신선한 봄과 기후조건이 쾌적한 계절에는 해변빌라, 지중해의 따가운 햇볕이 있는 여름에는 산 속의 빌라가 가장 알맞았다. 항상 같은 장소를 찾아 가는 단조로운 생활을 피하기 위하여 여러 가지 형태의 빌라를 몇 개씩 소유하는 일도 많았다.

역사상 유명한 고대 로마의 도로는 본래 정치적 · 군사적 목적에서 건설된 것이었으나 관광의 발달에도 크게 공헌하였다. 그 가운데서도 로마시를 중심으로 교외로 뻗은 7개의 가도(街道) 특히 남부의 브린디시

(Brindisi)까지 이르는 아피아(Appia) 가도(312년 클라우디우스카이쿠스 감찰관이 조성한 로마의 군사도로)는 가도의 여왕(Regina Viarum)으로 불리어 번영하였다.

또한 로마는 곧 이러한 도로망을 이용해 세 대륙에 있는 속주(屬州 Procincia: 이탈리아 밖에 있는 로마 제국의 영토로 로마에 공물을 바쳐야 하는 지역)와 신속하고 안전하며 정기적인 연락을 유지할 수 있었다. 그런 도로망을 통해 무역을 했고, 새로운 소식을 전했으며, 점점 많은 사람들이 개인적으로 이 길을 통해 여행할 수 있었다.

당시 육상교통수단으로서는 키시움(cisium: 2인승 단거리용 마차), 카렛세(calesse: 3인승 2륜 마차), 프레토리움(praetorium: 4인승 장거리용 4륜 마차), 카루카도르미토리아(carruca dormitoria: 포장과 침대가 있는 4륜 마차) 등이 있었다. 해상교통수단으로서는 소형인 트라케토(traghetto)나 바르카(barca)에서부터 대형인 나베(nave)까지 여러 가지가 있었으며, 대형선인 나베를 이용하여 로마의 오스티아(Ostia)에서 스페인의 카디즈(Cadiz)까지는 7일, 나폴리 근처의 포즈올리(Pozzuoli)에서 그리스의 코린투스(Corinthus)까지는 5일간이 소요되었다고 한다.

한편 주요 도로나 인구가 많은 지역을 여행하고 있을 때는 곳곳에 숙박시설이 있어 선택할 수 있었으며, 모든 숙박시설에는 여행자가 숙박할 침실이 정비되어 있었다. 여행자는 도시 관내로 들어서기 전에 숙박시설과 마주치는 일도 있었다. 현대의 자동차여행자들을 위한 모텔과 마찬가지로 숙사는 시외곽 도로연변에 즐비하게 존재했던 것이다. 그런 숙박시설의 대부분은 로마인이 스타불룸(Stabulum)이라 불렀던 종류의 것이었다. 그것은 시골마을에 있는 숙사와 마찬가지로 탈것을 일시 보관하는 중정과 야간에 말이나 노새를 붙들어 매 두는 장소를 갖추고 있었다.

로마시대의 관광도 일부분의 계층에만 한정되어 있었지만, 이전보다 성행했던 이유를 종합해 보면 다음과 같다.

첫째, 육로 · 해로의 교통로와 교통수단의 발달이다. 물론 로마시대의 교통로와 교통수단은 군사적인 목적을 위한 것이었지만, 공간적인 이동을 전제로 하는 여행에 이동성을 증대시켰다는 것은 여행발전의 계기를 조성했다고 볼 수 있다.

둘째, 여행자의 편의를 위한 숙박시설의 등장이다. 초기의 숙박시설은 대부분 군인, 관료 등을 위한 공적 목적의 숙박시설에 한정되었지만, 차츰 여행자가 증가함에 따라 일반 여행자들이 쉽게 이용할 수 있는 영리 목적의 숙박시설이 등장하였다.

셋째, 여가시간의 증대와 부의 축적이다. 로마시대에 여행에 참가한 사람들은 제한되어 있지만 여행에 참여한 유한계급은 충분한 여가시간과 부를 축적한 계층이었다.

넷째, 화폐경제의 발달은 여행자의 편리한 이동을 용이하게 하여 이동공간의 확대와 여행기간의 연장을 가능하게 하였다.

다섯째, 지식수준의 향상과 학문의 발달도 여행수요를 증가시켰다. 학문의 발전으로 지적 수준이 향상됨에 따라 지적 욕구를 충족하고자 하는 동기와 미지의 세계를 경험하고자 하는 동경심이 증대되었다.

여섯째, 여행자가 안심하고 다른 지방을 여행할 수 있도록 치안유지가 잘 되었다.

일곱째, 그리스어와 라틴어가 공용어로 통용되면서 의사소통에 불편이 없었다.

2. 중세 유럽의 관광

5세기에 로마제국이 멸망하자 도로가 폐쇄되고 야만인들이 창궐함에 따라 여행하기가 불안해졌다. 로마시대에는 여행객들이 하루 100여 마일을 여행할 수 있었으나 중세기에서는 평균 20마일에 불과했다. 이런 현상은 중세 유럽사회조직의 혼란과 로마시대에 건설한 도로의 파괴와 무관하지 않았다. 그런 점에서 중세시대는 관광과 관광사업 역사에서 암흑의 시대였다. 중세(中世)는 로마사회가 붕괴해가기 시작하는 시기에 북쪽으로부터 이주해 온 게르만 민족의 대이동으로 인해 로마의 멸망이 촉진되던 5세기 말부터 르네상스 운동이 일어나기 전까지 약 1000년간을 뜻한다.

중세유럽에서는 성지순례가 왕성하게 행해졌다. 이 시대의 순례를 관광에 포함시킨다면 중세를 순례관광(巡禮觀光)의 시대로 칭할 수 있다.

중세 유럽시대의 관광은 1096년부터 1270년까지 발생하였던 십자군(十字軍)전쟁이 주원인이라고 볼 수 있다. 십자군 원정 전쟁은 이슬람교도로부터 종교적으로 신성한 성지(聖地)인 예루살렘을 되찾기 위한 성전(聖戰)에 참가하기 위하여 전 유럽 기독교국가가 참여하였다. 특히 십자군 원정은 동방무역에 대한 동기유발과 과거 기독교적인 관념의 변화와 동양에 대한 관심을 갖는 계기가 되었다. 십자군으로 참전하는 사람들은 모든 계층의 사람들로 구성되고 미지의 세계로 여행하는 기회를 동시에 제공하게 되어 유럽 사람들의 사고의 변화에 크게 영향을 주게 되었다.

특히 동양의 신비스러운 문물에 대단한 충격을 받았다. 예를 들면 유리제품, 발효식품, 각종 향료, 금속기술 등을 접하고 놀라게 되었다. 이러한 일들은 중세 유럽인들을 새로운 사고와 기술, 문물에 눈을 뜨게 하였다. 이와 같은 십자군 원정은 항해술, 조선기술, 해도(海圖) 등의 발달을 촉진시켜, 15~16세기 대항해(大航海)시대의 기초를 확립하였다. 대항해시대란 세계적으로 지리상의 발견이 왕성하게 행해졌던 시대를 말하며 스페인, 포르투갈, 영국이 주축이 되었다.

십자군전쟁은 유럽인들에게 종교적 순례여행과 동시에, 무역여행 등에 호기심을 갖게 하는 기회가 되었다. 순례여행자들은 다양한 목적으로 여행에 참가하였으며, 어떤 사람들은 신에 대한 종교적 목적으로 또 어떤 사람들은 건강상 치료나 요양목적으로 여행하였다. 종교적 순례여행의 목적 이외에도 미지에 대한 호기심 충족이나 모험, 지식에 대한 욕구, 즐거움에 대한 욕구 등이 목적에 포함되었다. 성지순례를 위하여 교회와 성지 사이에는 특정의 관광루트가 형성되었고, 유명한 성지로 가는 길목에는 많은 수도원이나 교회가 있어 순례여행을 하는 순례자에게 숙식과 휴식 그리고 질병의 치료까지 해주었다고 한다.

십자군 원정은 당초의 목적을 달성하지 못했지만 이슬람교도에게 기독교도의 예루살렘 순례를 인정케 함으로써 예루살렘은 최고의 종교관광의 목적지가 되었다.

순례는 대다수의 중세인에게 일상생활의 테두리로부터 벗어날 수 있는 거의 유일한 합법적 제도였다. 여기서 일상생활의 테두리란 물리적 행동반경과 정신적인 규범반경 두 범주를 동시에 의미하며, 따라서 이 테두리를 벗어난다는 것은 물리적 탈피(주로 일상적 노동으로부터)와 정신적 해방감이라는 양면적 구제를 의미한다.

더불어, 순례라는 여정은 그 성격상 일직선상의 여정은 아니었다. 목적하는 성소(聖所)까지의 여정은 기타 성소들도 들르고, 고행도 행하는 과정일지라 하여도 돌아오는 여정은 집으로 오는 것이고 이미 죄를 벗어버렸다는 홀가분함이 있어서 구도자의 모습이기보다는 여행자의 그것에 가까웠다. 순례의 여정이 지니는 이러한 성격은 왜 거주지로부터 아주 먼 곳까지의 순례가 유행하였는지를 부분적으로 설명한다. 즉, 중세의 순례는 현재의 해외관광과도 매우 유사하게 발달하였던 것이고, 순례자들은 중세 후반의 상인군(商人群)을 제외하고는 중세를 총괄하여 가장 큰 규모의 여행자들이었다.

순례는 죄를 씻어내어 영혼의 안식을 꾀하는 면죄의 수단으로, 현세의 직접적인 고통스러운 문제들로부터 해결책을 강구하는 강력한 기복의 도구로서, 그리고 일상성에서 탈피하여 즐거움을 맛볼 수 있는 기회로서의 기능을 수행함으로써 중세인들에게 매우 중요했던 대중적 관습이었다. 이러한 순례에서 현대의 휴가와도 같은 여흥적인 성격을 충분히 도출해 낼 수 있는데, 이는 순례가 중세인들로 하여금 '비록 일상적 생활이 살 만한 것이 아닐지라도 삶을 살만한 것이라 느끼게 만드는' 기회를 제공하는 역할을 하였을 것이다.

3. 근세 · 근대의 관광

1) 그랜드 투어의 시대

14세기 후반부터 시작된 르네상스는 농업생산성의 향상과 도시의 부활, 교역의 증대, 신대륙의 발견, 예술 · 문학의 발전, 신기술의 발전 등 혁신적인 사회변화를 일으키게 하였다. 이러한 변화는 중세시대의 종교적 지배에서 벗어남을 의미했고, 개인적인 성취는 물론 세계에 대한 이해와 탐험의 욕구를 자극한 계기가 되었다. 특히 대항해와 지리상의 발견은 인간 정신세계의 변혁을 가져왔으며, 이는 근대사회를 태동시킨 원동력이 되었다. 무엇보다도 지리상의 발견은 유럽중심의 세계관을 탈피하는 계기가 되었다. 또한 지중해를 중심으로 했던 상권이 대서양을 횡단하여 신대륙까지 원거리 무역으로 확대됨에 따라 상업목적의 여행도 증가하였다.

유럽에 있어서의 근세관광은 일부에서는 '대항해시대'를 맞이하는 등 화려한 일면과 더불어 스페인, 포르투갈, 영국 사람들이 항해의 주도권을 잡고 있었다. 그러나 근세에 와서도 예루살렘을 향하는 종교관광의 기조는 그렇게 달라지지 않았다.

그러나 17세기 중반부터 19세기 초반까지 특히 영국 상류층 자제들 사이에서 유행한 유럽여행이 있었는데, 역사가는 이 시대를 가리켜 '교양관광의 시대' 또는 '그랜드 투어(Grand Tour)의 시대'라고 부르고 있다.

그랜드 투어(Grand Tour)라는 용어는 리처드 라셀(Richard Lassels: 1603～1668)이 쓴 『이탈리아 여행(The Voyage of Italy)』(1670)에서 처음 나타났던 말로 알려진다. 그는 건축과 고전, 그리고 예술에 대해 알고 싶다면 프랑스와 이탈리아를 방문해야 하며, 젊은 귀족의 자제들이 세계의 정치와 사회 · 경제를 제대로 이해하기 위해서는 반드시 그랜드 투어를 해야 한다고 말했다.

그랜드 투어가 어떤 것인가에 대해서는 학자들 사이에 이견이 존재한다. 최근 브루스 레드포드(Bruce Redford)는 그랜드 투어를 정의할 네 가지 요소를 제안했다. 첫째, 젊은 영국인 남성귀족 혹은 젠트리(gentry: 상류사회의 사람들)가 여행의 주체가 되고 둘째, 전체 여행을 책임지고 수행하는 교사(travelling tutor)가 있어야 하며 셋째, 로마를 최종 목적지로 삼는 여행스케줄이 있고, 마지막으로 평균 2～3년에 이르는 긴 여행이어야 한다는 것이다. 사실 그랜드 투어는 시간이 흐르면서 다른 나라의 귀족들도 참여하고 모방하는 관행이 되었지만 영국인이 지배적으로 주도한 현상이었다.

그런데 19세기에 들어서면서 증기선의 출현과 철도의 보급은 영국과 유럽사이의 거리를 좁혀 놓았다. 이제 영국인들에게 대륙방문은 쉽게 가능한 일이 되었고, 과거 그랜드 투어가 지녔던 일생에 한 번뿐이라는 큰 여행은 빛을 잃게 되었다. 교통수단의 발달이 중간계층에게 광범위한 여행의 기회를 활짝 열어주면서 신분적 상징물로서의 성격이 강했던 그랜드 투어는 종말을 맞게 되고, 영국의 엘리트의 성격 역시 변화를 겪게 되었다.

그랜드 투어의 궁극적인 목적지는 로마였다. 르네상스 이후 고전에 대한 관심이 높아진 당시 문화적 분위기 속에서 로마는 여행자들이 보아야 할 모든 것을 함축하는 곳으로 표상되었다. 사람들은 로마에서 미술작품을 사기도 하고, 옛것 연구가(antiquarian)를 고용해서 예술에 대해 배우기도 했다. 교황을 만나는 것도 로마에 대한 큰 관심거리 중 하나였다. 로마 이남에서 여행자들이 비교적 많이 방문했던 곳으로는 나폴리를 꼽을 수 있다. 나폴리의 경우, 영국인들은 스페인의 정복(1734) 이후 그곳에 세워진 궁정 때문에 더욱 관심을 갖게 되었고, 윌리엄 해밀턴(William Hamilton)이 18세기 후반 오랜 기간 그곳에 공사로 있어 안락한 환대를 제공했기 때문에 인기가 높았다. 1738년 시작된 헤르쿨라네움(Herculaneum)의 발굴과 1748년에 시작된 폼페이(Pompeii)의 발굴도 18세기 여행자들에게는 큰 매력이었다.

18세기 중엽부터 자연경관에 대한 관심이 높아지면서 스위스도 높은 인기를 끌게 되었고, 취리히(Zurich)는 관광명소로 떠오르게 된다. 특히 여행자들은 빙하의 모습에서 큰 감명을 받은 것으로 나타난다. 하지만 스위스를 벗어나 독일 땅에 도착한 영국인들은 불평을 늘어놓기 일쑤였다. 사실 30년전쟁 후에 독일은 전반적인 숙박시설이나 도로사정에 있어 최악의 상황에 놓여 있었다.

이탈리아를 목적지로 삼았을 때, 독일은 가거나 오는 길에 거치는 곳 이상의 의미가 없었다. 하지만 1714년 영국에 하노버 왕조가 들어선 이래 영국인들에게 하노버 공국은 친숙한 이미지로 다가들었고, 독일지역에서는 가장 자주 찾는 곳이 되었다. 군사 분야에 종사하고자 하는 사람들은 베를린(Berlin), 마그데부르크(Mmagdeburg), 혹은 쉴레지엔(Schlesien) 등을 방문했다.

큰 비용과 위험을 감수하면서까지 감행했던 그랜드 투어의 효과에 대해서는 부정적인 측면과 긍정적인 측면이 상존해 있었지만, 영국이 편협한 세계관에서 점차 벗어나게 되었다는 점 이외에도 분명히 그랜드 투어가 가져다 준 소득은 있었다. 국내외적으로 여행에서 맺은 인간관계는 영국에 돌아와서도 계속되어 인맥을 두텁게 했으며, 일종의 클럽이 형성되기도 했다. 하지만 가장 큰 소득은 예술분야에서 나타났다. 그랜드 투어를 통해 사들인 작품과 사람들의 높아진 안목은 영국의 예술이 풍부해지는 데 큰 기여를 했다.

또한 그랜드 투어가 19세기 이후에 나타난 매스 투어리즘(Mass Tourism)의 원형을 제공했다는 사실도 기억할 필요가 있을 것이다. 사회학이나 인류학 분야의 많은 학자들이 종종 그랜드 투어와 투어리즘을 다른 것으로 정의하고는 있지만, 여행이라는 경험에 있어 깊이의 차이는 있을지라도 매스 투어리즘은 이제 수많은 사람들로 하여금 과거 귀족계급만의 특권이었던 그랜드 투어의 값진 열매들을 최소한 '맛보는 것'을 가능하게 만들고 있다.

2) 토마스 쿡의 등장과 그 이후

산업혁명 이후 관광발전에 큰 영향을 미친 것은 바로 교통의 혁신적인 발달이다. 1814년 영국의 스티븐슨(G. Stevenson)이 증기기관차를 발명함으로써 관광객의 이동에 획기적인 전기를 마련했다. 또한 해상교통 수단에서도 1807년 플톤(R. Fulton)이 증기선을 실용화함으로써 관광이동에 영향을 주었고, 1819년에는 사바나(Savana)호가 대서양횡단에 성공하였다. 1840년대에 와서 본격적인 선박 여객수송영업이 시작되었는데 쿤나드(Cunard)사에 의해 영국~미국 간을 횡단하는 데 성공하고, 1858년에는 그레이트 이스턴(Great Eastern)호가 출현하였는데 이 배는 무려 18,915톤 급에다 26노트라는 당시로서는 엄청난 규모의 쾌속선이었다. 그 후 선박수송은 놀라운 발전을 거듭하여 대서양을 횡단하는 영국인과 미국인의 중요한 교통수단이 되어 국제관광을 촉진하였다. 육상교통에 있어서도 도로망의 개설과 함께 1890년대에 개발된 자동차는 1920년대에 가서 대량생산체제를 갖추어 인류의 공간적 이동성을 급증시켰다. 자동차의 대량이용은 새로운 도로의 건설을 촉진하였으며, 이는 곧 관광발전에 크게 기여하였다.

이러한 상황에서 등장한 인물이 토마스 쿡(Thomas Cook, 1808~1892)이며, 그의 활약에 의해 대중의 즐거움을 위한 여행은 새로운 형태로 전개되었다.

영국의 순회설교사인 쿡은 새로 등장한 철도의 잠재력을 안 최초의 인물이다. 1841년 7월 5일에 금주동맹(禁酒同盟)대회에 참가하는 회원 570명을 모아 철도회사를 설득해 레스터(Leicester)에서 러프버러(Loughborough)까지 단체할인의 전세열차 운행을 시도하여 성공시켰다. 가격은 1실링이었으며 브라스 밴드(brass band)와 점심 식사를 제공하였다. 참가한 사람들로서는, 자신들이 직접 수배를 할 필요도 없으며 더구나 싼 요금으로 할 수 있는 최초의 여행이었다. 이것이 단체할인에 의한 여행의 시초이며, 타인을 위한 여행을 처음으로 대행하여 준 최초의 사람이 되었다. 이런 철도여행으로 상업적인 여행의 역사가 시작되었다. 특이한 사실은 단체여행의 초창기에 장거리 금주여행이 기획되었다는 것이다. 즉 모집여행의 참가자들은 금욕적인 금주가들이었으며, 이번 여행을 알코올과 알코올의 남용에 반대하는 야심찬 기획과 연결했던 것이다. 그가 이러한 철도여행상품의 성공배경에는 첫째, 여행대상자를 모으는 데 당시의 시대흐름을 파악하고 있었다는 점, 즉 산업혁명 이후 성장하기 시작한 시민과 중산층의 등장과 철도라는 대규모 운송수단의 발달 때문에 가능하였다. 둘째, 개통된 지 얼마 되지 않은 철도회사가 운영에 어려움을 겪고 있었다는 점 셋째, 단체를 이용한 할인요금이라는 새로운 발상을 했다는 점 등에 있다.

토마스 쿡이 관광객을 모객하여 여행을 시작하던 1841년에는 영국 최초의 국철(國鐵) 시간표가 발표되었으며, 철도 요크역(York驛) 근처에는 유럽 최초의 호텔이 개업하였고, 최초의 대서양 횡단 증기선(蒸氣船)이 운행되었다. 이는 이 시기에 이미 근대적 의미의 여행을 실시할 여러 조건들이 성숙해 가고 있었다는 것을 보여 주고 있다.

그는 1845년 아들 존 메이슨 쿡(John Mason Cook, 1834~1899)과 함께 'Thomas Cook & Son Ltd.'라는 여행사를 설립하여 여행자에 대한 여정(itinerary)을 배포하고 최초의 주최여행을 시도하였고, 1850년에는 종래의 대절기차 · 대절기선에 의한 여행유형에서 보통편(정기편)을 이용해 주최여행을 실시하였으며, 여행안내원(tour conductor)을 동승시켜 여행의 질을 높였을 뿐만 아니라 1872년에는 오늘날 여행자수표(traveler's check)의 전신인 서큘러노트(circular note)와 1867년 호텔쿠폰 등에 의한 신용거래제도의 기틀을 마련하였다. 또한 숙박요금의 선불제도 도입으로 과거의 단체여행패턴에서 탈피한 개인여행패턴상품을 창조함과 동시에 수송+숙박이라는 시스템화된 여행을 실시하였다. 이외에도 그는 1872년 기선을 이용한 222일간의 세계일주 관광을 성공리에 마침으로써 세계를 깜짝 놀라게 하였다.

또한 그는 1871년 뉴욕(New York)에 사무실을 개설하였고, 1880년경에는 세계 곳곳에 60여 개의 지사를 운영하였으며, 1890년에 이르러 전 세계에 약 1,000개의 호텔과 업무제휴를 맺어 사업을 확충해 나갔다. 쿡의 공적은 누나 뭐라 해도 대중의 여행을 손쉽게 한 것이며, '즐거움을 위한 여행'에 참가할 수 있는 사람들을 증가시켰다는 점이다. 이 점에서 쿡을 '근대 관광산업의 아버지'라고 부르고 있으며, 쿡의 등장 이후를 흔히 '근대 관광의 시대'라고 부른다.

숙박시설은 19세기 중엽에 호텔이라는 명칭을 붙인 호화스러운 숙박시설이 다수 출현하였다. 그 이전만 해도 '인(Inn: 이 말은 영국에서 처음 사용함)'이 숙박시설의 중심을 이루고 있었는데 규모가 작았고, 그 대부분은 민가를 개조한 정도로 설비는 불완전하였으며, 서비스도 매우 나빴다.

관광량의 증대와 새로운 신흥자본가의 증가는 숙박시설에 대한 근본적인 변혁을 단행하지 않을 수 없게 하였다. 그것은 다름 아닌 숙박시설의 고급화였다. 19세기에 이와 같은 역사적 배경하에서 호텔이 탄생하게 되는데, 호텔은 당시에 생업으로서의 숙박업을 근대기업으로서의 숙박업으로 전환시켰다.

호텔이 들어선 장소로는 당시 유럽에서 가장 화려한 도시였던 파리(Paris), 런던(London), 남부 독일의 바덴바덴(Barden-Barden), 남프랑스의 니스(Nice) 그리고 하이델베르크(Heidelberg)와 같은 고급지역이었다.

1850년에 건설된 파리의 그랜드 호텔(Grand Hotel)은 그 후부터 고급호텔의 대명사처럼 사용되었고, 이때부터 기업으로서의 호텔경영이 시작되었다고 말할 수 있다.

1880년에 고급호텔경영의 창시자로 알려진 리츠(Cesar Ritz, 1850~1918)는 새로운 형태의 체인호텔(Chain Hotel)을 출현시켰는데, 1900년 이후 유럽의 호텔조직에 머물지 않고 미국에서도 채용하게 됨으로써 체인호텔의 대규모 경영은 미국에서 그 완성을 보게 된다.

한편 미국의 호텔산업계는 20세기에 들어와 새로 늘어나는 여행인구에 대한 서비스의 도전에 직면하게 되었다. 즉 여행객들이 원하는 숙박시설의 형태, 새로운 서비스의 개발, 중산층 고객에 맞는 숙박시설과 서비스, 또는 이들에게 적합한 운송형태, 적당한 수익을 위한 객실요금 등으로 호텔업자들은 고민하게 되었다.

그러나 다행히 호텔의 혁명왕으로 불리우는 스타틀러(E. M. Statler, 1863~1928)가 등장하게 되었다. 그는 소위 유럽의 왕후귀족을 대상으로 하는 채산운영을 도외시하여 근대호텔산업의 혁신을 꾀하였던 것이다.

그는 1908년 1월 18일에 미국 호텔산업의 새로운 시대를 맞는 Buffalo Statler호텔을 버팔로(Buffalo)路에 세우게 되었다. 스타틀러는 오랫동안 호텔에 종사한 이력을 바탕으로 호텔의 경영이념을 체득하여 중산층 이하의 고객을 대상으로 '쾌적하고 편리한 호텔서비스'를 생각하게 되었고, 따라서 호텔의 비품들에 대한 표준화, 능률화, 그리고 합리화의 관리를 꾀하고, 적정한 요금으로 호텔 이용의 대중화를 유도하면서 경영의 향상을 지속시켰다.

이렇게 미국 근대호텔산업에 새로운 역사를 탄생시킨 그를 세상에서는 자동차의 혁명왕 포드(Henry Ford)에 비교하여 '근대호텔의 혁명왕'이라고 칭하고 있다. 스타틀러는 역사에 기록될 만한 경험과 아이디어로 오늘날 호텔경영에 많은 기술과 서비스의 개선에 혁명을 가져다 준 인물이었다. 더욱이 그는 '1.5달러로 욕실이 딸린 객실을 이용할 수 있다'(a room and a bath for a dollar and a half)라는 슬로건을 창안하면서 중산층 고객을 많이 흡수할 수 있었던 것이다.

그의 호텔서비스 운영방식의 핵심적 내용은 다음과 같다. 즉 계단에 방화문 설치, 어두운 상태에서도 쉽게 열 수 있는 객실열쇠의 고안, 어두운 상태에서도 쉽게 켤 수 있는 객실 내의 전등 스위치 설치, 개인용 욕탕, 전신크기의 거울, 객실 내의 얼음물 제공, 객실 내의 신문무료배포 등이다.

이상과 같은 호텔경영으로 성공한 스타틀러호텔은 이후 40여 년간 근대호텔의 모델이 되었고, 안락한 서비스와 청결의 신조로서 모든 고객들에게 대단히 호평을 받았다. 그리하여 이 호텔은 상용호텔의 효시가 되었고, 호텔을 경영하는 대규모 회사인 스타틀러호텔회사(Statler Hotel

Co.)로서 발돋움 하게 되었다.

이 당시의 호텔건축은 수요를 따르지 못할 정도로 대규모호텔이 연이어 건립되었다. 뉴욕에서만도 다수의 호텔이 건축되었고, 소도시에서는 현대식 호텔들 없이는 도시의 체면이 서지 않는다는 여론이 집약되고 있었다. 1919년에는 당시 세계 제일의 Pennsylvania Hotel이 22층으로 2,200객실을 보유하며 개업하였다.

1920년에는 New Waldorf Astoria Hotel이 47층의 2,150객실을 가지고 개업하였고, 1927년에는 시카고의 Stevens Hotel(현 Conrad Hotel)이 3,000실을 갖고 문을 열었는데, 이 호텔은 1967년 모스크바에서 건설된 Hotel Russia(4,000실)가 세워지기 전까지는 세계 최대의 호텔이었다.

제3장

관광학의 학문적 성격

1 관광학의 태동

2 관광학의 연구대상과 인접학문

제1절 관광학의 태동

1. 관광학 연구의 시작

관광에 관한 학문적 관심은 근대 산업사회가 등장하면서 태동하기 시작하였는데, 크게 두 가지 요인에 의하여 나타나기 시작하였다. 즉, 근대 산업사회의 등장으로 인한 여가시간의 확대와 사회구조의 변화에 의한 인간의 본질문제가 제기되면서 관광학이 학문으로서의 연구가치가 논의되기 시작되었다고 볼 수 있다.

첫째로 들 수 있는 관광학의 성립요인은 현실적인 인간의 기본적 욕구로 등장하기 시작한 여가시간이다. 근대 산업사회의 변화 중에서 가장 큰 변화는 인간의 노동력이 기계화로 대체되면서 여가시간이 급속하게 증가되었다는 것을 들 수 있다. 특히 후기 산업사회에서 여가시간의 문제는 일부계층에게 국한된 문제가 아니라 국민 전체의 문제가 되었고, 특히 물질적 풍요보다는 정신적 풍요를 더 높게 평가하는 경향이 대두되었으며, 노동중심의 생활보다 여가중심의 생활을 추구하는 의식구조도 현저하게 나타나기 시작하였다. 그리고 여가 그 자체야 말로 현대생활에 있어서 없어서는 안 될 인간생활의 필수적 요소로 인식하였다.

둘째는 사회구조의 변화를 들 수 있다. 이는 인간의 자율적 사고가 사회전반을 지배하는 사회구조의 변화를 의미한다. 전통적인 농업사회의 사회구조는 노동이 인간생활을 지배하는 사회였으며, 근면과 절약이 강조되었다. 아직 사회적 분화가 기초단계에 머물러 있었기 때문에 여가라고 하는 것은 일체의 생산적 노동에서 면제된 유한계급이나 하는 비생산적이고 향락적인 과시적 소비(conspicuous consumption)의 형태로 인식되었다. 그러나 산업사회에 접어들면서 기계문명에 의한 인간의 소외문제가 제기됨에 따라 인간은 노동을 위해서 모든 것을 희생시킬 수 없다는 인간 본질의 문제가 사회문제화 되기 시작하였다. 이로 인한 인간 본질에 관한 사고의 자율적인 전환은 사회적 통제를 약화시켰고 제도화·구조화 되었던, 전통 농업사회에서는 볼 수 없었던 새로운 문제가 사회적 관심사로 등장하게 되었다. 이러한 시대적인 변화는 비생산적이고 낭비적이며 향락적으로 인식되었던 여가와 관광이 삶에 있어서 창조적이며 재충전적인 가치 있는 활동으로 등장하기 시작하였다.

실제로 관광이라는 현상에 대하여 분과학문으로서 접근이 시도된 최초의 연구는 관광통계에서 출발하였다. 1899년 이탈리아 정부 통계국의 보디오(L. Bodio)가 발표한 '이탈리아에 있어서 외국인의 이동과 소비되는 금전에 대하여(Sul movimento dei forestieri in Italia e sul denaro che vi spendono)'라는 연구논문이 오늘날 남아 있는 최고(最古)의 관광연구로 평가받고 있다. 그 후 1923년 이탈리아의 니체포로(A. Niceforo)가 쓴 '이탈리아에 있어서 외국인 이동(Il movimento dei forestieri in Italia)'이라는 논문과 1926년 베니니(R. Benini)의 '관광객 이동 계산방법의 개량에 관하여(Sulla riforma dei metodi di calcolo del movimento turistico)'라는 논문이 있다. 이 논문들 모두가 관광통계를 다룬 실증적인 연구였다. 그러나 이러한 논문들은 단편적인 관광현상 연구에 불과하였다. 관광현상 연구가 관광통계 차원에서 출발하게 된 배경은 유럽과 북미제국 사이에 빈번했던 관광객의 급작스런 증가에 기인된다.

2. 시대적 발전과정

1) 1899년 이탈리아의 보디오(L. Bodio)

최초의 관광에 관한 연구는 1899년 이탈리아의 보디오(L. Bodio)가 정부의 통계관장에 복무하면서 '이탈리아에 있어서 외국인의 이동과 소비되는 금전에 대하여(Sul movimento dei forestieri in Italia e sul denaro che vi spendono)'라는 논문에서 비롯되었다. 이 같은 관광통계와 관련한 논문의 주요 내용들은 관광객의 수, 체재기간, 소비액 등에 관하여 이것들을 어떠한 방법으로 조사하는 것이 타당한가 하는 것이었다.

우선, 관광객의 수를 계산함에 있어서는 국경법(frontier record method)과 호텔법(hotel record method)이 있다. 국경법은 외국인이 입국할 때 그 수를 국경에서 기록하는 방법이다. 이 경우에는 ① 입국신고서(현재의 출입국기록카드, 곧 E/D카드)를 교부하여 기입을 요구하며, 그것에 의해서 성별 · 연령 · 국적 · 직업 · 관광목적 등을 알아내는 방법이 있다. 이것에 출국신고서도 병행할 수도 있다. ② 여권으로부터 상기의 여러 가지 항목을 알아내는 방법 ③ 승차권을 국경역에서 회수하여 외국으로부터의 관광객의 수를 추정하는 방법 등을 고안하였다. 이 같은 방법 중에서 신고서에 의한 방법이 가장 정확하며 따라서 좋은 방법으로 생각하였다. 다만, 관광객이 도착하고 떠나는 시점을 국경역에서 행하여지기 때문에 목적지에 빨리 가고자 하는 관광객으로부터는 환영받지 못하는 것으로 지적되었다.

호텔법은 관광객이 숙박하는 호텔에서 그 수를 계산하는 방법이다. 이 방법은 ① 숙박부에서 산출하는 방법 ② 체재세 등의 세금으로 산출하는 방법 등이 있었으나 대체로 이 방법은 대부분의 관광객이 비교적 여유가 있을 때에 행하여지는 조사이므로 손님에게는 별문제가 없었겠지만, 반면 세금을 두려워하는 호텔이 있다면 적게 신고할 우려도 있었다. 이와 같이 국경법과 호텔기록법에는 각기 일장일단이 있는 것으로 밝혀져 각국에서는 그 나라의 특수성을 고려하여 자국에 적합한 방법으로 관광통계를 작성하기에 이르렀다.

체재기간의 조사방법도 호텔법과 국경법이 중심이 되었다. 우선 호텔의 숙박기록에 의한 방법은 호텔로부터 통계국에 보고되는 외국인 관광객의 숙박일수를 기초로 해서 평균치를 산출해내는 것이다. 그렇게 해서 얻어진 수치는 그것이 지니는 경제적 의의를 평가하는 데 이용되었다. 즉, 외래객의 수도 중요하지만 경제적인 입장에서 볼 때 평균 체재기간이야말로 가장 중요한 사항이라고 생각되었기 때문이다.

국경법에 의한 체재기간의 조사는 영국의 오길비(F. W. Ogilvie)가 1933년에 발표한 입출지체법(入出遲滯法: in-and-out lag method)이 잘 알려져 있다. 외국인 관광객의 평균 체재기간을 알아내는 방법으로서는 이 밖에도 인구조사에 의한 방법(census method)이나 질문표에 의한 방법(questionnaire method) 등이 있다.

한편, 외국인 관광객의 소비가 그 나라의 경제에 플러스 효과가 있기 때문에 소비액을 측정하는 것도 중요한 일이라 생각되었다. 그러나 실제로 소비액을 측정하는 것은 관광객 수나 그 체재기간에 관한 통계를 작성하는 것 이상으로 복잡하고 어려울 뿐만 아니라 정확하게 산출할 수 있는 결정적인 방법이 없었다. 그래서 관광통계의 연구자들은 다음과 같은 방법을 시도하였다. ① 국제수지의 차액에 의한 방법 ② 세금에 의한 방법 ③ 외국환에 의한 방법 ④ 요금으로부터 추정하는 방법 ⑤ 질문표에 의한 방법 등이었다. 하지만 이러한 방법은 모두 불완전하며 학자들도 이 항목에 대해서 대략적인 추정만으로 만족하지 않으면 안 된다고 생각하고 있었다.

2) 1911년 독일의 슐레른(H. Schullern)

슐레른은 최초로 관광의 개념을 정의한 학자이다. 그는 '관광이란 일정한 지구(地區) · 주(州) 또는 타국에 들어가서 머물다가 나가는 외래객의 유입, 체재 및 유출이라고 하는 형태를 취하는 모든 현상과 그 현상에 직접 결부되어 있는 모든 사상(事象), 그중에서도 특히 경제적인 모든 사상을 포함한 개념'이라고 하였다.

3) 1927년 이탈리아의 마리오티(A. Mariotti)

이탈리아 로마대학의 마리오티(A. Mariotti) 교수가 1927년에 『관광경제학강의(Lezioni di Economia Turistica)』라는 저서를 출판하였는데, 로마대학에서 교재로 채택되어 최초로 관광경제학 강의과목이 개설되었다. 그는 외국인 관광객의 이동을 관광이라고 하면서 관광의 본질을 경제현상이라고 생각하고 관광경제학적 접근을 시도하였다. 그의 관광경제학강의는 관광을 타학문과 구별하여 독립적인 연구대상과 영역을 설정하였고, 이를 바탕으로 관광이론을 정립한 최초의 서적이다.

그는 1928년에 이 책의 속편을 출판하였으며, 그 후 1940년 이를 개정 출간함으로써 계속적인 보완작업을 수행하였다. 교재의 주요 내용을 보면 이탈리아의 관광사정, 관광통계, 선전, 통신, 직업교육, 호텔산업, 지역개발과 치료 · 체재 및 관광을 위한 단지, 여행알선업, 관광흡인중심지이론(觀光吸引中心地理論) 등이다.

그는 관광경제를 연구함에 있어 설명상 관광활동을 능동적(能動的) 관광(il turismo attivo)과 수동적(受動的) 관광(il turismo ricettivo)으로 나누었다. 전자는 관광객 이동을 촉진시키기 위한 자극이 되는 활동이고, 후자는 관광객을 관광지에서 받아들이는 상태나 환경을 조성하는 활동이다. 또한 그는 연구방법상 관광을 정태적(情態的) 관광(il turismo statico)과 동태적(動態的) 관광(il turismo dinamico)으로 나누고 있다. 전자는 예를 들면 어떤 나라의 어느 특정 시점에서의 호텔 사정의 조사처럼 특정 시기에 있어서의 연구이고, 후자는 관광객 이동의 비교 연구로서 몇 년간의 기간 동안에 있어서의 외국인 관광객의 증가율에 관한 연구 같은 것이다. 다시 이를 경제적인 측면에서 보면, 연구상 여행의 경제(economia del viaggio)와 체재의 경제(economia del soggiorno)로 구분해야 한다고 한다. 그리고 전자에 있어서는 선전 · 조직(통신, 운수, 요금 등) 등의 연구가 필요하며, 후자에 있어서는 한 지역의 평가나 호텔 등이 연구의 대상이고, 특히 전자에서는 통계조사를 후자에서는 직업교육을 중시하는 등 현재의 입장에서 보아도 적절한 판단을 보여주고 있다.

그는 관광산업(industria del turismo)과 관광정책(politica del turismo)을 구별하여 전자의 활동이 '상업적 질서에 의한 투기적 활동인 것'에 대하여, 후자는 '국가주의적인 특성을 지니는 관념적인 것'이라고 생각했다.

마리오티의 주장에서 특히 주목할 만한 것은 그의 관광흡인중심지의 이론(teoria dei centri di attrazione turistica)이다. 이에 의하면 관광객이란 예술적 · 고고학적 · 풍토적 및 보건적이라고 말한 바와 같은 자연적 제(諸)조건(elementi naturali)이 인위적 제(諸)조건(elementi artificiali)이나 시설, 위안, 호텔의 조직 등과 같은 하부구조와 유기적으로 결합되어 있는 토지를 선호하는 것이며, 전자의 여러 조건을 자연발생적 흡인력(attrattive spontanee), 후자의 여러 조건을 파생적 흡인력(attrattive derivate)이라 부른다면 이 양자가 균형을 잘 이루어서 관광흡인력(attrattive turistiche)이 되어 그 곳이 관광의 중심지가 된다는 것이다.

이에 대해서는 독일의 학자, 예를 들어 보르만(A. Bormann) 등에 의해 '이 이론은 관광의 방향을 규정하는 데 불과한 초보적인 요소만을 고찰한 것이다'라고 하는 비판도 있고, 이 이외의 흡인요소로서 예를 들어 외국인에게 극히 유리한 통화교환율 등을 실례로 들고 있지만, 오늘날의 시점에서 보더라도 이 마리오티의 사상은 근본에 있어서는 바른 것으로서 높이 평가된다. 특히 자원에만 의존하지 않고 그와 같은 비중을 접대 면에서도 두어서 양자 사이에 균형 잡힌 관광지의 의의를 강조한 것은 주목할 만하다. 이러한 유형·무형의 관광매력을 유기적으로 결합시키는 일을 그는 그 후 유기적 결합(organizzazione)이라 칭했다.

4) 1931년 독일의 보르만(A. Bormann)

1931년 독일의 보르만은 그의 저서인 『관광론(Die Lehre vom Fremdenverkere)』에서 관광의 결정요인을 강조하고 있다.

그는 관광의 원인이 아니라 관광의 여러 가지 결정요인이야말로 정밀한 연구를 필요로 할 문제라고 하면서, 연구의 흥미를 유발하게 하는 것은 개개의 관광객의 여행이 아니고 관광객의 이른바 흐름이 어떻게 해서 발생되고 발전하는 것인가를 규명하는 데 있다고 한다. 이와 같은 관광객의 흐름에 영향을 미치는 것은 관광지의 상태, 경제적·정치적인 상태와 대책, 그리고 관광산업의 조직·관리상황 및 여러 대책 등이며, 이들에 대해 고찰하는 것이 바로 관광론의 주요 과제라고 기술하고 있다.

보르만이 집필한 관광론에서 가장 중요한 부분은 관광결정요인이다. 이를 도식화해 보면 〈그림 3-1〉과 같다.

그림 3-1 보르만의 관광결정요인

5) 1935년 독일의 글릭스만(R. Glücksmann)

마리오티가 관광의 본질을 경제현상으로 보고 경제학적 해석을 시도하려고 했던 반면, 베를린 대학의 글릭스만(R. Glücksmann) 교수는 1935년 『일반관광론(Allgemeine Fremdenverkereskunde)』에서 전혀 다른 연구방법을 제시하였다. 그것은 관광을 경제적인 시각만이 아닌 사회학적으로 규명해야 한다는 입장이다.

그는 관광의 개념을 체재지에서 일시적으로 머무르고 있는 사람과 그 지역의 현 주민들과의 여러 가지 관계의 총체로 규정하였다. 또한 그에 의하면 관광론은 관광의 기초 · 원인 · 수단 및 영향을 극히 넓은 범위에 걸쳐서 연구하는 분야이며, 지리학 · 광천치료학(鑛泉治療學) · 기상학 · 의학 · 심리학 · 국민경제학 · 사회학 및 경영경제학과 같은 여러 학문의 분야도 관광론에 포함시켜야 한다고 주장하였다.

1935년의 일반관광론에서는 방법론적 기술이 부족하나 반면에 내용적으로는 관광을 경제적 측면뿐만 아니라 사회학적인 측면에서 보고 있으며, 또한 관광정책을 하나의 정리된 정책으로서가 아니라 정치(Politik) · 문화정책(Kulturpolitik) · 사회정책(Sozialpolitik) · 영업정책

(Gewerbepolitik) · 상업정책(Handelapolitik) · 교통정책(Verkehrspolitik) 등의 복합으로 보았다.

6) 1942년 스위스의 훈지커(W. Hunziker)와 그라프(K. Krapf)

제2차 세계대전까지의 관광연구의 하나의 정점(頂点)을 이룬 것은 스위스의 장크트가렌 대학의 훈지커(W. Hunziker)와 베른 대학의 크라프(K. Krapf) 두 교수의 수많은 연구결과였다. 두 사람이 공저 형태를 취한 1942년의『일반관광론개요(Grundriss der Allgemeinen Fremdenverkehrslehre)』에서 관광을 다음과 같이 규정하였다.

관광이란 '외국인의 체재 중에 조금이라도 영리활동을 실행할 목적으로 정주하지 않은 한 그 외국인의 체재 중에 발생하는 모든 관계 및 현상의 총체'라고 하였다. 그리고 관광의 본질이 갖는 다양한 상호작용의 복합성을 〈그림 3-2〉와 같이 나타내고 있다.

그림 3-2 관광의 상호작용

그들은 관광을 학문적으로 취급하는 방법에 대해서는 그것을 경제학의 분과(分科)로 보는 것을 부정하면서 다음과 같이 말하고 있다. "관광론은 경제학에 귀속될 수 없는 것으로서 그 이유는 경제외적인 성격이며, 경제이론과 경제적인 고찰 방법만으로는 설명할 수도 이해할 수도 없는 어떤 개념과 현상의 복합체를 관광론이 포함하고 있기 때문이다. 관광론은 하나의 순수한 관계론(關係論: Beziehungslehre)인 것도 아니며, 관계론의 범위를 넘어서 존재하는 여러 범주에까지 미치고 있다. 그것은 어쨌든 경제학보다는 사회학에 가까운 것이다. 관광론은 그러한 이유로 그 과학적인 취급에 있어서는 특수한 입장에 놓여 있다고 하겠다. 관광론은 여러 가지 과학으로부터 인식을 도출하고 그것들의 인식을 그 특수한 현상의 해석과 설명에 유기적으로 결부시키는 것이다. 이와 같은 학문 분야로서는 사회학이나 경제학에 이어 다음과 같은 것이 있다. 즉, 심리학 · 의학(鑛泉治療學과 氣候療養學) · 지리학 · 기상학 · 공학 · 역사학(역사학은 직접 觀光史로 편입시킬 수가 있고 일반관광론의 기초적인 보조과학으로서의 역할을 한다) 등이다. 그러나 관광론의 이와 같은 포괄적인 성격과 그것이 가지고 있는 겸허한 태도에도 불구하고 만일에 사람들이 관광론의 범위를 무시해서 경제학적인 여러 방법을 사용하여 관광을 취급한다면, 결과적으로 만족할 수 없다는 것을 스스로 깨닫게 될 것이다. 결국 관광론을 경제학적인 연구에 일치시킨다는 것이 결코 근본적인 것이 못 된다는 것을 알게 될 것이다"라고 주장하였다.

훈지커와 크라프는 관광론을 이념적으로는 사회학을 중심으로 하여 자연과학의 여러 부문을 보조수단으로 원용한 것 같은 종합문화과학의 방향을 보이면서도, 실용상으로는 관광론이 경제학을 중심으로 취급하는 개별과학으로 유용성을 인정하고 있다.

제2절 관광학의 연구대상과 인접학문

1. 관광학의 연구대상

관광이라는 복잡하고 다양하며 다채로운 인간활동을 이론적·체계적으로 연구하기 위해서는 무엇보다도 먼저 해결하지 않으면 안 되는 것은 관광학의 연구대상과 연구범위는 무엇이고, 내용은 어떤 것이며, 학문의 모든 영역 가운데서 어떤 위치와 역할을 담당하는 것인가 하는 성격론부터 규명해 갈 필요가 있다.

관광에 관한 학술적 접근은 완전한 기능적 체계의 바탕 위에서 다루어야 하는 만큼 관광과 관련되는 모든 현상과 관계들을 포함한 관련분야에 대한 원리와 이해를 기초로 하지 않으면 안 된다. 일반적으로 학문이 성립하는 것은 연구자가 연구의 기반 즉, 연구대상을 설정하여 지적활동에 관여할 때 가능해진다. 그러므로 연구대상이란 지적활동의 대상으로서 연구의 주체인 연구자와 객체인 대상이라는 두 실체에 의해서 이루어진다.

연구대상은 ① 대상자체에 의하여, ② 주체의 주관에 의하여, ③ 대상이 주체에 작용하여, ④ 주체가 대상에 작용하여 설정됨으로써 상당히 포괄적이며, 따라서 관광과 관련된 학문적인 기초원리들을 체계화하기 위한 접근방법과 대상은 대개 다음과 같은 것들을 들 수 있다.

첫째, 전체적인 관광관련활동. 즉, 정치 · 경제 · 사회 · 문화 · 환경 ·

기술 및 물리적 형태의 것을 포함하여 이러한 복합적 분야에 관한 조직적이고 기능적인 인식과 이해가 중심이 되어야 한다.

둘째, 관광에 관한 학문적 접근은 행동과학적, 종합적 이해 중심적, 실제적 및 종합적인 이론상의 모형에 기초를 두어야 할 것이다.

셋째, 이러한 이론상의 모형은 복합적인 관광현상의 연구분야에 지식과 기술들을 조직화하고 종합화할 수 있는 기초를 제공하지 않으면 안 된다.

넷째, 이론상의 모형은 지속적인 이론의 경신 및 조사연구가 가능하도록 평가과정을 거칠 수 있게 수립되어야 할 것이다.

좀 더 구체적으로 학자들이 제시한 관광학의 연구대상을 파악해 보면 다음과 같다.

1) 손대현의 관광학 연구대상

사물의 본질을 이해하는 것이 '인식론(認識論: 인식대상)'이라면, 사물을 바르게 연구하는 방법이 '방법론(方法論: 인식수단)'에 해당될 것이다. 관광학의 연구대상이라 함은 관광현상을 어떻게 인식할 것인가? 관광의 본질, 사상과 철학을 어떻게 보아야 할 것인가에 따라 인식의 결과는 현격한 차이를 보일 것이다.

그는 '관광의 이념은 평화이고 본질은 문화이며 인간에 주는 실존적 가치는 낙(樂)이나 쾌(快)의 즐거움이요, 위락(慰樂)이다. 이 쾌나 위락이 바로 연구대상이 된다'라고 하였다.

또한 그는 〈그림 3-3〉에서와 같이 관광학의 체계는 대체로 ①·②·③·④로 구성된다고 하였다. ①은 인간이 추구하는 보편적 가치목표인 眞·善·美·聖·愛의 인간성을 재음미하는 관광이념의 실현에 절대가치를 두며, ②는 개체의 동적추구 심리를 바탕으로 하는 관광주체, ③은 자연과 문화자원의 대상을 연구하는 관광객체, ④는 ①·②·③을 매개

유도하는 관광사업체인 관광매체의 상호작용에 기초한 관광학의 체계를 나타낸다. 이 모형에서 ①과 ②는 종합사회과학적 접근방법에 해당된다면, ③과 ④는 개별과학의 응용분야 내지 지극히 전문적 · 미시적 접근법이라고 하였다.

그림 3-3 손대현의 관광학의 체계모형

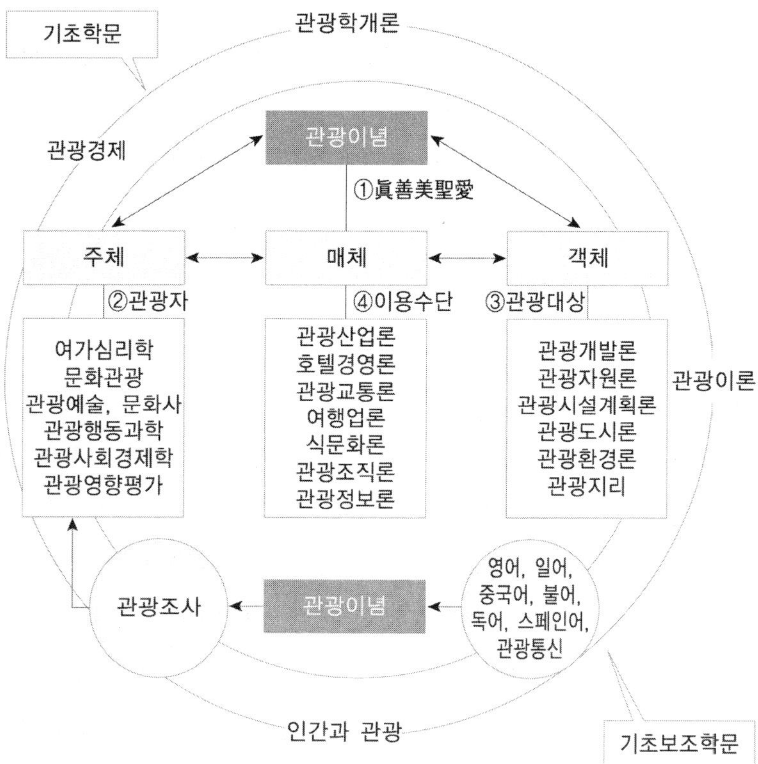

* 관광학은 주로 ①②③④의 상호작용에 관한 연구이다.
** ②와 ③을 연결하는 관광마케팅, 조사, 외국어 과목이 있다. 외곽에 있는 관광학개론, 관광경제, 관광이론, 인간과 관광은 원론적 성격의 과목이다.
*** 우리나라의 관광경영학과는 ④의 매체중심의 교과목에 치중하고 있다.

2) 머피(P.E. Murphy)의 관광학 연구대상

머피(P. E. Murphy)는 관광학 구성요소와 인접사회과학과의 연계성을 바탕으로 관광학 연구대상에 대한 체계화를 시도한 바, 그는 관광학의 구성요소를 바탕으로 관광학의 연구대상인 관광현상을 인공시설물, 자연자원, 하부구조(infrastructure), 접대 및 교통으로 파악하여 여기서 발생하는 현상을 연구대상으로 하고 있다. 그의 이론적 모형 특히 관광의 구성요소 선정에 선뜻 납득되지 않는 부분도 없지는 않으나 그의 모형에서 우리는 관광현상연구의 종합과학적 성격 내지 복합성을 이해할 수 있다.(〈그림 3-4〉참조)

그림 3-4 관광의 구성요소와 사회과학과의 연계성

3) 자파리(J. Jafari)와 리치에(J.R. Ritchie)의 관광학 연구대상

유럽 및 미국의 관광학 연구는 대개 두 가지의 흐름이 있다. 즉, 유럽에서는 관광경제에서 출발한 TCA(Theoretical Continental Approach)와 같은 관념과 추상적 접근방법이 있으며, 영국과 미국 등은 호텔 및 관광경영과 같은 경험을 중시하는 미시경제학적 접근방법인 PASA(Pragmatic Anglo-Saxon Approach)가 주류를 이루고 있다. TCA는 주로 종합사회과학적 연구방법이고, PASA는 응용과학적 연구방법이라 할 수 있다. 자파리(J. Jafari)와 리치에(J. R. Ritchie)는 유럽과 미국지역의 각종 학설을 정립하여 연구대상을 인접과학차원에서 〈그림 3-5〉와 같이 설정하였다.

그림 3-5 관광연구와 분과

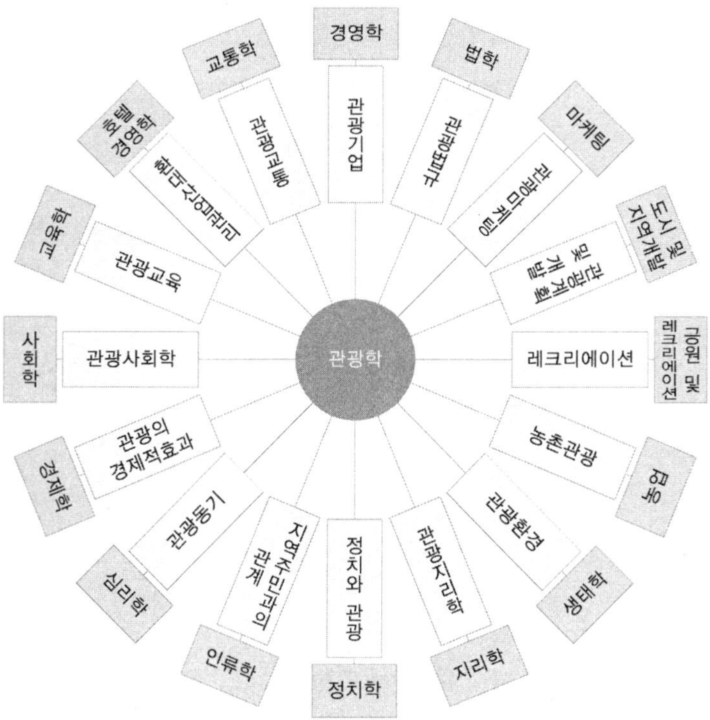

* 정사각형의 표시는 분과학을, 직사각형의 표시는 해당과학의 개설강좌를 예시하고 있음.

2. 관광학의 인접학문

1) 관광경제학

관광은 산업의 발전이나 소득의 향상, 여가시간의 증대, 더욱이 국제화의 진전에 따라 금후에도 국가나 지역의 기간산업(key industry)으로서 발전할 것으로 기대되고 있다. 관광연구는 통계학으로부터 출발했다는 것은 잘 알려진 사실이다. 또한 관광의 경제학적 시점에서 체계적으로 연구한 이탈리아의 마리오티는『관광경제학강의』가운데 경제학의 이론을 도입하면서 관광에 있어 경제학의 도입이 시작되었다고 할 수 있다.

관광경제학의 연구분야는 관광수요 · 공급, 임금 · 소득 · 고용의 발생, 관광과 국제무역, 경제개발 또는 관광환경과 경제와의 관계 등 광범위하게 걸쳐 있지만 아직도 관광의 경제적 측면 또는 관광의 수요측면 내지 관광마케팅이 주류를 이루고 있다.

관광객은 본인의 소득 · 여가시간 · 관광정보 등을 기초로 하여 관광지, 숙박, 교통기관 등을 계획하고, 이러한 준비를 끝내고 관광을 떠나며, 관광목적지에서 다양한 관광행동을 통하여 소비활동이나 교류 · 경험 등의 활동을 하고 있다. 이러한 관광현상 중에서 특히 경제 · 소비에 관계되는 측면을 다루는 것이 경제학적 접근방법이라고 할 수 있다.

일반적으로 경제학에서는 크게 두 개의 관련영역으로 나누고 있다. 소비와 생산활동에 있어 자원배분과 같은 미시적(micro-oriented) 문제에 접근하는 방법과 사회를 이용한 자원이용문제나 가격과 생산의 안정화, 외환과 국가 간의 무역문제, 장기적 경제성장에 관련된 거시적(macro-oriented) 문제에 접근하는 방법이 그것이다.

그러나 경제학도 최근에는 교육, 국방, 정치, 교통 등 그 연구영역이 점차 확대되면서 인간의 여가선택행위, 관광자원의 수급(需給) 및 가치

문제, 관광개발행위의 지역적 · 국가적 경제효과 분석, 관광산업과 국제수지관계 등 산발적이나마 양적인 확대를 도모하고 있는 실정이다.

수요와 공급을 중심으로 한 경제학적 접근방법을 관광분야에 적용할 때 기본이 되는 중요한 경제적 과제는 다음과 같은 것을 들 수 있다(아래 〈표 3-1〉 참조).

표 3-1

구분	내용
관광관련재, 서비스와 소득수준과의 관계	• 소득수준의 상승과 관광관련재, 서비스의 수요는 어떤 관계가 있는가 • 가정의 관광관련 소비액 가운데 상위를 점하고 있는 것은 어떤 비목(費目)인가 • 소득수준의 상승과 스포츠종목의 변화에 어떤 관계가 있는가
관광관련재, 서비스와 고용수준과의 관계	• 경제발전, 소득수준의 상승과 관광관련재, 서비스의 고용은 어떤 관계가 있는가 • 고용을 증가시키는 관광관련재, 서비스산업과 그렇지 않은 것과의 차이는
관광관련재, 서비스와 국제수지의 관계	• 국제수지 가운데 물건의 거래와 서비스거래는 어떤 추이를 보이고 있는가 • 경제발전과 국제수지의 구조변화는 어떤 관계가 있는가 • 경제 이외의 요소에서 국제수지에 영향을 미치는 요인에는 어떤 것이 있는가
관광관련재, 서비스와 그 파급효과 (국가 · 지역)	• 관광관련재, 서비스분야와 재화의 생산분야에 동액의 소비(투자)를 한 경우 고용효과의 차이는 어느 정도인가 • 불황지역의 승수효과가 국가 전체의 효과보다 작아지는 것은 무슨 이유인가
행정의 시장개입 필요성과 그 효과	• 행정이 관광관련재나 서비스 시장에 개입하여 수급의 적정화를 기할 필요가 있는가
관광관련재(서비스)의 수요변화요인	• 관광관련재의 수요의 규모는 그 재(서비스)의 대체효과, 소득효과 및 소비자만족과 어떤 관계인가

관광의 수요특성과 예측방법	• 관광수요예측을 통한 중 · 장기적 시설의 확장, 신규투자와의 관계는 어떤가

2) 관광경영학

종합적 과학으로서 경영학의 중심에 조직론이 있다는 것은 주지하는 바와 같지만 포괄적인 관광경영론은 1959년 훈지커(W. Hunziker)에 의해서 발표되었다. 그는 관광경영과 그 조직(Der Fremdenverkehrsbetrieb und seine Organisation)이라는 논제처럼 조직론이 중심이다. 훈지커에 의한 관광경영이라는 개념은 '그에 적합한 생산수단을 계속적으로 결합시킴으로써 관광재 및 용역을 경제적 방법으로 제공할 것을 목적으로 하는 경제단위, 특수 혹은 개별경제'를 의미한다. 그가 제시한 관광경영은 다음의 〈표 3-2〉와 같이 정리할 수 있다.

표 3-2

<table>
<tr><td colspan="4">총체적 현상으로서의 관광</td></tr>
<tr><td></td><td colspan="3">경제적 범주로서의 관광</td></tr>
<tr><td></td><td>관광경제</td><td colspan="2">관광경영</td></tr>
<tr><td></td><td></td><td>기업범위</td><td>경영범위</td></tr>
<tr><td></td><td></td><td>• 공통적 특징
① 동일경제단위
② 생산수단의 계속적 결합
• 차별적 특징
① 인식대상: 외부의 제 관계
② 목적: 수익획득에 의한 재산보전(조달 · 판매)
③ 계정과목: 자본 · 비용 · 수익 · 이익 혹은 손실
④ 기업성과의 척도: 자본의 수익성</td><td>• 공통적 특징
① 동일경제단위
② 생산수단의 계속적 결합
• 차별적 특징
① 인식대상: 경영내부의 사건
② 목적: 급부의 제공(생산)
③ 계정과목: 경영상의 필요 자산 · 원가급부가치 · 경영 · 성과
④ 기업성과의 척도: 급부제공의 경제성</td></tr>
</table>

그는 관광경영의 연구대상과 범위를 크게 ① 체재경영, ② 여행경영, ③ 여행 및 체재를 위한 급부를 수반한 경영으로 나누어 제시하고 있다. 그러나 오늘날에는 경영학도 세분화되어 생산, 인사, 재무, 마케팅 및 조직행동에 이르기까지 다양화되어 가고 있는 추세여서 연구범위나 방법도 다양화되고 있다.

경영연구에서는 세 가지 접근법 즉 ① 고전적 접근법, ② 행동론적 접근법, ③ 경영과학적 접근법이 확립되어 있다. 고전적 접근법에서는 주로 일, 작업, 작업방법에 대한 계획 · 조직 · 통제 등의 주요 경영관리과정 등에 초점을 둔다. 행동론적 접근의 초점은 노동과 소비에서 나타나는 인간행동에 대한 문제를 관리하는 관리자를 돕는 데 초점을 두고 있다. 경영과학적 접근법은 수많은 수학적, 통계적 수단을 이용하여 효율적 방법으로 간결하게 문제를 해결하고 이러한 수단을 통해 개발된 해결책을 실제적인 경영해결책으로 전환시키는 데 초점을 두고 있다.

관광분야에 있어서는 이들 세 가지 접근법 중 행동과학과 경영과학적 접근법의 비중이 더욱 증대되고 있다. 이는 일반적인 경영관리나 마케팅 및 정책분야의 연구에서의 발전추세와 같은 것이다.

3) 관광사회학

사회학 연구의 기본자세는 다음의 세 가지를 들 수 있다. 즉 ① 실제적 접근이 아니라 문제중심형 접근이어야 하고, ② 사회학은 비판적 능력을 가져야 하며, ③ 사회학적 상상력이 있어야 한다는 것이다. 관광현상은 복잡다기(複雜多岐)하고, 또한 여가라든가 여가 이용 등의 문제가 논의되기 시작하면서 사회학이라는 시각에서 관광현상을 이해하려는 경향이 증가한 것은 오히려 당연한 것인지도 모른다.

여가문제에 대한 사회학적 관심은 1954년 벨기에에서 개최된 제1차 '유럽사회학대회'에서 이 분야를 연구주제로 확정한 다음 활성화되기 시작한다. 이후 1960년 독일의 크네벨(H. J. Knebel)의 '근대관광에서의 사회학적 구조변화'라는 논문과, 1962년 푀셀(A. E. Pöschl)의 '관광과 관광정책'이라는 논문이 발표되면서 관광에 대한 사회학적 접근이 시도되었다.

사회학적 이론은 경험적 사실을 현실에 타당하도록 체계화함으로써 획득할 수 있는 것이다. 관광사회학을 구상하기 위해서 현재까지 진행된 관광연구의 제 경향을 정리해 보면, 특징으로 들 수 있는 것은 우선 관광산업에 공헌하는 것이 중심과제였다. 즉 관광관련산업에 있어서 실무체계, 지리적 지식체계, 경영론적 체계는 관광경제학을 중심으로 구축된 체계였다. 그러나 관광현상은 오로지 경제적 행위로서만 파악할 수 있는 것인가라는 의문이 일게 된다. 즉 사회와 경제의 역동성(dynamism) 가운데 관광현상을 위치시키면 지금까지와는 전혀 다른 관광연구의 지평이 열릴 것이다.

사회학자들이 제기하고 규명하려는 문제는 많은 경우 실태의 의문에서 출발한다. 그 다음으로 사회학자는 사회현상을 그 사회의 별도의 상황에 관련하여 생각하거나 혹은 상이한 사회에서 얻은 실례와 대비하여 비교한다. 더욱이 단지 현재의 사회를 상호 관련지어 고찰할 뿐만 아니라 현재와 과거를 비교하기도 한다. 그러므로 관광사회학이 추구해야할 과제는 다음과 같이 네 가지로 압축할 수 있을 것이다.

첫째, 실태연구이다. 현대관광의 제 실태, 관광의 제 주체(관광객, 관광산업 종사자, 기타), 관광시설, 관광지역 등의 연구이다.

둘째, 비교연구이다. 제 외국 관광실태와의 비교연구, 상이한 사회·지역과의 비교연구 등이다.

셋째, 발달연구이다. 관광현상은 어떠한 사정에 의해서 현재 어떤 실태로 되어 가고 있는가에 대한 역사적·사회적 연구이다.

넷째, 이론화 연구이다. 관광이란 무엇인가, 현대사회에 있어 관광은 어떤 위치에 있는가, 사회이론 구성에 대해서 여하히 기여할 수 있는가 등에 대한 연구이다.

관광사회학은 아직 초보적 단계에 불과하기 때문에 지금까지 많은 관련영역의 선행연구자들이 축적해 온 방대한 연구성과를 참고하면서 인류의 사회나 역사에 도움이 되는 이론체계를 어떻게 구축해 나가느냐가 금후의 중요한 연구과제이다.

4) 관광심리학

심리학의 대상은 사람의 '마음'이다. 마음을 취급하는 방법은 여러 가지로 심리학의 역사는 이를 어떻게 취급하느냐에 대한 이론발전의 역사라고 할 수 있다. 따라서 심리학은 행동을 인간과 환경의 관계로서 이해하려고 한다. 즉 심리학은 사람과 환경이 상호작용에 대해 연구하는 것이라 할 수 있다. 관광에 심리학적 접근을 시도하려면 그 입장은 행동론이다. 즉 관광주체, 관광대상, 관광매체 모두의 국면에서 사람이 관계되고 있으며, 이들과 그 행동이 연구대상이 된다.

관광심리학의 연구방법으로는 학제성(學制性)과 과학성을 들 수 있다. 즉 관광심리학은 역사학, 인류학, 사회학 혹은 경제학이나 기타 학문영역에서 축적된 또는 축적되고 있는 식견의 도입이 필수불가결하기 때문에 학제적 연구가 요청된다. 또한 심리학은 실증과학이며, 논리적 조작, 검증을 통해서 과학적 지식을 축적하여 법칙의 일반화를 꾀한다. 그러한 의미에서 타 사회과학 영역에 비해 개념과 사실을 대응시키는 조작에 대해서는 한층 엄밀성이 요구된다고 할 수 있다.

5) 관광지리학

지리학은 지역을 조사 · 연구하는 학문으로서, 장소와 환경 및 이들 간의 관계를 연구하는 것이라고 할 수 있다. 여기서 장소란 공간(space) 및 지지적(地誌的: chorographic) 관점에서의 일반 지표를 말하며, 환경이란 토지의 형태를 비롯하여 기후 · 토양 · 식생(植生) · 동물 · 광물자원 등 물리적 환경, 경제 · 사회 · 정치 · 도시 등의 문화적 환경을 말한다.

관광현상 연구에 있어 가장 많은 기여를 해 온 학문의 하나가 바로 이 분야라고 해도 과언이 아닐 정도로 이미 1930년대부터 연구가 시작되었다. 관광지리학의 본질적 연구대상은 관광지에 대한 지리적 특색과 관광객의 동태를 파악하는 것이다. 그러므로 관광지리학에서는 관광지 자체특성에 따른 입지론적(立地論的) 연구와 관광객 형성의 지역적 특성을 규명하는 것이라고 할 수 있다. 특히 1965년 독일출신 토트(H. Todt)가 쓴 '여행목적지의 공간적 질서' 및 1966년 프랑스의 디페르(P. Defert)의 관광입지론은 관광분야의 지리학적 연구로서 각광을 받을만하다.

연구분야는 ① 관광지 및 관광형태의 개별적 지역연구, ② 관광지의 입지론적 연구 등 두 개의 방향으로 정리할 수 있는데, ①의 연구가 현저하게 많은 것이 특징이다.

관광지리학의 연구과제는 다음과 같은 것을 들 수 있다. 우선 관광지의 분포 및 관광자원 · 관광시장 · 관광산업구성 · 관광유동형태 등에서 본 관광지의 성격설정에 관한 분석, 또한 그들의 공간적 결합체로서 본 관광지역의 구조, 관광지 제 기능의 유형화, 관광시장 및 주변관광지와의 결합에서 본 광역관광루트 형성과 관광지의 기능과의 관계, 관광권(觀光圈)의 문제 등이다. 또한 관광자원성의 평가나 관광지향성(觀光志向性 · 관광의 동기설정)의 지역적 측면에서의 접근도 금후의 과제가 될 것이다.

그리고 보다 중요한 연구과제는 위에 열거한 관광지의 성격 · 유형을 기초로 하여 개별적 연구영역을 선정하고, 전체적 견지에서 보아 각 관광지의 형성 · 기능 · 구조를 상호 연관시키면서 각 지역의 비교 · 고찰을 토대로 일반적 경향을 파악하여 관광지형성론 · 기능론 · 구조론에서 형성되는 관광지역론을 구축하는 것이다. 그 경우 기본적 연구태도로서는 관광지형성자로서의 관광자본의 성격과 그 개발목적 · 개발방식 · 개발과정 등을 극명하게 추구하여 지역의 사회경제적 기능 · 구조변화 등 지역적 기반과의 관계를 분석하는 것이 필수적이다.

6) 관광생태학

최근 관광추세는 과거에 비해 그 소재가 상당히 다양해지고 있고, 관광형태도 점차 전문화하는 경향이 있다. 1990년대 이후 종래의 자연관광이 교통수단의 발달에 따라 초기에는 오지(奧地), 삼림이나 사막, 바다를 찾아 탐험을 하는 탐험관광(adventure travel)이 성행하였으나 산업공해와 지나친 개발로 인해 푸르고 깨끗한 자연공간이 해마다 부족해짐에 따라 녹색관광(green tourism)을 그리워하는 처지가 된 것이다. 따라서 자연보호를 전제로 한 관광(responsible tourism)이나 녹색관광 등 지속가능한 관광개발이 널리 도입되고 있는 추세이다.

공식적으로 관광부문에서 지속가능한 개발이라는 표현이 등장한 것은 1991년 아 · 태관광협회(PATA)의 환경보전 결의에서 볼 수 있으며, 이 결의에서 지속가능한 개발과 환경적으로 민감한 관광(environmental sensitive tourism)이라는 용어가 등장하는데 여기서 환경적으로 민감한 관광이 즉 생태관광을 의미한다. 생태관광(eco-tourism)이란 '자연환경을 학습하고 감상하며 즐기는 특별한 목적을 가지고 그 지역의 야생 동 · 식물뿐만 아니라 기존문화를 대상으로 하는 관광으로서 비교적 평온하고 오염되지 않은 자연경관이 우수한 지역으로 여행하는 것'으로 환경친화적인 관광, 자연을 배우는 관광이다. 생태관광이 사람들의 주목을 받기 시작한 것은 1970년대에 들면서부터이다. 생태관광이 출현하게 된 배경으로는 첫째로 환경문제의 심각성에 대한 우려와, 둘째로 현대인의 가치관의 변화에 따른 관광상품 다양화에 기인하고 있다. 즉 일에 대한 해방이나 휴식의 방편으로 이루어지는 관광이 감소하는 대신 관광이 일상생활의 한 부분으로서 조화를 이루는 관광의 인간화 즉 환경친화적 관광이 일반화되면서 생기게 된 것이다.

일반적 의미에서의 생태학이란 각 식물군(植物群)이나 동물군(動物群) 혹은 그들과 환경 간의 관계에 대해 생물학적으로 연구하는 학문이다. 문화생태학은 인간과 그들의 환경을 다룬다. 관광객, 지역사회, 경영관리자, 개발자, 정책입안자들 상호간의 관계 및 특히 그들과 환경 간의 관계는 생태관광학 뿐만 아니라 지속가능한 개발에 있어 매우 중요한 요소가 되고 있다.

생태관광에 대한 연구는 관광연구분야에서 상대적으로 뒤늦게 출발했으며, 예컨대 열대수림, 멸종위기에 처한 종(種)들, 습지에 대해 관광과 환경이 상호이익을 도출하는 것이 생태관광에 관한 연구가 된다. 이것은 자연관광에서 한 단계 더 나아가 자연과 관광을 동등한 관계로 고려하는 것을 의미한다. 관광과 환경의 연계가 아직까지는 덜 구체적이고 학문적인 분과로서도 확실하게 자리 잡고 있지는 못하고 있다 해도 중요한 현안을 이해하기 위해서는 앞으로 더욱 필요한 분야가 될 것임에 틀림없다.

7) 관광인류학

인류학은 보통 형질인류학(physical anthropology), 문화인류학(culture anthropology), 고고학(archeology), 언어학(linguistics) 등 네 개의 세부과학으로 구분된다. 이 학문은 이론이나 연구대상 등이 사회학과 비슷하여 그 구분이 사실상 불가능한 점이 있다. 그러나 선사고고학, 종족언어, 인류학 등 미개사회연구를 중심연구과제로 삼음으로써 사회학과의 독립성을 유지하고 있다. 따라서 관광도 하나의 사회현상 내지 인간현상이라고 한다면 관광행위는 당연히 인류학자 특히 문화인류학자의 연구대상이 된다.

문화인류학은 인간에 있어 문화란 무엇인가라는 문제를 취급하는 학문영역이다. 관광이 문화인류학의 중요 연구대상이 된 것은 1974년 멕시코시티에서 열린 미국 인류학회 심포지엄 이후의 일이니까 그리 오래되지 않았다. 심포지엄 결과 스미스(V. L. Smith)에 의한 『Hosts and Guests-관광인류학』라는 저서가 출판되었다. 이 책이 출판되고 적어도 미국에서는 1980년대를 통하여 관광은 문화인류학의 연구 · 교육메뉴 가운데 하나의 지위를 확보하게 된다.

최근에는 민족문화를 관광대상화하여 민족관광(ethnic tourism)이 주목을 끌고 있다. 민족관광이란 토착인(indigenous people) 자신과 그들의 생활습관 및 그들의 예능이나 공예품의 문화적인 이국정서(exoticism)를 중요한 관광대상(attraction)으로 하는 관광활동형태를 말한다. 관광객은 자기의 이국정서를 충족시키기 위하여 토착성이 높고 그다지 관광화 되지 않은 장소를 추구하게 된다. 이러한 장소는 종래 문화인류학자만이 즐겨 찾는 장소였으나 오늘날에는 일반 관광객들도 심심치 않게 만나게 된다. 그러나 민족문화의 관광대상화는 지역문화가 얼마나 관광적 가치를 가지며 많은 관광객이 이것에 매력을 느끼느냐에 따라 달라진다.

문화인류학적 접근방법을 관광분야에 적용할 때 기본이 되는 중요한 과제는 다음과 같은 것을 들 수 있을 것이다. ① 관광지 및 관광자체의 성격, ② 주 · 객(host-guest)관계를 포함하여 관광이 원주민과 그 사회에 미치는 사회 · 경제 · 문화적 충격, ③ 낮은 문명지역에서 개발된 관광지와 그 주 · 객에 대한 관찰, ④ 원주민들의 특별한 생활양식, ⑤ 이민족 간 문화차이, ⑥ 문화접촉이나 문화변동, ⑦ 지역사회의 관광투입과 지역개발 간의 관계, ⑧ 관광객과 지역주민과의 의사소통문제, ⑨ 관광이 만들어내는 문화 즉 관광문화에 관한 것 등이다.

8) 관광역사학

역사학은 시간적 차원과 관계하며, 이러한 맥락에서 사회적 과정과 제도를 이해하려는 시도이다. 관광과 관련되는 주요 연구들은 20세기 초부터 나타나기 시작하였다. 연구주제는 주로 ① 고대와 중세의 관광, ② 17~18세기 대여행(grand tour)시대의 관광, ③ 온천과 해변휴양지의 성장과정 등에 대한 것이다.

우리나라 관광의 역사적 연구는 거의 불모지에 가깝다고 할 수 있다. 그것은 이 분야에 대한 학자가 절대적으로 적을 뿐만 아니라 고전을 찾아내고 이를 해석하는 수준의 실력 있는 한학자(漢學者)가 부족한데서 그 원인을 찾을 수 있다.

무릇 관광사를 연구하려면 동서양의 고전(古典)을 섭렵하고 고대 전통사회의 생활양식과 풍속 · 민속 등 문화의 발달과정을 살필 수 있는 각존 역사서, 기행문, 관광관련 기록물, 민속자료, 세시기(歲時記), 사회풍속사 등의 자료를 토대로 시대적 배경과 관광과의 관련성을 규명하려는 것에서부터 출발하지 않으면 안 된다. 즉 각 시대의 역사 속에서 관광현상에 영향을 주었다고 생각되는 선행연구나 자료를 찾아보고 이에 대한 미비점을 보완하는 방향에서 관광사를 연구하는 자세가 필요하다. 또한 사료의 멸실도 그 원인 중의 하나라고 할 수 있다. 수많은 외침을 받다 보니 역사적 사료들을 제대로 보관할 수 없었던 것도 관광역사를 연구하는 데 제한요소가 되고 있다.

제4장

관광의 효과와 영향

제1절 관광의 긍정적 효과

1. 경제적 측면

1) 국제수지개선

국제수지(balance of international payments)란 일정기간 동안 한 나라의 국제거래로 인하여 발생한 외국에 대한 화폐지불과 외국으로부터 화폐수취를 대조시킨 것을 말한다. 그러므로 국제수지는 한 나라의 대외경제 관계의 총체를 일정기간 동안 수취하고 지불한 상품 · 서비스 · 자본 등을 유통구조면에서 파악한 것이라 할 수 있다.

관광객의 관광행위는 국내 · 외를 막론하고 관광소비를 수반하므로 국제관광에서는 외화의 소비와 획득이 발생하게 된다. 이를 관광객 수용국 입장에서 보면 국제수지에 직접 영향을 주는 외화를 획득하게 되어 특히 개발도상국이나 국제수지 적자국가에 있어서는 국제수지 개선에 크게 기여하게 되는 것이다. 더구나 일반 수출산업처럼 관세장벽 등의 제한조치가 없는 순수한 인적 교류에 의한 교역으로서의 이점을 가지고 있는 완전히 개방된 형태의 교역이므로 세계 각국은 더욱 관광산업 진흥에 주력하고 있는 것이다.

또한 관광수입은 다른 상품수출에 의한 외화수입과는 구별되는 커다란 특징을 갖는다. 즉 상품수출은 각국에 관세장벽과 원재료의 수입곤란, 수출시장 환경의 악화 등의 문제를 항상 안고 있다. 한편 수출대상국에서 민족감정 · 국제경제정책 등의 영향을 받아 상품배척을 할 경우에 발생하는 문제도 항상 내포하고 있는데 반하여, 관광은 오히려 국제친선과 문화교류에 기여하면서 외화수입을 올릴 수 있다.

이와 관련하여 국제관광수지(balance of international tourism payments)란 일정기간 동안 한 나라의 관광거래에서 국외관광객이 지불한 화폐와 외래관광객으로부터 수취한 화폐를 대조시킨 것을 말한다. 따라서 관광수지는 일정기간 동안 한 나라의 대외관광거래에서 수취하고 지불한 총량을 화폐의 흐름면에서 파악한 것이다. 물론 개념적으로 이와 같이 정의되지만, 관광과 관련한 국가 간 거래는 여러 항목을 포괄하고 있기 때문에 실제로 관광수지를 측정하는 데는 여러 가지 어려움이 따른다. 관광수지표는 일정기간 동안 국가 간 관광거래에서 발생한 화폐적 흐름을 수취와 지불로 구분한 표를 말한다. 국제통화기금(IMF: International Monetary Fund)에서는 국가 간 관광수지를 기입하는 데 일관성을 유지하고 이를 통하여 관광수지의 상태를 분석하기 위해 〈표 4-1〉과 같은 관광수지표를 작성하고 있다.

표 4-1 관광수지표

수취항목	지급항목
• 외래관광객의 국내관광소비 • 관광쇼핑상품 등의 관광상품 수출 • 국제운송료 • 해외로부터의 국내관광산업부문에 대한 투자 • 해외관광산업투자에 의한 수입 • 해외관광산업부문에 취업한 자국민의 노동수입 • 관광광고 등에 따른 수입 등	• 자국민의 국외관광소비 • 원자재의 수입(설비품 · 식료품 등) • 국제운송료 • 관광산업부문에 대한 해외투자 • 국내에 투자한 해외자본에 대한 지불(이자 · 배당금 등) • 관광산업부문의 외국인고용에 대한 임금 지불 • 관광광고 등에 따른 해외지출 등

관광수지는 경상수지 중 무역외수지에 해당되는 것으로 운송 · 보험 등과 함께 용역거래의 주요 항목이다. 무역외수지에서 용역거래는 일반적으로 국제간의 교류가 증가할수록 높아진다. 특히 관광은 소유권 이전이 발생하지 않으면서도 통화흐름이 발생하는 것으로서 전 세계적으로 경제에서 관광부문이 차지하는 비중은 날로 증가하고 있다. 관광수지를 국제관광객 왕래에 의해 발생하는 수입과 지불의 측면에서 볼 때, 관광소비가 자국민의 국외관광에 의해서 이루어지는 경우 그 소비는 관광수지의 지불항목이 되고, 외래관광객에 의하여 관광수용국에서 발생하는 소비는 관광수지상 수입항목이 되어 관광수용국의 국제수지 개선에 기여한다.

2) 국민소득 창출효과

국민소득(National Income)이란 한 나라의 경제활동 또는 경제적 성과의 지표인 동시에 국민들의 경제적 복지의 양적 지표라고 할 수 있다. 일반적으로 국민소득에는 어느 면에서 파악하느냐에 따라 몇 가지 상이한 개념이 있다. 넓은 의미의 국민소득인 국민총생산(GNP: Gross National Product), 국내총생산(GDP: Gross Domestic Product)과 좁은 의미인 국민소득(NI: National Income), 개인소득(PI: Personal Income), 가처분소득(DI: Disposal Income) 등이 포함된다. 관광의 경제효과에서 국민소득은 이상과 같은 여러 개념 중 국민총생산을 의미한다. 국민소득의 개념을 국민총생산의 개념과 동일한 의미로 사용할 때 국민총생산이란 국내 · 외를 막론하고 그 나라 국적을 갖는 국민이 생산 · 취득한 최종 생산물의 가치 총액으로 정의할 수 있다.

따라서 관광의 경제적 효과로서 국민소득 창출효과란 관광객의 지출이 한 나라의 국민경제에 주입(injection)요인이 되어 일정기간 동안 한

나라의 국민이 생산한 최종생산물의 가치를 증가시키는 현상 또는 그 결과를 의미한다. 관광으로 인한 국민소득의 창출효과는 관광활동으로부터 창출되는 일련의 관광상품과 서비스(용역)이며, 이에 대한 수요와 소비가 발생됨으로써 생산과 소득에 순환적인 영향을 미치게 되는 것이다. 그러므로 관광에서 유발되는 국민생산 및 소득의 효과는 외화가득률과 승수효과로 설명할 수 있다.

외화가득률(外貨稼得率: rate of foreign exchange earning)이란 상품이나 용역의 수출이 외화획득에 공헌하는 정도를 말하며, 이는 수출로부터 얻은 소득 중 수입원자재를 비롯한 지출 부문을 공제한 나머지 부문이 전체 소득에서 차지하는 비율이다. 예를 들어, 2백 달러짜리 상품을 수출하였을 때 원자재가 1백 달러짜리 수입품이었다면 외화가득률은 50%이며 순수하게 벌어들인 외화는 1백 달러가 된다.

관광에 있어서의 외화가득률이란 외래관광객으로부터 획득한 관광수입에서 이를 얻기 위해 투입하는 원재료 및 각종 물품 등의 수입비용을 차감한 차액과 관광수입의 비율을 말한다. 외화가득률에 있어서 일반상품과 관광상품 간의 산출공식은 다음과 같다.

- 일반상품의 외화가득률

$$\frac{\text{수출가격} - \text{수입원료가격}}{\text{수출가격}} \times 100$$

- 관광상품의 외화가득률

$$\frac{\text{국제관광수입} - (\text{광고선전비} + \text{외래객이 소비한 외국상품 수입가격 등})}{\text{국제관광수입}} \times 100$$

관광산업은 외화가득률과 수출대체효과가 타 산업에 비해 높다. 수출액에서 수입유발액을 공제한 후 이를 다시 수출액으로 나눈 외화가득률은 원재료에 대한 수입의존도가 낮은 광업(92.3%), 농림수산업(91.6%)과 더불어 관광산업은 87.5%로 매우 높은 것으로 나타났다. 외래관광객의 소비지출은 우리나라의 상품 및 서비스 수출과 동일한 효과를 가지고 있다. 외래관광객 1인을 유치하는 것은 반도체(16M DRAM) 730개, 신발 95켤레, 칼라TV(21″) 9.4대, 소형자동차(1500cc급) 0.18대 수출과 동일한 매우 커다란 수출효과가 있음을 알 수 있다.

표 4-2 국내 관광산업의 수출대체 효과

구분	원단위 (US$)	단순수출 대체효과 (외화가득률 미감안시)		수출대체효과 (외화가득률 감안시)	
		총규모	외래객1인당	총규모	외래객1인당
반도체(16M)	4($/개)	1,300백만 (개)	333.16 (개)	2,848.24백만 (개)	729.94 (개)
신발	16.73($/켤레)	310.82백만 (켤레)	79.66 (켤레)	372.30백만 (켤레)	95.41 (켤레)
칼라TV(21″)	195.24($/대)	26.63백만 (대)	6.83 (대)	36.69백만 (대)	9.40 (대)
자동차 (1500cc)	8,000($/대)	65만 (대)	0.17 (대)	70.32만 (대)	0.18 (대)

한편, 국민소득 순환과정에서 관광외화획득이 증가하면 소득은 단지 그만큼 증가하는 것이 아니라 그 몇 배수로 증가하는데, 이러한 효과를 승수효과(乘數效果: multiplier effect)라 하고 그 배수를 승수라 한다. 다시 말해서, 승수효과란 어느 지역 경제에 가해진 최초의 변화(소득증가, 고용발생 등)가 결과적으로 그 지역의 경제에 가져온 배수(倍數)만큼의 효과를 의미한다.

• 승수

$$\frac{\text{1차효과} + \text{2차효과} + \text{3차효과}}{\text{1차효과}} \quad \text{또는} \quad \frac{\text{직접변화} + \text{간접변화} + \text{유발변화}}{\text{직접변화}}$$

관광객의 지출변화로 인한 경제적 효과를 발생단계에 따라 1차효과, 2차효과, 3차효과 등으로 구분할 수 있다.

1차효과는 직접변화로 '관광객이 최초로 지불한 비용이 직접적으로 관광산업부문에 창출하는 경제적 효과'를 말한다. 외래관광객의 지출은 최초로 항공사 · 여행사 · 숙박업 및 관광객 이용시설과 편의시설업 등 직접적인 관광산업부문을 통해 이루어진다.

2차효과는 간접변화로 '관광객의 지출로 인하여 간접적으로 영향을 받는 관련산업부문에서 소득과 고용이 창출되는 것'을 말한다. 외래관광객의 지출관점에서 보면 간접적으로 영향을 받는 데 따른 경제적 변화를 말한다. 예컨대, 외래관광객이 관광토산품을 구매함으로써 수입을 얻은 토산품점 경영자는 외래관광객의 지출로 인하여 직접적 효과를 얻게 되고, 판매수입 가운데 일부는 토산품생산자와 중간유통업자에게 생산비와 유통비 등 일정한 금액을 지급하게 되며, 관광식당업 경영자는 관광객에게 음식을 제공함으로써 얻은 수입의 일부를 쌀을 공급하는 농민 및 중간유통상 · 식료품공급업자 등에게 대금이라는 형태로 지급하게 된다. 이때 토산품생산자 · 농민 · 중간유통상 등은 관광객의 지출로부터 간접적인 영향을 받게 되는 것이다.

3차효과는 유발변화로 관광객의 지출증가로 인한 관광목적지의 수입증가로 가계부문의 소득이 증가함에 따라 소비지출의 규모가 증가하게 되고, 이러한 소비지출증가가 한 국가 또는 지역의 다른 산업의 매출액증가와 고용기회의 창출 등 지역경제를 활성화시키는 것을 말한다.

관광객은 관광지에서 최초로 관광소비를 하게 된다. 이 지출은 현지여행사, 호텔업자, 토산품업자 등 직접 관광관련업자의 소득으로 귀속

된다. 직접 관광관련업자는 이 소득을 가지고 다시 종사원의 임금, 원자재의 구입 등에 지출하고, 종사원은 다시 임금을 저축하거나 지역사회에서 소비하게 된다.

관광객들이 최초로 지출하는 돈은 이렇게 지역사회에서 순환하면서 이른바 소비의 승수효과를 낳게 되는데, 이러한 과정은 새로운 단계의 거래에서 유발되는 추가소득이 없어질 때까지 계속된다. 이렇게 최초의 관광소비가 관광관련 업체의 관광소득으로, 그리고 다시 소비로 지출되는 재소비과정을 통해서 승수효과를 얻게 되는 것이다.

예를 들어 보자. 스키장에서 스키를 타려는 어떤 관광객이 스키 승강장(ski lift)표를 3,000원에 샀다고 하자. 스키장이 받은 3,000원은 관리자의 봉급을 지불하는 데 쓰일 것이고, 그 관리자는 자신의 일상 용품(소비재)을 사는 데 지출할 것이고, 일상용품을 파는 사람은 집세를 내는 데 사용할 것이다. 또한 그 집 주인이 세탁하는 데 지출한다면 세탁소 주인은 그 돈을 레스토랑에 식대로 지불할 것이고, 그 레스토랑 주인은 음식을 만드는 데 사용하기 위하여 다른 지방에서 수송해 온 소고기 대금을 지불하는 데 사용할 것이다. 돈이 다른 지역으로 빠져나가면 이 지역에서 더 이상의 소득 증가는 이루어지지 않는다. 최초의 지출 3,000원은 그 지역 경제를 순환하면서 경제 전체적으로 몇 배의 소득을 창출하다가 그 돈이 지역에서 완전히 빠져나가면 순환을 멈춘다. 이미 앞에서 설명한 바와 같이 최초의 관광객들의 지출이 그 경제를 순환하면서 일으킨 직 · 간접 효과를 승수효과라고 한다.

관광의 승수효과는 산업구조, 기술의 발달 등 여러 가지 조건에 따라 일정하지는 않으나 연구된 결과에 의하면 보통 관광객들이 최초로 지불한 돈이 1년간에 3.2~4.3배의 수준으로 증가하는 것으로 나타나 있다. 이는 처음 1달러의 지출이 일 년 동안에 3.2~4.3달러의 소득증가를 가져다준다는 것을 의미한다. 관광승수효과는 판매액 또는 생산, 고용수준 등으로도 평가할 수 있다.

3) 고용창출

관광산업은 특성상 서비스지향적인 산업이기 때문에 타 산업에 비하여 높은 고용기회를 부여한다. 따라서 관광산업을 노동집약적인 산업(labor intensive industry)이라고 부른다. 다시 말해서 관광상품은 기계화에 의한 대량생산과 표준화가 불가능하므로 사람의 세심한 손길에 의해서 생산되어 고객에게 전달하여야 하기 때문에 상대적으로 여타의 산업보다 많은 노동력을 요구한다.

오늘날 세계 각국이 관광산업에 주력하고 있는 이유 중의 하나는 관광산업이 극히 제한된 부분을 제외하고는 자동화가 불가능한 노동집약적 산업이므로 고용기회의 창출에 크게 기여하기 때문이다. 과학 · 기술문명의 발전으로 전 산업분야에 기계화 · 자동화가 급속히 진전되면서 노동수요의 감소가 범세계적인 관심사로 대두되었다. 즉 인간이 만든 기계에 의하여 인간이 일자리를 잃어버리게 된 상황에 이른 것이다.

관광객 증가→관광소비 증대→관광산업 확대라는 일련의 순환과정을 보면 고용효과는 매우 커질 수밖에 없다. 이렇게 볼 때 관광산업이 잉여노동력을 흡수하여 취업기회를 부여하고 국민생활의 안정에도 기여한다는 사실은 중요한 의미를 갖는다. 더구나 관광량의 증대에 수반하여 이들의 수용을 위한 제반시설의 건설과 관광개발사업에는 많은 노동력이 필요하므로 비록 간접적인 고용효과이긴 하나 이는 무시할 수 없는 효과임에 틀림이 없다.

따라서 관광산업의 발전은 또 다른 산업발전에 기여하게 됨으로 새로운 고용을 창출하게 된다. 이는 관광지출과 소득이 순환되는 과정에서 여러 산업에 파급되어 더 많은 일자리를 제공하게 되는 것이다. 이렇게 볼 때 관광산업이 발전함으로써 나타나는 고용효과는 직접고용, 간접고용, 유발고용의 효과로 나누어 분석할 수 있다.

첫째, 직접고용은 관광객의 소비로부터 직접적으로 유발되는 고용으로 가령 숙박업 · 여행업 등과 같은 직접 관광산업에서 창출하는 고용이다.

둘째, 간접고용은 관광산업에 재료 및 원료나 반제품을 공급하는 농업이나 건설업 등과 같이 관광산업에 관련된 기업이나 조직에서 창출하는 고용이다.

셋째, 유발고용은 관광에서 얻게 된 소득이 재소비되어 여러 조직이나 기업에 유입되어 창출하는 고용이다.

4) 재정수입의 증대

재정수입이란 '국가 · 지방자치단체의 공공재 공급 및 이전지출을 행하기 위한 재원으로서 정부가 조달하는 화폐'를 말한다.

관광의 경제적 효과는 국민소득 창출, 국제수지 개선뿐만 아니라 관광목적지의 재정수입 증대를 기대할 수 있다. 외래관광객에 의한 숙박비, 식음료비, 기념품 구입비, 관광교통비 등의 지출은 관광목적지의 기업매출과 이윤을 증대시키고 조세수입을 증대시키는 원천이 된다. 또한 외래관광객이 관광목적지에서 공공재를 이용할 때 지불하는 사용료는 관광목적지의 재정수입이 된다. 관광에 따른 재정수입의 원천은 다음과 같이 두 가지로 대별할 수 있다.

첫째, 조세수입의 증가이다. 일반적으로 조세는 '국가 · 지방자치단체와 같은 공권력의 주체가 공공재 공급, 이전지출 등을 위해 반대급부를 제공하지 않고 국민으로부터 강제적으로 획득하는 화폐'를 말한다. 따라서 관광은 국가 또는 지방자치단체의 재정수입을 증대시키는 원천이 된다.

둘째, 관광객에게 공공재를 공급함으로써 얻는 반대급부로서의 사용료는 재정수입의 원천이 된다. 일반적으로 간접편익에 한정되는 공공재의 공급은 국가 또는 지방자치단체가 세금을 통해 부담하지만, 직접편익에 해당되는 공공재의 경우는 편익의 주체에게 사용료를 부과한다. 예를 들면 외래관광객이 관광목적지에서 관광행위를 하는 동안 치안의 유지로 안전하게 관광행위를 할 수 있는 경우와 같이 간접적인 편익을 받는 경우 치안이라는 공공재는 국가 또는 지방자치단체가 세금으로 그 비용을 부담한다. 그러나 외래관광객이 공원, 고궁 등을 관람하는 경우에는 직접적인 편익을 얻는 것으로 일정한 사용료 및 관람료를 지불하게 된다. 이처럼 외래관광객이 지불하는 사용료 또는 관람료는 재정수입의 원천이 된다.

5) 지역개발

관광이 지역개발의 역할에서 특히 주목을 끄는 점은 관광투자효과와 관광소비효과로 구성되는 지역경제적 효과에 착안해서이다. 그 가운데서 관광투자효과는 개발사업에 대한 투자효과이기 때문에 그 효과는 단기적이면서도 불연속적이라 할 수 있다. 그런데 이에 반하여 관광소비효과는 관광기업이 가동함에 따라 생기는 관광소비의 파급효과이기 때문에 그 효과는 연속적이며 장기적인 것을 기대할 수 있다.

그런데 관광소비는 관광객의 관광행동에 수반하여 지출되는 소비이기 때문에 그것은 직접 관광기업의 수입(매출)을 낳게 하고, 관광기업체는 이러한 수입을 바탕으로 하여 기업경영을 전개해 나가게 된다. 관광기업체는 이러한 관광수입에 의한 기업경영을 통하여 다음과 같이 지역경제에 참여한다. 즉 기업체는 관광수입의 일부분을 원재료·서비스 등을 구입하기 위하여 거래처에 지급하거나 임금·보수 등을 통해 가계수입을 제공한다. 또한 관광수입에서 남은 기업이윤을 예금의 형태 또는 기업의 재투자 형태로 지출한다. 더욱이 관광기업이 국가 및 지방자치단체에 제공하는 조세는 국가의 재정수입이 되는 동시에 지역경제권 내를 순환하면서 눈덩이가 불어나듯 파급효과를 내어 지역발전 전체에 크게 기여하게 된다.

다시 말하면 관광소비는 관광객으로부터 관광기업에, 기업체는 그 거래처에, 거래처는 다시 다른 거래처로 지역경제권 내를 순차적으로 순환하면서 생산성의 증대를 초래함은 물론, 주민소득의 증대와 고용의 확대에 이바지하게 된다. 지역개발이 소득격차 시정을 목표로 하여 추진된다는 관점에서 볼 때 관광개발의 추진은 이와 같은 기대에 부응하는 것이라 말할 수 있다. 또한 도로의 건설, 상하수도의 정비, 전력공급 등 관광사업에 관계되는 기반시설 조성은 지역경제 및 문화발전의 원동력이 된다.

관광은 여러 가지 이유에서 지역개발의 유용한 도구로 사용되고 있다. 인구가 많은 도심지역은 주된 관광시장으로서 관광송출을 불러일으킬 경향이 가장 높은 동시에 도시는 그 자체가 사람들이 모이는 중요한 관광목적지가 되기도 한다. 해변지역이나 전원지역 그리고 산악지역 또한 훌륭한 관광목적지로 각광을 받아왔다. 이와 같이 도시에서 멀리 떨어져 있는 외곽지역도 관광목적지로서 관광객들을 불러들인다. 이러한 지역은 일반적으로 사회 · 경제 · 복지 등의 지표가 국가평균 이하로 떨어져 있기 때문에 관광은 부유한 도심지역에서부터 가난한 도시 외곽지역으로 부를 재분배하는 수단이 되기도 한다는 것이다.

관광의 역량은 한 국가가 국제관광으로 외화를 벌어들여 국가경제에 크게 영향을 미치는 것과 같이 한 지역의 관광 활성화는 지역적 불균형을 줄이고 지역 내부에서 일어나는 관광개발을 통하여 지역발전에 크게 작용하게 되는 것이다. 국가적 차원에서뿐만 아니라 지역수준에서도 누출현상은 생기게 마련인데 그 정도는 대부분 관광개발의 성질에 따라 결정된다. 지역의 관광개발에 필요한 자금이 지역 내에서 조달되고 관광개발의 대부분이 지역 내 기업과 주민에 의해 이루어진다면 개발로부터 유발되는 많은 편익은 그 지역 안에 떨어지게 되는 것이다. 그러나 반대로 관광개발이 주로 외부의 자본과 노동력, 노하우 그리고 기술적 자원에 의존하게 되면 지역경제에서의 누출은 매우 높게 나타날 것이다.

실업자가 많고 개발이 낙후된 지역이나 개발의 대안이 없는 소규모 도서지방에서는 관광개발이 경제발전 및 지역개발에 다소 공헌할 수는 있지만 입지적 조건이 중요한 변수로 작용한다. 따라서 관광은 지역개발 및 성장을 촉진하는 유일한 도구는 아니며 지역경제를 보완해 주는 역할을 한다고 볼 수 있다.

6) 관련산업의 진흥

관광에 수반되는 직 · 간접적인 관광서비스의 수요로 광범위한 분야에서 관광투자와 소비가 이루어짐으로써 새로운 수요가 발생하고 이는 관광과 관련된 모든 산업에 자극을 준다. 관광산업의 고유한 특성상 그 경제구성은 다종다양한 산업에 의하여 이루어지므로 관광과 관련하는 산업, 예를 들면 여행용품제조업과 판매업, 교통운송업 등에 대해서도 직 · 간접적으로 수익이 발생하며 이익배분이 이루어진다. 특히 국내산업의 진흥효과는 국제관광에 있어 더욱 두드러진다.

국제관광산업을 위한 시설은 외래관광객들이 증가함에 따라 확대되는데 이러한 관광산업 시설의 건설은 토지, 자재, 자금, 그리고 운영에 필요한 자금수요를 환기시키며 각종 시설 건설과 운영은 노동력 수요를 생성시킨다는 데에서 이를 확인할 수 있다. 이렇게 되면 지가가 상승하고 자재 공급량이 증대되며 자금공급이 활성화됨으로써 관련 산업의 발전을 불러오게 된다. 예컨대, 호텔의 건설과 운영으로 고용이 증대되고 관광기반시설로서 도로와 교통기관이 정비되는 것은 결국 장기적으로 한 나라의 산업발전에 기여하는 길이 된다.

2. 사회적 측면

1) 인구의 구조적 변화

관광의 발전은 경제성장과 지역산업의 발전을 가져와 수입과 고용의 기회가 늘어난다. 이러한 고용기회의 증대는 관광지 내 경제인구의 외부 유출을 막으며, 외부인구의 유입을 불러온다. 이러한 인구구조의 변화는 여성인구의 증가와 경제활동이 가능한 젊은 층의 증가를 수반한다.

2) 여성의 지위 향상과 역할변화

한 지역이 관광산업을 중심으로 한 산업구조로 변화되면 여성은 더 많은 취업의 기회를 갖는다. 대부분의 시간을 가정에서 보내던 여성들이 경제적 능력을 갖게 됨에 따라 여성의 사회 · 경제적 지위를 향상시킴은 물론 가족구성원으로서의 역할과 영향력을 증가시키는 역할을 한다.

3) 직업의 다양화

관광의 발전은 직업종류 확대와 직업의 전환, 직업구조의 다양화 등을 촉진한다. 관광의 성장으로 관광산업 유형이 다양해짐으로써 직업종류가 확대되고, 이들 산업에 종사하는 인력과 부수적인 시설에 종사하는 인력의 증가로서 직업의 다양화를 가져오고 새로운 직업기회가 많아짐에 따른 직업의 전환 또한 발생한다.

4) 지역주민들의 견문확대

관광객들과의 직접적인 접촉을 통하여 타 문화를 이해하고 배우는 계기가 되어 지역주민들의 견문이 넓어지게 된다. 또한 무지로 인하여 생길 수 있는 국가 간의 오해 · 편견 · 의혹 등을 제거하고 국제적 우의를 증진시키는 데에 기여한다.

5) 문화시설과 교육시설의 개선

관광의 발전은 지역 내뿐만 아니라 외부지역과도 연결되는 도로망과 통신시설 그리고 관광객을 위한 휴식공간 및 관광지의 인구증가로 인한 교육시설 등과 같은 하부시설의 확충이 우선적으로 전개된다. 이러한 하부시설의 확충은 관광지 내에 필요한 물품들의 신속한 조달, 외부지역과의 신속한 정보교류, 인간생활과 사회생활의 질적 개선, 교육환경의 개선 등 지역주민의 문화와 생활환경에 질적으로 긍정적인 영향을 미치게 된다.

3. 문화적 측면

1) 전통문화의 보존과 발전

지역사회의 거주민은 자신들의 고유문화가 관광객을 유인하는 원동력이 되고 다른 관광지와 구별되는 주요 요소라는 것을 인식하게 되면 자신들의 고유문화를 알리기 위해 노력을 경주할 것이다. 또한 그들의 전통적인 생활양식이나 상품이 관광객들의 눈에 많이 띄고 판매가 잘 될 때, 그러한 것들은 오래 보존되는 경우가 많다. 그리고 지역문화를 알리고, 유지 · 전승시키기 위하여 관광객들을 위한 축제를 개최하기도 한다. 이러한 축제는 관광객을 환대하기 위한 수단으로 전통적인 상품과 문화를 선보이는 기회일 뿐만 아니라 새로운 문화의 개발을 자극하고 촉진시키는 촉매역할을 하기도 한다.

이처럼 관광객들 때문에 주민들은 자신들의 문화에 대한 새로운 인식을 통하여 주체성을 강화하고 문화의 가치를 재발견하는 등의 긍정적 효과도 있는 것이다.

2) 역사적 유물 · 유적의 보존

무지로 인하여 기존에 버려지거나 방치되어 있던 유물이나 유적지가 관광객들의 관심을 끌어 관광대상이 될 때, 유물이나 유적의 가치에 대한 재인식과 함께 보존과 개발의 필요성이 대두된다. 특히, 이러한 유물들을 보존할 경제적 여유가 없는 저개발국가나 저개발지역들은 관광객들로부터 획득한 관광수입과 세금으로 보존 · 개발을 위한 자금으로 활용할 수 있다.

3) 전통공예기술의 보전과 발전

관광지의 현지주민들에게 점차 쓸모가 없어져 사라져가던 예술 · 공예품들이 관광객들의 관심을 끌면서 지역의 새로운 소득원으로 등장하게 된다. 따라서 전통공예기술을 배우려는 사람들이 나타나 전통공예학교 등이 설립되면서 사라져 가던 전통공예기술이 보존되고 발전하게 된다. 또한 시간의 흐름에 따라 예술 · 공예품의 형태와 재료가 새롭게 도입되면서 발전하게 되는 경향도 나타난다.

4. 환경적 측면

1) 자연자원의 보호

관광은 자연자원의 복구와 보호, 보존에 기여한다. 관광은 자연적 자원을 유지·복구하는 데 필수적이다. 매력적 환경의 부재하에서는 관광활동은 존재하지 않는다. 따라서 매력물의 보전을 위하여 야생지역이나 산림보존지역 등이 설정되고 국립공원과 천연기념물 그리고 야생동물 보호구역 등의 지정을 통하여 자연자원을 보존함으로써 관광환경의 질적 평가를 신장시키고 매력성을 높이는 데 공헌할 수 있다. 또한 야생동물과 야생식물의 보호를 통하여 생태계의 파괴를 막을 수 있다. 공기·태양·산·강·바다 등의 자연환경은 기본적인 관광매력물로 모든 관광환경은 관광개발과 관광산업의 토대가 된다. 따라서 관광은 제도적으로 자연자원을 보전하게 된다.

2) 계획적이고 체계적인 개발

관광개발은 무분별하고 무계획한 자연자원의 이용에 대하여 제한하고 규제하며, 정책적이고 장기적인 계획을 통하여 계획적이고 체계적인 개발을 할 수 있게 한다. 또 자연파괴를 줄일 뿐만 아니라 지속가능하며 환경친화적인 개발을 가능하게 한다.

3) 매립지와 불모지의 재활용과 개발

관광개발은 부득이하게 환경파괴를 유발한다. 이러한 개발의 부정적 영향인 자연파괴를 최소화하고 환경친화적인 개발을 위해서 쓸모없고 버려진 땅이라 생각되어 왔던 쓰레기 매립지와 불모지 등의 개발에 많은 관심을 가지기 시작하였다. 이러한 개발들은 쓸모없고 가치 없는 지역을 유용하고 가치가 높은 지역으로 바꾸어 놓았다. 또한 매립지와 불모지는 항상 자연경관과 미관을 해치는 불필요한 것으로 생각해 오던 것을 개발의 대상으로 인식하게 만들었으며, 바람직한 개발의 방향을 제시하는 좋은 예라 할 수 있다.

4) 자연보호에 대한 관심과 자극

관광수요의 증가와 과도한 개발로 인한 자연환경의 손상, 자연환경의 파괴, 산불발생 등으로 자연자원의 훼손이 따르게 된다. 이렇게 발생된 환경오염과 파괴는 관광지의 매력을 감소시켜 관광수입의 감소를 가져오고 생활의 질을 저하시킨다. 체감하는 불편과 피해들은 사람들로 하여금 자연보호에 대하여 더 많은 관심을 가지게 하고 자연보호와 관련된 활동을 하도록 자극한다.

5) 환경교육

도시화 속에서 자란 청소년들은 이들의 생활터전인 자연을 접하면서 생활할 수 있는 기회가 매우 부족하다. 그들에게 자연으로부터 받는 혜택을 알게 하고 앞으로도 계속적으로 그 혜택을 누리기 위해서는 어떻게 보호 · 보존해야 하는지를 올바르게 교육하는 것은 매우 중요한 일이다. 청소년들뿐만 아니라 일반인들에게도 자연과 환경의 중요성을 인식시키는 일 또한 매우 중요하다.

제2절 관광의 부정적 영향

1. 경제적 측면

1) 지역민의 경제적 부담증가

한 지역에서 관광객의 수요가 증가하고 관광개발이 진행되면서 자연환경이 파괴되기도 한다. 그리고 관광관련시설을 유지하고 보수도 해 나가야 한다. 이렇게 하기 위해서는 많은 경제적 비용이 필요하다. 또한 교통체증이나 수질악화와 대기오염 등의 환경오염으로 인하여 악화된 주거환경을 초래하게 된다. 이렇게 저하된 관광지역 내 주민들의 생활을 개선하고 향상시키기 위해서도 경제적 비용이 필요하다. 따라서 이러한 비용은 지역주민의 경제적 부담으로 돌아가게 될 것이다. 관광이 활성화될수록 지역주민의 환경은 나빠지고 경제적 부담은 더욱 증가된다.

2) 물가상승과 지가상승

관광객들은 한 지역 경제에 돈을 주입시켜 그 경제의 소득을 증가시켜주지만, 동시에 인플레이션을 야기시키는 경향이 있다. 관광객들은 여행을 하기 위하여 평소에 자신의 수입을 저축한 사람들이므로 휴가기간 동안 많은 소비지출을 하는 경향이 있다. 그러므로 관광객들은 음식, 교통, 예술 및 공예품 등과 같은 상품의 가격이 다소 높더라도 구매를 하고, 이를 아는 관광지의 상인들은 높은 이윤을 얻기 위하여 계속적으로 값을 올려서 판매하는 경향이 많은데, 이러한 현상은 관광객이 증가함에 따라 상품의 수요가 많아지면서 자동적으로 물가인상으로 연결된다. 이렇게 되었을 때 지역주민들은 관광객을 기준으로 설정된 높은 가격으로 모든 상품을 구입해야 하므로 피해를 입는다.

또한 한 지역이 관광지로 개발되면 관광수요에 따라 상가 등의 새로운 건물이 세워지게 되고 인근지역도 함께 개발이 되게 되는데, 이렇게 한 지역에 상가가 형성되면 토지에 대한 추가적 수요의 발생으로 농촌적 토지사용에서 도시적 토지사용으로 변화하여 농작물과 노동력 및 토지의 상품화현상이 나타난다. 이러한 현상은 결국 지가의 상승을 초래하여 부동산 투기의 원인이 되며 지역사회의 심각한 문제가 된다.

3) 외화유출

관광개발은 비교적 후진국과 저개발지역에서 활발하게 일어난다. 개발로 인하여 관광이 활성화되게 되면 많은 외국자본과 기업들이 개발에 참여하게 되고, 외국 노동력 역시 유입하게 된다. 유입된 외국자본과 기업, 그리고 외국 노동력은 관광수입을 획득하게 되고 그들이 획득한 관광수입은 자국으로 다시 유출하게 되는데 이로 인해 외화가 유출되는 현상이 나타난다. 또 관광산업의 활성화는 외국 관광재화의 국내수입을 증대시키게 되고 이러한 재화의 수입으로 인한 외화의 유출현상이 나타난다.

4) 계절적 실업

실업이란 일할 의사와 능력을 가진 사람이 일자리를 갖지 않거나 갖지 못한 상태를 말한다. 관광은 성수기와 비수기가 비교적 뚜렷한 특징 때문에 수요의 변화가 심하게 나타난다. 성수기의 경우 수요의 집중으로 노동력의 공급이 부족하게 되는 현상이 나타나게 되고, 이와는 반대로 비수기에는 노동력 공급의 과잉현상이 나타나게 된다. 경영관리인들은 관광성수기 동안 등의 필요시에만 고용하는 임시고용제도를 채택함으로써 비수기에는 계절적 실업 현상이 나타나게 된다.

5) 개발의 불균형

관광매력물을 가지고 있는 지역은 관광개발을 통하여 관광객들을 유인하고, 관광객들 역시 그들을 유인할 수 있는 매력물을 가지고 있는 지역을 관광목적지로 결정하고 방문하게 된다. 관광개발로 인하여 수요가 증가하게 되면 수요의 충족을 위해 공공주체와 민간주체는 관광객을 위한 기반시설과 편의시설의 확충을 위한 개발에 더 노력하게 된다. 이로 인하여 관광지를 가지고 있는 지역으로 개발이 편중되게 되고, 이는 지역 간 개발의 불균형을 초래하게 된다.

6) 경제활동의 취약성

관광이 활성화되어 있는 지역은 1차 · 2차 산업보다는 3차 산업 즉, 서비스산업이 큰 비중을 차지하는 산업구조를 가지게 된다. 3차 산업은 1차 · 2차 산업과는 달리 독립적으로 경제활동을 할 수 없고 방문하는 고객에 의한 수동적인 경제활동을 한다. 따라서 관광지 지역의 경제는 다른 지역에 비하여 3차 산업의 비중이 높아 1차 · 2차 산업은 경제활동의 취약성을 나타내게 된다.

2. 사회적 측면

1) 가족구조의 변화

가족은 사회구조의 가장 기본적인 단위로 생물학적으로 서로 연관되어 있는 혈연관계에 기초하고 있다. 관광은 이러한 혈연관계에 있는 구성원들 사이의 구조를 변화시킨다.

관광으로 지역의 산업구조는 복잡해진다. 관광수요증가로 지역주민과 접촉이 증가되고, 이와 함께 사회적 다양성 증대, 사회 · 경제적 지위향상, 자율성 증대에 영향을 미치며, 이로 인하여 가족구성원의 역할이 분화되고 그들이 각기 다른 사회 · 경제적 역할을 맡게 됨에 따라 그들 사이의 유대감이 점점 약화될 수도 있다. 상호독립적인 경제활동 주체가 됨으로써 역할 또한 분화됨에 따라 전통적 혈연관계를 바탕으로 한 유대감이 점점 약화되고 경제적 협력을 중심으로 한 형식적 관계만이 유지될 수 있다.

그리고 외래관광객 수요증가로서 사회적 변화를 쉽게 수용하는 젊은 세대들의 가치관과 기존 전통을 고수하려는 세대 간의 가치관의 차이는 괴리현상을 발생하여 가족 나아가 사회 간의 갈등이 조장될 수도 있다.

2) 인구구조의 변화

관광의 발전은 지역의 경제를 활성화시키며 인구의 증가를 가져오기도 하지만 관광개발로 인한 토지전용, 산업구조의 변화에 따른 직업구조의 변화 등으로 현지 주민들이 토지나 주거지, 그리고 직업을 잃어버리게 되어 지역을 떠나게 되거나, 관광객의 증가와 외부에서 유입되는 인구로 인한 혼잡한 주거환경을 악화시켜 지역민들이 관광지를 떠나게 만드는 원인이 되기도 한다. 뿐만 아니라 청년층과 젊은 여성층의 과도한 증가는 지역사회의 인구구조를 왜곡시키기도 한다.

3) 사회적 일탈의 증가

관광은 많은 문화적 교류를 위한 기회를 제공하지만, 전통 미풍양속을 지닌 지역에 관광객이 방문하여 보여주는 행동으로 인하여 미풍양속은 사라지고 도덕적 타락과 무질서한 행위가 증가한다. 이에 따라 도박, 매춘, 마약, 폭력 등과 같은 범죄가 늘어나고 열심히 일하려는 전통적 가치가 사라질 수 있다.

(1) 매춘(prostitution)

관광지에서 매춘이 증가하고 있는 요인은 다음과 같다. 첫째, 관광지 구조체계상 관광객을 유인하는 매춘거래 장소와 환경이 창출되고 있다. 둘째, 관광은 일상생활권을 떠나 경제적 여유와 즐거움 및 쾌락을 추구하고 있기 때문에 이러한 환경조성은 매춘을 확대시키고 있다. 셋째, 관광산업의 성장은 여성의 사회적 역할 증대에 기여하여 여성의 경제력과 자생력을 팽배하게 하였지만, 상대적으로 새로운 경제수준을 유지하고 획득하기 위하여 여성들을 매춘으로 몰아넣는 경우이다. 넷째, 외래관광객 유치를 통한 경제적 편의추구를 주목적으로 하기 위하여 방관하거나 조장하는 정책 때문이다.

(2) 범죄(crime)

범죄율의 증가는 사회 · 문화적인 요인이 복합적으로 작용하는데 다음의 요인들이 원인이 되어 발생할 수 있다. 관광객은 낯선 환경에 일시적으로 체재함으로써 범죄에 대한 대응력이 약하기 때문에 쉽게 범죄의 표적이 되며, 관광객의 소비행위와 생활양식 등으로 나타난 관광객의 태도에 대한 주민의 분노와 증오, 관광지 인구밀도의 일시적 증가는 치안유지에 한계를 넘어서게 된다.

(3) 도박(gamble)

관광객은 쉽게 도박에 자극을 받는다. 그러나 도박에 대한 관광의 효과는 양면성을 가지고 있다. 하나는 그 지역의 경제적 편익제공이고, 다른 하나는 매춘과 더불어 관광에 필요악으로 작용한다. 모나코, 라스베이거스, 마카오 등 당해 관광지의 명성이나 평판을 고양하는 데 중요한 역할을 연출하며, 특히 침체된 휴양지 관광산업을 활성화시키는 촉매역할을 하는 것으로 나타나고 있다.

그러나 도박이 지역이나 국가에 나타나는 경제적 편익효과를 제외하고는 대부분 부정적인 영향으로 제기된다. 도박으로 인한 사회문제로 도박산업과 관련한 각종 부패의 만연, 지역주민의 소비지향적 가치관 조장, 지역산업구조의 단순화, 지역경제 가치분배의 형평성 상실 등이 나타난다.

4) 지역주민들 간의 갈등

관광의 발전은 지역사회의 일부 주민들에게는 물질적 혜택을 주기 때문에 환영받지만, 그러한 혜택을 누리지 못하는 그 외의 주민들은 상대적으로 불평등하다고 생각한다. 따라서 이러한 경제적 불균형은 계층 간의 갈등으로 비화될 위험을 내포하고 있다.

5) 지역민의 소외

대량으로 관광객이 유입되면 관광지는 관광객으로 만원을 이루게 된다. 이렇게 되면 지역주민들이 과거 마음대로 사용할 수 있었던 시설들을 외지인과 공유해서 사용해야 하는 불편함이 있다. 관광시설이 한정되어 있는 경우, 지역민이 받는 피해는 더욱 커지게 된다.

6) 전시효과

전시효과(demonstration effect)란 관광지 주민들이 관광객의 생활양식을 모방하려는 것을 뜻한다. 관광객들은 현지인과 다른 상이한 행동을 함으로써 자신들이 생활수준의 다름을 그들에게 노출시킨다. 이러한 행위가 그들에게 노력을 부추기는 동인(動因)으로 작용하면 문제는 없지만 대부분은 평생을 노력해도 그러한 수준에는 미치지 못할 것이라는 자포자기 상태에서 경제적인 열등감을 느낀다.

또한 관광객들이 관광지에서의 행동은 평소 자신들이 해오던 행동과는 다르다. 그리하여 이 행동들은 처음에는 현지인들에게 생소하지만 시간이 지남에 따라 점차 그러한 행동은 현지인들의 생활패턴으로 정착되는 경향이 크다는 데 문제점이 있다.

따라서 전시효과는 관광지 주민의 생활상 소비양식의 변화를 초래한다. 곧 소비성향 증가, 사치풍조 조장 등과 같은 부정적 측면을 초래하여 우려의 소리가 높은 반면, 상대적으로 긍정적인 측면의 경우도 있다. 관광지 주민 중 기성세대의 관광에 대한 편견해소, 지역생산품의 소비증가로 인한 지역산업 발전, 지역소비재의 대체효과 등이다.

그러나 전시효과는 긍정적인 측면보다는 부정적인 측면에서 더 많이 지적되고 있다. 관광객의 부(富)는 지역주민들의 부러움을 발생시켜 물질적 욕구를 유발시키고 지역민의 허탈감을 강화시킬 수 있는 것이다. 이러한 점은 주로 관광지 주민 중 청소년들에게 많이 나타나는데, 이들이 단순한 물리적 욕구와 욕망으로서 관광객 행동 중 의상착용 · 언어사용 · 소비성향 등을 쉽게 모방하는 경우이다.

3. 문화적 측면

1) 지역의 고유문화 파괴

문화적 측면에서는 관광이 고유문화의 발굴 · 보존 · 전승을 유도하는 긍정적 요소를 내포하고 있는 반면, 외래문화의 잘못된 유입은 지역사회의 고유문화를 파괴 내지 변질시킬 수 있다. 이를테면 한적한 장소가 갑자기 관광지가 되면 그 지역에 문화적 충격이 일어나는 경우가 있다.

관광은 상이한 이문화(異文化)를 접하고 이해하기 위한 인간의 이동과 접촉현상이다. 따라서 관광객의 왕래는 두 문화의 교류를 의미한다. 즉 이 과정에서 이질적 요소가 강한 관광객의 고급문화와 지역주민의 서민문화가 만나 갈등과 충돌관계를 형성하게 되어 양자 간의 문화적 갈등관계를 형성하게 되는 경우도 있다.

관광객들이 관광지를 방문할 때 원주민의 생활양식은 낯선 것으로 받아들여질 수 있고, 원주민들은 동물표본처럼 무시당하고 있다고 느낄지 모르며, 소외감을 겪을지도 모른다. 또한 그들은 갑자기 그들의 문화체계를 구식이고 무가치한 것으로 지각할지도 모르며, 이로 인하여 전통문화가 희석되고 혼합될 수 있다. 지역주민은 지역의 전통문화를 부정적으로 보게 되고, 이에 따라 문화적 자존심이 손상될 수도 있는 것이다.

2) 전통예술 · 공예품의 타락

한 지역의 문화가 관광을 통하여 외부와 접촉할 때 기존의 전통예술은 다음과 같은 변화를 겪으며 변하게 된다. 전통 · 종교 · 신화적인 예술의 디자인 · 기술 · 기능 · 형태 등이 감소하며, 새로운 생활양식과 기술의 발전에 따라 조잡한 생산양식으로 대치가 일어나는 경우가 있다. 관광은 종종 예술품과 공예품의 전통적 가치를 떨어뜨리기도 하고 때로는 모조품으로 전락시키기도 한다.

3) 문화재 및 유적지 파괴

수용력을 초과하는 과도한 관광객의 방문은 지역의 문화재나 유적지들의 훼손과 파괴를 불러일으킨다. 뿐만 아니라 관광객들에 의한 문화재의 밀반출로 인하여 귀중한 문화재가 해외로 유출되는 경우도 발생하게 된다.

4) 지역 고유언어의 변화

지역의 고유한 언어는 관광객들과 세 가지 형태로 접촉하게 되면서 점차 변화되고 소멸되기도 한다. 첫째, 경제적 변화로 관광객의 증가는 지역주민에 의하여 채워질 수 없는 고용창출을 하게 되고, 궁극적으로는 외부인들을 고용하게 된다. 이러한 경우 외부인들의 언어사용을 조직의 규율로 정하게 되면 원주민의 언어는 자연히 변하게 된다. 둘째, 전시효과로서 관광객들의 물질적, 금전적 배경, 태도 및 행동양식 등은 원주민들에게 색다른 흥미를 유발하게 되어 관광객들의 지위를 열망하는 원주민들은 그들의 언어사용을 시도하게 된다. 셋째, 관광산업이나 소매점 등 다양한 상황에서 원주민들은 관광객들과 의사소통을 위하여 관광객의 언어를 사용해야만 한다.

4. 환경적 측면

1) 환경오염

환경오염은 관광의 대표적인 부정적 영향이다. 관광수요의 증가로 인하여 하수폐기물의 양이 증가하게 되고 부적절한 처리로 수질오염의 원인이 된다. 하수와 리조트 조경을 위한 비료 및 제초제와 같은 농약의 사용으로 인한 수질오염은 많은 관광지에서 심각한 문제가 되고 있다. 또한 수질오염은 관광객 이용시설이나 편의시설 설치 등과 함께 관광지역 내 급수가 부족해지는 문제를 발생시켜 지역 내에 사는 사람과 야생동물 등에 공급되는 물의 양을 감소시킨다. 그리고 교통의 발달은 대기오염과 소음공해의 주요 원인이 된다. 예를 들어 차량의 증가는 관광지역의 대기와 소음공해의 원인이 되고, 화학물질은 산성비의 원인이 되는 것으로 추정되고 있다.

2) 생태계의 파괴

수질오염의 영향으로 부영양화(富營養化)를 들 수 있다. 부영양화는 화학비료나 오수의 유입 등으로 물에 영양분이 과잉 공급되어 식물의 급속한 성장 또는 소멸을 유발하고 물속의 산소를 빼앗아 생물을 죽게 하는 현상이다. 또 관광은 꽃과 식물류 등의 채집으로 종의 구성에 변화를 유발하고, 산이나 공원 등의 화재발생, 그리고 관광객들의 쓰레기 투기로 토양의 영양상태를 변화시킬 수 있다. 관광객을 위한 보행로나 교통도로의 설치 등으로 야생동물의 이동로가 바뀌게 되고 식생군의 변화를 일으킨다. 또한 야생 동 · 식물서식지를 관광객들이 방문하면서 번식의 장애와 서식지의 변화가 발생되어 생태계의 큰 변화를 일으키기도 한다.

3) 야생동물의 멸종위기 초래

무차별한 사냥과 낚시, 모피와 상아 · 장식물 · 뿔 등의 기념품 수요증가 그리고 보양을 위한 야생동물의 밀렵행위 등으로 인하여 야생동물의 멸종위기를 초래하는 문제가 발생하기도 한다. 또 자동차 교통의 증가로 많은 야생동물들이 죽어가고 있으며, 관광개발과 환경오염으로 인한 자연환경의 파괴는 야생동물의 먹이를 감소시켜 먹이를 찾지 못해 야생동물들이 죽어가고 있다.

4) 관광매력의 감소

매력적인 환경이 없으면 관광활동은 존재하지 않는다. 아름다운 풍경은 자연자원 그 자체로서 관광매력을 가지고 있다. 이러한 아름다운 풍경의 매력성은 많은 관광객들을 유인도 하지만, 한편으로는 관광객들을 수용하기 위한 편의시설과 기반시설 등의 건설도 필수적일 수밖에 없다. 관광객들의 증가와 관광개발이 결국 과도하고 무분별한 개발로 인한 자연환경의 손상 및 파괴, 부주의로 인하여 발생하는 산불발생 등의 자연자원 훼손이 따르게 되고 발생된 환경오염은 결과적으로 관광지의 매력을 감소시키게 된다.

표 4-3 관광의 효과와 영향

구분	긍정적 효과	부정적 영향
경제적 측면	국제수지개선, 국민소득 창출효과, 고용창출, 재정수입의 증대, 지역개발, 관련 산업의 증대 등	지역민의 경제적 부담 증가, 인플레이션 영향, 외화유출, 계절적 실업, 개발의 불균형, 경제활동의 취약성, 경제적 대외 종속성 증대 등
사회적 측면	인구의 구조적 변화, 여성의 지위향상과 역할변화, 직업의 다양화, 지역주민들의 견문확대, 문화시설과 교육시설의 개선 등	가족구조의 변화, 인구구조의 변화, 사회적 일탈의 증가(매춘, 범죄, 도박), 지역주민들 간의 갈등, 지역민의 소외, 전시효과 등
문화적 측면	전통문화의 보존과 발전, 역사적 유물 · 유적의 보존, 전통공예기술의 보존과 발전 등	지역의 고유문화 파괴, 전통예술 · 공예품의 타락, 문화재 및 유적지 파괴, 지역 고유언어의 변화 등
환경적 측면	자연자원의 보호, 계획적이고 체계적인 개발, 매립지와 불모지의 재활용과 개발, 자연보호에 대한 관심과 자극, 환경교육 등	환경오염, 생태계의 파괴, 야생동물의 멸종위기 초래, 관광매력의 감소 등

제5장

관광동기와 관광객 행동

1 관광욕구와 관광동기
2 관광행동의 영향요인과 관광객 의사결정과정
3 공정관광객

제1절 관광욕구와 관광동기

1. 관광욕구

관광행동은 기본적으로 인간의 관광욕구로부터 기인된 결과이며, 관광은 관광욕구와 관광동기로부터 발생한다. 즉 관광객의 관광활동을 일으키게 하는 심리적 원동력을 일반적으로 관광욕구라 부르며, 관광욕구가 관광활동으로 나타나게 하는 힘을 관광동기라고 한다.

욕구(wants)란 '사람이 추구하는 바람직한 상태와 실제 상태와의 차이(gap)'라고 할 수 있으며, '바람직한 상태'와 '실제 상태'와의 차이(사회적 또는 심리적)에 따라 욕구의 강도가 결정되며, 이것은 행동을 유발하는 동기에 영향을 미친다.

예를 들어 고학력 중산층 가정의 한 주부가 해외여행 경험이 없어 대학동창회 모임의 대화에서 소외감을 느끼고 있다고(실제의 상황) 생각한 나머지 여행적금에 가입해 1년 후 동남아 여행을 하고자(추구된 상태) 할 때가 그 예가 된다. 따라서 한 개인의 현재 상태와 추구하는 상태 간에 존재하는 차이가 크다고 느낄수록 그 차이를 충족시키려는 그의 욕구도 그만큼 강렬해진다.

일반적으로 욕구는 개인의 신체적 조건 · 환경 · 타인과의 교류 · 경험 등에 따라 꾸준히 성장 변화한다. 다시 말해 현존의 욕구는 완전히 충족되기 어려우므로 그것을 충족 · 유지시키기 위해 부단한 활동이 필요하고, 또 어느 욕구가 충족된다 해도 새롭고 보다 높은 수준의 욕구가 다시 등장하게 되며, 일단 어느 한 목표를 달성했다 해도 새롭고 보다 높은 목표를 다시 설정하기 때문에 욕구는 꾸준히 변화된다는 것이다.

매슬로우(A. M. Maslow)는 〈그림 5-1〉과 같이 인간의 욕구를 5단계로 구분하면서 인간이 성장 · 발전해 감에 따라 생리적 욕구(저차원의 욕구)에서 자아실현의 욕구(고차원의 욕구)로 이전해 간다고 주장하고 있다. 각 단계별로 관광욕구와 관련하여 설명해 보면 다음과 같다.

그림 5-1 매슬로우의 욕구 5단계

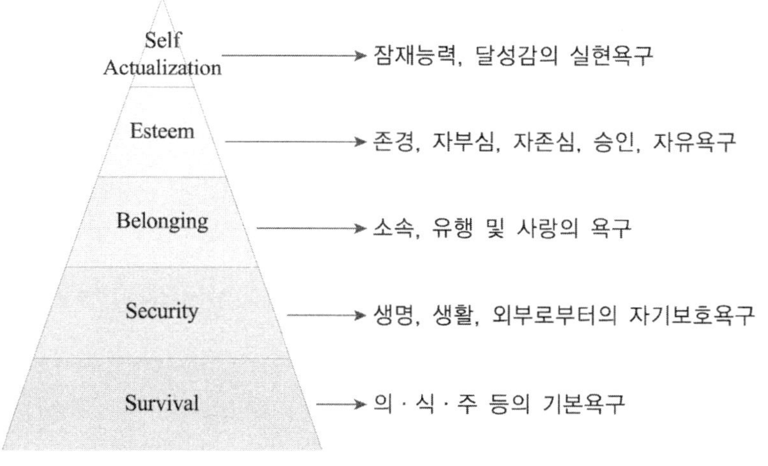

첫째, 생리적 욕구로, 인간의 생명 자체를 유지시켜 주는 가장 기본적인 욕구로서 일차적으로 의식주와 관련되며, 본능적인 생리현상에 따른 욕구를 말한다. 우리는 충실한 삶을 영위해 가면서도 때로는 일상생활로부터 일탈해서 자연과 접하거나 조용히 휴식을 취하고 싶은 욕구를 가지며 또 이를 실천한다.

그런데 오늘날 이와 같은 일탈행위의 배경에는 육체적인 원인보다 정신적 요구에 의한 경우가 많다. 오늘날의 정신노동자들은 하루 일과가 끝나도 정신적으로 완벽하게 일에서 벗어나기 힘들다. 따라서 정신적 휴식을 추구하는 직장인들이 휴양지를 찾는다 해도 직장일을 완전히 망각하는 데에는 여러 날이 걸린다. 이러한 현상과 관련하여 자주 사용되는 용어가 떠남 · 일탈 · 탈출 · 휴식 · 기분전환 · 휴양 · 휴가 등의 용어이다.

상이한 환경과 방식으로 살아가는 오늘날의 사람들은 휴식을 취하는 방법을 달리한다. 이는 평소 회사일에서 벗어나지 못한 사람들은 휴가를 한적한 곳에서 보내고 싶어하고, 시골의 휴가객들은 해수욕장의 들뜬 분위기를 즐기고 싶어하며, 출퇴근시간이 판에 박힌 봉급생활자들은 이국적인 곳에서 모험적인 경험을 즐기고 싶어하는 경우이다.

이로써 발견할 수 있는 공통적 요소는 현대인은 평소 경험할 수 없는 것에 많은 매력을 느껴 자기생활과 상반되는 것을 추구하며 기분전환은 휴식의 의미로 이해할 수 있다는 점이다. 이에 따라 생리적 욕구를 충족시키려는 관광객들을 유치하여 그들을 철저히 만족시키려면 그들의 일상생활과는 다르거나 상반적인 것을 제공하여야 한다.

매슬로우는 이러한 기본적 욕구들이 삶을 유지하는 데 필요한 만큼 충족되지 않는 한 다른 욕구들은 사람을 자극하지 못한다고 주장하였다. 그리고 일단 이러한 욕구가 채워지고 나면 행동의 목표를 바꾸어 그 다음 단계로 상승 이동한다고 주장하였다.

둘째, 안전욕구로, 이는 일상생활에서 정신적 · 신체적 건강과 안전을 추구하는 욕구를 말한다. 즉, 물리적 위험으로부터 벗어나고자 하는 데서부터 출발하여 안정감을 가지고 건강하면서 보호받으며 살고 싶은 욕구를 말한다. 사람들이 건강을 위해 여행을 떠나는 것은 안전욕구를 충족시키기 위한 한 방법이라 이해할 수 있다. 심신을 건강하게 유지함으로써 자신감을 가질 수 있고 또 장수하는 데에도 도움이 된다. 온천지를 방문하는 관광객은 대체로 이러한 욕구를 가지고 있다.

최근 많은 사람들은 다양한 위락활동인 수영 · 조깅 · 자전거 타기 ·

낚시 · 단체경기 등에 참여하고 있으며, 윈드서핑 · 롤러스케이팅 · 라켓볼 · 축구 · 스키 그리고 테니스 등에 대한 활동참여도 확대되고 있는데, 이것은 여가활동추세가 육체적 활동이 수반되어 건강을 챙기는 쪽으로 이행되고 있다는 점이다.

셋째, 소속의 욕구로, 이를 '사회적 욕구'라고도 한다. 인간은 본래 사회적 존재이기 때문에 다른 사람들과 인과관계를 맺고 싶어하고, 어느 집단에 소속하고 싶어하며, 사랑과 우정을 나누고 싶은 욕구를 지니고 있다. 가정을 이루는 것뿐만 아니라 직장생활, 정당활동, 동창회활동, 취미활동 등 여러 모임에 참여하고자 하는 것은 이러한 욕구 때문이다. 그런 점에서 단체관광은 이러한 사회적 관계의 정립과 친교의 욕구를 장려하고 만족시키기 위한 수단으로 활용될 수 있다. 동료집단과 가족이나 부부가 함께 즐거운 마음으로 여행하는 것은 인간이 갖는 소속욕구의 한 표현방법이다. 또한 이러한 욕구는 가끔 친지방문으로 나타나며 때로는 고향방문과 같은 뿌리찾기 등으로 재현된다.

이와 같은 소속감과 관련하여 사용하는 용어에는 가족화합, 동료의식, 대인관계, 조상의 뿌리, 인종과 민족, 가족에 대한 애정 등이 있다.

넷째, 존경의 욕구로, '성취욕구'라고도 할 수 있다. 사람들은 일단 소속의 욕구가 채워지면 다른 사람들에 의해 인정받고 존경받기를 원하는 경향이 있다. 이와 같은 욕구는 권력, 명예, 지위의 상승을 추구하게 만든다. 존경욕구는 자기 자신에 의한 평가(self esteem)와 남에 의한 평가(esteem from others)를 그 기준으로 삼고 있는데, 대체로 사람들은 후자에 대한 욕구가 강하다.

국제회의나 세미나 등의 회의참석 목적으로 여행을 떠나는 것은 개인의 발전과 연관되는 동시에 자부심을 고양시키며, 다른 사람들로 하여금 명성, 지위, 특권, 인정 등을 의미하게 한다.

관광에 관한 한 일반대중은 상류계층의 관광행태를 모방하는 속성이 있는데, 상류층이 자주 방문하는 곳이 유명관광지가 된 사례가 있고, 유명인들의 장신구나 옷에 관심을 가지고 쇼핑하는 과정에서 그러한 종류의 상품을 구매하는 경향도 있다. 이러한 행위는 그들의 자아가 존경욕구에 의해 형성되고 있음을 의미한다. 이 존경욕구와 관련하여 사용되는 용어로 성취에 대한 자기 확신, 품위와 위신, 타인에 대한 자기과시, 신분, 지위, 사회적 인정, 성취, 유행 등이 있다.

다섯째, 자아실현의 욕구로, 이는 인간의 가장 고차원적인 욕구이다. 이 욕구는 자기 충족의 욕구 즉, 자신의 잠재능력을 발휘함으로써 가장 완전하고 창조적으로 꾸준한 성장을 추구함으로써 자신의 존재가치를 실현하고자 하는 욕구를 말한다. 이 욕구는 자아지각(perception of self)을 현실(reality)로 변환시키려는 동기에서 출발하며, 이 욕구가 충족될 때 사람들은 희열과 삶의 보람을 느낄 수가 있다.

자아실현의 욕구는 자신의 잠재력을 발전시키려는 욕구라고 할 수 있다. 이러한 욕구에 대한 정확한 의미는 사람에 따라 다양할 것이다. 왜냐하면 각자의 잠재력은 모두 다르기 때문이다. 미지에 대한 모험 · 탐험 · 혼자의 배낭여행 등이 여기에 속할 것이다.

이 자아실현과 관련한 표현으로는 탐구를 통한 자기평가, 자아발견, 내적 욕구의 충족 등이 있다.

2. 관광동기

1) 관광동기의 개념 및 분류

동기(motivation)란 행동을 일으키게 하는 내적 충동력 및 심리적인 에너지를 말한다. 인간의 관광욕구가 동기화되지 못하면 관광행동으로 발전하지 못한다. 관광동기라는 것은 관광을 실제로 가능하게 하는 심리적인 힘인데, 다시 말하면 인간이 내향적으로 갖는 관광행동을 유발하는 자극, 즉 실제 행동의 요인이 될 수 있는 여러 가지 힘 내지 관광행동을 지배하는 궁극적인 충동력이라 표현할 수 있다.

이처럼 동기는 모든 행동을 추진하는 힘이기 때문에 관광행동을 이해하고 목적지 선택과정에서 중요한 개념으로 받아들여지고 있다. 인간은 지식추구, 탐험과 모험, 다양성 추구 및 위락성 추구 등의 기본적인 관광욕구를 통해 어떤 만족을 얻으려 할 때 그것이 동기를 갖지 못하면 구체적인 관광행동으로 발전하지 못하는 것이다.

관광동기란 관광객이 특정 관광지를 여행하게 된 동기를 의미하는 것으로 관광동기를 분석하여 관광지와 관광자원의 가치, 관광객의 관광형태 그리고 관광지의 홍보상태를 파악할 수 있다. 관광객들은 다양한 목적과 동기를 가지고 관광에 참여하게 되며 일반적으로 동기는 사람들이 관광행동에 참여하거나 방문하려는 선천적인 사회 · 심리적 힘으로 정의되고, 관광행동을 이해하거나 관광지 선택과정에 중요한 개념으로 받아들여지고 있다.

한편 이러한 관광동기에 대해 학자들은 이를 세분화하여 규정하고자 하였는데, 그 대표적인 예를 들면 다음과 같다.

토마스(J. A. Thomas)는 교육과 문화, 휴양과 오락, 민족적 유산, 기타 동기의 4가지로 분류하였다.

표 5-1 Thomas의 관광동기 분류

동기의 유형	내용
교육 · 문화적 동기	① 다른 나라 사람들이 어떻게 살고 일하며 즐기는지를 본다. ② 특정 명승지 또는 특별한 장소를 구경한다. ③ 새로운 것에 대한 이해를 증진시킨다. ④ 특별한 행사에 참여한다.

휴식 · 오락적 동기	⑤ 일상생활에서 벗어난다. ⑥ 즐거운 시간을 갖는다. ⑦ 성적(性的) 또는 낭만적 경험을 갖는다.
민족 유산적 동기	⑧ 자기 가족의 고향을 방문한다. ⑨ 가족 또는 친구를 방문한다.
기타 동기	⑩ 날씨 ⑪ 건강 ⑫ 스포츠 ⑬ 경제 ⑭ 모험 ⑮ 우월성과시 ⑯ 휴식 ⑰ 역사 ⑱ 세상에 관한 인식욕구

피셔와 프라이스(R. J. Fisher R. J. & Price, L.)는 관광동기를 교육, 도피, 대응, 친목, 새로운 교제 등으로 분류하였다.

표 5-2 Fisher와 Price의 관광동기 분류

동기의 유형	내용
교육 동기	방문국 문화에 대해 배우고자 하는 욕구
도피 동기	일상의 단조로움과 스트레스로부터 벗어나려는 욕구
해소 동기	어떤 문제를 해결하고자 여행을 하는 욕구
사교 동기	친구 또는 가족 간의 유화감 조성 및 새로운 사람을 사귀고자 하는 욕구

매킨토시(R. W. McIntosh)는 관광동기를 신체적 동기, 문화적 동기, 대인적 동기, 명예와 지위 동기 등 네 가지로 분류하였다.

표 5-3 McIntosh의 관광동기 분류

동기의 유형	내용
신체적 동기 (physical motivations)	• 심신의 일신: 치료 또는 자발적인 건강유지 목적, 스포츠 참여 • 즐거움: 쾌락, 흥분, 낭만, 오락, 쇼핑 등
문화적 동기 (cultural motivations)	• 타국의 사람 및 장소에 대한 호기심 • 음악, 조각 등의 예술과 민속에 대한 흥미 • 올림픽과 같은 국가 및 국제적 특별행사의 실제경험
대인적 동기 (personal motivations)	• 친구 및 친지 방문 • 순례여행과 같은 정신적 이유에서 사람, 장소 방문 • 색다른 환경에서 새롭고 특별한 경험의 모색 • 일상적인 사회적 환경에서 벗어나고자 하는 욕구 • 여행을 통해 사람과의 만남 • 여행 그 자체를 위한 여행
명예와 지위 동기 (prestige &status motivations)	• 취미활동 • 학습 또는 사업 • 교육적 기여 • 자아실현 • 감각적 몰입 • 회의 참여 • 패션추구

그리고 밀과 모리슨(R. C. Mill & Morrison A. M.)은 매슬로우의 욕구 5단계설이 설명하고 있지 못한 지적욕구와 미적욕구를 추가하여 관광욕구와 동기를 설명하고있다.

표 5-4 Mill과 Morrison의 관광욕구와 관광동기 분류

욕구유형	동기요인	내용
생리적 욕구	휴식 동기	일탈, 휴식, 기분전환, 긴장완화, 햇빛추구 등
안전의 욕구	안전 동기	안전, 건강, 위락, 활동성 등
소속의 욕구	사랑 동기	가족화합, 가족에 대한 애정, 친족 및 동족 방문, 개인적 유대감, 대인관계, 동료의식, 사교, 사회적 접촉유지 등

자존의 욕구	자존의 동기	수행능력 확인, 직업개발, 신분상승, 품위, 사회적 안정, 타인에 대한 과시, 자아확대 등
자아실현 욕구	진실성의 동기	탐구를 통한 자기평가
지적 욕구	지식추구의 동기	문화, 교육, 타 지역에 대한 관심 등
미적 욕구	미적 동기	환경, 경관 아름다움 등

관광동기는 시대의 흐름에 따라 더욱 다양화되고 있다. 복합적 동기에 의해 관광의사결정이 이루어지는가 하면, 그러한 동기를 스스로 인식하지 못할 수도 있다. 그러므로 위에서 제시한 동기라 하더라도 관광의사결정에 작용하는 진정한 동기를 완전하게 설명할 수는 없다.

2) 관광행동의 결정요인

앞에서 본 바와 같이 관광을 하는 이유가 되는 관광객의 관광동기는 매우 복잡하고 개인적 · 심리적 요인과 같은 내적인 영향요인 뿐만 아니라 사회적 · 문화적 요인과 같은 외적인 영향요인에 따라 다르게 나타나고 있다. 하지만 어떠한 관광동기로 관광행동에 옮기든지, 행동을 결정하는 요인에는 시간적 여유, 경제적 능력, 교통수단, 동기부여 등을 들 수 있다.

(1) 시간적 여유

관광여행을 가능하게 하고 관광욕구를 발현케 하는 것은 개인이 자유롭게 사용할 수 있는 시간, 즉 여가시간 없이는 생각할 수 없는 문제이다. 그동안 노동시간의 단축, 경제적 · 사회적 조건 변화로 여가시간이 많이 증대되었고, 여가에 대한 관심도 높아지고 있다.

다양한 여가활동 중 많은 사람들이 가장 선호하고 기대를 갖는 관광활동은 일반대중에 널리 보급되고 있다. 증대된 자유시간이 크게 작용하고 있는 것이다.

(2) 경제적 조건

관광활동은 일상생활권을 떠나서 타 지역에서 이루어지는 활동이다. 즉 이동을 전제로 하기 때문에 시간과 비용은 필수조건이 된다. 비록 자유시간이 주어진다 할지라도 관광비용 없이는 행동의 실현은 불가능하다. 관광비용은 가처분소득(disposal income)과 관련된 것으로써 개인의 자유의사에 따라 원하는 대로 사용할 수 있는 돈이다. 가처분 소득의 증대는 관광행동 결정에 긍정적 조건이 된다. 따라서 경제적 조건은 여가시간과 더불어 주요 관심분야가 된다.

(3) 교통수단

교통은 관광의 본질적 요소 가운데 하나인 이동을 담당하는 것이므로 관광과는 불가분의 관계를 가지면서 발전해 왔다. 즉, 교통수단은 출발지와 목적지를 연결해 주는 매체로서 관광을 가능케 하는 주요 수단인 것이다. 관광자원이 수려하고, 관광지가 훌륭하게 개발되었다고 해도 관광객을 실어 나르는 교통체계 및 교통수단이 연결되지 못한다면 매력성과 유인성이 감소하여 관광자원의 가치는 상실될 것이다. 오늘날 국제관광의 발전, 관광의 대중화는 교통수단의 획기적인 발전에 바탕을 둔 것이다. 교통수단은 시간, 비용 등과 상관성을 가지며, 관광행동 결정에 직접적인 영향을 미친다.

(4) 동기부여

시간과 여행경비, 교통수단이 마련되었다고 할지라도 관광을 하고자 하는 마음이 없으면 구체적인 관광행동은 일어나지 않는다. 특히 초발심의 강도에 따라 관광행동으로의 연결은 달라질 수 있다. 즉 초발심이 강할수록 행동화의 가능성은 커진다.

이상의 세 가지 조건과는 상호 영향을 미친다. 강한 동기가 세 가지 조건을 극복케 할 수도 있고, 시간적 · 경제적 · 교통수단 등이 동기부여에 영향을 미칠 수도 있다.

제2절 관광행동의 영향요인과 관광객 의사결정과정

1. 관광행동의 영향요인

1) 심리적 요인

(1) 지각

지각(perception)이란 외부로부터의 자극을 연속적인 여과과정을 거쳐 정보로 받아들여 해석하고 인식하고 분별하고 판단하는 일련의 과정이다. 즉, 지각은 인지과정(process of cognition)이며, 관광객의 의중 속에 형성된 총체적 인상(total impression)이다. 관광객의 마음속에 형성되기 때문에 같은 외부환경과 동일한 자극이라도 개인적 특성과 기대감에 따라 다르게 인지되기 마련이다.

관광대상지나 관광상품을 지각하는 데 작용하는 요인은 외부의 자극요인과 관광객 자신의 특성인 개인적 요인이 변수로 작용한다. 두 요인이 관광객의 총체적 지각에 영향을 준다.

자극요인(stimulus factors)은 관광객의 5감(시각 · 청각 · 후각 · 미각 · 촉각)을 통하여 인식할 수 있는 크기, 색상, 음(소리), 형상(모양), 주변환경 등 외부의 자극적 특성을 말하며, 개인적 요인은 감각작용력, 지능, 성품, 가치관, 과거의 경험, 동기와 분위기 등 관광객 개인의 특성이며 변수이다.

그러나 동일한 자극이라도 관광객에게는 개별적으로 각각 다르게 지각된다. 그 이유는 개인적 요인이 변수가 되어 선택적으로 작용하기 때문이다. 즉, 선택적 노출, 선택적 왜곡, 선택적 유보가 그것이다. 관광객은 의식적이든 무의식적이든 관심 있는 자극에만 선택적으로 작용하며, 관련 정보를 자신의 소구사항에 따라 왜곡하거나 편견을 갖고 해석한다. 또한 받아들여진 대안에 대해서도 그들의 신념에 부합되는 정보만을 선택적으로 보존하려는 경향이 있다.

(2) 학습

학습(learning)이란 반복적인 연습과 경험으로 터득된다. 학습은 과정이다. 즉, 미래의 행동에 적용할 구매와 소비지식에 관한 정보와 경험을 획득하는 과정이다. 관광객은 관광상품과 관광대상지에 관한 여러 가지 정보를 가지고 관광욕구를 충족시키며, 관광할 때 고려해야 할 문제들과 해결방법을 학습한다. 관광객은 관광서비스상품의 소비자이며, 문제를 해결하는 의사결정자이다. 언제, 어디로, 누구와, 얼마를 지불하여, 어떻게(어떤 방법으로) 갈 것인가, 어떻게 돌아올 것인가 등의 문제에 대한 대안을 도출하고 새롭게 획득한 정보와 지식과 과거의 경험에서 마련한 평가기준을 각각의 대안으로 평가하고 최종결정을 이끌어낸다. 이것이 관광객의 학습과정이다.

(3) 성격

성격(personality)이란 타인과 구별되는 개인의 행동특성으로 학습, 지각, 동기, 정서, 역할 등의 요소가 혼합하여 만들어내는 복잡한 개인의 성품이다. 관광객의 성격이 자기중심적이냐 또는 타인중심적이냐에 따라 관광대상지, 관광활동의 내용이 달라질 수 있다. 또한 사회가 개방화될수록 관광객의 성향도 자기중심적에서 타인중심적으로 변하기 쉬우며, 시간의 경과와 더불어 소득수준이 높아질수록 타인중심적 성향이 커진다고 한다. 개인의 성격은 관광행동의 의사결정에 지대한 영향을 끼친다.

(4) 동기

동기(motives)는 행동유발의 심리적 충동력이다. 관광욕구가 관광행동으로 구체화되게 하는 내면적 동인(動因)이다. 앞에서 관광동기를 설명하였으므로 여기에서는 생략한다.

(5) 태도

태도(attitudes)란 어떤 대상에 대해 비교적 일관성 있게 호의적 또는 비호의적으로 반응하려는 행동준비상태이다. 그러므로 어떠한 관광지나 관광서비스에 대하여 형성된 관광객의 태도는 쉽게 변하지 않으며, 만약 그것에 대한 관광객의 태도가 호의적이라면 그것을 다시 선택할 확률이 높다.

따라서 관광기업 마케터들은 태도를 통하여 관광객의 구매행동을 예측할 수 있고, 자사의 서비스에 대한 이용객의 평가를 알아낼 수 있으며, 만약 태도가 나쁘다면 마케팅믹스를 개선함으로써 기존의 태도를 변화시킬 수 있다.

이처럼 관광객의 대안선택은 대안에 대한 태도에 크게 영향을 받기 때문에 관광기업은 자사의 상품과 서비스를 선택하도록 하려면 특히 자사 서비스에 대하여 호의적인 태도를 갖도록 유도하여야 한다.

2) 사회적 요인

(1) 사회계층

우리의 인간사회는 사회계층 구조를 갖는다. 사회계층(social class)이란 사회지위가 서로 동등한 구성원이 동질의 가치, 관심, 행동을 공유하는 조직 속에서 계층을 이루는 구조적 틀을 의미하며, 관광객의 관광행동은 사회계층에 따라 많은 차이를 보인다.

사회계층은 직업 특히 가장의 직업, 가족관계, 교육수준, 경제적 능력, 법률적 또는 제도적 지위, 종교 등의 배경요소로 구조적 틀을 형성한다. 사회의 모든 구성원은 동등하지 아니하며, 가치체계도 다르다. 권력과 재산과 교육의 정도도 다르며, 직업도 동등하게 평가되지 않는다. 또한 스스로 차이를 인식하고 행동한다.

많은 학자들의 연구결과를 종합해 보면, 일반적으로 상류층일수록 여가선용에 대한 인식이 높으며, 여가활동도 적극적이다. 하류층의 여행추구심리가 현재중심적이며 과거지향적이라면, 중상류층일수록 미래지향적이다. 중상류층이 장기적 안목과 자기확신하에 모험적 의지가 강하고 물질이 아닌 심미적 추구성향이 짙은 반면에 하류층일수록 감각적 성향이 강하다고 한다. 관광활동의 내용과 관광대상지의 선택도 사회계층에 따라 다르게 나타난다.

관광사업 경영자는 사회계층에 따라 추구하는 관광패턴을 면밀히 분석하여 제품을 차별화함으로써 시장에서 경쟁의 우위성을 확보할 수 있는 기회를 발견할 수도 있을 것이다.

(2) 준거집단

준거집단(reference group)이란 특정 집단이나 단체의 소속여부와 관계없이 개인행동에 직 · 간접으로 영향을 주는 동료모임(학교 또는 직장 등), 종교집단, 스포츠 동우회, 취미서클 등으로 관광행동에 폭넓게 영향을 미친다. 집단은 구성원에게 여가활동에 관한 많은 정보를 제공하기도 하며, 관광이나 여행기회를 만들어 주기도 한다. 집단의 단체활동은 구성원이 아닌 주변의 사람에게도 영향을 끼치는데, 관광활동의 경우에는 그 영향력이 더 클 수밖에 없다. 즉, 단체관광은 적은 비용으로 개별여행에 따른 긴장감이나 불안감을 해소할 수 있으며, 관광활동 중의 개인행동은 단체구성원의 행동에 영향을 받는다.

이처럼 관광객은 사회적 환경 속에서 준거집단을 통해 관광객으로서의 역할과 행동을 학습하게 되고, 관광객의 관광의사결정과 행동 역시 직·간접적으로 준거집단의 영향을 받는다. 또한 관광객의 정보원으로서의 역할도 한다.

(3) 가족

가족은 인간사회에서 가장 기본적인 사회단위로서 관광행동에 가장 광범위하고 지속적으로 영향을 주는 소집단이다. 따라서 관광객은 가족구성원으로서 관광행동을 함에 있어 많은 영향을 가족으로부터 받는다.

가정은 중요한 여가집단이며, 관광서비스상품의 소비단위가 된다. 서구사회에서는 가족중심의 관광이 보편화되었고, 우리나라도 해를 거듭할수록 가족단위의 관광이 늘고 있다. 관광객은 전체가족으로부터 또는 가족구성원 각각으로부터 관광행동에 영향을 받고 영향을 주기도 한다.

가족여행을 결정할 때 의사결정의 양상은 다양하여 한마디로 말할 수 없겠지만, 관광마케팅 실무자는 다음과 같은 문제에 많은 관심을 기울여야 할 것이다.

- 가족구성원 중 누가 관광에 가장 관심을 보이는가?
- 가족구성원 중 누가 관광에 필요한 정보를 탐색하는가?
- 가족구성원 중 누가 관광을 위한 예산을 결정하는가?
- 가족구성원 중 누가 호텔이나 관광지를 선택하는가?

- 가족구성원 중 누가 관광의 시기를 결정하는가?
- 가족구성원 중 누가 관광을 위한 실제 지불자인가?

(4) 문화와 하위문화

문화는 사회유산이며, 생활양식이다. 관광은 문화와의 접촉이며 교류이다. 따라서 문화는 관광행동에 지대한 영향을 끼친다. 문화는 지식, 기술, 관습, 전통과 습관, 믿음, 도덕, 가치, 행동양식에 영향을 주고, 이들로부터 영향을 받으며 변화하고 발전한다. 관광은 인간의 삶의 가치와 문화의 발견을 추구한다.

문화는 상위문화(dominant culture)와 하위문화(sub culture)가 있다. 상위문화는 보다 광범위하고 규모가 크며 민족적이다. 하위문화는 가치관을 공유하는 구성원의 공통적 경험과 인종, 언어, 종교, 사회계층 등에 의하여 형성되어 대단히 복잡하며, 상위문화 속에 자리를 잡고 있는 세분화된 문화이다. 하위문화는 관광객에게 훨씬 더 구체적인 일체감과 사회성을 부여하며 관광행동에의 결정요소가 된다.

2. 관광객 의사결정과정

1) 문제인식

의사결정의 첫 단계는 문제의 인식 또는 욕구발생단계이다. 관광목적지 선택 결정을 내리기 전에 관광객은 먼저 관광을 해야겠다는 욕구 또는 문제를 인식해야 한다. 관광의 필요성도 인식하지 못하고 있는 상태에서는 의사결정과정이 이루어질 수 없는 것이다. 따라서 문제인식은 관광객이 관광욕구를 인지하고 이것을 관광목적지 선택과 행동을 통하여 해결하고자 하는 동기를 갖게 되며, 또한 욕구를 충족시킬 잠재력을 갖는 여러 대체 수단 중에서 가장 적절한 수단을 찾아내는 것이 의사결정이며, 이런 측면에서 욕구의 환기를 문제인식이라고 한다.

이러한 문제인식은 관광객의 과거경험, 관광객의 특성, 관광객의 동기, 환경적 상황의 변화, 마케팅의 자극 등에 의해 많은 영향을 받게 되며, 또한 본인 스스로 어떤 동기에 의하여 인식할 수도 있으며, 경우에 따라서는 다른 사람이 문제를 일깨워 줄 수도 있다.

2) 정보탐색

정보탐색이란 관광객이 관광목적지에 대해 더 많은 것을 알고자 하는 노력이라고 할 수 있다. 즉 관광에 대한 욕구나 동기를 인식한 후, 관광객들은 의사결정과정에서 보다 만족스러운 결정을 내리기 위해 다양한 정보를 탐색하게 된다.

흔히 정보탐색은 의사결정을 보다 용이하게 하기 위한 심리적 활동으로서 크게 내부탐색과 외부탐색으로 구분할 수 있다. 내부탐색은 개인적인 경험이나 지식에 연결되며, 외부탐색은 환경적 요인에 의하여 영향을 받는다고 할 수 있다. 그러나 가장 신뢰할만하고 접근이 용이한 정보원은 그들 자신의 경험과 지식으로 밝혀지고 있다.

관광객의 의사결정과정에서 중요한 것은 정보탐색과정에서 관광객이 지각하는 정보의 종류와 역할, 그리고 정보의 중요성 파악 등이라 할 수 있다.

3) 대안평가

탐색한 정보를 기초로 하여 여러 대안을 비교 · 검토하는 단계이다. 대안을 평가하기 위하여 평가기준을 세우게 되는데, 이때에 관광객의 신념이나 태도가 중요한 변수로 작용한다. 평가기준이란 대안들을 비교 · 평가하는 데 사용하는 평가항목들을 의미한다. 예를 들어 관광객이 음식점을 선택할 때 평가기준으로 보통 맛 · 영양 · 청결성 · 쾌적함 및 종업원의 친절 등의 속성을 고려하지만, 각각의 속성에 대하여 부여하는 중요도는 개인에 따라 차이가 있다.

여러 가지 정보를 입수한 후에 잠재관광객은 다양한 관광시설 및 여행상품을 비교하여 자신에게 맞는 대안을 찾으려고 한다. 그리고 각각의 대안을 평가하는 데 시간과 노력을 기울일 것이다.

4) 선택

관광객들은 대안에 대한 평가를 통하여 태도를 형성하고, 가장 선호하는 대안을 선택해서 관광을 하게 되는 행동의도가 형성된다. 그러나 실제 행동의도가 형성되어도 행동에 들어가기 전에 장애요소가 있을 수도 있는데, 개인적 요인 또는 가족이나 준거집단과 같은 다른 사람의 개입이나 예기치 않았던 상황요인 혹은 개인의 목적지에 대한 지각 등이 영향을 주는 경우가 있다.

5) 만족/불만족

관광객은 대안선택이 이루어지고 관광여행이 끝난 후 관광객 의사결정과정의 마지막 단계는 관광경험을 평가하는 것이다. 대체로 관광경험 후 평가는 만족과 불만족으로 나타난다.

관광객들은 관광활동에 앞서 특정의 기대감을 가지게 되는데 기대감은 관광활동의 특성이나 성과에 관한 것, 관광활동에 사용된 비용과 노력에 관한 것 또는 관광활동의 결과로서 관광객에게 발생하는 사회적 비용과 효익에 대하여 나타날 수 있다. 특히 관광객은 관광활동의 결과인 관광경험을 바탕으로 다시 평가를 내리게 되는데, 관광경험이 자기의 기대수준에 이르거나 초과되면 만족할 것이고, 기대수준에 미치지 못하게 되면 불만족스러워 할 것이다.

한편, 관광경험과 관련하여 언뜻 생각하기에는 개인이 관광활동을 하게 되는 것이 간단해 보이며, 관광목적지에서의 경험이 전체경험인 것으로 생각할 수도 있으나, 관광의 경우에는 대단히 복잡하며, 다음과 같은 11가지 경험으로 세분화할 수 있다.

① **자각단계경험**(awareness phase)

정보를 통하여 개인이 어떤 종류의 관광기회가 있다는 것을 알게 되는 순간에 시작되는 경험으로서 오랫동안 실행에 옮기지 않을 수도 있다.

② **초기결정단계경험**(initial-decision phase)

관광에 참여할 것인가 말 것인가를 결정하는 단계로서, 관광기회를 알게 되자마자 곧바로 결정을 하는 사람도 있지만, 대개는 오랫동안 생각하게 된다. 결정을 미루는 것은 시간 · 돈 때문이기 쉬우며, 때로는 상황이 호전되기를 기다리기 때문이다.

③ **자료수집단계경험**(exploratory phase)

참가하고 싶다고 결정한 후에도 다른 사람들과 상의 · 자문을 구하고 자료를 수집한다. 자료를 수집하다가 그만 둘 수도 있지만, 이 단계에서 적극적인 활동을 통해 주된 경험을 얻을 수 있고 즐길 수 있다.

④ **최종결정단계경험**(final-decision phase)

관광에 참가하기로 최종결정하는 그 자체가 크게 즐거운 경험이 된다.

⑤ **기대단계경험**(anticipation phase)

계획수립을 비롯하여 관광을 떠나기까지 기대에 부풀어서 즐거움을 경험하게 되는데, 이 단계에서 지나치게 낙관하게 되면 나중에 실망과 좌절을 맛볼 가능성이 높아지므로 현실적인 요인을 감안하는 것이 필요하다.

⑥ **준비단계경험**(preparation phase)

준비단계는 간단하게 보이나 실제로는 필요한 물품뿐만 아니라 심리적인 준비도 필요한데, 이 단계에서는 즐거움을 거의 맛볼 수 없고, 때로는 준비가 까다로워 관광을 포기하게 되는 수도 있으나, 대개는 기대감에서 이 단계를 극복하게 된다.

⑦ **가는단계경험**(trave-to phase)

목적지까지의 거리를 귀찮은 행위 즉 비용으로 보는 사람도 있는가하면, 순수관광에서는 거리가 오히려 자극요인으로 지각된다는 주장들도 많아서 이 단계에서의 경험도 중시된다.

⑧ **현지단계경험**(on-site phase)

현지에서 수영, 등산, 사냥 등 각종 활동을 통하여 만족감을 느끼는 단계로서 많은 사람들은 이것이 전체경험인 것으로 생각하고 있으나 소요시간, 비용, 전체만족 측면에서 보면 절반 이하에 머무르는 경우도 있다.

⑨ **오는단계경험**(travel-back phase)

가는단계경험과 오는단계경험이 어떻게 다른지에 대해서는 별로 연구된 바 없으나 갔던 길로 오는 것보다는 다른 길로 오는 것이 좋고, 같은 길로 오더라도 주、야가 다르게 접하는 환경은 차이가 난다.

⑩ **정리단계경험**(fellow-up phase)

신체적 피로를 풀고, 흥분을 가라앉히며, 일상으로 다시 돌아오는 단계이다. 대개 간단하게 끝나게 되나 경우에 따라서는 평가를 하고, 설비를 보수하는 등의 과정을 요하기도 한다. 즉 입었던 옷을 세탁하고 기념품을 정돈하며, 사진도 현상해야 하고 피로도 풀어야 하며, 햇볕에 그을린 피부도 손질해야 하고, 때로는 상처나 병도 치료해야 하는 등 다소 오랜 기간이 걸릴 수도 있다.

⑪ **회상단계경험(recollection phase)**

관광이 끝나고 나면 관광객은 그의 전체경험 가운데서 몇 가지 인상적이었던 것을 회상하여 이를 친구, 친척, 동료들에게 얘기해 주면서 즐거움을 나눈다.

제3절 공정관광객

1. 공정관광의 등장배경

초기 서구사회에 있어 관광산업의 양적 성장은 관광지에 대한 접근성을 높이기 위해 도시나 특정 지역에만 집중된 도로체계와 하부시설들을 균형적으로 배치하고, 다양한 공원 등을 조성 혹은 보호함으로써 관광지에 대한 긍정적인 영향을 가져왔다. 또한 역사유적이 보전되었으며 지역에서는 특색 있는 환경을 이용하여 성장 · 발전할 가능성을 가질 수 있었다.

이러한 관광의 대중화는 여행의 기회가 더욱 많은 이들에게 개방됨으로써 분리되어 있던 각 지역의 문화를 관광객들이 직접 경험하고, 이들을 매개로 한 문화적 교류가 시작되는 계기로 작용하였다.

그러나 관광산업의 발전이 가속화되고, 대량 · 대중관광의 형태로 진화하면서 관광의 부정적인 영향들이 드러나기 시작하였고, 특히 관광지가 여러가지 문제점들을 내포하게 되었다. 먼저 사회문화적인 측면에서 관광객과 현지인의 정서 괴리로 인한 고유 문화전통의 상실이 크게 대두되었다.

현지인을 관찰대상으로 보는 관광객들로 인해 현지인의 생활공간과 일상생활이 지나치게 침해되었고 관광객과 현지인의 인종 · 문화 · 경제 · 계급 · 계층 등의 차이가 관광객의 소비행위로 이어지면서 나타난 현지인의 인식 변화는 소비행동의 변화, 도덕적 타락이나 범죄 유발, 주체의식의 감퇴, 공동체 파괴 등으로 이어질 위험을 안게 되었다.

경제적 측면에서 살펴보면, 외부자본의 기반시설 투자로 촉발되는 지역개발의 수익은 다시 외부로 빠져 나가게 된다. 현지인들은 리조트와 호텔 등의 건설에 자신의 생활터전을 빼앗기고, 건설노동자가 되거나 호텔서비스 노동자 및 관광상품 생산자가 되지만, 현지인들의 노동은 외지인들에 의해 착취되고 결국 빈곤층으로 전락하게 되었다.

또한 관광개발의 영향으로 지나치게 많은 관광객이 유입되면서 환경문제들이 곳곳에서 나타나기 시작하였다. 수질 · 대기오염과 소음 발생, 야생동식물의 서식지가 파괴되면서 직접적으로 개체수가 감소하고, 급속한 인구밀집 현상은 과이용으로 인한 환경적 파괴를 낳았다.

1980년대부터 유럽, 미국 등 서구에서는 기존 관광의 지속가능성에 대한 의문을 제기하기 시작하였다. 이러한 노력의 결과로 1996년 세계관광기구(UNWTO)는 '지속가능한 관광개발은 미래 세대의 관광기회를 보호하고 고양하면서 현재 관광객과 방문지역의 필요에 부응하는 개발(Sustainable tourism development meets the needs of present tourists and host regions while protecting and enhancing opportunity for the future)'이라고 정의하기에 이르렀다.

이후 환경 피해를 최대한 억제하면서 자연을 관찰하고 이해하며 즐기는 여행에 중점을 둔 생태관광(ecotourim), 지역에 미치는 악영향을 최소화하고 지역주민이 직접 참여하는 지역관광(community tourism), 관광객에게 여행지 환경과 문화를 존중할 책임을 강조하는 책임관광(responsible tourism), 관광현상이 발생하는 곳에서 사람과 자연환경 및 지역경제를 위해 장기적인 편익을 지속적으로 발생시키는 공정관광(fair tourism) 등 다양한 흐름으로 확산되기 시작하였다.

2. 공정관광의 개념

'공정관광' 개념은 공정무역 개념이 관광분야에 적용되면서 시작되었다. 국가 간 무역에 대하여 '공정' 개념으로 접근한 공정무역은 공정성과 투명함, 존중 등을 기반으로 개발도상국의 생산자와 노동자에게 정당한 가격과 더 나은 거래조건을 보장함으로써 개발도상국의 생산자와 노동자의 자립을 지원하는 무역형태로 정의된다.

공정관광은 대량관광의 부정적 영향 즉, 1960년대 관광개발의 편익이 모든 이해관계자에게 공평하게 분배되지 않는다는 문제의식으로 출발하여 관광분야의 윤리적 거래와 개발도상국 내 생산자에 대한 정당한 거래조건을 지원하자는 움직임에서 출발하였다. 그러한 흐름 속에서 1970년대에는 아시아기독교협의회가 원주민의 인권, 환경문제 등 관광산업이 수반하는 사회적 문제에 대한 변화를 촉구하는 활동을 개시하였다.

그리고 1988년 영국에서 비공식적인 네트워크를 중심으로 '투어리즘 컨선(Tourism Concern: 영국의 민간단체)'의 활동이 시작되었는데, 이 단체는 관광객의 책임과 윤리적 행동을 중심으로 교육프로그램 운영, 캠페인 활동 등을 실시하면서 국제관광이 지니는 사회적 문제에 대한 인식 확산 활동을 전개하여 공정관광 운동을 이끌었다.

우리나라도 사회 전반에 공정사회 구현을 지향하는 추세가 확산됨에 따라 관광분야에서도 윤리적 관광소비와 공정한 관광거래를 통한 공정한 분배를 실현하려는 노력이 진행되고 있다. 관광행동에서 윤리적 소비의 실천에 해당하는 공정관광은 무형의 특성을 지닌 관광이 재화 거래에서와 같이 공정한 대상이 될 수 있는가 하는 의문은 제기되지만, 국내·외적으로 관광현상의 지속가능성 논의와 맞물리면서 공정관광에 대한 논의가 활발해지고 있다.

세계적으로 유명한 여행전문발간지 론리 플래닛(Lonely Planet)에 의하면 공정관광은 관광의 부정적 영향을 최소화하면서 현지 주민과 환경의 연결을 최대화하는 것으로 환경, 사회 · 문화, 경제의 3가지 이슈를 고려한 관광으로 정의할 수 있다고 하였다. 환경 측면은 부정적 환경의 영향을 최소화하고 생태계 · 야생 동식물 · 자연 · 문화유산 보전 등에 긍정적 기여를 하는 관광을 의미하고, 사회문화적 측면은 문화와 전통을 존중하고 관광객과 현지 주민 간의 이해를 보다 증진하면서 상호 교류를 하는 관광을 의미한다. 경제적 측면은 공정거래 원칙을 준수하고, 현지 주민 사회에 금전적 혜택이 돌아가는 관광을 의미하는 것이며, 공정여행을 한다는 것은 우리 세상에 영향을 끼치는 빈곤과 평화라는 큰 이슈에 변화를 가져오는 가장 직접적이고 개인적인 방법 중의 하나라고 하였다.

우리가 일반적으로 경험하고 느끼는 관광과 공정관광의 가장 큰 차이점은 관광을 어떻게 보는가 하는 '시선'에 의한 것이므로 어느 일방의 만족이 아니라 모두에게 유익해야 한다는 것이다. 관광이 여행을 상품으로 바라보고 이 상품을 소비하는 행위라고 한다면, 좋은 관광인지 그렇지 않은지에 대한 결정의 기준은 그 관광상품을 경험한 소비자인 관광객이 소비 즉, 경험을 통해 만족했는가 또는 그렇지 않았는가에 달려있다고 할 수 있다.

그러나 공정관광은 여행을 '소비'가 아닌 '관계'로 보며, 지역주민 그리고 관광여행 중에 만나게 되는 것들과의 관계라는 점에서 큰 차이가 있다. 그러므로 공정관광이란 우리가 여행하면서 쓰는 돈이 그 지역과 공동체의 사람들에게 직접 전달되는 여행, 우리의 여행을 통해 숲이 지켜지고, 사라져가는 동식물이 보존되는 여행, 서로의 문화를 존중하고 경험하는 여행, 관광객과 관광객을 맞이하는 이가 서로를 성장하게 하는 여행, 쓰고 버리는 소비가 아닌 관계에 의한 여행이다.

3. 공정관광객의 가이드라인

'이매진피스(Imagin Peace)'를 비롯한 국내 · 외 다양한 단체나 기업들은 관광객들에게 공정관광 문화를 확산시키기 위해 '공정관광을 위한 가이드라인'을 제공한다. 이 가이드라인들은 관광객이 스스로 실천할 수 있도록 구체적인 방법과 기준을 제시한다. 각 단체들이 제시하는 공정관광 가이드라인들은 내용면에서 약간씩 상이하기는 하지만 대체적으로는 유사한 지향점을 가지고 있다. 〈표 5-5〉는 공정관광 가이드라인을 크게 지역 환경 보전, 지역 사회 · 문화 존중, 지역 경제 활성화의 세 가지 영역으로 나눈 것이다.

표 5-5 공정관광을 위한 가이드라인

구분	가이드라인 내용
지역 환경 보전	• 배출 최소화를 위한 교통수단을 이용한다. • 물과 연료의 사용을 최소화한다. • 적당한 양의 식사로 음식물쓰레기 배출을 최소화 한다. • 일회용품과 화학세제, 폐기물의 사용을 최소화한다. • 환경보호 정책을 가진 숙소, 음식점을 우선적으로 이용한다. • 관광객의 규모를 최소화하며 불가피할 경우 팀을 나누어 환경의 피해를 줄인다. • 보호자연유산 · 야생동식물을 포획하거나 채취하지 않으며, 그것을 이용하여 만든 상품을 구매하지 않는다. • 동물을 혹사하는 투어에 참가하거나, 동물 쇼 등을 관람하지 않는다. • 환경보호를 위한 프로그램에 참여하거나, 관련기관을 방문하여 기부활동에 동참한다.
지역 사회 · 문화 존중	• 여행지의 기본적인 언어와 최소한의 정보는 습득한 후 여행에 나선다. • 여행지의 지역, 사회, 문화, 역사 등에 관심을 갖고 존중하는 마음을 가진다. • 여행지의 문화를 체험하고 현지 주민과 교류할 수 있는 프로그램에 적극 참여한다. • 여행지 주민의 인권을 존중하며, 약속을 지킨다. • 여행지에서 만난 모든 이들과 소통하고 배려하기 위해 노력한다.

지역 사회 · 문화 존중	• 성매매나 아동노동, 노동력혹사 등 부적당한 결과를 일으킬 수 있는 행위는 일체 참가하지 않는다. • 인물 사진 촬영 전에는 반드시 허락을 구하고 초상권을 보호한다. • 여행지는 지역민의 삶의 터전임을 인식하고 사유지 침범이나 불법채취, 쓰레기투기 등을 하지 않는다. • 문화유산보존과 인권보호를 위한 프로그램에 참여하거나, 관련기관을 방문하여 기부활동에 동참한다.
지역 경제 활성화	• 재래시장, 공정무역샵 등 지역특산물 판매처를 이용하고, 가능한 한 여행지에서 생산된 상품을 구매한다. • 여행지에서 만난 판매자와 공정하게 거래하고 무리하게 깎지 않는다. • 내가 지불한 돈이 지역경제에 도움이 될 수 있도록 현지인이 운영하는 숙소나 음식점을 최대한 이용한다. • 현지인 가이드를 고용하고 적절한 임금을 보상한다. • 현지인이 운영하는 지역의 교통수단을 적극 이용한다. • 현지 지역농수산물로 생산된 먹거리를 이용한다. • 지역 경제문제해결을 위한 프로그램에 참여하거나, 관련기관을 방문하여 기부활동에 동참한다.

제6장

관광자원과 관광개발

1 관광자원
2 관광개발
3 관광자원개발의 새로운 흐름

제1절 관광자원

1. 관광자원의 개념과 가치

1) 관광자원의 개념

(1) 자원의 개념

자원이라 하면 가장 중요한 자원인 태양에서부터 바다 위에 무수히 떠 있는 작은 플랑크톤에 이르기까지 그 범주가 대단히 넓으며, 그것은 어떠한 형태로든 이용이 전제가 된다. 자원은 에너지자원, 광물자원, 수산자원, 식량자원, 인적 자원, 관광자원 등 여러 유형으로 나눌 수 있는데, 일반적으로 자원이란 석유 · 석탄 · 식량 등 자연에서 얻을 수 있는 자연자원을 의미한다.

자원에 대한 전문가들의 의견은 자원은 자연적 상태라기보다는 생산, 경제, 시간, 공간, 인간욕망을 포함 · 충족시키는 재료 및 사물로 정의하고 있다. 그러므로 자원은 매장량과 원료와 엄격히 구별된다.

매장량이란 단순히 자연의 산물이며 자원의 산물을 우리들이 기술적으로 이용할 수 있을 때 매장량은 비로소 자원으로 전환되는 것이다. 또한 원료는 노동과정을 통과한 자원을 말하는 것이므로 자원은 자연의 산물이 기술적 조건과 경제적 조건을 만족시킬 때 비로소 매장량(잠재적 자원)에서 자원(현재적 자원)으로 전환되는 것이다.

따라서 자원은 매장량과 원료의 개념과도 다르며 관광자원을 다루는 범위에서의 자원은 자연이 주어지는 자연적 상태에 생산, 경제, 시간, 공간, 인간욕망 등을 포함 충족시키는 재료 및 사물뿐만 아니라 인간 행위에 따른 문화적 재료 및 가치체계도 포함된 것으로 정의한다.

그러므로 자원은 고정된 것이 아니고 인간의 과학기술, 가치관에 의해 만들어지는 문화적 산물인 것이다. 이러한 자원은 개발의 필요성이 있으며 이는 현재에 있어서의 인간의 욕망과 미래에 있어서의 인간의 욕망 및 이를 해결하기 위한 기술수준 및 생산형태의 변화를 시간과 공간적 차원에서 분석되고 고찰되어야 한다.

한편 이러한 자원은 형태 · 생성원인 · 이용 등의 측면에 따라 구분한다. 형태 측면에서 자원은 유형자원과 무형자원으로 분류하거나 인적 자원과 비인적 자원으로 분류하고, 생성원인 측면에서는 자연자원과 인문자원으로 분류한다. 그리고 인간생활의 이용 측면에서는 가공되지 않은 소재로부터 가공된 물자에 이르기까지의 단계에 따라 분류한다. 즉 인간생활의 기초가 되는 구리 · 철 · 납 · 석탄 · 석유 등의 광물자원(지하자원)과 인간생활의 터전인 토지자원 및 일상생활을 뒷받침하는 수자원의 세 가지 자원을 기초자원이라고 한다. 기초자원 외에 산림자원 · 동물자원 · 수산자원 등을 일괄하여 천연자원이라 한다(넓게는 기초자원도 포함하여 천연자원이라고 함). 기초자원과 천연자원을 인간이 가공하여 생산하는 식량자원 · 공업원료자원 · 에너지자원 등을 제1차 자원이라고 한다. 이들을 다시 가공한 것을 제2차 자원 · 제3차 자원이라고 하며, 이 밖에 노동력이나 기술을 인적 자원이라고 한다.

(2) 관광자원의 개념

관광자원(tourism resources)이란 관광욕구의 대상으로 관광행동의 목표가 될 수 있는 모든 것으로, 관광객으로 하여금 관광동기나 의욕을 충족시키고 관광행동을 일으키게 하는 유형 · 무형의 관광대상을 뜻한다.

다시 말하면 관광객에 대해서 매력성과 유인성을 가진 것이라 하겠다. 즉 관광자원이란 관광산업에 있어서는 경제적 가치를 가지며, 관광객에 있어서는 위락적 · 문화적 가치를 갖는 관광대상물을 말하는 것이다. 따라서 관광주체인 관광객을 유인할 수 있는 관광대상으로서 관광객체인 관광자원은 관광목적과 형태 등에 따라 다양하다.

종래까지는 관광의 대상이 될 수 없었던 자원도 대중관광의 보급과 함께 새로운 관광자원으로서 각광을 받기도 하며, 그와 반대로 관광자원으로서의 매력을 점차 상실해가는 자원도 있다. 그러나 그것이 유형물이든 무형물이든 관광객을 유인할 수 있고, 관광수입을 올릴 수 있는 산업성을 띠고 있다면 관광자원이 되는 것이다.

오늘날 우리 인간에 있어서 관광동기란 인간의 본능이라고 볼 수 있는 관광욕구로서 인간은 일상생활의 번잡성과 단조로운 환경에서 벗어나려는 욕구가 작용하게 된다. 이러한 관광욕구가 관광동기를 유발하게 되며, 관광동기는 실제로 복합적인 동기가 결합되어 발생하나 일상생활권을 떠나는 이동 그 자체가 관광욕구를 만족시켜주기도 하기 때문에 이 지구상 및 모든 우주에 존재하는 것이 관광자원이 될 수 있다.

하지만 관광자원에는 자연 그대로의 관광자원, 즉 인공적으로 손을 대지 않고서도 원래의 관광자원으로서의 가치를 지니고 있는 관광자원과 다듬어 만든 관광자원, 즉 인공적으로 개발한 관광자원이 있다. 전자의 관광자원은 매우 한정되어 있기 때문에 다수의 관광객을 유치하기 위해서는 인공적으로 관광자원을 개발할 필요가 있다고 하겠다.

최근 들어 관광자원을 포괄적으로 인식하려는 경향이 강해지고 있는데, 여러 학자들의 주장을 통해 관광자원의 특징을 다음과 같이 정리할 수 있다.

첫째, 관광자원은 관광욕구나 관광동기를 일으키는 매력성을 지니고 있어야 한다.

둘째, 관광자원은 관광객의 행동을 끌어들이는 유인성을 지녀야 한다.

셋째, 관광자원은 개발을 통해서 관광대상이 되어진다.

넷째, 관광자원은 자연과 인간의 상호작용의 결과이다.

다섯째, 관광자원의 범위는 자연자원과 문화자원 및 유형자원과 무형자원 등 아주 넓고 다양하다.

여섯째, 관광자원은 사회구조나 시대에 따라 가치를 달리한다.

일곱째, 관광자원은 보존 또는 보호를 필요로 한다.

2) 관광자원의 가치

(1) 가치의 개념

가치(value)는 가장 보편적인 개념 중의 하나이지만 학문영역에 따라, 사용범위에 따라 다양하게 정의된다. 경제학에서는 가격의 측면에서 시장에서의 선호 정도에 따른 교환 측면에서 가치를 정의하고, 철학과 사회학에서는 인간의 상호작용 관계로서 도덕적 측면을 중시한다. 경영학에서는 '기업이 공급하는 제품에 대해 구매자가 기꺼이 지불하려는 금액' 또는 '저렴한 가격, 상품에서 얻고자하는 모든 것, 지불한 가격에 대해 얻은 품질' 등으로 가치를 정의하고 있다.

이렇듯 가치는 다양하게 정의되지만 결국 인간이 사회적이고 개인적인 삶에서 다른 것과 비교하여 더 큰 의미가 있다고 판단되는 것을 선택하는 과정에서 부여되는 중요성의 정도라고 할 수 있다. 또한 평가의 목표와 맥락, 주제와 대상에 따라 상대적이며 복수적일 수밖에 없음은 모든 영역에서 부인할 수 없는 공통점이다.

관광자원으로서의 가치도 시대와 시간의 변화, 지역의 변화, 공간의 변화, 기술의 변화 등에 따라서 달라지며, 인종적 · 종교적 · 역사적 · 문화적 요소 및 국토의 여건 등에 의해서도 그 가치가 상이하게 나타난다.

모든 종류의 자원들이 관광자원적 가치를 인정받기 위해서는 반드시

관광객의 관광욕구를 충족시키는 데 직접적으로 기여할 수 있어야 한다. 그 자체의 가치가 아무리 우수한 자원이라고 하더라도 관광객으로부터 외면을 당한다면 관광자원으로서의 가치는 인정받을 수 없을 것이다. 이와는 달리 공식적으로 대단한 가치를 인정받지 못하는 자원이라고 하더라도 많은 관광객으로부터 사랑을 받는다면 그에 대한 관광적 가치는 높게 평가될 수 있을 것이다.

(2) 관광자원의 가치

① **이용가치**(use value)

이용가치는 사람들이 자원을 직접 이용함으로써 느끼는 가치로, 직접이용가치(direct use value)와 간접이용가치(indirect use value)로 구분할 수 있다. 설악산의 경우 삼림욕 · 탐방 · 등산 등의 여가적인 이용과 맑고 깨끗한 공기와 물 그리고 산나물을 소비하는 등의 가치가 직접이용가치이고, 멀리서 설악산의 아름다운 자연풍광을 보고 즐기는 가치가 간접이용가치가 된다.

② 비이용가치(non-use value)

비이용가치는 관광자원을 직접 보거나 만지거나 체험하는 등의 구체적인 이용 없이 그냥 특정 자원이 존재하는 것만으로도 얻는 가치를 말한다. 비이용가치는 다음과 같이 선택가치, 존재가치, 유산가치로 구분될 수 있다.

첫째, 선택가치라 함은 현재는 관광자원으로 이용하지 않으나 미래에 이용할 가능성이 있기 때문에 미래의 '선택'이 가능하도록 하는 자원의 보전가치를 말한다. 이는 미래의 선택을 위해 지불할 용의가 있는 일종의 보험료 같은 기대가치(expected value)를 의미한다. 밀림지역의 울창한 숲을 목재로 개발하지 않고 잘 보존하면 인간에게 산소를 제공하거나 관광자원으로서의 이용가치가 높아지게 되는데, 이를 감안해서 산림을 보존하고자 하는 것이 이에 해당된다.

둘째, 존재가치는 자원을 현재 이용하지 않고 있으며 미래에도 이용할 가능성이 없지만, 존재한다는 사실만으로도 얻는 효용을 말한다. 일종의 고유가치(intrinsic value)로 자연은 인간이 이용하지 않는다고 해도 존재할 가치가 있다고 보며, 사람들의 자연에 대한 애정과 동정심에서 우러나오는 가치를 의미한다. 멸종위기에 놓인 반달곰 보호나 돌고래 증식을 위하여 동물단체에 기부금을 내는 것이나 희귀 동식물 서식지 보호를 위한 운동을 하고 기금을 내는 것 등은 이러한 존재가치가 있다는 것을 의미한다.

셋째, 유산가치란 현재 이용하지 않고 있으며 가까운 미래에도 이용할 가능성이 없으나 후손들이 즐길 수 있도록 관광자원의 보존을 위해 지불할 용의가 있는 가치를 말한다. 특히 이는 후손의 편익을 위하여 환경을 보전하는 데 대한 지불용의를 나타내는 것이며, 유산가치는 현존하는 가치평가자의 이용가치가 아니라 미래의 잠재적 이용가치로서 후손을 위한 현재의 비이용가치를 말한다. 지리산과 동강에 건설하기로 한 댐을 반대한 것은 이러한 유산가치의 예이다.

한편 선택가치와 존재가치 그리고 유산가치는 상호배제적인 것이 아니기 때문에 중복될 수도 있다. 예를 들면 농촌고향마을 입구에 있는 큰 느티나무는 여름철에 주민들이 휴식을 취하는 장소로 그리고 마을의 경관을 더해주는 등의 이용가치를 갖고 있으며, 마을을 떠난 사람들에게는 선택가치와 존재가치, 유산가치를 동시에 갖고 있다.

표 6-1 관광자원의 가치 유형

구분		내용
이용가치	직접이용가치	직접적인 이용에 의해 발생되는 가치
	간접이용가치	간접적인 이용에 의해 발생되는 가치

비이용가치	선택가치	현재는 관광자원을 이용해 본 경험은 없지만, 미래에 이용할 수 있다는 가능성 때문에 자원의 보전을 위해 부여하는 가치
	존재가치	현재도 미래에도 이용하기를 희망하지 않는 자원이지만, 존재하고 있음에 만족감을 느끼며 보전하고자 하는 가치
	유산가치	현재는 이용불가능하고, 향후 후손들이 즐길 수 있도록 보전해야 하는 자원에 대해 느끼는 가치

* 관광자원의 진정한 가치는 이용가치와 비이용가치의 합이라고 할 수 있다.

2. 관광자원의 분류

1) 자연적 관광자원

(1) 자연적 관광자원의 개념

자연적 관광자원이란 인간의 노동력, 자본, 기술이 투여되지 않은 자연 그대로의 상태를 의미하는 자원이다. 즉 관광자원 가운데 가장 원천적인 것이 자연적 관광자원으로 사람의 손을 거치지 않은 자연현상이 관광효과에 기여할 수 있는 모든 것을 의미하고, 관광객의 욕구를 충족시켜줄 수 있는 기능을 갖춘 자원을 말한다.

이 지구상에는 서로 다른 여러 자연환경이 존재한다. 기후조건에 따라 열대로부터 건조대 · 온대 · 냉대 · 한대지방이 있고, 지형적으로는 산악에서부터 고원 · 평지 · 하천 · 계곡 · 폭포 등이 있으며, 지질구조상으로는 침식의 연대에 따라 빙하 · 화산지형이 있고, 해양과 하천에는 많은 어류 등이 살고 있다.

그러나 이러한 자연환경은 지구상에 골고루 일률적으로 분포되어 있는 것이 아니라 기후적 조건과 지형적 조건들에 따라 복잡하게 결합되어 각 지역의 독특한 자연적 관광자원의 가치를 형성하게 된다. 즉 자연환경의 상태에 따라 지역차가 이루어지고, 이러한 현상이 관광욕구를 충족시켜줄 수 있는 관광대상으로서 자연적 관광자원이 된다. 또한 자연적 관광자원의 가치는 도로와 교통수단 등의 개발조건과 결합되어 관광자원으로 가치를 한층 더 발휘하게 된다.

오늘날 산업구조의 변화는 인간생활에 대변혁을 가져 왔고, 그 결과로 인간의 자연지향성은 더욱 높아져 관광활동에 있어서도 자연적 관광자원에 대한 비중은 더욱 커지고 있다. 또한 오늘날 관광자원의 개발형태는 주로 자연적 자원을 대상으로 개발되는 추세를 보이고 있다.

그러나 관광자원이라는 것은 자연적 · 인문적 관광자원이 상호 융합되어 하나의 완전한 관광자원으로서 가치를 발휘하게 되므로 자연적 관광자원이든 인문적 관광자원이든 그 보호와 개발이 상호 조화됨으로써 관광자원에 대한 보호 · 육성이 이루어져야 한다. 아무리 개발이 잘 되고 우수한 자원이라도 인간이 이를 잘 보호 · 육성하지 못한다면 본래의 매력이 상실됨은 물론이고, 관광가치성의 발휘와 개발의 효용이 없어지는 것이다.

(2) 자연적 관광자원의 구성요소와 성격

자연적 관광자원에 포함되는 요소로는 첫째, 지형 및 지질자원으로 고원, 구릉, 계곡, 동굴, 산악, 섬, 온천, 호수, 폭포, 하천 등을 들 수 있고 둘째, 기상 및 천문자원으로 공기, 구름, 눈, 달, 별, 안개 등을 들 수 있으며 셋째, 식물 및 동물자원으로 낙엽, 삼림, 어류, 화초, 짐승, 새 등을 들 수 있겠다.

한편 자연적 관광자원은 비록 각 자원의 다양성과 변화성에 따라서 관광객의 욕구충족 정도의 차이는 있지만 실제로는 관광자원을 둘러싸고 있는 각종의 자연적 요소가 연출하는 조화의 효과에 의해 관광활동의 질과 경험이 결정된다. 자연적 관광자원은 다음과 같은 일반적 성격을 가지고 있다.

첫째, 자연적 관광자원은 비이동성을 가지고 있다. 자연적 관광자원은 다른 일반 소비상품과는 달리 관광객이 이동해야 그들의 욕구를 충족시킬 수 있는 대상으로서 존재한다.

둘째, 자연적 관광자원은 계절성을 띠고 있다. 자연적 관광자원은 봄, 여름, 가을, 겨울 등의 계절에 따라서 다양하게 변화한다.

셋째, 자연적 관광자원은 다양성을 가지고 있다. 자연적 관광자원은 동일한 것도 없고, 동일한 질서를 갖춘 것도 없기 때문에 다양한 특징을 가지고 있다.

넷째, 자연적 관광자원은 변동성을 가지고 있다. 자연적 관광자원은 인문지리적, 환경적, 역사적, 사회적 요인에 의해 훼손 내지 파괴, 조성 등의 변화가 나타난다.

다섯째, 자연적 관광자원은 저장불가능성을 가지고 있다. 자연적 관광자원은 저장할 수 없으며, 이동판매나 재고판매도 불가능하다.

2) 문화적 관광자원

(1) 문화적 관광자원의 개념

좁은 의미에서 문화적 관광자원이란 민족문화의 소산으로서 보존할 만한 가치가 있고, 관광매력을 지니고 있는 자원이라고 할 수 있다. 그러나 자원의 가치 자체는 평가하는 시점에 따라 달라지고 새로운 문화자원이 관광자원으로 각광을 받게 되므로 문화적 관광자원은 관광자원으로 활용될 수 있는 모든 문화적 자원을 포함하고 있다고 보아야 할 것이다. 문화적 자원을 관광자원으로 활용하는 데에는 전통문화의 원형보전과 새로운 문화의 창조라는 두 가지 차원에서 문제를 고려해야 한다. 일반적으로 관광이 문화에 미치는 영향은 전통문화의 발굴과 보존, 문화재의 복원과 같은 긍정적인 측면과 전통문화의 파괴, 문화재의 유실, 전통문화의 변형 등과 같은 부정적인 측면도 가지고 있다.

전통자원의 원형보전을 중시하는 입장이라면 문화자원을 관광자원으로 활용하는 것에 부정적일 수밖에 없다. 사실 관광산업은 다분히 경제성을 중시하기 때문에 문화적 자원을 활용함에 있어서도 경제적 이득을 안겨주는 것을 우선시하게 마련이다. 즉 관광자원으로 활용하기 위해 문화의 복원과 보전에 많은 투자가 이루어지지만 그 대상이 투자에 대비한 이익을 좀 더 많이 가져올 가능성이 있는 쪽에 선별적으로 집중하게 된다는 것이다.

게다가 전통문화는 그 사회의 전통적인 삶의 소산이라는 점에서 정서적인 측면에서 관광객이 이해하기가 그리 쉽지가 않다. 따라서 다른 문화를 가진 그래서 다른 정서와 다른 시각과 다른 사고구조를 가진 관광객이 이해하기 쉬운 형태로 바꾸는 경우가 많다. 이 과정에서 전통문화는 전혀 다른 형태로 변형되기 쉽다. 이러한 점에서 문화의 관광자원화는 전통문화의 원형보전에는 그다지 기여할 수 없는 관계에 놓여 있는 것이다.

그러나 문화의 창조적 계승을 중시하는 입장이라면 상황이 달라진다. 문화는 끊임없이 변화하고 학습되고 축적되기 때문에 특정한 형태를 유지하는 경우는 그리 많지 않고 발전적인 측면에서 늘 새로운 형태로 바뀌는 것이다. 이러한 관점에서는 전통문화의 변형은 문화의 발전에 당연히 수반되는 현상일 뿐인 것이다. 관광자원으로 활용함으로써 문화창달에 더 많은 경제적 자원이 투입되고 새로운 사고와 가치관, 시각이 유입되어 문화의 폭이 넓어진다면 그것은 바람직한 현상인 것이다.

이 양자의 입장 차이로 인하여 문화자원을 관광자원화하는 데 많은 논란이 있는 것이다. 우리는 이 양자의 입장을 모두 인정하고 수용하는 자세가 필요하다. 사실 현재의 관광이 전통문화의 원형보전에 크게 기여하지 못하는 것도 사실이고, 문화의 창조에 기여하고 있는 것도 사실이다.

그러나 이러한 모든 것이 관광개발을 수행하고 운영하는 주체의 노력과 인식에서 비롯된다. 한편으로는 문화자원의 관광자원화를 통해 문화 창달에 기여하는 노력도 필요하지만 다른 한편으로는 전통문화의 원형 보전에 좀 더 많은 노력을 기울이는 것도 필요할 것이다. 문화는 관광에 독특성과 신기성을 부여해 줄 가장 쉽고도 가까이 존재하는 무한에 가까운 자원이라는 점에서 지나치게 동화되는 것은 관광자원으로서의 가치를 상실하게 되는 결과를 초래할 수도 있다.

(2) 문화적 관광자원의 유형

① **유형문화재**

유형문화재란 문화재보호법 제2조에 의하면 '건조물, 전적(典籍), 서적(書跡), 고문서, 회화, 조각, 공예품 등 유형의 문화적 소산으로서 역사적 · 예술적 또는 학술적 가치가 큰 것과 이에 준하는 고고자료(考古資料)'라고 하고 있다.

② **무형문화재**

무형문화재란 문화재보호법 제2조에 따르면 '연극, 음악, 무용, 놀이, 의식, 공예기술 등 무형의 문화적 소산으로서 역사적 · 예술적 또는 학술적 가치가 큰 것'이라고 규정하고 있다.

③ **기념물**

문화재보호법 제2조에서는 기념물을 다음과 같이 규정하고 있다. 첫째, 절터 · 옛무덤 · 조개무덤 · 성터 · 궁터 · 가마터 · 유물포함층 등의 사적지(史蹟地)와 특별히 기념이 될 만한 시설물로서 역사적 · 학술적 가치가 큰 것 둘째, 경치 좋은 곳으로서 예술적 가치가 크고 경관이 뛰어난 것 셋째, 동물(그 서식지, 번식지, 도래지를 포함한다) · 식물(그 자생지를 포함한다) · 지형 · 지질 · 광물 · 동굴 · 생물학적 생성물 또는 특별한 자연현상으로서 역사적 · 경관적 또는 학술적 가치가 큰 것 등이 그것이다.

④ **민속문화재**

민속문화재란 문화재보호법 제2조에 따르면 '의식주, 생업, 신앙, 연중행사 등에 관한 풍속이나 관습과 이에 사용되는 의복, 기구, 가옥 등으로서 국민생활의 변화를 이해하는 데 반드시 필요한 것'이라고 규정하고 있다.

⑤ **박물관 · 미술관**

우리나라 박물관 및 미술관 진흥법 제2조에서는 '박물관이란 문화 · 예술 · 학문의 발전과 일반 공중의 문화향유 증진에 이바지하기 위하여 역사 · 고고(考古) · 인류 · 민속 · 예술 · 동물 · 식물 · 광물 · 과학 · 기술 · 산업 등에 관한 자료를 수집 · 관리 · 보존 · 조사 · 연구 · 전시 · 교육하는 시설을 말한다'라고 규정하고 있고, 미술관은 '문화 · 예술의 발전과 일반 공중의 문화향유 증진에 이바지하기 위하여 박물관 중에서 특히 서화 · 조각 · 공예 · 건축 · 사진 등 미술에 관한 자료를 수집 · 관리 · 보존 · 조사 · 연구 · 전시 · 교육하는 시설을 말한다'라고 규정하고 있다.

3) 사회적 관광자원

(1) 사회적 관광자원의 개념

관광자원이라고 하면 주로 자연적 자원이나 문화적 관광자원을 대상으로 하여 유람(遊覽), 관상(觀象) 혹은 관람(觀覽) 등 눈으로 보면서 경치나 문화재 등을 감상하는 원초적인 자원에 만족해야 했던 것이 그동안의 관광자원의 실체였다.

하지만 관광의 형태가 단순히 눈으로 보는 것이 아닌 온몸으로 느끼고 체험하는, 즉 보는 관광에서 참여하는 관광으로 정적(靜的)인 관광에서

동적(動的)인 관광으로 변화하는 질적인 발전으로 말미암아 관광자원도 관광객체로서의 변화를 가져오게 되었다. 따라서 그 범주도 사회적, 산업적 관광자원으로의 영역이 확대되면서 관광자원의 다변화를 가져오게 되었다.

아름다운 자연경관과 훌륭한 역사적인 문화재도 매우 중요한 자원이기는 하지만 교육 · 사회 · 예술 · 예능 등과 각종 문화행사, 전통스포츠, 향토음식과 특산물 등도 낯선 이방인들에게는 아주 훌륭한 자원으로서 신선함을 줄 수 있는 것이다.

사회적 관광자원은 문화적 관광자원과 혼용되어 사용되거나 사회 · 문화적 관광자원이란 용어를 사용해 하나의 범주로 간주하는 경우도 있다. 현실적으로 두 가지를 명확히 구분한다는 것은 매우 어려운 일이다.

일반적으로 문화는 여러 가지 사회적 규범과 관념의 총체로서 용구문화(用具文化: 의식주와 관련된 생활용구), 규범문화, 가치문화 등으로 구분된다. 따라서 문화적 관광자원은 시각적으로 감상할 수 있는 유형적 용구문화의 속성을 지니고 있다고 볼 수 있고, 사회적 관광자원은 그 용구문화를 창조해낼 수 있는 사회규범적인 무형의 생활양식을 의미한다. 즉 문화적 관광자원인 용구문화는 사회규범적인 생활양식의 결과적 소산이라고 볼 수 있으며, 규범적 문화를 관광자원으로 활용할 때 사회적 관광자원이라고 할 수 있는 것이다.

결론적으로 사회적 관광자원은 한 나라의 역사와 전통, 과거의 생활상과 현재를 이해하는 데 도움이 되는 사회규범적인 자원으로서 여기에는 도시의 문화환경, 생활문화, 지역의 역사와 민속 및 풍습, 사람들의 소박한 인정, 국민성과 이에 따른 생활자료, 그리고 각종 제도와 사회공공시설 등이 포함된다.

(2) 사회적 관광자원의 범주

① 환대 · 생활양식 · 풍속

환대(hospitality)는 인정에 바탕을 둔 따스한 행위이다. 미지의 인간관계에서 새롭게 접해 보는 넘치는 환대와 인정 등은 관광객의 기억에 오래 남는 가치가 된다.

생활양식은 문화인류학에서 말하는 문화 전반의 정의이다. 이 생활양식 속에서 모든 문화범주가 다 포함되지만, 여기서는 의식주를 중심으로 한 그 지방민의 일상적인 생활양식을 말하는 것이다. 그 나라 민족의상의 특색이나 식사양식, 주택양식 등이 관심이 대상이 되며, 그들의 전통화되어 온 풍속도 큰 흥미의 대상이 된다.

② **전통예술 · 종교 · 민간신앙 · 설화, 전설, 민담**

전통예술에는 그 민족의 역사적인 애환(哀歡)이 담겨 있는 법이다. 우리나라의 가면극, 판소리, 부채춤 등은 그들대로의 역사성이나 전통성이 담겨 있는 것들이다.

또한 어느 민족이든 그들의 생활을 유지시켜 온 종교적 배경은 있게 마련이고, 그러한 양상은 고대로 소급할수록 민간신앙의 형태로 잔존하게 된다. 우리나라 신앙의 전통은 유 · 불 · 선 3교의 정신 바탕 위에서 근세에 이른 천주교 · 기독교의 전래 등 다양한 신앙형태를 보여주고 있다. 그러나 우리 민족은 농경문화권 속에서 형성된 세시풍속적인 민간신앙을 아직도 우리 저변에 간직하고 있다. 이러한 요소를 불합리한 의식으로만 부정할 것이 아니라, 안녕을 기원하는 인간의 본질적인 욕구라고도 생각할 필요가 있다.

한편 그 나라 민족이 소유한 신화, 전설, 민담은 그들의 민족성의 반영이고 그들의 꿈과 이상이었으며, 그들의 생활현장이었다. 그 나라 민족의 전통의식을 짧은 시간 내에 파악하려거든 신화, 전설, 민담 등의 설화문학을 읽어 보라는 것도 바로 이러한 근거에서이다.

③ **민족성 · 국민성**

고구려 · 고려민족들의 의지로 상징되는 저항정신은 우리 민족의 영원한 국민성으로 그 골격을 형성하고 있으며, 또한 우수한 예술적인 창조성과 함께 근면 · 성실하면서 평화를 사랑하고 슬픔을 딛고 분연히 일어서는 인고의 화신 등도 우리 민족의 고유한 국민성이다. 특히 고려의 몽고에 대한 항거운동도 가혹했던 외세의 침입에서 끝까지 견디며 이겨낸 강인한 정신인 것이다.

④ **향토축제 · 연중행사**

전통화된 향토축제와 연중행사 등은 하나의 문화적인 행사로서 전통성을 계승, 발전시킨다는 차원은 물론 관광대상으로서의 가치도 매우 높은 관광자원이다.

⑤ **문화 · 교육 · 사회시설**

도시공원, 교육시설, 문화센터, 도서관 등과 같은 시설들은 그 민족의 문화 · 예술 · 교육 등을 이해하는 데 중요한 가치가 있으므로 훌륭한 사회적 관광자원에 해당된다.

4) 산업적 관광자원

(1) 산업적 관광자원의 개념

산업관광이란 문자 그대로 산업을 관광의 대상으로 하는 관광형태이다. '산업을 본다'는 측면에서 산업관광의 시초는 세계 최초의 박람회인 1851년 런던 박람회까지 거슬러 올라간다. 산업관광이 보편화된 계기는 1950년대 프랑스에서 자국의 수출을 진흥하고 산업을 적극적으로 홍보할 목적으로 외국인들을 대상으로 관련시설 시찰을 허용하고 정비한 데서 비롯된다.

일본의 관광학사전은 산업관광을 '기존의 관광유람과 같은 수동적인 관광자원이 아니라 제조공정의 견학 · 체험 · 학습이라는 지적 호기심을 채우는 측면을 강조한 관광활동'이라고 정의하고 있다.

(2) 산업적 관광자원의 대상소재와 분류

산업적 관광의 대상소재는 〈표 6-2〉에서 보는 바와 같이 자원유형에 따라 유형자원, 무형자원 및 기타자원으로 분류할 수 있다.

표 6-2 산업관광 대상소재

자원유형	대상소재
Hard자원 (유형자원)	• 산업설비 · 기계 등: 공장건물, 발전소, 기계 · 설비, 창고, 사무소 등 물건을 만드는 제조현장과 이들 유산
	• 산업 · 토목계 인프라: 산업활동을 직접 지지하는 운하, 하천, 항만, 철도, 도로, 공항, 통신시설 등
	• 도시계 인프라: 노동자 · 근로자와 그 가족들이 생활을 하기 위해 필요한 다양한 도시기능 · 시설, 학교, 병원, 사택, 상업 · 오락시설 등
Soft자원 (무형자원)	• 산업과 도시활동을 지지하는(지지했던) 기술 · 기능: 산업과 도시활동을 지지하는(지지했던) 생산기술과 기능, 건물의 건축과 보전을 위한 기술 등
	• 산업제품 등의 디자인 · 의장 · 콘텐츠: 산업제품 등의 특징 있는 디자인과 의장, 애니메이션, 영화 등의 콘텐츠 등
	• 인적자원: 창업자 · 기술자 등 역사를 개척한 인물과 그 이야기, 훌륭한 기능자(장인) 등
	• 산업활동의 조직 · 비즈니스 모델 등: 각 산업고유의 생산시스템과 그 시대의 획기적인 생산 · 판매 · 유통시스템 등
기타 자원	기타 하드 · 소프트 각 자원에 관계하는 각종 기록, 화면, 사진(아카이브)과 산업박물관 등도 산업관광의 자원임. 그밖에 활용의 관점에서 보면 산업관광에 관계된 인재의 축적, 자원의 보전 · 활용을 위한 조직, 활용의 노하우 등의 '매니지먼트' 도 중요 자원이 됨

한편 산업관광은 그 대상을 시간 축과 활용목적에 따라서도 분류할 수 있다(〈표 6-3〉참조). 시간에 따라 산업관광은 크게 과거산업 활용형, 현재산업 활용형 및 미래산업 활용형으로 구분할 수 있다.

과거의 산업시설들 즉 산업유산을 활용한 산업유산관광은 산업이 번성했던 지역이라면 자연스럽게 중요한 사회문화적 현상으로 나타날 수 있다. 산업유산(industrial heritage)이란 남겨진 역사적 · 기술적 · 사회적 · 건축학적 · 과학적인 가치의 산업문화로 구성된 것으로 산업에 사용되었던 건물과 기계, 공장과 광산, 창고와 상점들뿐만 아니라 산업과 관련한 사회적 활동을 위해 사용된 공간까지도 포함된다. 산업유산관광의 핵심 매력 포인트는 향수(nostalgia)와 신기성(novelty)이다. 구세대는 산업유산을 통해 좋았던 시절의 향수를 느낄 수 있고, 이를 직접 경험해 보지 못한 신세대에게는 신기함과 호기심을 자극할 수 있다.

현재산업 활용형 산업관광은 대표적으로 1차 산업을 활용한 농어촌 관광과 2차 산업을 활용한 공장견학이나 기업박물관의 방문 등이 있으며, 영화나 음악 등의 대중문화산업을 주제로 한(예를 들면 영화제작센터) 3차 산업의 활용도 최근에는 관광객들의 주요 관광목적지가 되고 있다.

또한 미래의 첨단기술을 연구하는 연구소나 연구단지를 둘러보고, 아직 실용화 되지 않은 기술을 체험하는 미래산업 체험관 등도 중요한 산업적 관광자원이다.

표 6-3 산업관광의 분류

구분	유형	개요
과거	산업유산 활용형	산업유산(지역을 지탱해 온 산업에 관한 시설과 설비로 지금은 사용되고 있지 않거나 혹은 달리 쓰이고 있는 것)을 활용하고 산업유산과의 만남, 근대산업의 역사와 의의를 배우는 관광
현재	기존산업 활용형	지역의 특색 있는 산업을 활용한 공간
	1차 산업 활용형	농림어업을 활용한 체험형 관광(관광농업, 관광임업, 관광어업 등)

현재	2차 산업 활용형	• 직물, 도예, 칠기 등 전통적 산업을 활용하고, 전통공예 등을 접하는 산업관광 • 자동차, 가전, 섬유, 환경산업 등 지역의 특색 있는 산업집적을 살린 산업관광
	3차 산업 활용형	애니메이션, 영화, 컴퓨터소프트, 음악 등 소프트산업을 활용한 산업관광
미래	미래산업 활용형	바이오, 나노테크, IT, 로봇 등 첨단적인 연구개발거점과 연구소의 지역집적을 살려 최신 과학기술을 접하는 산업관광

5) 위락적 관광자원

(1) 위락적 관광자원의 개념

위락(recreation)은 인간이 일을 떠나서 놀이나 즐거운 행위 또는 휴식을 취함으로써 몸과 마음 및 정신을 총체적으로 회복시키는 것을 의미한다. 따라서 다분히 자주적 또는 자기발전적 성향을 띠고 있으며, 생활의 변화추구라는 인간의 기본적 욕구를 충족시킨다는 점에서 그 비중이 점차로 높아 가고 있다. 최근 관광 · 레크리에이션부문에 대한 수요는 보다 높은 '삶의 질'을 추구하는 방향으로 다양화 · 고급화되고 있고, 급속한 도시화와 산업화는 여러 형태의 위락적 관광상품을 개발해 내고 있다.

위락적 관광자원이란 관광객의 위락활동에 도움이 될 수 있는 모든 자원을 말한다. 현대의 관광객들은 전반적으로 기존의 관광패턴인 보고 즐기는 정태적 관광에서 보다 적극적이고 능동적으로 자신의 취향에 맞는 위락활동에 참여하여 즐기는 동적인 관광을 선호하고 있다. 이에 따라 관광객의 위락적 활동에 이용되는 위락적 관광자원 개발의 필요성이 증대되고 있다.

위락적 관광자원은 다른 관광자원과 구별되는 다음과 같은 특성이 있다.

첫째, 위락적 관광자원은 대부분의 관광자원이 이미 존재하는 자원을 활용하는 것에 반하여, 인간의 위락적 욕구에 맞도록 창조된 인위적 자원이다.

둘째, 위락적 관광자원은 처음부터 관광자원으로서 개발된 것이 많다.

셋째, 위락적 관광자원은 다른 목적에 비해 즐거움 추구에 더 많은 비중을 두는 자원이다.

넷째, 위락적 관광자원은 관광의 새로운 추세인 활동형 · 참여형 관광에 부응하는 형태의 자원이다.

이러한 특성으로 인하여 위락적 관광자원은 미래지향적인 관광자원으로 각광을 받고 있는 것이다.

(2) 위락적 관광자원의 유형

① 테마파크

테마파크는 'Theme+Park'의 합성어로서, 역사 · 문화 · 민속 · 자연 · 예술 등의 각종 소재와 첨단과학기술이 접목되어 이용자들에게 감동을 주고 흥미를 느끼며 즐길 수 있는 주제를 발굴해서 그 주제를 실현시키고자 그에 적합한 시설과 놀이프로그램, 캐릭터, 분위기, 이벤트 등이 일체성을 갖도록 마련해 놓은 위락적 공간이다.

또한 테마파크는 인간들이 소망하는 새로운 꿈과 희망이 있는 이상향의 세계를 현실세계에 구현하는 꿈의 공간이다. 테마파크는 현대사회 속에 살아가고 있는 우리들에게 일상생활에서 벗어난 삶의 재충전과 자기성취를 구현할 수 있도록 연출한 여가문화공간이다. 이러한 이상향, 즉 하트피아(heartpia)세계인 테마파크는 일정한 주제에 따라 독특하고 매력적인 시설과 이벤트 프로그램을 인간의 창의력과 현대문화 및 첨단과학기술과 결합하여 환상의 세계를 연출하는 현대문명의 종합선물이라 할 수 있다.

② **워터파크**

미국의 워터파크 협회(World Water Park Association)에서 발행하는 협회지 스플래쉬(Splash)에 의하면 워터파크란 '프리 폴(Free fall), 워터 슬라이드(Water slide), 인공 파도풀(Wave pool) 등을 아이템으로 하는 레저 풀(Leisure pool)이 있는 것을 말하며 대부분이 옥외형 레저시설을 의미한다'고 한다. 유럽, 특히 독일에서는 전통적인 쿠어(Kur)시설에 레저 기능을 병설하여 워터파크라고 한다. 일본에서는 미국 스타일의 옥외형 레저풀과 유럽스타일의 옥내형 스파시설이 같이 병합된 워터파크의 조성이 이루어지고 있고, 레저풀을 설치한 복합형의 건강센터나 스포츠센터까지도 워터파크의 정의의 범주에 포함시키고 있다.

우리나라의 경우, 워터파크와 관련된 법규가 따로 마련되어 있지 않아 관광객이용시설업의 종합휴양업, 혹은 유원시설업에 속해 있어 숙박시설, 위치, 온천지구 혹은 유기기구에 따라 분류되어 워터파크를 규정하기가 매우 애매하다. 다만 일반적 의미로 해석해보면, 워터파크는 물을 매개로 한 각종 놀이시설과 건강시설, 그리고 휴양시설이 하나의 큰 테마를 가지고 어우러져 만들어진 물 중심의 복합놀이공간을 의미한다.

③ **카지노**

카지노(Casino)란 도박 · 음악 · 쇼 · 댄스 등 여러 가지의 오락시설을 갖춘 연회장이라는 의미의 이탈리아어의 카자(Casa)가 어원으로 르네상스시대의 귀족이 소유하고 있었던 사교 · 오락용의 별관을 뜻하였으나 지금은 해변 · 온천 · 휴양지 등에 있는 일반 실내 도박장을 의미한다.

웹스터 사전에 의하면 카지노란 모임(meeting), 춤(dancing) 그리고 특히 전문 갬블링(professional gambling)을 위해 사용되는 건물이나 넓은 장소라고 정의되어 있으며, 국어사전에는 댄스 · 음악 등의 오락 설비가 있는 일종의 도박장으로 정의되고 있다. 이러한 의미에서 카지노는 일반적으로 사교나 여가 선용을 위한 공간으로서 주로 갬블링이 이루어지는 장소이지만, 최근의 카지노산업은 갬블링과 동시에 다양한 볼거리를 제공하는 장소로 변모하고 있다.

법률적 개념에서 보면, 카지노업은 그동안 사행행위영업으로 규정되어 오다가 관광진흥법의 개정(1994. 8.3)으로 새로이 관광사업으로 규정되어 발전의 토대를 마련하였다. 관광진흥법 제3조 제1항 제5호에서 카지노업이란 '전문 영업장을 갖추고 주사위 · 트럼프 · 슬롯머신 등 특정한 기구 등을 이용하여 우연의 결과에 따라 특정인에게 재산상의 이익을 주고 다른 참가자에게 손실을 주는 행위 등을 하는 업'으로 규정되어 있다.

④ **리조트**

일반적으로 리조트(Resort)는 여가와 휴양의 의미가 포함된 체재가능한 지역으로 광범위하고 다기능적인 의미로 정의할 수 있다. 리조트는 체류하기 위한 곳, 운동 · 오락 · 문화 등 휴양시설이 다양한 곳, 반복해서 방문하는 곳이라고 할 수 있다. 이러한 3가지 기능을 통해 그 곳을 찾는 사람들이 몸과 마음을 새롭게 하고 인간 본래의 자유로운 상태로 돌아가 활력을 갖고 일상생활에 다시 참여케 해주는 곳이 리조트인 것이다.

즉 리조트는 테마파크 · 스키장 · 골프장 · 휴양콘도미니엄 등 개별시설로도 구성될 수도 있지만, 일정 규모의 지역에 레크리에이션 · 스포츠 · 상업 · 문화 · 교양 · 숙박 등을 위한 시설들을 복합적으로 도입하여, 인간 심신의 휴양 및 에너지의 재충전을 목적으로 구성되어진 지역이라고 할 수 있다. 리조트단지의 부대시설로는 콘도 · 가족호텔 등 숙박시설이 필수적이며, 4계절 고객을 끌어들일 수 있는 스키장 · 골프장 · 온천(수영장) · 놀이시설 등이 복합적으로 들어서고 있다.

한편 우리나라에서 리조트의 요건을 충족할 수 있는 경우를 보면, 관광진흥법에 명시된 관광지 · 관광단지를 들 수 있다. 시설별로는 숙박시설 · 레저시설 · 체육시설 등이 개별법에 의해 등록하거나 시설을 집합화하여 전문휴양업 · 종합휴양업으로 등록을 하는 경우가 있다.

⑤ **마리나**

'마리나'(marina)의 용어 유래는 1928년 미국의 전국 엔진보트제조업협회가 다양한 종류의 오락용 보트류를 위한 계류시설, 수역시설 및 이와 관련된 다양한 서비스 시설을 갖춘 일종의 항만시설에 마리나라는 용어를 적용한 이후부터이다. 범위가 매우 넓고 커서 수천척의 보트를 수용하는 계류장을 갖고 배후에는 일반 호텔 혹은 보텔이라 부르는 보트인 전용의 슬립을 갖는 호텔과 아울러 임해공원, 쇼핑센터 기타 여러 가지 서비스 시설을 갖춘 대규모의 것부터 작은 하천가에 10~20척 정도의 슬립을 갖고 약간의 수리장이라든가 사무실을 갖춘 소형의 마리나에 이르기까지 그 규모는 다양하다.

제2절 관광개발

1. 관광개발의 개념과 목적

1) 관광개발의 개념

개발이라는 말의 의미는 자연자원이나 인문자원에 인간이 지닌 기술 · 인력 · 자본 등을 투입하여 자원이 지닌 잠재력을 현재화시켜 인간생활에 편익을 줌으로써 인간의 복지를 증진시키려는 일련의 행위를 가리킨다. 경제사회개발, 국토개발, 전원개발, 산지개발, 해양개발 등과 같은 일련의 개발은 모두 인간생활에 편익을 주고 인간생활을 풍부하게 해주기 위해 도모되는 행위이다.

관광개발도 이와 같은 생각에서 발상되어 인간이 관광 · 위락을 위하여 자연 또는 인문관광자원에 접근하려고 할 때 편리하게 해주고자 도로를 건설하고 숙박시설을 정비하는 일 등이라고 간단히 정의하기도 한다.

그리고 관광개발을 관광자원개발 즉 관광자원을 정비하여 그것을 일반인이 관광목적으로 이용할 수 있도록 제공하는 일이라고 보는 협의의 관광개발, 사람들이 가진 관광욕구를 충족시키기 위해 관광자원의 활용과 관광 관련기능을 가진 관광시설을 설치하여 관광행동을 가능하게 하고 촉진할 수 있는 관광지를 조성하는 일이라고 규정하는 광의의 관광개발로 구분할 수 있는데, 관광개발이라면 위의 두 가지 가운데 후자가 더 보편적인 개념으로 받아들여지고 있다.

그런데 제반 개념들은 시간이 지남에 따라 그 때의 상황에 의해서 변하게 마련인데, 오늘의 현실에서 보면 관광개발이 지역개발의 한 수단으로서의 기능도 수행하고 있으므로 관광개발은 각종 관광자원을 정비하여 그것이 관광목적으로 이용될 수 있도록 하는 관광자원개발, 관광자원에 각종 공급처리 및 편의시설을 설치하는 적극적인 관광지개발, 그리고 관광자원과 관광지의 가치를 관광여행 상품화하는 관광상품개발을 포괄하며, 사람들의 관광욕구충족을 통해 관광객의 삶의 질 향상에 기여하고, 나아가서 그 지역의 발전도 도모하는 일련의 개발행위이다.

한편 관광개발은 건설업 · 제조업 · 농림어업 · 식품가공업 · 운수업 · 주류생산업 · 설비생산업 등의 산업과 직 · 간접으로 연관된 가운데 국민의 소비를 유발하고, 경제회전속도를 가속화시켜 주며, 휴식과 휴양에 의해 스트레스를 해소시켜 줌으로써 생산의욕을 고취시키는 등 국가경제 및 지역사회 발전에 미치는 영향이 크기 때문에 단순한 서비스산업개발의 한 분야로만 볼 수 없는 중요성을 지니고 있다.

2) 관광개발의 목적

관광개발의 기본목적은 첫째, 관광공간을 제공하기 위함이고 둘째, 지역경제를 발전시키기 위함이며 셋째, 관광자원의 가치를 증대시킴과 동시에 넷째, 관광자원 및 이용자를 보호하려는 데 있다.

관광공간을 제공한다는 것은 인간은 모두 자신의 여가시간을 이용하여 일상생활권을 벗어나서 다른 자연 · 문화 등의 환경에서 각종의 행동을 하려는, 즉 생활의 변화를 추구하려는 관광욕구를 갖고 있기 때문에, 이러한 관광욕구를 충족시키려는 목적에서 개발되는 것이다. 이렇게 함으로써 국민의 건강을 증진시키고, 교양의 향상, 문화의 교류, 근로의욕 고취 등 인간성 향상에 기여할 수 있기 때문이다.

다음으로 지역경제를 발전시킨다는 것은 관광개발의 역할 가운데 그 지역의 생활환경 · 사회환경 등이 불량하다면 그것을 개선시키는 기능이 포함되어 있기 때문이다. 예를 들면 사람이 거의 살지 않는 지역이나 경제가 낙후된 지역을 대상으로 하는 경우, 이러한 지역에서는 자연이 대단한 관광가치를 가진 경우가 많지만 교통이 불편하고 생산성이 낮아 산업활동이 미약하고 주민의 소득수준도 낮기 때문에 지역환경 개선이 이루어지지 않는데, 이러한 지역의 관광개발 효과는 아주 크게 나타난다. 즉 관광개발에 있어서 개발투자 효과, 지역고용 증대, 관광소비에 의한 관광수입의 증대 등의 경제효과가 지역개발을 촉진시키며 지역환경의 정비에도 기여한다.

관광자원 가운데는 인간의 손을 어느 정도 가하지 않더라도 관광자원이 되는 것도 있지만, 대부분의 관광자원은 그렇지 못하다. 즉 자연 및 인문관광자원만 갖고 있다 하여 관광객을 유치하기에 충분한 조건이 갖추어지는 것은 아니다. 거기에 놀이시설 · 숙박시설 · 편의시설 등 각종의 관광시설이 적절하게 추가됨에 따라 관광하기에 불편함이 좀 더 적어질 수 있고, 따라서 관광객은 더 많이 찾아오고, 더 많은 관광서비스의 생산과 소비가 이루어질 수 있다.

끝으로 관광자원 및 이용자를 보호하는 것은, 우선 산야 곳곳에서 행해지는 무분별한 야영행위는 자연을 크게 훼손시키므로 관광개발을 통해 무분별한 관광자원이용으로 인한 자연훼손을 미연에 방지하기 위함이다.

그런데 관광개발 과정에서 조사 및 계획이 불충분함에 따라 관광투자가 쓸모없이 될 뿐만 아니라 오히려 자연환경을 파괴하는 문제가 발생한다. 이를테면, 목전의 이익만 추구한 결과 자연의 파괴를 초래할 가능성을 전혀 배제할 수 없다는 점에서 관광개발이 오히려 관광자원을 파괴한다는 비난을 받는 경우가 많은데, 이 점은 관광개발 시행에 앞서 관련자 모두가 유념해야 할 사항이다.

2. 관광개발의 대상 및 유형

1) 관광개발의 대상

하나의 관광지가 목적지로서 갖추어야 할 필수요건은 매력성(attractions)과 접근성(accessibilities) 및 어메니티(amenities)라고 볼 수 있다. 관광객 유치를 위한 관광자원을 실제로 활용하여 유·무형의 자원을 인위적이나 의도적으로 정비함으로써 관광매력을 도출시키고 관광지로서의 특색을 조성해 나가는 노력이 필요하다.

군(C. A. Gunn)에 따르면 성공적인 관광계획이 되기 위해서는 관광의 수요측면(관광객)과 관광의 공급측면(매력물, 교통, 정보와 촉진, 서비스와 시설물)으로 구성된 기능적 관광시스템(functional tourism system)에 의한 관광개발과 운영이 되어야 한다고 주장한다. 관광개발과 대상은 군이 주장한 관광공급측면이 관광개발의 대상이 되는 것이다.

(1) 매력물

매력물은 자연적·문화적·사회적·산업적·위락적 관광대상물을 지칭하는 것으로 개발을 통해 자원화 될 수 있다.

(2) 서비스와 시설물

서비스와 시설물(service & facilities)은 각종 숙박시설, 식당, 소매점, 오락·스포츠시설 등의 관광객 편의시설물의 개발을 일컬으며, 관광종사원의 각종 교육훈련 등도 포함된다.

(3) 교통

교통(transportation)시설과 교통수단에 관한 것으로 관광객의 거주지역과 목적지를 연결하는 중요한 개발로 육상교통 · 시설, 해상교통 · 시설, 항공교통 · 시설들의 개발이 포함된다.

(4) 정보와 촉진

정보와 촉진(information & promotion)은 사람들에게 정보를 제공해 줌으로써 목적지 의사결정시 관광경험과 관련되는 가치를 개발시키는 과정으로서 TV · 라디오 · 신문 · 잡지 등 매스미디어를 통한 개발을 말한다.

2) 관광개발의 유형

(1) 자연관광자원 활용형

관광의 매력성이나 관광자원이 전혀 없는 지역에서 관광개발을 추진한다는 것은 대단히 곤란하다. 따라서 자연의 혜택이나 문화재 등을 중심으로 관광자원의 가치를 살리는 방법이 관광개발의 기법으로 가장 일반적이다. 관광자원의 가치가 같은 종류의 다른 것과 비교하여 빼어나면 빼어날수록 관광개발은 쉽게 된다.

관광개발의 유형으로서 우선 자연관광자원 활용형을 들 수 있는데 구체적인 사례로는 산악관광지, 해안관광지와 온천관광지 등을 들 수 있다. 여기에서는 주로 자연의 감상, 온천에서의 탕치(湯治), 피서(避暑), 피한(避寒), 스키, 해수욕 등의 관광활동이 이루어지고 있다.

(2) 인문관광자원 활용형

관광자원의 가치를 활용하는 유형의 관광개발에는 자연관광자원 활용형과 인문관광자원 활용형이 있다. 인문관광자원을 활용하는 개발방식으로는 우리 일상생활과 관련이 있는 관습이나 풍속 및 유물, 유서 깊은 옛 사찰이나 교회, 민속 등 역사적 유적지나 문화재 등을 활용한다.

인문관광자원 활용형의 관광개발을 추진함에 있어서 유의해야 할 점은 자원의 가치를 충분히 보호하는 것이다. 그런데 관광개발이 자원가치의 보호에 있어서 장기적인 계획과 구체적인 시책이 결여될 경우에는 관광자원의 가치가 감소하게 되어 관광지로서 관광객에 대한 유인력을 상실하게 된다.

(3) 교통편 활용형

관광자원 활용형이 관광개발의 가장 일반적인 방법인 것이나, 관광자원의 비교우위성만으로 관광개발이 성공한다고는 할 수 없다. 관광객이 일상생활권을 떠나서 관광지까지 이동하는 문제, 곧 접근성의 문제가 현대에 있어서는 관광지의 가치를 형성하는 중요한 요인으로 작용하고 있다.

교통수단의 정비는 관광목적보다는 생활환경의 향상이나 경제활동의 추진목적으로 사회기반시설을 갖추고 교통체계를 정비함에 따라 파생적으로 관광개발이 가능해지는 수도 있다. 다시 말해 교통시설 이용상의 편의와 이점을 살리는 방법으로 고속도로의 인터체인지, 철도의 정차역, 도로변 휴게소, 항만 · 공항 등의 주변은 관광자원의 가치가 그다지 뛰어나지 않아도 관광개발이 가능하게 되는 것이다.

(4) 지명도 활용형

일반적으로 관광객이 어떤 장소를 방문하는 것은 그 장소에 있는 어떠한 관광자원의 가치가 높은 것을 알고 있던가 또는 알려져 있기 때문일 것이다. 관광자원으로서 비교우위성이 아무리 높다고 하더라도 사람들이 그것을 알지 못한다면, 실제 관광행동으로 옮겨지지 못하게 된다. 반대로 관광자원의 가치가 그다지 우수하지 못한 경우라도 잘 알려져 있는 경우에는 관광개발이 가능하게 된다. 결국 어떤 장소가 관광의 매력을 가진 장소로서 높은 지명도를 가질 경우 그것을 활용한 관광개발이 가능하게 되는 것이다.

(5) 관광대상 창조형

관광개발에 있어 특정한 매력이 없는 관광대상일 경우에는 인위적으로 관광대상을 창조한다든지, 인위적으로 개발의 저해조건을 해소시키는 방법도 있다. 그러나 이러한 유형은 다른 유형에 비해 대단히 어렵고 공공기관이 적극적으로 관광개발에 참여하는 경우나, 또는 민간대기업의 경우가 아니고서는 실현시키기 어렵다. 따라서 공공기관이나 민간대기업은 관광개발을 함에 있어서 인위적인 관광대상의 창조나 저해요인의 해소를 위해 노력해야 한다.

(6) 지역산업 활용형

지역특성을 기반으로 해서 관광활동을 연계시킬 수 있는 개발형태로서 관광농업, 관광임업, 관광어업 등을 활용하여 관광토산품, 향토음식, 민속축제 등과 같은 이벤트를 관광상품으로 개발하는 방식이다. 이는 지방자치시대와 더불어 지역경제발전의 수단으로서 그 가치가 높게 평가됨에 따라 관광개발의 중요성이 강조되고 있다.

3. 관광개발의 방법

1) 개발주체에 의한 방법

(1) 공공주도형 개발

공공주도형 관광개발은 국가나 지방자치단체 또는 한국관광공사 등에서 직 · 간접으로 개발의 주체가 되어, 공공성과 국토개발 및 관광자원의 효율적인 보존이 강조되면서 일반 국민 대중을 위한 시설을 많이 설치하게 되며, 영리적인 시설보다는 공익성 우선의 기반시설 설치가 개발사업의 주요 내용이다. 우리나라의 경우 관광지는 문화체육관광부가 주관이 되어 지방자치단체와 합동으로 그 개발이 활발히 이루어지고 있으며, 자연공원 중에서 국립공원은 환경부에서, 도립공원은 시 · 도지사가, 군립공원은 시장 · 군수가 그 개발을 담당하고 있으며, 유원지와 도시공원은 지방자치단체에서 개발을 담당하고 있다.

공공주도형 관광개발은 영리성을 위한 시설과 공간 설치보다는 도로, 주차장, 상 · 하수도, 전기, 통신 및 관리시설 등의 공익성을 우선으로 한 기반시설을 중점적으로 개발하여 종합적이며 체계적인 개발사업이 가능하고, 자연보호 · 환경보존 및 공익우선이라는 공익적인 측면이 강조되어 공공성이 높은 반면, 공공부문에 의한 관광개발은 사업추진과 운영에 있어서 효율성이 떨어지는 단점을 지니고 있다. 다시 말해 중앙정부, 지방자치단체, 정부투자기관 등과 같은 공공부문은 민간부문에 비해 의사결정이 복잡하고 경직된 조직특성을 갖고 있어 다양한 형태로 변화하는 관광사업환경에 대하여 신속하게 대응하지 못하는 경우가 많다.

그러나 이와 같은 공공개발은 환경문제가 심각해지고, 관광자원의 적극적인 보호가 강조되는 현대사회에서는 그 중요성이 점차 인식되어 이러한 공공개발방식이 더 늘어나리라 예상되지만, 정부재원의 한정성을 고려할 때 경제적 합리성과 개발에 따른 경제효과를 동시에 고려해야 할 것이다.

(2) 민간주도형 개발

민간주도형 관광개발이란 관광사업을 위한 기업 또는 개인이 주로 영리를 목적으로 토지를 확보하여 관광객이 이용할 수 있는 시설을 설치하여 그를 이용하게 하고 그 대가를 받는 것을 말한다. 민간주도형 관광개발은 개발규모에 따라 다르겠지만, 토지를 완전히 매입하여 개발하게 되므로 개발 후의 부동산에 대한 개발이익을 독점하게 되며, 자금조달도 그에 맞추어 수지타산을 염두에 두고 조달하게 된다.

민간주도형 개발은 관광수요에 즉시 응할 수 있는 자연보호 또는 환경보존과 같은 비영리적인 분야에 대한 투자는 등한시하게 되는 단점도 있다. 또한 영리성만을 지나치게 추구하다 보면, 지역주민의 혜택이나 지역사회의 발전이라는 측면을 외면하여 지역주민과의 마찰이 쉽게 발생할 수 있는 소지가 있다.

민간주도형 개발방식은 공익성의 확보와는 다소 상반되는 점이 있다 해도 민간부문의 투자능력과 관광부문의 시장이 다양한 형태로 변화하고, 관광상품에 대한 수명주기가 점점 짧아지고 있는 것을 고려하면 관광개발에 있어서 민간부문의 역할은 중요하다. 따라서 민간부문에 의한 관광개발사업이 활성화되기 위해서는 지역실정과 특성에 맞는 개발전략이 필요할 것이다.

(3) 민관공동출자형 개발

공공부분에서의 자금부족을 민간기업이 참여함으로써 이루어지는 공동개발형태로, 1970년대에 미국과 일본에서는 제3섹터(the third sector)라는 용어로 사용하고 있다. 제3섹터란 이름은 공공부문인 제1섹터와 민간부문인 제2섹터의 장점을 서로 혼합한 새로운 형태의 개발주체라고 해서 붙여진 것이다. 이 방법의 장점은 공공기관이 참여함으로써 자연보호 · 환경보호에 관한 법적 규제나 지역과의 분쟁이 있을 경우 조정이 비교적 용이하나, 두 부문 간의 의견대립의 가능성과 책임소재의 불명확성이 크다는 단점을 가지고 있다.

(4) 지역주민에 의한 개발

지역사회 주민들의 출자에 의한 관광개발은 재무적 조달능력문제와 전문기술 · 정보획득의 어려움 및 위험부담 등만 제거할 수 있다면 이익의 지역사회환원, 개발상의 분쟁 최소화, 개발지역의 자주성이 발휘되는 바람직한 개발방향이다. 그러나 소규모의 투자사업에는 큰 무리가 없지만, 대규모투자일 경우 실현가능성이 희박하다.

한편 일본에서는 관광개발의 참여주체에 대해 제3섹터 개념을 더 세분화하여 제4섹터 · 제5섹터 · 제6섹터(혼합섹터)라는 용어로 사용하고 있는데, 특징을 살펴보면 〈표 6-4〉과 같다.

표 6-4 관광개발 참여주체의 유형

유형	제4섹터	제5섹터	제6섹터
참여자	공공부문+지역주민	민간부문+지역주민	공공+민간+지역주민
토지소유자	지역주민	지역주민	지역주민, 공공부문
자금동원	공공부문	민간부문	공공부문, 민간부문
참여방식	토지신탁개발방식	등가교환개발방식	자치개발방식
개발효과	주민의 소득증대, 주민의 고용창출	주민의 부동산수입 증가	기반시설확충, 주민소득증대
적정시설 유형	자동차야영장, 전통마을, 박물관, 민속관, 농수축산물가공공장, 해수욕장, 체육공원 등	주제공원, 콘도, 관광호텔, 숙박시설, 골프장 등	리조트사업, 대형관광개발사업, 스키장 등
장 · 단점	주민투자 위험감소, 기반시설투자액, 주민부담경감	주민사업기술습득, 사업의 공공성확보 곤란	사업시행의 안전성 확보, 사업기간의 장기성, 부문 간 이해관계 상충

2) 개발기간과 지역규모에 의한 방법

(1) 개발기간

개발계획의 시간적 범위에 따라 단기 · 중기 · 장기개발로 구분할 수 있는데, 편의상 구분이지 절대적 구분은 아니다.

① **단기개발(1~3년)**: 전형적인 단기개발계획은 연차 계획이다.

② **중기개발(3~7년)**: 3년 내지 7년을 대상으로 하는 개발계획으로, 5개년 개발계획이 가장 일반적이다.

③ **장기개발(10~20년)**: 대체로 10~20년에 걸친 계획이기보다는 기본 방향과 지침을 제시하는 전망의 성격이 강하다.

(2) 지역규모

세계관광기구(UNWTO)에 의하면 지역규모와 관광개발을 연관시켜 전국규모(national), 지역규모(regional), 지방규모(local), 지구규모(area)의 4가지로 구분하고 있다. 반면 버카르트와 메들릭(A. J. Burkart & Medlik S.)에 따르면 지방(5~10mile), 준지역(20~30mile), 지역(50mile), 전국(무한대)으로 지역범위와 관광객 유치반경으로 지역규모를 설정하였다. 스즈끼 다다요시(鈴木忠義)는 A급(광역: 전국적 관광지), B급(중역: 광역관광 대상지), C급(주변: 지역관광 대상지), D급(주변: 관광대상지)으로 지역규모를 구분하고 있다.

제3절 관광자원개발의 새로운 흐름

1. 다크투어리즘

1) 다크투어리즘의 개념

다크투어리즘(dark tourism)이란 휴양이나 관광을 주목적으로 하는 일반 여행과는 달리 역사적으로 비극적이거나 잔학무도한 사건이 일어났던 곳 또는 그런 사건과 관련이 있는 참사현장을 방문하여 반성과 교훈을 얻는 여행이라는 점에서 '참사현장여행'이라고 하는 학자도 있다.

다시 말해 역사의 참사현장을 돌아보면서 자기반성을 하고 또한 교훈을 얻는다는 점에서 'Dark Tourism' 'Thanatourism' 'Black Spots' 'Grief Tourism' 'Morbid Tourism' 등과 같이 다양하게 불리고 있다. 우리나라의 경우, 다크투어리즘을 국립국어원의 외래어 순화작업을 통하여 재난현장이나 참상지 등 역사적인 비극의 현장을 방문하는 여행 즉 '역사교훈여행'이라고 지칭하고 있다.

일반적으로 관광은 형태에 따라 문화, 생태, 녹색, 체험, 해양 등의 주제가 첨가되면서 관광의 성격을 보여주고 있는데, 다크투어리즘 또한 이와 마찬가지로 어둠(dark)이라는 주제가 사용되면서 밝고 활기찬 관광과는 대비되는 또 다른 의미의 관광형태로 일반화 되어가고 있다고 볼 수 있다.

다크투어리즘이란 표현은 영국의 글래스고 칼레도니언 대학(Glasgow Caledonian University)의 교수 폴리(M. Foley)와 레논(J. Lennon)이 1996년 International Journal of Heritage Studies라는 학술지에 연구논문을 게재하면서 처음 등장하였다. 이때부터 다크투어리즘의 용어가 널리 알려지게 되었다. 이들은 죽음과 같은 어두운 측면과 참사의 현장과 같은 장소를 관광의 목적지로서 처음으로 다루었다.

폴리와 레논에 따르면 다크투어리즘이란 현실적이고 상업화로 인한 죽음 및 재난 발생 장소를 방문한 곳에서 발생하는 관광객들의 표현 및 소비현상으로 정의하고 있다. 다만 죽음의 현장을 방문한다 해도 그 죽음의 현장이 친구나 친지의 무덤을 방문하는 경우는 다크투어리즘의 범주가 될 수 없다는 것이다.

죽음과 위험, 공포라는 소재가 관광자원화가 된 과정은 매스미디어의 역할이 크다. TV, 영화 등을 통하여 손쉽게 어디서든 죽음이나 재난 등을 간접적으로 경험하게 됨으로써 그러한 죽음이나 재난이 실제로 일어난 곳에 대한 사람들의 호기심이 증가하게 되었고 이것이 다크투어리즘을 발달시킨 기폭제가 되었다고 하는 것이다.

또한 이전에는 지역적 한계로 인하여 알려지지 않았던 수많은 죽음이나 재난과 연관된 위험발생지역들이 최근에 들어서 급속하게 발달된 매스미디어의 기술로 인하여 일반인들에게 손쉽게 알려지게 되었고, 이를 계기로 이러한 장소에 대한 사람들의 관심이 증가하게 되었다고 할 수 있을 것이다.

더불어 미국의 9.11 테러 사건이나 우리나라 숭례문 화재사건에서 볼 수 있듯이 이러한 재난 현장이 TV 등을 통해서 실시간으로 또는 반복적으로 생생하게 중계됨으로써 이에 대한 정보가 시공간을 초월하여 전 세계 혹은 전국의 사람들에게 노출되게 되었고, 그 결과로 이러한 곳을 방문하는 사람들의 수가 급격하게 늘어난 것이라고 볼 수 있을 것이다.

한편 다크투어리즘의 방문동기는 〈표 6-5〉와 같다.

표 6-5 다크투어리즘 방문동기

구분		내용
내적 작용	유산 (Heritage)	지역이나 사건과 관련된 개인의 연계성, 일체성 확인
	역사 (History)	지역이나 사건에 대한 역사적 관심, 경험적 학습
	죄의식 (Guilt)	희생을 기념하기 위한 것, 생존을 위한 개인적인 카타르시스
	호기심 (Curiosity)	특별한 지역이나 사건에 대해 소름끼치는 자극이나 모험을 추구하기 위한 다양한 동기
	죽음 (Death)	죽음, 죽어감, 비극에 관한 문제점과 개인의 싸움
	향수 (Nostalgia)	과거 무언가로부터의 선호나 환상에서 야기된 불만스러운 분위기를 경험하는 것
외적 작용	교육 (Education)	사건이 발생하게 된 이유와 배경에 대해 이해를 돕는 것
	회상 (Remembrance)	미래 사건의 재발을 막기 위해, 사건의 원인과 결과를 생각하는 것
	공예품 (Artefacts)	사건과 관련된 상징성 있는 대상을 살펴보고 구입하는 것
	지역 신성화 (Site Sacralization)	지역에 대한 문화적 일체성, 의미와 가치를 확인하는 과정으로 다른 동기(회상과 교육 등)를 성취할 수 있도록 매력을 창출하는 것

2) 다크투어리즘의 유형

(1) 관광 테마별(주제별) 유형

폴리(M. Foley)와 레논(J. Lennon)은 전쟁지역관광(Battlefield Tourism), 묘지방문관광(Cemetery Tourism), 식민지역사관광(Colonization Tourism), 홀로코스트관광(Holocaust Tourism), 재난지역관광(Disaster Tourism), 고스트관광(Ghost Tourism), 감옥관광(Prison Tourism) 등 7가

지로 분류하였다. 이러한 분류는 다크투어리즘을 주제별로 구분한 것으로 기존의 재난이나 죽음과 관련된 소재뿐만 아니라 공포와 비극과 관련된 주제도 다크투어리즘 장소에 포함시키고 있다. 그러나 전쟁, 홀로코스트, 식민지와 같은 관념적 주제와 현장성에 바탕을 둔 묘지, 재난, 감옥, 고스트처럼 공간적 주제가 뒤섞여 있어서 구분이 명확하지는 않다. 그리고 현대에 들어와서 자주 발생하고 있는 이념대립에서 비롯된 국가폭력과 민주화 투쟁에서 발생한 희생, 인종차별적 폭력 등은 담아내지 못하고 있다.

표 6-6 Foley와 Lennon의 주제별 다크투어리즘 유형

유형	특징
전쟁지역관광	과거 전쟁이 발생한 지역을 직접 방문하여 전쟁발발에 대한 역사적 맥락과 전쟁의 참혹함을 직접 눈으로 확인하게 됨
묘지방문관광	전쟁, 재난, 비극적 사건, 유명인의 죽음 등으로 인해 조성된 묘지를 방문하는 여행
식민지역사관광	식민지 시절 조성된 역사적 장소를 둘러보는 여행으로 기존 유산관광에서 자주 활용되고 있음
홀로코스트관광	제2차 세계대전 중 나치 독일에 의해 자행된 유대인 대량학살현장 방문을 통해 인간의 폭력성에 대해 반성을 하게 됨
재난지역관광	화산, 지진, 폭우, 태풍 등과 같은 재난과 인간의 잘못으로 인해 발생한 인재의 피해 현장을 둘러보는 여행
고스트관광	귀신 출몰지, 비극적 사건의 장소 등과 관련된 곳을 둘러보는 여행. 소수 특정계층이 선호하는 관광형태로 컬트관광이라고도 불림
감옥관광	과거 감옥으로 사용했던 곳을 둘러보는 여행

(2) 관광형태별 유형

씨톤(A. V. Seaton)의 경우 관광객의 동기를 기본으로 하여 다크투어

리즘을 다섯 가지 유형으로 제시하였다. 첫째, 과거에 실제로 참사가 있었던 장소에 직접 가보는 여행으로서 이 유형은 사형집행장, 로마 격투장, 비행기가 추락하거나 배가 침몰한 장소, 테러가 일어난 장소 등을 예로 들었다. 둘째, 개인이나 대중이 학살된 장소를 참배하는 여행으로서 아우슈비츠 강제수용소, 킬링필드, 제주도 4 · 3 유적지 등이 이에 해당된다. 셋째, 죽은 사람이 살았을 당시 수용되었던 곳이나 기념관을 참관하는 여행으로서 형무소, 무덤, 납골당, 전사자기념비 참관 등을 예로 들 수 있다. 넷째, 특정 주검 재현 행사를 참관하는 여행으로서 예를 들면 명성황후 시해사건 재현, 한산대첩 재현, 십자가를 진 예수의 고통을 경험해보는 가장행렬 등을 참관하는 행위가 있다. 다섯째, 특정 주검과 관련한 물질적 증거나 상징물이 있는 곳을 참관하는 여행으로서 유품 등이 전시되어 있는 박물관 등이다. 이 분류는 죽음이나 재난과 관련된 비극적 사건의 본질적 사유를 목적으로 하고 있음을 알 수 있다.

표 6-7 Seaton의 관광형태별 다크투어리즘 유형

동기 및 목적	관광행위	다크투어리즘 장소
• 죽음에 대한 사유 • 비극장소 경험 획득 • 호기심 해소 • 희생자 추모	현장방문	비극의 현장(사적지, 유적지)
	추모행위	대량학살 장소, 유명인 사망 장소 등
	참관행위	유물 및 사람의 자취, 상징물(기념관, 수용소, 무덤, 납골당, 전사자 기념비 등)
	체험 및 참여	재현행사, 축제행사 장소 등

(3) 장소 원형성에 따른 유형

마일즈(W. F. S. Miles)는 죽음이나 재난과 관련된 관광매력물들을 '원형자산이냐 기념자산이냐(dark tourism and darker tourism)'로 구분했다.

'Dark Tourism'이란 미국의 워싱턴 D.C에 있는 홀로코스트 기념관처럼 직접적으로 대참사가 일어난 장소가 아니지만 대참사를 기념하기 위해 세워진 박물관이나 기념관을 방문하는 것을 뜻하며, 'Darker Tourism'은 아우슈비츠처럼 대참사가 일어난 바로 그 장소를 방문하는 것을 말한다. 마일즈는 해당 장소의 공간적 특성 위에 비극적 사건에 대한 흥미와 관심을 유발시키는 관광상품이 제공될 때 감정이 배가되어 가장 엄숙한 관광지(darkest tourism)가 된다고 하였다. 예를 들어 아우슈비츠 수용소의 경우 거기에서 사형집행이 일어났던 증언, 생생한 기억, 당시의 사건에 대한 언론 보도 등의 시각적 접근이 더해지면서 사람들의 비극적 사건에 대한 감흥이 강해진다는 것이다.

(4) 장소개발 상태에 따른 유형

샤프리(R. Sharpley)는 다크투어리즘을 '정부나 지방자치단체들이 얼마나 관심을 가지고 조직적으로 개발하는지'에 초점을 두고 공급의 한 끝은 우발적으로 개발된 것, 다른 한 끝은 조직적으로 개발된 것으로 구분하였다.

그는 이를 Pale tourism, Grey tourism demand, Grey tourism supply, Black tourism의 네 가지 영역으로 나누었다. Pale tourism은 관광매력물로 개발이 이루어지지 않았을 뿐만 아니라 그러한 위험 발생지역을 방문하고자 하는 사람들의 관심도 적은 곳이고, Grey tourism demand는 사람들의 관심은 많으나 아직 관광매력물로 개발되지 않은 곳이다. Grey tourism supply는 정부나 지자체에 의하여 의욕적으로 개발되었으나 사람들의 관심이 적은 위험 발생지역을 말하는 것이고, Black tourism은 사람들의 관심이 많을 뿐만 아니라 관광매력물로서의 개발도 충분히 이루어진 곳을 말한다.

그림 6-1 Sharpley의 다크투어리즘 유형

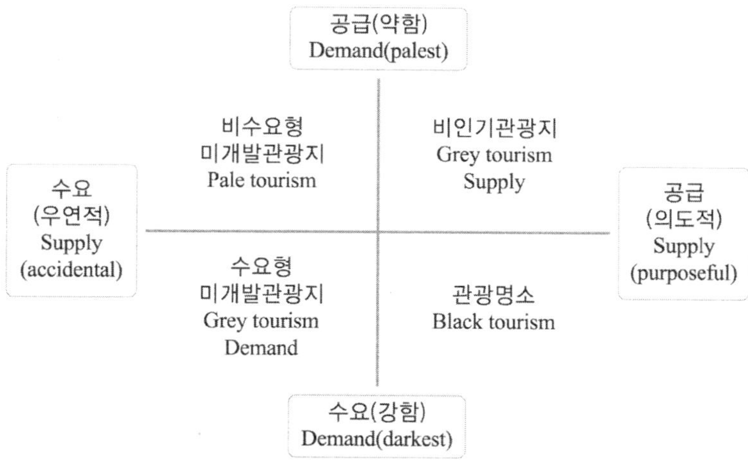

3) 다크투어리즘의 사례

(1) 국외 사례

국외의 대표적인 다크투어리즘의 사례는 〈표 6-8〉과 같다.

표 6-8 국외 다크투어리즘 사례

구분	국가	내용
전쟁 (Battlefield Tourism)	미국	게티스버그 배틀필드 파크, 하와이 진주만 애리조나호 기념관
	영국	워털루 전투 워털루 브릿지
	일본	오키나와 평화기념공원, 히로시마 평화기념공원(원폭돔), 나가사키 평화기념공원(평화기념상)
	사이판	만세절벽과 자살절벽
	태국	콰이강의 다리

묘지방문 (Cemetery Tourism)	미국	알링턴 국립묘지, 하와이 펀치볼 국립묘지, 뉴욕 다코다빌딩(존 레논 피살장소)
	프랑스	노르망디 오마하비치
	태국	칸치나부리 유엔묘지
	오스트리아	빈 중앙묘지(모차르트, 베토벤, 슈베르트 등)
	아르헨티나	레꼴레따 묘지(아르헨티나 부자들 무덤)
	영국	다이애나 왕세자비 교통사고장소
식민지 역사 (Colonization of History)	세네갈	고레섬
	멕시코	과나후아토타운
	쿠바	아바나 구시가지
	스페인	그라나다
홀로코스트 (Holocaust Tourism)	폴란드	아우슈비츠 수용소, 브재징카 수용소
	독일	다카우
	이스라엘	야드바셈 홀로코스트 역사기념관
	네덜란드	안네프랑크의 집
	캄보디아	킬링필드
	중국	난징대학살기념관
	오스트리아	에벤제의 마테우젠 구센
재난지역 (Disaster Tourism)	이탈리아	폼페이 화산폭발지
	일본	시마바라 화산재피해마을, 일본 동부지역 쓰나미와 후쿠시마 제1원전 폭발사고 지역
	미국	허리케인 카트리나 재해지역, 뉴욕 9 · 11 테러 발생지역(그라운드 제로)
고스트 (Ghost Tourism)	영국	콘월 Pengersick Castle
	오스트레일리아	포트아시
감옥 (Prison Tourism)	미국	알카트레즈 감옥
	남아프리카 공화국	로벤섬

(2) 국내 사례

국내의 대표적인 다크투어리즘 사례는 〈표 6-9〉와 같다.

표 6-9 국내 다크투어리즘 사례

<table>
<tr><th colspan="2">구분</th><th>지역</th><th>내용</th></tr>
<tr><td rowspan="8">전쟁</td><td rowspan="3">임진왜란
정유재란</td><td>경기</td><td>행주산성(행주대첩)</td></tr>
<tr><td>경남</td><td>한산대첩(통영), 진주대첩 · 국립진주박물관(진주), 노량대첩(남해), 정암진전투 · 의병박물관(의령)</td></tr>
<tr><td>전남</td><td>명량대첩(해남)</td></tr>
<tr><td rowspan="4">6 · 25</td><td>서울</td><td>서울 전쟁기념관</td></tr>
<tr><td>인천</td><td>인천상륙작전기념관</td></tr>
<tr><td>강원</td><td>고성 DMZ 박물관, 양구 펀치볼, 철원 철의삼각지 전적기념관</td></tr>
<tr><td>경북</td><td>칠곡 다부동 전적기념관</td></tr>
<tr><td colspan="2" rowspan="6">묘지방문</td><td>서울</td><td>국립 서울현충원, 국립 4 · 19 민주묘지</td></tr>
<tr><td>경기</td><td>국립 이천호국원</td></tr>
<tr><td>대전</td><td>국립 대전현충원</td></tr>
<tr><td>광주</td><td>국립 5 · 18 민주묘지</td></tr>
<tr><td>경남</td><td>귀무덤(사천), 국립 3 · 15 민주묘지(창원), 노무현 대통령 묘역(김해)</td></tr>
<tr><td>부산</td><td>부산민주공원</td></tr>
<tr><td colspan="2" rowspan="6">식민지역사
(일제시대)</td><td>서울</td><td>서울 독립공원(서대문형무소역사관)</td></tr>
<tr><td>경기</td><td>화성 제암리 3 · 1운동 순국기념관, 안성 3 · 1운동 기념관</td></tr>
<tr><td>충남</td><td>천안 아우내장터, 천안 독립기념관</td></tr>
<tr><td>경북</td><td>안동 독립운동기념관</td></tr>
<tr><td>경남</td><td>통영 위안부 추모비</td></tr>
<tr><td>제주</td><td>제주 항일기념관</td></tr>
<tr><td colspan="2" rowspan="2">홀로코스트</td><td>경남</td><td>진주성 학살(계사순의), 거창사건 추모공원, 산청 · 함안 양민학살 추모공원</td></tr>
<tr><td>제주</td><td>제주 4 · 3평화공원</td></tr>
<tr><td colspan="2" rowspan="4">재난지역</td><td>서울</td><td>숭례문복원사업</td></tr>
<tr><td>대구</td><td>대구시민안전테마파크</td></tr>
<tr><td>충남</td><td>서해안 기름유출현장(태안)</td></tr>
<tr><td>인천</td><td>연평도 전적지</td></tr>
<tr><td colspan="2">고스트</td><td>강원</td><td>정선 회암동굴 공포체험</td></tr>
<tr><td colspan="2" rowspan="2">감옥</td><td>서울</td><td>서울 독립공원(서대문형무소역사관)</td></tr>
<tr><td>경남</td><td>거제 포로수용소 유적공원</td></tr>
</table>

2. 슬로우투어리즘

1) 슬로우투어리즘의 개념

슬로우투어리즘(slow tourism)은 'slow food', 'slow city', 'slow life' 등과 같은 슬로우 운동(slow movement)의 진행에 따라 등장하게 된 관광의 새로운 트렌드로, 20세기의 모든 분야가 세계화 · 정보화의 물결과 함께 빠른 변화와 고속성장, 속도가 성공의 조건이란 말이 일상화가 될 정도로 '빨리빨리(fast)' 문화에 물들어 있을 때 역발상적으로 느림(slow)을 강조하며 등장하게 되었다.

슬로우투어리즘은 〈그림 6-2〉와 같이 1986년 이탈리아 로마의 유서 깊은 스페인광장에 패스트푸드의 대명사인 맥도널드(McDonald)가 진출하자 이에 대한 반대로 지역의 토속음식(local food)을 보호하기 위해 시작된 슬로우푸드 운동을 계기로, 슬로우시티를 거쳐 슬로우투어리즘으로 발전하게 되었다.

그림 6-2 슬로우투어리즘의 배경

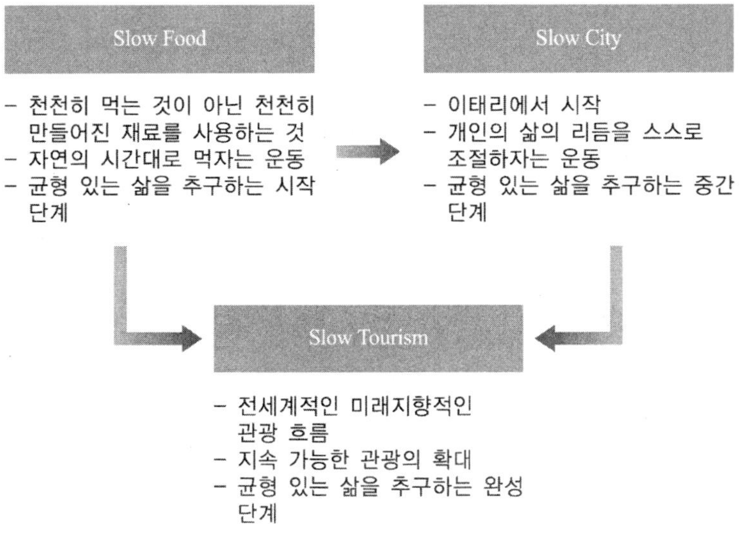

슬로우투어리즘이 충분한 시간을 갖고 자연환경을 음미하면서 관광객 스스로 오감을 통한 체험활동을 즐기는 것을 중요시하고 자연환경을 되도록 원형으로 보존하며 무분별한 훼손을 방지하여 후손에게 지속적으로 물려줄 수 있다는 관광이라는 의미에서 자연관광 · 녹색관광 · 생태관광의 개념과 상통한다는 사람도 있고, 이전의 슬로우투어리즘의 정의들이 지나치게 농촌공간과 같은 특정 공간에만 국한시킨 점을 한계로 지목하면서 슬로우관광을 인간의 근본적인 욕구를 만족시키고 패스트 라이프에 적응되어 살아가는 현대인들에게 시간적 · 정신적 여유를 가질 수 있도록 지원하는 폭 넓은 의미의 지속가능한 관광으로 보는 학자들도 있다.

슬로우투어리즘은 유럽의 슬로우푸드 운동에서 발전한 슬로우 문화가 관광분야로 확장된 개념으로서, 관광객이 시간적 여유를 갖고 지역이 가진 고유한 자연과 문화를 경험하며, 이를 통해 개인의 신체적 · 정신적 건강을 도모하는 관광으로 이해할 수 있다. 다시 말하면 슬로우투어리즘은 농촌관광, 녹색관광, 그린관광, 생태관광, 자연관광 모두를 포함하는 폭 넓은 의미의 지속가능한 관광으로 인간다운 삶을 되찾기 위한 느림의 미학을 추구하는 관광이라 할 수 있다.

2) 슬로우시티

(1) 슬로우시티(슬로시티)의 탄생 배경

1999년 10월 이탈리아 그레베 인 키안티(Greve in Chianti: 슬로시티운동의 발상지)의 파올로 사투르니니(Paolo Saturnini) 전 시장을 비롯한 몇몇 시장들이 모여 위협받는 달콤한 인생(la dolce vita)의 미래를 염려하여 '치따슬로(cittaslow)' 즉 슬로시티(slow city)운동을 출범시켰다. 그러니까 이 운동은 슬로우푸드 먹기와 느리게 살기(slow movement)로부터 시작된 것이다.

슬로우푸드 운동은 첫째, 패스트푸드 · 기업형 화학농업을 거부하는 등 현대 음식의 문제점을 해결하는 데 기여하고 둘째, 안전한 농산물과 친환경적인 농업 및 소농을 중시하는 등 농업을 살리는 방법론을 제공하며 생활 속에서의 삶의 가치를 극대화하여 속도사회의 부작용을 줄이고자 하는 데 있다.

그 지역에서 제철에 생산된 먹을거리와 다소 시간이 걸리더라도 천천히 요리한 정성이 깃든 음식을 먹자는 것이고, 대량생산 · 기계화 · 규격화를 통한 패스트푸드로부터의 맛의 표준화를 지양하면서, 국가별 · 지역별 특성에 맞는 전통적이고 다양한 음식문화를 계승 · 발전시키고자 하는 슬로우푸드 정신이 도시 전체의 문화를 바꿀 수 있다는 운동으로 확대된 것이 바로 슬로시티다.

한편 슬로시티 운동이 대다수의 사람들이 섬기는 '속도 숭배'를 '느림 숭배'로 대체하자는 것은 아니다. 빠름은 짜릿하고 생산적이고 강력할 수 있으며, 만약 그것이 없었다면 아마도 대한민국은 가난하게 살았을 것이다. 문제는 시계를 거꾸로 돌리는 일이 아니라 빠름과 느림, 농촌과 도시, 로컬과 글로벌, 아날로그와 디지털 간의 조화로운 삶의 리듬을 지키는 것이다, 즉 중도(中道)를 찾기 위한 처방이다.

(2) 슬로시티의 개념

속도사회의 부정적인 결과가 사회문제화 되면서 대안적 삶에 대한 필요성이 높아짐에 따라 느림의 긍정적 가치가 커지면서 슬로시티에 대한 의미부여가 이루어지고 있다. 이탈리아의 경우 슬로시티를 향상된 삶이 보장되는 도시라고 하였고, 영국에서는 도시와 지역주민을 위해 환경보호 및 지역 고유상품의 생산을 장려하지만 획일화를 지양하는 도시라고 의미를 부여하였다.

지역공동체의 삶의 질 향상을 위해서 과거에 가지고 있던 지역의 특성 및 장점을 재발견하는 것도 슬로시티이다. 지역공동체를 위하는 것이기 때문에 과거처럼 하향식 지역개발사업이 아니라 주민 스스로가 주체가 되어 지역의 고유성과 자연환경을 보존하고 전통문화를 발전시키는 것이다. 그러므로 슬로시티는 지역주민의 삶의 질 향상을 추구하는 민간주도형 공동체의 성향을 가진다.

슬로시티는 사람이 사람답게 사는 세상을 염원하며 환경을 훼손하지 않고, 인간과 자연 간의 조화를 지키는 것이다. 슬로시티에서는 지역의 자연, 전통문화, 먹거리 · 볼거리 등과 같은 생활양식에서 느림의 철학을 알 수 있다. 그래서 지역민에게는 자긍심을 느끼게 하고 도시민에게는 마음의 고향과 같은 이미지를 주는 곳이다.

〈그림 6-3〉처럼 슬로시티 로고는 느림의 상징인 달팽이 모양으로 마을을 등에 지고 가는 달팽이를 형상화하고 있다. 인간은 결국 달팽이의 등에 업혀 살아간다는 의미이다. 달팽이와 사람이 같이 살며 상생하는 마을이 진정한 공동체이고 풍요로운 행복시티라는 의미이다. 달팽이는 생명을 천천히 유지하고 스스로를 치유하면서 목적지를 향해 나간다. 이것은 작은 공동체 역시 스스로 치유하면서 함께 살아가야함을 의미한다.

그림 6-3 슬로시티 로고

한편 '치따슬로 선언문'의 내용을 보면 슬로시티가 어떤 곳이어야 하는지를 명백히 보여주고 있다. 선언문은 '시간의 의미를 되찾은 상상력(想像力)을 가진 사람들 여기 생명(生命)이 살아 숨 쉬는 고장, 마당 · 극장 · 공방 · 다방 · 식당 영혼(靈魂)이 깃든 풍요로운 장소들 이속에 온화한 풍경과 숙련된 장인(匠人)들이 사는 고장, 자비로운 계절의 변화가

주는 아름다운 향토(鄕土) 음식의 맛과 영양 의식(意識)의 자발성을 존경하고 여전히 느림을 알며 전통(傳統)을 존경하는 고장…'이라고 규정하고 있다.

(3) 슬로시티의 인증조건

슬로시티의 인증조건은 단순히 느리게 살자는 의미가 아닌 자연과 인간이 함께 공존하는 것이다. 슬로시티 인증을 위한 항목은 국제슬로시티연맹 이탈리아를 중심으로 네트워크를 형성하여 신청 및 심사, 인증의 방식으로 운영되고 있다.

국제 슬로시티 인증을 위한 평가 기준으로는 〈표 6-10〉에서 보는 바와 같이 에너지 및 환경정책, 인프라 정책, 도시 삶의 질 정책, 농업 · 관광 및 전통예술 보호 정책, 방문객 환대 및 지역주민 마인드와 교육, 사회적 연대, 파트너십 정책 등으로 7가지 대항목에 71개의 인증항목을 설정하고 있다(http://www.cittaslow.kr).

표 6-10 슬로시티 인증 평가 기준

구분	평가항목
에너지 및 환경정책 (Energy and Environment Policies)	• 대기청정도 • 수질보존 • 지역주민의 음용수 소비 • 도시의 고형폐기물 수거 • 산업과 가정의 퇴비생산 • 하수정화 처리 • 건물 및 공공시설의 에너지 절약 • 재생가능자원으로부터 공공에너지 생산 • 시각공해 및 교통소음 감소 • 광해(光害)의 감소 • 가구당 전기에너지 소비 • 생물다양성 보존

인프라 정책 (Infrastructure Policies)	• 공공건물 진입에 효율적인 자전거도로 • 전체 도로 중에서 자전거도로의 길이 • 나들목에서 자전거 주차공간 • 자가용에 대한 대안으로서 생태교통계획 • 건축물 장애 제거 • 가정생활과 모성보호(임산부)를 위한 노력 • 의료서비스에 대한 접근성 • 도심지에서 지속가능한 물품공급 • 인근 도시로 통근하는 지역주민의 비율
도시 삶의 질 정책 (Quality of Urban Life Policies)	• 도시 방재력을 위한 계획 • 도심가치의 재생 및 창조를 위한 정책집행(도로시설물, 관광객 안내표지, 안테나, 도시경관 완화 및 보존) • 작물생산 수와 혹은 과실재배 등을 통한 공공녹지 재생 및 창조 • 살만한 도시환경(가사, 양육, 근무시간) • 농업한계지역의 재발견 및 재활용 • 지역주민과 관광객을 위한 쌍방향 서비스를 위해 정보기술 활용 • 지속가능한 건축(생태건축 등)을 위한 창구 • 유선텔레비전방송망을 구비(광섬유, 무선) • 오염원에 대한 모니터링 및 감소(소음, 전자기장 등) • 재택근무 장려 • 민간차원의 지속가능한 도시계획 장려 • 사회인프라 구축 장려 • 공공차원의 지속가능한 도시계획 장려 • 도시 인근에 작물생산 수와 혹은 과실재배 등을 위한 공공녹지 재생 및 창조 • 지역생산물 판매공간 확보 • 작업장의 가치 보존 및 장려, 재래시장 조성 • 도심지 녹색지대의 콘크리트의 양(순수 기반시설)
농업, 관광 및 전통예술 보호 정책 (Agricultural, Touristic and Artisan Policies)	• 농업생태적 개발 • 수제품과 공인된 기능보유자 보호(인증된 것, 문화재 · 박물관 등) • 작업기술과 전통기예의 가치 장려 • 농촌지역의 가치 장려(지역주민서비스 접근성 강화) • 지역공공식당 등에서 가능하면 유기농 지역생산물 활용(학교구내식당) • 미각교육에 있어 지역농산물의 HTE 사용 장려와 급식 및 민간차원 소비에 있어 가능하면 유기농산물 활용 • 지역문화 이벤트의 보존과 장려 • 숙박시설의 수용능력 증대(년간 지역민 대비 침대 수) • 농산물에 GMO(유전자변형식품)사용 금지 • 농업생산을 위해 사용되었던 토지의 지력회복을 위해 정책 실행을 위한 새로운 아이디어

방문객 환대, 지역주민 마인드와 교육 (Policies for Hospitality, Awareness and Training)	• 환대(담당주민, 안내판, 적절한 인프라와 시간) • 지역상인들의 마인드 제고(투명한 거래, 실거래가격, 가격표시제) • 이용 가능한 '느림'의 길(인쇄 혹은 웹) • 중요한 정책결정에서 상향식 의사결정과정을 가능하게 하는 제도 채택 • 슬로시티를 주제로 강사, 행정공무원, 민간기업 등에 대한 상시적 교육훈련 • 건강보건교육(비만, 당뇨 등 퇴치를 위한) • 슬로시티의 의미에 대하여 지역주민에게 체계적이고 상시적인 정보제공(예방적인 것까지 포함하여) • 슬로시티와 느림의 주제를 관리하는 상시적 조직 • 슬로시티 운동에 대한 지원 • 슬로시티 로고를 문서나 웹사이트에 삽입 혹은 사용
사회적 연대 (Social Cohesion)	• 소수자에 대한 차별 • 씨족/이웃 • 장애인에 대한 배려 • 육아지원서비스 • 젊은 세대 정도 • 빈곤 • 지역 협의체 • 다문화 통합 • 지역생산물 판매공간 확보 • 공공거주
파트너십 (Partnerships)	• 슬로우푸드 장려활동 지원 • 슬로우푸드와 친환경 및 전통음식을 장려하는 조직과의 협력 • 슬로시티, 슬로우푸드 등의 철학을 전파하는 개발도상국 발전을 위한 공동프로젝트 및 협력 등 지원 활동

한편 슬로시티로 인정받기 위한 가입 절차는 〈그림 6-4〉와 같다.

그림 6-4 슬로시티 가입 절차

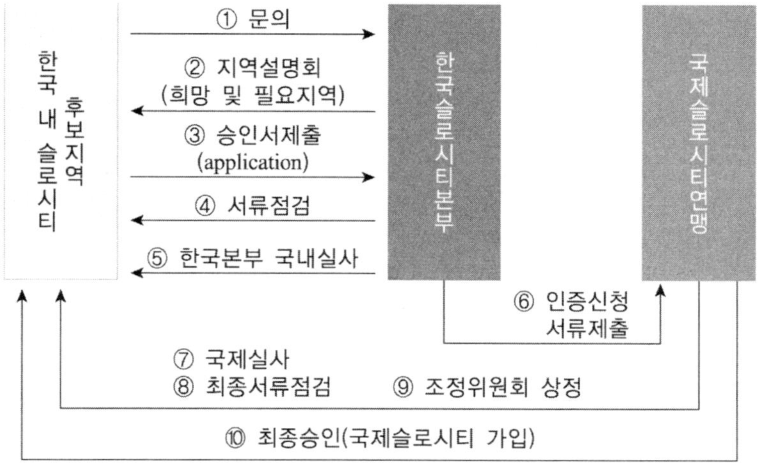

(4) 슬로시티의 지정 현황

1999년 이탈리아의 4개 도시가 슬로시티를 도입한 이후 슬로시티 인증지역은 점차 증가하고 있는데, 그 현황은 〈표 6-11〉과 같다(http://www.cittaslow.kr).

표 6-11 국제 슬로시티 지정 현황(2014.8)

구분		슬로시티 지정도시	도시 수
Europe	Italia	Abbiategrasso, Acqualagna, Acquapendente, Altomonte, Amalfi, Amelia, Anghiari, Asolo, Barga, Borgo Val di Taro, Bazzano, Bra, Brisighella, Bucine, Caiazzo, Capalbio, Casalbeltrame, Castel Campagnano, Castelnovo nè Monti, Castenuovo, Berardenga, Castel San Pietro Terme, Castiglione, Olona, Castiglione in Teverina, Cerreto Sannita, Chiavenna, Cisternino, Città della Rieve, Cutigliano, Città sant' Angelo, Civitella in Val di Chiana, Fontanellato, Francavilla al Mare, Galeata, Giuliano, Teatino, Greve in Chianti, Grumes, Guardiagrele, Levanto, Marradi, Massa Marittima, Montefalco, Monte Castello di Vibio, Morimondo, Novellara, Orsara di Puglia, Orvieto, Penne, Preci, Pellegrino Parmense, Pianella, Pollica, Positano, Pratovecchio-Stia, Ribera, San Gemini, San Miniato, Potito Sannitico, Santarcangelo di Romagna, San Vincenzo, Santa Sofia, Scandiano, Sperlonga, Suvereto, Teglio, Termori, Tirano, Todi, Tolfa, Torgiano, Trani, Trevi, Vigarano, Mainarda, Zibello	74
	Austria	Enns, Hartberg, Hom	3
	Belgium	Chaudfontaine, Enghien, Evere, Lens, Silly	5
	Denmark	Mariagerfjord, Svendborg	2
	Finland	Kristinestad	1
	France	Blanquefort, Créon, Grigny, Labastide d' Armagnac, Mirande, Saint Antonin Novel Val, Segonzac, Valmondois	8
	Germany	Bad Schussenried, Berching, Bischofsheim, Blieskastel, Deideshiem, Hersbruck, Lüdinghausen, Nördlingen, Penzlin, Uberlingen, Waldkirch, Wirsberg	12
	Great Britain	Aylsham, Berwick upon Tweed, Llangollen, Mold, Perth	5
	Holland	Alphen-Chaam, Bellinggwedde, Borger-Odoorn, Heerde, Midden-Delfland, Vaals, Lagtwedde	7
	Hungary	Hodmezovasarhely	1
	Ireland	Clonakilty	1
	Norway	Eidskog, Levanger, Sokndal	3

	Poland	Barczewo, Biskupiec, Bisztynek, Dobre Mlasto, Goldap, Gorowo Ilaweckie, Kalety, Lidzbark Warminski, Lubawa, Murowana, Goslina, Nidzica, Nowe Miasto Lubawskie, Olsztynek, Pasym, Rejoeiec Fabryczny, Reszel, Ryn	17
	Portugal	lagos, Sao Bras de Alportel, Silvers, Tavira, Vina Do Castelo, Vizela	6
	Spain	Begur, Bigastro, Lekeitio, Mungia, Pals, Rubielos de Mora	6
	Sweden	Falköping	1
	Switzerland	Mendrisio	1
	Iceland	Djupavogshreppur	1
Oceania	Australia	Goolwa, Katoomba, Yea	3
	New Zealand	Matakana(Rodney District)	1
North-America	Canada	Cowichan, Bay, Naramata	2
	U.S.A.	FairFax, Sebastopol, Sonoma	3
Asia	Corea	Damyang, Wando, Shinan, Hadong, Yesan, Namyangju, Jeonju, Sangju, Cheongsong, Yeongwol, Jecheon,	11
	Turkey	Ayaka, Gökçeada, Halfeti, Per□embe, Seferihisar, Vize, Taralkli, Yalvaç, Yenipazar	9
	Cyprus	Yenibo□aziçi	1
	China	Yaxi(Gaochun Country), Yanyang(Meizhou city)	2
	Japan	Kesennuma	1
	Taiwan	Fonglin	1
Africa	South Africa	Sedgefield	1

표 6-12 한국 슬로시티 지정 현황

지역	슬로우푸드	전통산업	특징
완도군 (청산면)	전복, 해초 등 해산물	전통어업 및 가공 산업	돌담과 오솔길이 그대로 남아있는 경관
신안군 (증도면)	소금, 함초식품	염전 및 함초, 발효식품	염전, 갯벌 생태계
담양군 (창평면)	죽염된장, 한과	죽공예, 대나무활용 바이오산업, 한과, 발효식품	향교와 가사문화, 남도문화의 본향, 죽세공품

하동군 (악양면)	대봉감, 솔잎한우, 매실 · 알밤	야생녹차, 대봉곶감	야생녹차, 대봉감축제, 최참판댁(문학배경)
예산군 (대흥 · 응봉면)	황토밭사과	황토사과, 민물어죽, 예당쌀	예당저수지, 향교, 동헌, 의좋은 형제이야기, 대흥보존회(주민자치활동)
전주시 (한옥마을)	비빔밥, 이강주(전통주)	태극선, 전통주	조선왕조의 발상지, 한옥마을 자체가 전통박물관
남양주시 (조안면)	먹골배, 유기농산물	친환경 유기농산물	짚풀공예 동아리, 장수마을지정
상주시 (이안면)	곶감	명주, 전통방직, 전통옹기 제작	자전거 도로
청송군 (파천면)	청송사과	전통한지, 청송백자, 옹기, 천연염색	송소고택, 전통한지, 청송백자 및 옹기, 천연염색기법 전승
제천시 (수산면)	산야초 정식, 민물매운탕	양초(황기, 인삼)	오티별신제, 수석목공예
영월군 (김삿갓면)	포도, 칡즙, 느타리버섯	포도와인, 포도즙, 옥수수, 메밀 등	김삿갓 유적지, 전통적 농업(옥수수, 메밀, 잡곡)

슬로시티로 지정되면 마을에 여러 유익한 경과가 나타난다. 지역의 문화 · 음식 · 환경에 대한 인식이 높아지고, 슬로시티 운동을 실천하는 과정에서 고장에 대한 향토의식 · 소속감 · 결속력 · 자긍심이 높아지고 미디어에 노출되어 자연스럽게 지역을 홍보하게 되며, 무엇보다도 관광객들이 많이 방문하면서 지역경제가 활성화되기 때문에 슬로시티가 환영받고 있다.

3) 도보관광

(1) 도보관광의 개념

도보(徒步: 탈것을 타지 않고 걸어감)관광은 길을 따라 자연적 혹은 문화적 자원을 체험하고 감상하며 걷는 형태의 관광이다. 많은 선진국들은 이미 오래 전부터 도보 중심의 다양한 길 조성을 국가적인 사업으로 전개하고 있다. 스페인의 산티아고 순례길은 순례자의 고난과 극기를 위한 길로 2천여 년 전부터 지금까지 전 세계인의 순례길이 되고 있다. 일본은 자연보도(自然步道)라는 이름으로 일본 전 지역을 종 · 횡단, 순화하는 보행자 중심의 길이 1970년대부터 조성되었다. 영국과 미국에는 National Trail이 조성되어 있고, 뉴질랜드에는 Walkway, 호주에는 Walking Track, 독일에는 Wandering Route가 세계적인 도보관광 탐방로로 조성되어 활성화되어 있다.

도보관광은 탐방로라는 자연의 길을 걸으면서 즐거움을 추구하고 심신을 단련하면서 여행을 하는 그 자체가 주목적이 된다. 기존 관광여행의 형태가 관광매력물과 관광객편의시설들을 특정한 지역에 집중시키는 '점(點)'을 지향하는 형태라면, 도보관광은 탐방로를 중심으로 '선(線)'의 구조로 이루어진다.

도보관광에서 길을 걷는다는 것은 단순하게 길을 걷는 것이 아니라 그 길이 형성되기까지의 자연 및 사회 · 문화, 거주민의 생활 등 장시간에 걸쳐 누적된 역사적 자원을 체험하는 것을 의미한다. 도보관광의 또 다른 매력으로는 길이 다양한 형태로 이어지기 때문에 관광객이 자신의 체력과 일정에 맞게 선택할 수 있고, 도심지에 위치한 도보관광지의 경우 대중교통으로 접근이 용이하며 비교적 저렴한 비용으로 관광을 할 수 있다는 점이다.

지역주민의 입장에서 도보관광은 방문객이 지역 안으로 유입됨으로써 이들을 대상으로 한 사업을 통해 개인 및 지역의 수입을 증가시킬 수 있고, 동시에 지역의 가치 있는 문화를 알릴 수 있는 기회를 얻어 지역문화의 홍보 및 보전이 용이해진다는 장점이 있다. 또한 공급자의 입장에서 도보관광은 초기 관광상품 개발 시 새로운 하드웨어나 막대한 비용을 필요로 하지 않아 비교적 개발에 대한 접근이 용이하고, 관광개발에 따른 지역 환경 영향을 줄일 수 있다는 장점도 있다.

하지만 도보관광지의 관리 및 운영주체의 중복, 책임 회피 등의 문제와 방문객의 초과수용으로 인한 환경훼손, 지역민과 방문객 간의 마찰 등 다양한 문제점이 나타나고 있다. 지역의 정주권 및 경제적 측면에서도, 도보관광으로 인한 상권 확대를 경제적 기회로 여긴 외부자본과 외지인의 유입은 기존 지역주민의 이주를 초래하고 지역경제 순환에 부정적인 영향을 미치고 있다.

한편 유행처럼 퍼지는 도보관광은 제주 올레길의 인기를 시작으로 전국의 지자체들이 새로운 도보관광길 코스를 계속적으로 계획하고 있는데, 문화체육관광부는 도보관광을 '길을 따라 종교 · 문화 · 역사자원이나 자연 · 생태자원 등 매력물을 체험하고 감상하며 학습하기를 즐기는 걷는 여행'이라고 정의하였다.

이러한 도보관광은 신체활동과 관광활동 및 정신활동의 모든 부분을 포함하고 있다. 즉 일반적으로 하루 이내의 시간 동안 일정 구간의 길을 따라 걸으면서(신체활동), 관광가이드를 동반하거나 아니면 개별적으로 역사 · 자연 및 생태 · 문화 · 예술적 장소들을 둘러보고(관광활동), 그 가치를 보고 · 듣고 · 느끼며 · 즐기는 형태(정신활동)의 관광이라고 할 수 있다.

(2) 도보관광의 유형

관광산업의 지속가능성에 대한 국제적 · 정책적 중요도가 확대되며, 기존의 대량관광에 대한 반작용과 환경보전에 대한 인식 증대에 기초하여 뉴투어리즘(New Tourism: 자연환경을 보전하면서 체험하는 자연친화적 관광형태)이 급부상하고 있다. 이는 기존에 단순히 보고 그 장소에서의 사건을 기념하고 휴식하는 관광객의 편의를 위한 지역의 개발이 아니라, 점차 자연에서 직접 경험하고 체득하는 체험과 교육을 위한 관광 수요를 만족시킬 다른 차원의 개발이 필요해진 것이다. 이와 같인 뉴투어리즘을 대표하는 새로운 여행패턴이 바로 도보관광이다.

도보관광의 유형으로는 크게 문화중심형과 자연중심형, 그리고 문화와 자연이 복합적으로 구성된 혼합형으로 구분할 수 있다. 첫째로 문화중심형은 종교 · 문화 · 역사자원의 체험에 중점을 두는 것으로 예를 들면 서울 성곽순례, 인천 구도심 도보관광, 대구 도심문화탐방 골목투어 등이 있다. 둘째로 자연중심형은 자연 · 생태자원의 체험에 중점을 두는 것으로 제주 올레, 지리산 둘레길, 전북 마실길 등이 있다. 셋째로 혼합형은 문화중심형과 자연중심형의 두 가지 형태를 모두 체험하는 것으로 스페인의 산티아고 순례길, 강화 나들길 등이 있다.

(3) 도보관광의 개발 현황

도보관광은 기존의 한정된 공간에 의한 행위가 아닌, 지속적인 공간의 연결을 통한 구조로서 무엇보다도 탐방로의 역할이 크다. 탐방로는 탐방자원(자연공원, 습지, 옛길 등), 길, 탐방시설(최소의 편의시설), 탐방지역(생태탐방로에 직간접적으로 연결된 지역), 거점지역(방문객이 도착하는 지역)으로 구성된다.

탐방로의 종류는 탐방로가 위치한 공간의 특성에 따라 숲길, 해안길, 마을길, 바닷길 등으로 구분할 수 있다. 이는 대체로 경관을 훼손할 수 있는 새로운 개발이나 물리적 변화보다는 기존의 자연자원을 이용하되 분명한 웨이파인딩(wayfinding: 사람이나 동물들이 물리적인 공간에서 스스로 위치를 찾고 한 장소에서 다른 장소로 이동하는 모든 방법)을 제공함으로써 단순한 이동통로로서의 길이 아닌 찾아가는 수고로움을 마다않는 길을 만들어내는 것이다.

전국적으로 도보여행길은 제주의 올레길이 가장 대표적이다. 제주 올레의 성공에 따라 전국 지자체별로 개설되고 있는 도보여행길에 대하여 안전성이나 사후관리 및 명칭 혹은 코스의 적합성 등에 대하여 많은 논란이 있지만, 건강증진이나 사색을 위한 여행에 대한 욕구가 증가함에 따라 걷는 여행객은 해마다 증가하고 있다.

전국의 주요 도보관광 코스는 〈표 6-13〉과 같다.

표 6-13 전국 주요 도보관광 코스 현황

지역	지역, 명칭
강원	강원 산소(O2)길, 바우길
경기	여주 여강길 · 여강 역사문화체험길, 오산 동부코스, 안성 두리마을 산책로, 시흥시 능내길, 북한산 둘레길(서울시와 접해있음)
경남	마산시 묵학산 둘레길, 진해시 장복하늘 마루산길~천지봉해오름길, 사천시 노을길, 사천시 석양길, 함안군 에코싱싱로드, 창녕군 우포늪 둘레길, 거창군 서출동류의 물줄기와 함께하는 길, 밀양시 밀양강을 따라가는 역사문화 체험길, 지리산길, 하동군 박경리 토지길
경북	안동시 퇴계 오솔길(예던 길), 영주시 소백산 자락길 · 회방 옛길 · 용암신 탐방로, 문경시 문경새재 과거길, 영덕군 동해트레일 · 동해안 블루로드 · 달맞이 탐방로 · 해맞이 탐방로 · 목은 이색 탐방로 · 팔각산 탐방로 · 칠보산 탐방로 · 오십처 탐방로, 울진군 심이령 옛길 · 금강송 숲길 · 백일홍 꽃길 조성 탐방 · 월송정~망양정 자전거거리 조성 · 신선계곡 생태탐방로 조성, 경주시 화랑도 수련길, 경산시 언거랑 웰빙코스, 고령군 대가야 역사체험 탐방로, 군위군 우천 테 탐방로, 김천시 괘방령 과거길, 상주시 낙동강 투어로드 · 낙동강 자전거 탄 풍경 · 화복 우복동길 · 백화산 왕의 길 · 사벌 사벌국길, 청도군 남산 13곡, 청송군 주왕산, 문화생태 관광루트, 삼척시청 동해트레일~관동대로길, 경북 동해안길, 남동정맥 트레킹로드
전남	강진군/영암군 정약용 유배길, 목포시 갓바위길, 영광군 남도갯길 6000리길, 순천시 남도 삼백리길, 나주시 삼남대로, 영산강 생태탐방로, 완도군 소완 가학산 · 대봉산 등산로, 예송~보옥 간 탐방로, 강진군 삼남대로를 따라가는 정약용의 남도유배길
전북	고창군 복분자풍천장어길 · 질마재길, 남원시 동편제 판소리길, 장수군/진안군 금강 역사기행로 따라 걷기, 전주시 둘레산 두레강 잇기, 진안군 마실길, 부안군 변산 마실길, 군산시 망해산 둘레길, 익산시 백재의 숨결 둘레길, 완주군 위봉 산성길, 장수군 마루현길, 전북도 전북길(에움길)

충남	공주시 솔마바람길, 예산군/서산군 가야산 내포문화길
충북	제천시 자드락길, 보은군 오리숲 산책로/세심정 산책로, 괴산군 산막이 예길
광주	무등산 옛길
대구	대구 올레길, 앞산자락길, 도심문화 탐방 골목투어
대전	계족산 맨발 숲길, 둘레산길 잇기
부산	낙동강 버들길, 부산길, 해운대 문탠로드, 이기대 해안산책로, 동백섬 순환도로, 삼포 해안길, 절영 해안산책로, 두송반도 해안길, 천가동 해안산책로, 갈맷길
서울	그린 트레킹 서클, 북한산 둘레길(경기도와 접해있음)
울산	울산 솔마루길
인천	강화 나들길, 강화 해안도로
제주	제주 올레길
기타	환경부 국토생태탐방로, 산림청 국가숲길, 문화체육관광부 4대갈길 · 이야기가 있는 문화생태탐방로

3. 지오투어리즘

1) 지오투어리즘과 지오파크

(1) 지오투어리즘의 개념

지오투어리즘은 지구란 뜻의 그리스어 'geo'와 관광을 의미하는 'tourism'이 결합된 조어이다. 지구를 연구하는 학문인 geography(지리학), geology(지질학), geomorphology(지형학)는 접두어인 geo로 시작하여 구체적인 영역을 표시하는 접미어와 결합하여 고유한 학문적 영역을 나타낸다. 이러한 식으로 지오투어리즘의 의미를 살펴보면, 지오는 지리 · 지질 · 지형 등 지구와 관련된 영역과 관광을 의미하는 영역이 결합된 아주 폭넓은 의미를 갖고 있다고 볼 수 있다.

다울링과 뉴섬(R. K. Dowling & Newsome D.)은 지오투어리즘이 지질학과 지형학 및 경관의 자연자원, 화석, 암석, 광물 등과 관련되고, 동시에 지오투어리즘의 관광 구성요소는 레크리에이션 목적의 방문이나 경이로움, 감상 및 학습이며 더불어 정규 투어, 현장 활동 및 숙박시설의 개발 등으로 지역개발과 경제적 혜택의 중요성을 제시하였다.

내셔널지오그래픽(National Geographic)에 따르면 지오투어리즘은 어떤 장소의 환경, 문화, 미학, 유산, 지역주민의 복지 등 지리학적 특성을 유지하거나 강화하는 관광이다. 그리고 지오투어리즘은 미래세대를 위해 이들 자원을 손상시키지 않고 유지하는 것을 목표로 하는 지속가능한 관광의 범주에 속하는 무형의 개념이며, 관광에 의해 발생한 수입이 자원의 보전에 도움이 될 수 있다는 장점을 가진다. 에코투어리즘의 기본원리를 적용하며, 더 나아가 어떤 장소의 문화 · 역사뿐만 아니라 모든 독특한 가치를 포함하는 자연여행을 의미한다고 하였다.

스튜이브(A. M. Stueve) 등은 지오투어리즘을 아주 넓게 정의하고 있다. 이들이 의미하는 지오투어리즘은 탐방지의 지리적 특성에서부터, 주민들의 환경, 문화, 심미적인 경관 및 주민 복지 등을 지속시키는 한편 개선해 나가는 것이라고 정의하였다. 즉 이들은 지오투어리즘의 범주 아래 지리학적, 사회경제적, 문화적 개념 등을 넓게 포괄하는 곳으로 보고 있다.

따라서 지오투어리즘의 협의적 관점은 지질학적으로 또는 지형학적으로 의미가 있는 지역에 대해 감상을 넘어 이 분야에 지식이 없는 관광객들도 그 지역의 지질과 지형의 학문적 의미와 지구의 역사를 이해할 수 있도록 해설과 자료를 제공하는 것으로 정의 될 수 있다. 그리고 광의적 관점은 어떤 장소의 환경, 문화, 미학, 지역주민의 행복 등 지리학적 특성을 유지하거나 강화하는 관광으로서 그 장소의 문화 · 역사뿐만 아니라 모든 독특한 가치를 포함하는 관광인 동시에 지형 · 지질자원 등의 자연유산과 문화유산이 '왜' 이곳에 위치하고 있으며, '어떻게' 형성되었는지에 대한 종합적인 지식을 제공하는 관광이라고 할 수 있다.

표 6-14 지오투어리즘 관련 용어 해설

용어	뜻	비고
지리(地理)	지구상의 기후, 생물, 자연, 도시, 교통, 주민, 산업 따위의 상태	지리학: geography
지질(地質)	지각을 이루는 여러 가지 암석이나 지층의 성질 또는 상태	지질학: geology
지형(地形)	땅의 생긴 모양이나 형세	지형학: geomorphology
지질장소	지질적인 특성이 있는 한 개 혹은 여러 개의 지질유산이 집합적으로 모여 있는 것	geosite
지질명소	지질학적으로 가치가 있는 지역. 지질유산 중 학술적, 경관적, 문화적 등으로 특별한 가치를 지닌 곳으로 지오파크의 핵심지역	geological sites
지질유산	지질 다양성을 보전하기 위해 지정된 구체적인 개개의 지형 · 지질 사례로서 모든 지구과학적 실체 중 가치 평가를 거친 것	geoheritage 또는 geological heritage

(2) 지오투어리즘의 대상

지오투어리즘은 초기에 지역 또는 장소의 지형 및 지질자원에 초점을 맞추는 협의적 개념으로 논의되어 왔으나, 2000년을 전후하여 지오파크라는 특정 관광대상지가 유형화되면서, 관광목적지에 대한 특성에 초점을 맞추는 광의적 개념이 등장하게 되었다. 즉 지오파크라는 지오투어리즘의 주된 목적지가 제시되면서 지형과 지질뿐만 아니라 그 지역의 역사 · 문화 · 생태와 지역주민의 일상생활까지도 포함하게 되었다.

호세(T. A. Hose)는 지오투어리즘의 대상을 대규모의 토목 공사나 오랫동안 침식으로 인해 드러난 노두(露頭: outcrop), 지층, 화석, 광물, 침식 · 퇴적 · 침강 · 융기에 의해 만들어진 특이한 지형 등이라고 하면서 다음과 같이 일차적인 지오사이트와 이차적인 지오사이트로 구분하고 있다. 일차적인 지오사이트(primary geosite)는 자연적 · 인위적으로 드러나 있으며 지형 · 지질적으로 가치가 있는 채석장, 절벽, 광산, 동굴 등이 있고 엄격한 규제보다는 관리를 중시하는 곳이다. 이차적인 지오사이트(secondary geosite)는 지형 · 지질학 발전에 중요성이 있는 장소로 주로 박물관, 관광문화유산센터, 지형 · 지질학자들의 연구소 등이라고 하였다.

다울링과 뉴섬(R. K. Dowling & Newsome D.)은 지오투어리즘의 주요 대상 내용을 〈표 6-15〉와 같이 제시하였다.

표 6-15 지오투어리즘의 작용과 대상

구분	주요 대상 내용
형태 (form)	• 경관, 문화, 지형, 퇴적물, 암석, 화석 등 • 화산지형, 빙하지형, 하천지형, 풍화지형, 카르스트지형, 퇴적지형, 해안지형, 암석노두, 광물 등
작용 (process)	• 지각변동, 화석 · 풍화 · 침식 · 퇴적작용 등 • 산맥, 화산활동, 용암류, 풍화층, 산사태, 빙하, 폭포, 해안절벽, 하천계곡, 삼각주, 갯벌 등
관광 (tourism)	• 장소의 매력: 그랜드캐년(미국), 에이즈락(호주) • 숙박시설: 지오산장, 지오리조트 • 투어: 비행, 차량가이드 투어, 셀프가이드 • 활동: 지역 방문센터, 가상 투어 • 해설: 방문센터, 가이드 트레일, 팸플릿 • 경영: 지오사이트 보존, 관광계획, 관광객 관리

형태(form)는 경관의 특징과 구성 물질을 의미하며, 단일 지형에서만 나타날 수도 있고 복합적으로 나타날 수도 있다. 작용(process)의 개념은

지구와 관련된 활동으로 지형학적 그리고 지질학적 특성을 의미한다. 관광(tourism)은 지오투어리즘에서 가장 중요한 요소로 첫째는 장소의 매력성이 있어야 하고, 둘째는 편리한 숙박시설이 필요하며, 셋째는 관광객들에게 친절하고 정확한 안내가 있어야 한다. 마지막으로는 지형·지질자원의 보전과 관광객 관리가 있어야 한다.

(3) 지오투어리즘의 조건

지오투어리즘은 인간이 발을 딛고 있는 지형·지질·지리에 근거한 자연적·인공적 환경을 모두 포함하고, 그 규모와 무관하기 때문에 그 폭이 대단히 넓은 관광유형이며, 지오투어리즘이라는 용어가 등장하기 전부터 이미 진행되었던 관광형태라고도 볼 수 있다. 지오투어리즘의 필요 조건을 다음과 같이 생각해 볼 수 있다.

첫째, 지오투어리즘은 보전 가치가 있는 지형·지질자원이 있는 곳이어야 한다. 그러므로 자연적 경관부터 인공적인 경관에 이르기까지 전 영역에 걸쳐 도시환경, 도시 주변지역, 채석장과 광산, 농경지, 국립공원, 자연보호구역 등이 포함된다.

둘째, 지형·지질자원을 훼손하지 않는 범위 내에서 지속가능한 개발이 이루어져야 한다. 또한 지속가능한 관광은 지형·지질자원의 관리 및 보전계획을 세우고 지오사이트의 개발, 관광객 관리 등을 통해 지역 내 경제 성장을 가져올 수 있어야 한다.

셋째, 해설과 안내로 지형·지질자원의 이해 증진을 통해 환경보전에 대한 인식을 심어 주어야 한다. 지형·지질 교육은 해설판, 가이드 투어, 방문객 센터 등에서 이루어지는데 특히 중요한 것은 전문지식을 갖춘 가이드를 양성하는 것이며, 이는 교육의 기회와 투자에 달려 있다.

넷째, 지역경제에 이익이 되어야 한다. 지역공동체의 개입이 공동체와 환경에 모두 이익을 주어야 할 뿐만 아니라 관광객에게 제공되는 경험의 질도 향상되어야 한다. 지역공동체는 지오투어리즘의 운용과 지식,

서비스, 시설, 상품의 제공에 참여하며 자원의 보전과 관리를 위한 지역 내 수입과 문화적 이익을 창출할 수 있다.

다섯째, 관광객에게 지적 호기심에 대한 만족감을 제공해 주어야 한다. 전문가이드 해설을 통해 지형 · 지질에 관한 지적 호기심이 만족되었다면 관광객들의 방문지 만족도는 높아질 것이다.

지오투어리즘은 지역주민과 관광객이 지역의 지형 · 지질학적 경관과 이러한 자연환경이 만들어낸 삶의 문화와 역사에 대해 즐길 수 있는 환경을 조성해 주어야 한다. 이를 위해서 지역 공동체는 지역경관, 지역주민, 관광객의 상호작용을 통한 협력이 필요하다.

(4) 지오투어리즘과 다른 관광유형과의 관계

지오투어리즘은 보전가치가 있는 지형 · 지질자원뿐만 아니라 생태관광, 문화관광, 체험관광과 관련을 맺고 있다. 〈그림 6-5〉는 생태관광, 문화관광, 체험관광과 지오투어리즘과의 관계를 나타낸 것으로 선이 굵을수록 관련성이 높은 것을 뜻한다. 지오투어리즘은 생태관광과 특별히 강한 관련성을 지니고, 문화관광과는 상대적으로 관련성이 적은 편이며, 체험관광과의 관계가 가장 미약하다.

그림 6-5 지오투어리즘과 생태 · 문화 · 체험관광과의 차이점

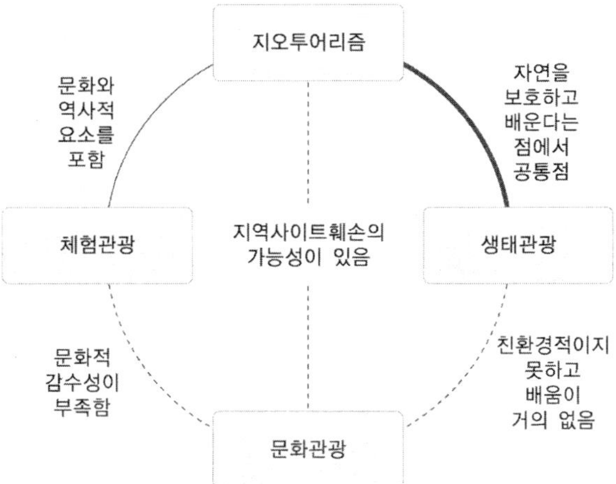

특히 지오투어리즘은 최근 많은 사람들이 관심을 갖는 생태관광과 매우 비슷한 의미로 알려져 있지만 실제로는 그 의미에 상당한 차이가 있다. 예를 들어 독도를 방문하여 독도에 살고 있는 동물이나 식물의 분포, 생태적 의미와 가치를 배우면서 관광하는 것은 생태관광이라 할 수 있지만, 동해가 어떻게 만들어졌고 동해 내에 왜 독도와 울릉도라는 섬이 있으며 그 섬에는 어떤 암석이 있어서 어떤 종류의 토양이 발달하고 그 토양 위에 어떤 식생이 자라며 어떤 동물이 살고 있고 이러한 자연환경에 인간이 어떤 문화를 가지고 생활해 왔는지에 대한 전 과정을 배우고 즐기는 것이 지오투어리즘이라 할 수 있다.

즉 지오투어리즘은 생태관광의 모든 범위를 포함하며, 그 보다 더 큰 의미의 지질자원을 활용하는 관광이라 할 수 있다. 물론 생태관광과 지오투어리즘은 생태적인 의미와 지질학적인 의미 외에 다른 문화, 역사, 고고학적 여러 정보들을 모두 관광자료로 활용하는 공통점이 있다. 하지만 지오투어리즘의 대상지는 분명히 지질학적으로 뛰어난 가치를 가지는 지역이어야만 하며, 생태적인 가치만을 가진 지역(예, 수목원)은 지오투어리즘 대상의 지역이 될 수 없다. 마찬가지로 지질학적인 가치만을 가지고 생태학적인 의미가 거의 없는 지역(암석의 노두, 광물 산지 등)은 생태관광의 대상 지역이 아닌 것이다.

(5) 지오파크

지오파크(Geopark)의 역사가 오래된 것은 아니지만 전 세계적으로 큰 공감대를 형성하면서 급속하게 확산되어 111개 글로벌지오파크(Glogal Geopark)가 인증되어 있고 1,000여 개가 넘는 국가지질공원(National Geopark)과 지역별 지오파크가 산재해 있다.

유네스코에서는 '지오파크는 지질유산 장소가 보전, 교육, 지속가능발전의 총체적 개념의 일부인 지리적 지역이다. 지오파크는 어떤 지역 전체를 반드시 고려하여야 하고, 지질학적 중요성만 포함해서는 안 된다.

지질다양성 · 생물다양성과 무형 및 유형문화의 시너지로 비지질학적 주제가 전체의 일부로서 각광을 받도록 해야 하고, 특히 경관과 지질적 측면에서 방문객에게 중요성이 입증되어야 한다. 이러한 이유로 지오파크 내에는 생태, 고고, 역사, 문화적 가치가 있는 최상지역이 포함되는 것이 필요하다. 많은 사회에서 자연, 문화, 사회, 역사는 서로 불가분이고 분리될 수 없다'라고 설명하고 있다.

세계지오파크네트워크(GGN)에서는 '특별한 지구과학적 중요성, 희귀한 자연적 특성, 심미적 가치 그리고 명확한 규모와 분포 영역을 가진 지질유산의 감상 지역이고, 이것은 다른 자연 풍경과 경치 및 문화적 관심대상을 독특한 자연지역에 통합한 것이다. 지오파크는 관광, 휴가 그리고 건강회복을 위한 장소이고 또한 상대적으로 높은 과학적 수준의 문화적 여가뿐만 아니라 지질유산의 핵심 보호지역 및 지구과학적 연구와 대중화의 기반이다'라고 설명하고 있다.

우리나라 자연공원법에서는 지질공원이라는 용어를 쓰고 있는데, 지질공원이란 '지구과학적으로 중요하고 경관이 우수한 지역으로서 이를 보전하고 교육 · 관광 사업 등에 활용하기 위하여 환경부장관이 인증한 공원'이라고 규정하고 있다.

지오파크 안에는 몇 개의 지오사이트(Geosite)가 있어야 한다. 지오사이트란 어느 지역의 경관, 일련의 대지형군(landforms), 단일 지형, 도두, 화석층 혹은 화석 등 지형 · 지질적 특성이 있는 한 개 혹은 여러 개의 지오헤리티지(Geoheritage: 지질유산)가 집합적으로 모여 있는 것이다. 따라서 지오파크는 정해진 규모가 없는 것이 특징이다. 이것은 지오파크가 다양한 넓이를 가지고 있다는 것을 의미한다. 그래서 하나의 지오파크를 만들기 위해서는 일정한 생각(concept)이 필요하다. 어떤 콘셉트로 지오파크라는 그릇을 만드냐는 것이 관건이다. 이러한 이유 때문에 지오파크는 명칭에 'Geo'가 있다고 하더라도 지질학적인 것에 국한해서는 안 되는 것이다. 다시 말해서, 지오파크의 콘셉트에는 지형 · 지질적인 요소에 인문사회학적인 요소가 가미되어야 하는 것이다.

한편 유럽지오파크네트워크(EGN)와 유네스코의 권고사항에 따르면, 지오파크는 다음과 같은 기준을 충족하여야 한다.

첫째, 규모와 장소로 회원가입을 원하는 지질공원 후보지는 지역경제와 문화발전을 위한 충분한 표면적을 가져야 하며, 더불어 생태학적 · 고고학적 · 역사적 · 문화적 가치가 있는 지역이어야 한다.

둘째, 운영과 지역주민의 참여로 지오파크 운영을 성공적으로 이끌기 위해서는 지역주민의 적극적인 개입이 필수다. 지역주민들과 지자체가 그들의 환경을 보호하면서 경제발전을 충족시키기 위한 운영계획을 개발하고 실행시키는 데 주체가 되어야 한다.

셋째, 경제발전으로 지질공원의 주된 전략적 목적 중 하나는 경제활동과 지속가능한 개발을 촉진하는 것이다. 유네스코지원을 요구하는 지오파크는 문화적, 환경적으로 지속가능한 사회경제적 개발을 조성하게 된다. 이것은 인간 생활여건과 농촌환경을 개선하는 데 직접적인 효과를 준다.

넷째, 교육으로 지오파크는 지구과학적 지식과 환경적 개념을 일반 대중에게 전달할 수 있는 지원 수단과 활동을 제공하고 개발해야 한다. 이 모든 교육적 활동은 전반적인 환경보전에 관한 윤리적 측면을 반영해야 한다.

다섯째, 보호와 보존으로 지오파크는 지질학적으로 매우 중요한 가치가 있는 장소를 보전하는 데 기여한다.

여섯째, 글로벌 네트워크로 지오파크의 글로벌 네트워크는 지질학 유산문제에 있어 전문가들과 현업에서 일하는 사람들의 협력과 교환의 장을 제공한다. 지오파크는 보전, 교육, 그리고 지오투어리즘을 통한 지역경제의 촉진이라는 3가지 목표를 가지고 있다. 이러한 목표를 성취하기 위해 지오파크는 네트워크 활동과 지역주민들의 협력 및 교류를 잘 활용해야 한다.

2) 지오투어리즘의 사례

(1) 제주도 세계지질공원

제주도는 수성화산으로 약 180만 년 전 바다 속에서 마그마가 상승하면서 물과 격렬하게 반응하여 많은 응회환과 응회구들이 발생하였다. 이후 파도침식된 물질이 해양 퇴적물과 섞어 서귀포 퇴적층이 형성되었다. 서귀포 퇴적층 형성 이후 제주도는 해수면위로 성장하였고, 약 55만 년 이후부터 용암이 분출하여 넓은 용암대지를 형성하여 한라산을 중심으로 하는 순상형태의 화산체를 형성하였다.

마지막 빙하기인 18,000년 이후 제주도 해안지역을 중심으로 수성화산활동이 발생하여 성산일출봉과 송악산과 같은 수성화산체가 형성되고, 1,000년 전에 비양도가 형성되는 마지막 화산활동으로 현재의 모습을 갖추었다.

제주도 세계지질공원은 2004년 2월에 세계지질공원네트워크(GGN)의 결성이후 2009년 11월 유네스코 사무국에 가입신청서를 제출하고, 이후 세계지질공원지정을 위하여 해설사 교육과 교육자료를 발간하고, 초중등용 교재발간과 선생님들을 위한 지질답사 프로그램 실시 및 수학여행단 대상 지질강좌 등을 진행하였다. 그 결과 2010년 10월 1일 국내 최초로 세계지질공원으로 확정되었으며, 2014년 3월 25일 대표명소가 비양도, 우도, 선흘곶자왈 등 3개가 확대되어 총 12개가 되었다.

제주도 세계지질공원은 한라산, 성산일출봉, 만장굴, 서귀포층, 산방산과 용머리해안, 수월봉, 중문대포해안 주상절리대 및 천지연 폭포 등 대표명소와 확대된 비양도, 우도, 선흘곶자왈 등 12개를 선정하였다. 대표명소에서 보는 바와 같이 제주도에 나타나는 화산활동과 관련된 지오사이트는 세계적으로 희귀하게 가장 다양한 유형 즉, 거의 모든 화산관련 지형들이 나타난다.

(2) 일본 산인해안 세계지질공원

지난 2008년 일본 지질공원 위원회로부터 지질공원으로 인정받은 '산인(山陰)해안 지질공원'은 약 2500만 년 전에 형성된 동해와 관련된 다양한 화성암류와 지층, 동해의 해수면과 지각 변화로 인해 형성된 리아스식 해안 등이 천혜의 지질 · 지형 박물관으로 평가받는 지역이다.

산인해안 지질공원의 면적은 일본 돗토리현의 남쪽 '하쿠토해안'부터 교탄고시 북쪽 '교가미사키 곶'까지 해안지대로 동서로 약 110㎞, 남북 최대 30㎞의 광대한 면적을 갖고 있다. 산인해안 지질공원의 주제는 '동해 형성과 동반된 다양한 지형, 지질, 풍토와 인간의 생활상'이다.

일본 산인해안 지질공원은 제주도와 함께 지난 2010년 10월 세계지질공원으로 인증을 받은 곳으로 지역 특징을 살려 지질 투어 등 관광상품을 통한 지역활성화와 함께 자연유산의 보전활동을 진행하고 있다.

일본 3대 사구중 하나인 돗토리 사구는 인천 옹진군 대청도 옥죽 · 사탄동 사구와 비슷하다. 하지만 10만년에 걸쳐 센다이가와 강과 동해에서 운반된 모래가 바람에 날려 이동해 형성된 해안사구는 16㎞, 육지를 향해서 2.4㎞ 펼쳐진 거대한 지역이다.

일본의 다른 곳에도 사구가 있지만 돗토리 사구만큼 제대로 보존된 곳은 없어 돗토리 사구를 포함한 '산인해안 지질공원(Sanin Kaigan Geopark)'이 일본 최초의 '지질공원(Geopark)'으로 지정, 지난 2010년 제주도와 함께 세계지질공원으로 공식 인증된 이유다. 그만큼 지질, 지형적으로 중요한 의미를 갖고 있는 지역이다.

한때 돗토리 사구 역시 대청도 사구와 마찬가지로 방풍림으로 인해 1970년경부터 외래잡초가 눈에 띄게 늘어나 모래의 이동이 감소해 아름다운 풍문과 사렴이 잘 보이지 않고, 사구 본래의 아름다운 경관이 훼손되는 초원화현상이 심각한 문제로 불거지기도 했다. 이에 사구보전을 위해 주민들이 직접 자원봉사단을 구성해 사구 제초 활동을 벌였다. 하지만 무분별한 제초활동이 아닌 외래 식물만을 걷어내 사구 본연의 모습을 찾는 노력을 기울였다.

(3) 중국 홍콩 세계지질공원

2011년 세계지질공원으로 인증되었으며 150㎢의 면적을 가진다. 다양한 해안지형과 퇴적암을 지질명소로 가지고 있는 홍콩 세계지질공원의 경쟁력은 도시에서는 보기 드문 지질공원이라는 것이다. 음식과 쇼핑이 유명하며 세계적인 금융과 비즈니스 센터가 가까이 위치한 도심의 지오파크로 홍보하고 있다.

지질공원의 대부분이 비도심지역에 위치하고 있어 자연학습장으로서의 효과를 극대화시키고 있으나, 홍콩의 경우 대도시 인근과 대도시 내에 위치하고 있어 그에 따른 인프라의 활용도가 상대적으로 높다.

홍콩 지질공원의 주요 지질명소는 평균 직경이 1.2m인 주상절리군을 포함하는 용암대지 100㎢이다. 데본기에 형성된 퇴적암 암석군, 맹그로브숲과 산호초 지역 등으로 잘 보존된 하카 벽으로 둘러싸인 어촌마을과 같은 지역의 풍부한 문화유산을 포함하며, 다양한 생태자원을 통합하는 자연풍경이 홍콩 지질공원의 주요 명소이다. 지오투어리즘은 지속가능한 사회 · 경제발전을 촉진시키는 새로운 구성 요소로서 지역의 학교교육 활동의 다양한 대안을 제공하며, 인접지역 공공기관의 지원과 지역참여 덕분에 급속한 발전을 이루고 있다.

(4) 독일 불칸아이펠 세계지질공원

독일 불칸아이펠(Vulcaneifel) 세계지질공원은 6개의 권역(Dann, Gerolstein, Hilleseim, Manderscheid, Obere Kyll, Kelberg)으로 나누어져 있고, 화산활동지역으로 많은 분화구가 존재하며, 독일 라인(Rhein)강의 서쪽과 모젤(Moselle)강의 북쪽 및 아르덴(Ardennes)의 동쪽에 위치한 지형의 기복이 심한 저산대의 고원지역이다.

1988년 지역 내 소도시인 힐레스하임(Hillesheim)에서 지질공원 프로젝트의 시작으로 2000년 유럽지질공원네트워크(EGN)에 가입하였고, 2004년 세계지질공원네트워크(GGN)의 창립멤버로 인증되었다.

지질공원의 전체면적은 13,000㎢로 가장 큰 칼데라는 라허(Laacher)이다. 이 지역의 화산은 맨틀 내부의 깊은 곳에서 발생하는 열점에 기인하는 것으로 알려져 있으며, 최근의 연구에 따르면 아이펠(Eifel) 지역은 연간 1~2㎜정도 융기하는 것으로 나타나 맨틀 플룸(mantle plume: 지구 맨틀에서 지표로 분출한 원통형의 용암)이 아직도 활발함을 나타낸다.

불칸아이펠 지질공원의 주요 지질명소로는 수려한 경관을 자랑하는 70여 개의 신생대 마르(maar)와 화산암노두, 거대화산탄, 광천, 석회동굴, 폭포 등이 있다. 폐광이나 채석장을 지오투어리즘과 교육을 위한 장소로 활용하기도 한다.

또한 로마시대의 유적과 중세에 세워진 성곽 등의 역사 · 문화유적을 지질명소와 연계하여 지역 특성에 맞게 다양한 관광코스가 개발되어 있다. 또한 박물관 및 전시관, 현장안내판, 관광안내소, 호텔, 민박시설, 안내지도, 책자, 인터넷 사이트 등이 잘 갖춰져 있다.

4. 의료관광

1) 의료관광의 개념

관광산업이란 관광객에게 관광에 수반되는 재화나 서비스를 제공하는 여러 가지 산업의 총체를 말한다. 즉 관광객의 이동에 대처하여 이를 수용하고 촉진하기 위해 이루어지는 모든 조직적 인간활동을 말하며, 숙박 · 교통 · 음식 · 오락 · 정보제공과 관련된 다양한 산업을 내포하는 복합산업이다.

반면 의료산업이란 고도의 의료기술을 사용하여 질병으로 고통 받고 있는 환자의 증세를 호전시켜 삶의 질을 향상시키는 일에 관여하는 모든 제반 산업을 이르는 말이다. 현대사회에서는 환자뿐만 아니라 그들의 보호자와 관련된 인적 서비스를 제공하는 산업을 함께 아울러 지칭하고 있다.

건강과 치료나 수술을 필요로 하는 사람들을 위한 다양한 의료서비스와 관광이 조합되는 형태가 의료관광이다. 이러한 의료관광의 개념은 의료관광 관련 당사자 간의 관점에 따라 다소간의 차이가 존재하고 있다. 그 이유는 이해당사자들이 의료관광과 관련하여 서비스, 시설 등을 접근하는 차이에서 기인하기 때문이다. 의료업계는 의료기술을 이용한 의료서비스의 고부가가치 산업의 성장으로 보는 반면, 관광업계는 하나의 새로운 관광자원 및 상품으로 인식하고 있어 이해당사자 간에 따라 인식의 차이가 존재하고 있다.

의료관광에 대해 중앙부처인 문화체육관광부와 보건복지부 등도 다소간의 개념차이를 보이고 있다.

문화체육관광부는 의료관광사업을 성형외과와 피부 · 미용 · 치과 등 주로 경증 위주의 환자와 그 보호자를 대상으로 관광 · 휴양 · 레저 · 보양 · 건강관리 · 웰빙 등의 상품과 서비스를 결합하고, 마케팅을 활용하여 관광산업의 육성을 위한 방향에 초점을 두고 있다. 반면에 보건복지부는 외국인환자 유치사업으로 보고 있다. 외국인환자 유치등록기관이 영리를 목적으로 외국인환자를 의료기관이나 의료인에게 소개 · 알선하는 행위 등을 주된 내용으로 보고 있으며, 관광보다는 요양이 결부된 중증질환자 유치에 관심을 갖고 의료서비스 고도화에 초점을 맞추고 있다.

의료관광과 관련하여 관련법에서도 다소간의 차이를 보이고 있다. 관광진흥법(제12조2)에 의하면 의료관광은 '국내 의료기관의 진료, 치료, 수술 등 의료서비스를 받는 환자와 그 동반자가 의료서비스와 병행하여 관광하는 것'이라고 정의하고 있고, 의료법(제27조2)에서는 외국인환자 유치에 대한 등록에 대한 내용을 명시하고 있다.

한편 의료관광은 메디컬투어리즘(medical tourism)과 웰니스투어리즘(wellness tourism)으로 구분하기도 한다. 메디컬투어리즘은 환자의 치료를 궁극적인 목적으로 하며, 웰니스투어리즘은 건강한 생활의 모든 영역을 포괄하는 광의적 개념으로 운동 · 영양 · 휴양 등을 통합하여 추구해 나가는 것을 의미한다.

이러한 이해관계자들에 따라 다소간의 차이가 있지만, 의료관광은 의료서비스와 휴양 · 레저 · 문화활동 등 관광활동이 결합된 융복합(convergence)으로 의료서비스와 관광자원을 갖춘 미래의 고부가가치 산업으로 볼 수 있다. 그리고 의료관광의 수요 등을 고려할 경우 의료서비스 이외에 관광, 체험, 한방에 기반한 건강관리로 확대되고 있음에 따라 환자뿐만 아니라 예방적 건강관리에 관심이 높은 사람들에 대한 폭넓은 의료관광 수요를 충족하도록 하는 방향으로 개념을 확대 발전시킬 필요가 있다.

2) 의료관광의 유형

(1) 의료관광의 유형

의료관광은 치료의 형태에 따라 크게 중증치료형, 선택치료형, 복합형의 세 가지 유형으로 분류될 수 있다. 중증치료형의 경우 난치병 환자 및 프리미엄급의 의료서비스를 제공하며, 선택치료형의 경우 성형 · 미용 등 관광과 휴양과 연계된 상업적인 의료관광을 제공하고, 복합형의 경우 연구개발과 선택 및 중증치료 등 다양한 기능을 통합 육성하는 것을 포함하고 있다.

표 6-16 의료관광의 유형

유형	내용
중증치료형	난치병 환자 및 프리미엄급의 치료를 원하는 세계 각국의 부유층을 상대로 의료서비스를 제공하며, 선진국 병원(미국 MD 앤더슨 등)을 중심으로 이루어짐
선택치료형	성형 · 미용 등 선택치료 분야를 중심으로 관광 · 휴양과 연계된 상업적인 의료관광으로 남미 · 동남아 국가들이 주력하고 있음
복합형	연구개발(의료기기 · 신약개발)과 선택 및 중증치료 등 다양한 기능을 통합 육성하는 것으로 싱가포르, 상하이 국제의료지구, 두바이 헬스케어시티 등이 대표적인 사례임

(2) 의료관광객의 유형

의료관광객은 크게 네 가지로 관광객의 국적에 따라 선진국 환자와 아시아 개도국 중증환자로 분류되며, 또한 의료관광객이 추구하는 의료행위에 따라 성형 · 미용 환자의 코스메틱추구형과 휴양 및 레저추구형으로 구분할 수 있다.

선진국 환자의 경우 선진국에서 자국의 높은 의료비와 긴 대기시간 등으로 인해 의료관광을 떠나는 유형이며, 아시아 개도국 중증환자의 경우는 의료환경이 열악한 아시아 개도국을 중심으로 높은 수준의 의료서비스를 찾아 의료관광을 떠나는 유형이다.

성형 · 미용 환자의 코스메틱추구형은 아름다움을 추구하기 위해 의료관광을 떠나는 유형이며, 휴양 및 레저추구형의 경우는 휴양을 겸한 건강검진의 목적으로 의료관광을 떠나는 유형이다.

표 6-17 의료관광객의 유형

유형	내용
선진국 환자 Western Value-Seekers	선진국에서 자국의 높은 의료비와 긴 대기시간 등으로 인해 심혈관계 질환이나 관절치환술의 치료를 위해 의료관광을 떠나는 유형
아시아 개도국 중증환자 Asian Quality-Seekers	의료환경이 열악한 아시아 개도국을 중심으로 심혈관계 질환이나 종양 등 중증질환의 치료를 위해 높은 수준의 의료서비스를 제공받고자 하는 유형
성형 · 미용환자 Cosmetic추구형	성형 및 피부미용 등 아름다움을 추구하기 위해 의료관광을 떠나는 유형으로 의료서비스의 질과 적정한 가격을 고려하여 치료상품을 선택함
휴양 · Leisure추구형	휴양을 겸한 건강검진의 목적으로 의료관광을 떠나는 유형으로 가격과 여행의 편의성에 관심이 높음

(3) 방문목적별 의료관광 유형

① 순수치료형

특정 병원이나 의사를 찾아서 입국하는 경우로 주로 자국에서의 치료가 용이치 않은 난치병환자 혹은 차별화된 프리미엄급의 치료나 서비스를 원하는 외국인들을 대상으로 의료서비스를 제공한다. 이들 치료는 지명도, 의료수준, 서비스의 질이 우선시되며 세계 각국 부유층의 이용도가 높다.

② 치료 + 관광형

관광과 휴양이 발달한 지역에서 많이 나타나며, 외국인들을 대상으로 Medical Spa 등의 간단한 치료와 관광이 결합되는 경우로, 최근에는 위험도가 높지 않으나 장기간에 걸친 치료가 필요하여 치료 외의 휴양이나 관광 등 서비스가 필요한 상품이나 전통의학과 관광자원을 결합한 웰니스 상품도 개발되고 있다.

③ **간호형(동반자)**

직접적으로 의료서비스를 받지는 않지만 치료받는 가족이나 동료의 간병을 목적으로 입국하는 경우로 환자의 간호 및 지원이 주된 목적이지만 현지 관광에 대한 관심도가 높다.

④ **잠재형**

다른 목적으로 입국했으나 사고나 긴급 상황으로 인하여 목적과는 별개의 응급치료를 받게 되는 경우 또는 출장이나 사업 등 의료서비스를 염두에 두지 않고 해당국을 방문하였으나 체류기간 중에 의료서비스에 관한 정보를 얻어 치료를 겸한 후 귀국하는 경우로, 차후 의료관광의 잠재적 수요자가 되며 자국으로 돌아가서도 주변인들에게 해당국의 의료관광 접점으로 작용하기도 한다.

표 6-18 방문목적별 의료관광 유형

유형	내용
순수치료형	특정 병원이나 의사를 찾아 입국
치료+관광형	간단한 치료 + 관광
간호형(동반자)	치료받는 가족 구성원의 care가 우선 목적이나 현지 관광도 겸함
잠재형	다른 목적으로 입국했으나 응급치료를 받은 경우 혹은 출장이나 사업 등 다른 목적으로 방문 후 체류국 의료서비스 정보를 얻고 치료를 겸한 후 귀국

3) 의료관광의 구성요소

(1) 수준 높은 의료서비스와 인프라 시설

환자가 신뢰할 수 있는 최고 수준의 의료산업 기술력은 의료관광의 가장 기본이 되는 필수 요소라 할 수 있다. 의료 선진국인 싱가포르, 태국, 인도 등은 세계적 의료수준을 인증하는 'JCI'인증을 통과하였다. 싱가포르의 경우, 세계보건기구(WHO)에 의해 세계 6위의 의료시스템을 보유하고 있음을 인증받았다. 이처럼 높은 수준의 의료서비스 구축은 의료선진국으로 도약하기 위한 밑거름이라 할 수 있다. 또한 진료를 위한 병원시설 뿐만 아니라 진료를 받는 동안에 머물 수 있는 숙박시설, 건강관리와 진료 후 요양에 필요한 스파, 마사지, 운동시설, 병원까지의 접근 용이성도 매우 중요한 요소라 할 수 있다.

(2) 관광자원

의료관광은 의료서비스와 관광이 결합된 형태이다. 그러므로 의료관광 상품에서의 관광자원은 의료시설이나 의료진과 동등한 개념으로 간주되어야 한다. 따라서 관광객이 진료 후 관광을 즐길 수 있도록 다양한 관광매력물이 개발되어야 할 것이다. 특히 건강과 관련이 있는 청결한 주변환경, 아름다운 자연자원, 예술, 문화활동 등은 반드시 갖추어져야 할 관광자원이라 할 수 있다.

(3) 고객맞춤 비용

의료관광의 성공은 표적시장의 분석과 라이프스타일 분석을 통한 마케팅전략 수립에 있다고 할 수 있다. 특히 마케팅전략 요소 중 고객에게 적절한 가격을 제시하여 고가격 · 고품질을 원하는 고객에게는 고가격전략으로, 일반대중에게는 고객의 거주지와 경쟁력 있는 가격을 구성하는 융통성 있는 마케팅믹스 전략을 구사할 필요가 있다. 의료관광 고객층은 주로 시간적, 경제적 여유계층이 참가하는 특성이 있는 관계로 일반적인 관광상품과는 달리 고객의 특성에 알맞은 가격정책을 적용해야 한다.

(4) 음식

의료관광 고객은 건강을 위한 진료와 더불어 집을 벗어난 타지에서의 관광행동을 하게 된다는 면에서 지역적 특색을 음미할 수 있는 전통음식이나 별미가 관광매력으로 작용할 수 있으며 유기농 소재의 건강식, 각자의 체질에 맞춘 맞춤건강식, 치료를 목적으로 하는 보양음식, 한방음식 등과 같이 건강을 증진하고 에너지를 보충할 수 있는 음식이 부수적 역할을 한다.

(5) 접객 서비스 마인드

의료시설과 종사자들은 환자에 대한 권리를 보장하고 환자에 대한 친절한 서비스로 환자에게 진료와 의료시설에 대한 만족도를 상승시키기 위하여 노력할 의무가 있다. 의료관광의 주체인 환자는 의료산업 측면에서 볼 때 환자이지만 의료관광산업 측면에서 볼 때는 관광의 주체인 관광객에 해당되어 고객으로서 권리를 보장받아야 한다.

4) 의료관광의 국내외 현황

(1) 국내의 의료관광 현황

우리나라 의료관광산업은 다음과 같이 국제경쟁력을 갖추고 있는 것으로 평가되고 있다.

첫째, 의료기술수준과 품질에서 미국과 유럽과 같은 의료선진국의 80~90%에 이르고 있고 특히 심장혈관질환, 암질환, 간이식, 피부 · 미용성형, 한방, 건강검진 분야 등에서 세계 최고 수준에 있다.

둘째, 의료가격수준에서는 우리나라의 의료가격지수를 100으로 기준하였을 때 미국 의료가격지수가 338, 일본 의료가격지수가 149, 싱가포르 의료가격지수가 105로 가격경쟁력 측면에서 우위를 점하고 있다.

셋째, 지리적인 접근성 측면에서는 중국, 극동아시아, 일본, 몽골 등과 같이 3시간 비행거리 이내에 인구 100만 명 이상의 도시가 60여개나 위치하고 있어 동북아 의료허브로서 매우 유리한 입지조건을 갖추고 있는 장점이 있다.

넷째, 의료시설과 의료인력 측면에서 매우 우수한 의료자원을 확보하고 있다. 약 300개 종합병원과 의원 · 치과의원 · 한의원 등 5만 여개의 의료기관에서 진료과목별 전문의 약 5만 명 이상이 근무하고 있으며, 의사 · 치과의사 · 한의사는 매년 3천 명 이상이 배출되고 있다. 또한 인구 천 명당 병상 수를 살펴보면 OECD 평균 5.6지수에 비해서 7.9지수(약 450,000병상)를 보유하고 있고, 인구 백만 명당 MRI의 보유대수는 OECD 평균 9.8지수에 비해서 12.1지수로 높게 보유하고 있다. 그밖에 CT · 초음파 · 양전자치료기 · 로봇수술장비 · PACS 등 각종 첨단의료장비도 OECD 평균 이상으로 갖추고 있다.

다섯째, 우리나라는 뛰어난 IT기술을 바탕으로 하는 원격의료(telemedicine)를 포함한 u-헬스(ubiquitous healthcare)분야에서 인적인 측면과 물적인 측면에서 두각을 나타내고 있다. 이는 국외에 거주하는 외국인환자(의료관광객)에 대한 상담 · 유치단계와 귀국 이후 사후관리단계에서 매우 유용한 도구로 활용할 수 있다.

여섯째, 의료법상 외국인환자 유치대상인 순수 외국인 이외에 우리나라 출신 해외시민권자(재외동포)가 북미지역(약 250만 명), 오세아니아(약 10만 명), 러시아(약 20만 명) 등 세계 각국에 많이 거주하고 있어 고국방문 겸 의료관광의 잠재적인 고객이 될 수 있고 이들을 통한 의료관광 이후의 입소문 마케팅(viral marketing) 등 파급효과도 기대할 수 있는 것이다.

마지막으로, 의료관광의 한 축인 관광서비스 분야에서도 외국과 차별되는 독특한 관광자원을 보유하고 있다는 것이 장점이다. 고유한 전통문화와 삼면이 바다로 둘러싸인 풍부한 해양자원과 사계절이 뚜렷한 특유의 자연자원도 웰빙관광 · 휴양관광 · 문화관광을 위한 관광자원으로 활용하기에 충분한 조건을 갖추고 있다.

(2) 국외의 의료관광 현황

태국은 1970년대부터 의료관광을 시작하여 전 세계 의료관광을 주도하고 있다. 태국정부는 2012년 기준으로 웰니스 및 스파 관광객을 포함하여 253만 명의 의료관광객이 방문하였으며, 40~46억 달러의 수입을 거둔 것으로 알려져 있다. 국제적 수준의 의료서비스를 바탕으로 태국의 의료관광은 급속도로 성장하고 있으며, 국제의료기관평가기관(JCI)이 인증한 병원이 무려 4개에 이르고 있다. 환자의 유형에 있어서도 심장병이나 암 등 특수 질환 치료를 위해 태국을 방문하는 서구의 환자와 성형이나 스파를 목적으로 하는 한국, 중국, 일본의 아시아권 환자 등 의료관광의 유형이나 관광의 대상도 폭넓게 나타나고 있다.

인도는 옛날부터 요가(Yoga)나 아유르베딕(Ayurvedic) 마사지 등으로 유명했는데 2000년대에 들어서는 성형수술, 치아교정과 같은 간단한 수술로 각광받았고 최근에는 라식수술, 심장우회수술이나 무릎, 엉덩이 골절대체 수술과 같은 난이도가 높은 치료를 위해 인도를 찾는 환자가 늘어나고 있다. 인도 상공회의소에 따르면 2013년 기준으로 23만 명의 외국인이 의료 목적으로 방문한 것으로 추산하고 있는데 인도 정부는 병원에 대한 민간투자 및 해외투자자의 직접투자 허용, 해외로드쇼 지원, 의료서비스업에 대한 세제 감면 등을 통해 의료관광 활성화를 지원하고 있다. 특히 풍부한 우수 의료진, 원활한 언어 소통 등이 의료관광 성장 요인으로 작용하고 있다.

싱가포르는 심장, 암 분야를 특화시키고 부인과, 건강검진, 안과 검진 분야를 포함한 'Singapore Medicine'을 세계적인 브랜드로 개발하여 국가적인 차원의 마케팅을 펼치고 있다. 또한 해외환자를 유치하는 병원에는 전폭적인 지원을 아끼지 않고 있으며, 의료비자 발급 및 의료관광을 수출산업으로 육성하는 등 정부차원에서 적극적인 의료관광 지원책을 실시하고 있다. 싱가포르 관광위원회에 따르면 2012년 기준 85만 명의 의료관광객이 방문한 것으로 보고하고 있다. 특히 해외 의사를 대폭 고용하여 해외 병원과 싱가포르 병원 간 네트워크를 구축하고 원활한 의사소통이 가능하다는 점이 강점으로 작용하고 있다.

말레이시아 정부는 최근 의료관광산업에 대해 적극적 홍보와 지원을 행하고 있다. 정부는 병원이 의료서비스에 대해 홍보를 할 수 없는 법 조항을 폐지해 병원들이 적극적으로 마케팅할 수 있는 길을 텄고 그 후 말레이시아 내의 의료관광산업은 급속히 발전하고 있다. 말레이시아 보건관광부는 말레이시아 대사관을 중심으로 의료관광에 대한 정보를 제공하고 책자를 배포하고 있으며, 주요 병원들과의 연결도 대행해 주고 있다. 또한 Hospital과 Hotel을 합친 개념인 Hospitels를 소개하며 싱가포르와 태국에 비해 20~50% 낮은 비용으로 관광객의 증가를 유도하고 있다.

터키는 주로 영국, 네덜란드, 벨기에, 아제르바이잔, 러시아, 불가리아, 루마니아, 코소보, 시리아 등지로부터 환자를 받고 있다. 라식 수술, 치과 수술, 불임 수술 등이 선호되고 있다. 최근 들어 EU 수준에 걸맞게 병원의 수준을 높이고 있는 곳이 급증하고 있는 상황이며, 자연적 · 역사적으로 수려한 풍경과 유적 등을 지니고 있으며, 유럽과 중동 사이의 가운데 위치하고 있다는 지리적 이점이 크게 작용하고 있다.

헝가리 서북부의 소도시 소프론(Sopron)은 임플란트(인공치아 이식수술) 도시로 유명하다. 매년 이 도시를 찾는 환자는 수십 만 명에 이르며, 이들 가운데 3분의 2가 외국인으로 수익은 수억 유로로 추정되고 있다. 이 도시의 가장 큰 강점은 인구 14명 중 한 명이 치과의사일 정도로 전문의의 안정적 확보와 이들의 대부분이 유럽 각지에서 공부하여 언어소통에 문제가 없다는 점이다.

또한 남아프리카 공화국은 최근 몇 년 사이에 미국의 반 가격이라는 가격 경쟁력을 바탕으로 성형수술 의료관광이 활발히 진행되고 있고, 아르헨티나 역시 성형수술 의료관광에 있어 두각을 나타내고 있다.

의료관광 선진국들의 사례를 분석하여 성공요인을 종합해 보면 첫째, 외국인 유치를 위해 국가적인 차원에서의 해외홍보와 마케팅활동, 의료관광비자 도입과 법적 규제 완화 등의 적극적인 지원이 필수적이다. 둘째, 호텔과 경쟁할 수 있을 정도의 최고급 수준의 병원시설과 국제적으로 공인 받은 신뢰할 수 있는 의료서비스 기술을 들 수 있다. 셋째, 선진국과 대등한 의료서비스 및 관련시설을 보다 저렴한 비용으로 제공해야 한다. 마지막으로 다양한 프로그램을 개발하여 고객 개개인에 맞는 맞춤식 상품을 제공하고 고객 상담 전담창구 마련, 전문 통역원 배치 등 의료상품과 서비스의 전략적 개발이 성공요인이라 하겠다.

5. 한류관광

1) 한류의 개념과 발전과정

(1) 한류의 개념

한류의 명칭은 중국에서 한국의 문화 흐름을 표현한 '한류(寒流: 다른 문화가 매섭게 파고든다)'에서 처음 시작되었다. 이후 위키피디아(Wikipedia)에서 'Korean Wave'로 기술하는가 하면, 우리나라에서는 한자로 '韓流', 홍보용어로 'Hallyu'라 부르고 있다. 이제는 브리테니카(Britannica)에서도 사용할 정도로 대중화된 용어가 되었다.

한류는 한국의 음악, 드라마, 패션, 게임, 음식, 헤어스타일 등 대중문화와 한국의 인기 연예인을 동경하고 추종하며 배우려고 하는 문화현상을 일컫는다. 특히 2000년 이후에는 드라마, 가요, 영화 등의 대중문화뿐만 아니라 김치 · 고추장 · 라면 · 가전제품 등 한국관련제품의 이상적

선호현상까지 나타났는데, 포괄적인 의미에서는 이러한 모든 현상을 가리켜 '한류'라고 한다.

특히 2000년대 중반까지 드라마 중심의 한류에서 이후 아이돌 그룹 등 K-POP 중심의 한류가 생성되기 시작한 이 시기를 신한류로 명명하고 있다. 신한류는 한류가 K-POP을 중심으로 중앙아시아, 아프리카, 미국, 남미, 유럽 등지로 확장되는 단계로 디지털에 익숙한 10대와 20대 사이에서 능동적으로 SNS나 인터넷 커뮤니티와 같은 창구를 통해 확산·소비되고 있다.

이러한 신한류와 한류의 차이점은 지역과 콘텐츠, 관심대상으로 나눌 수 있다. 첫째, 지역적인 범위에서 보면 한류의 경우 중국, 대만, 일본과 동남아시아와 중앙아시아를 중심으로 한류의 열풍이 불었다면 신한류는 아시아를 포함한 아프리카와 북미, 남미, 유럽 등지까지 전 세계적으로 그 열풍이 확산되고 있다. 둘째, 관심 콘텐츠의 차이를 들 수 있는데 한류의 경우 드라마와 특정 인기스타를 중심으로 한국 대중문화가 관심을 받았다면, 신한류의 경우 K-POP과 아이돌 스타를 중심으로 한 한국 대중문화의 관심과 함께 한국전통문화를 포함한 한국문화 전반에 관심이 일고 있다. 셋째, 콘텐츠 소비 연령대를 들 수 있는데, 한류의 경우 아시아의 20~30대 여성을 중심으로 그 열풍이 불었다면, 신한류의 경우 디지털 미디어를 통한 콘텐츠의 확산으로 다양한 연령과 남녀 모두에게 관심을 받고 있다는 점이다.

(2) 한류의 발전과정

1990년대 후반~2000년대 중반까지 드라마 수출로 촉발된 한류현상(K-Drama)을 한류 1.0시대로 지칭한다. 일본, 중국 등 일부 아시아권 국가를 중심으로 '겨울연가(2003)', '대장금(2005)' 등 드라마 작품의 인기가 한류 1.0시대를 견인하였다. 특히 대장금은 이후 10년 동안 90여

개국에 수출되어 220억 원의 직접 수익과 1,100억 원으로 추산되는 생산 유발 효과를 올리면서 본격적인 한류 붐의 시발점이 되었다.

2000년대 중후반 K-POP의 열풍으로 한류 2.0시대가 열리면서 한류열풍이 재점화되었다. 드라마를 통해 확대된 한류는 2000년대 후반 아이돌 가수 중심의 K-POP 중심으로 동아시아에서 높은 인기를 얻기 시작하면서 한류의 중심이 드라마에서 K-POP으로 전환되는 양상을 보였다.

2010년대 초반 이후 일부 대중문화를 넘어 한국문화(K-Culture) 전반에 대한 관심이 확산되기 시작하였다. K-POP, 드라마와 같은 대중문화에서부터 먹거리와 패션 등 다방면의 문화에 이르기까지 한류의 범주는 이제 한 가지의 눈으로만 볼 수 없을 만큼 다양해졌다. 여기에 ICT(Information and Communications Technologies)의 발달은 한국인들 자신도 알 수 없는 곳에서 한류와 접할 수 있는 환경을 조성해 주었다. 전문가들은 이러한 열풍에 대해 '한류 3.0'이라 칭한다.

표 6-19 한류의 변화

구분	한류 1.0	한류 2.0	한류 3.0
시기	1997년~ 2000년대 중반	2000년대 중반~ 2010년대 초반	2010년대 초반 이후
특징	한류의 태동 영상콘텐츠 중심	한류의 확산 아이돌스타 중심	한류의 다양화
핵심장르	K-Drama	K-Pop	K-Culture
장르	드라마, 영화, 가요	대중문화 일부 문화예술	전통문화, 문화예술, 대중문화
대상국가	아시아	아시아, 유럽 일부, 아프리카, 중동, 중남미, 미국 일부	전 세계
주요 소비자	소수의 마니아	10~20대	세계 시민
주요 매체	케이블 TV 위성 TV, 인터넷	유튜브, SNS	모든 매체

표 6-20 한류 3.0시대의 다양한 분야에서의 한류바람

구분	특성	예시
관광한류	• 대중문화 열풍으로 한류 스타를 만나기 위한 한국 방문이 증가됨 • 여행사의 드라마 협찬과 연계상품 개발 • K-Pop 콘서트와 지역관광을 연계하는 엔터투어먼트(Entertourment) 기획 및 확대	• 외국인 관광객 1,000만 시대 돌파 • 싸이의 '강남스타일'로 서울과 강남구가 세계적인 관광지로 자리매김함 • 압구정동~청담동에 한류스타거리 조성 • 남이섬, 쁘띠프랑스 등 영화 · 드라마 촬영지 관광이 필수코스로 자리잡음 • 일본여행사 JTB와 롯데면세점 공동으로 'K-Pop 패밀리 콘서트' 개최 • 뮤지컬 관람하는 원정팬 증가
음식한류	• 한류문화가 한국 음식에 대한 관심을 높이면서 한식당에 현지인들의 방문이 증가함 • 한류 3.0으로 해외 한식당을 고급 레스토랑으로 업그레이드 시킴 • 삼겹살, 불고기, 비빔밥, 커피 문화, 막걸리, 떡 등 다양한 한국 음식의 세계화 • 국내 외식브랜드가 해외로 확장되고 있는 추세임	• 홍콩: BBQ 치킨 유행 • 인도네시아: 대장금 열풍으로 삼겹살 한식당 인기 • 뉴욕: 한식 퓨전식당 '정식', 세계적인 레스토랑 평가서 〈미슐랭 가이드〉에 선정됨 • 프랑스: 한국 '파리바게뜨', 바게뜨 종주국인 파리에 진출 • 한국의 김장문화, 유네스코 세계무형유산에 등재됨
패션한류	• 한국 스타들의 패션 및 헤어스타일 인기 • K-Fashion 산업의 성장으로 국내 패션기업이 세계로 진출하는 데 일조함 • 한국계 디자이너 위상 강화 • 한류를 통해 한국 전통의상을 세계에 알림(한복 모시 등) • K-Beauty 산업은 화장품, 헤어, 성형 등 다양한 분야에서 나타남	• 중국: 국내 패션기업 이랜드 중국 매출 2위 기업으로 성장 • 필리핀, 베트남: 한국 미용실 블루오션으로 자리매김함 • 싱가포르, 중국: 한국 웨딩촬영 인기, 웨딩촬영을 위해 한국 방문객수 증가 • 뉴욕: 두리 정, 리처드 채, 이연주(캐시 리), 임상아 등 많은 한국계 디자이너가 활동하며 패션한류 열풍을 일으킴

스포츠한류	• 2002년 월드컵에서 한국 대표팀이 4강까지 진출하면서 스포츠바람이 불기 시작하여 피겨 스케이팅이나 야구 등으로 확산됨 • 국내 선수들의 해외 유명 스포츠 리그 진출 증가 • 한국의 스포츠용품 제조업체들의 글로벌 기업으로 성장	• 박지성, 이영표, 김연아, 류현진, 이승엽, 추신수 등 스포츠 스타들의 인기 상승 • '삼익스포츠'의 활, '삼덕스포츠'의 빙상부츠 등 국내 스포츠용품이 세계의 표준으로 인정받음
의료한류	• 한의학, 성형, 줄기세포 치료 등 뛰어난 의료기술이 입소문을 타고 해외로 퍼짐 • 의료와 관광이 결합된 의료관광객 증가 • 미용 · 성형 분야 세계적 수준으로 인정	• 중국: 이싱시 '세브란스 VIP 검진센터' 착공 • 아랍에미리트(UAE): 서울대병원, 아랍에미리트의 왕립 칼리파 전문병원을 5년간 위탁 운영 • 2014년 의료관광객 266,501명 유치, 2017년 연간 50만 명 그리고 2020년 연간 100만 명 유치 목표 설정
게임한류	• 중국, 미국, 일본에 이어 나라별 게임 수익 4위(2015년 기준), 콘텐츠산업에서 수출비중이 55%를 상회하는 중요 산업 • 온라인 게임과 모바일 게임, 우리나라 게임산업의 해외 수출에서 중추적인 역할을 함 • 스마트폰 사용의 증가로 SNS 모바일 게임의 주력 플랫폼으로 자리매김	• 중국: 앤씨소프트의 '블레이드 앤 소울'이 진출하면서 2013년 12월 중국에서 동시접속자수 100만 명을 넘어서는 기록 달성 • 일본: 온라인게임 '붉은 보석', 2014년 1월 '웹머니 어워드 2013'에서 9년 연속 베스트 게임상 수상 • 모바일 게임 '아이러브 커피' 2013년 9월 해외매출이 국내매출 추월
출판한류	• 한국 작가들 작품 관심 증대 및 호평 • 한국 특유의 가족애, 한국전쟁 등 한국의 고유 주제가 세계인들의 공감 • 작가 개인이 에이전시를 통해 외국 출판사들과 계약 성공	• 신경숙 '엄마를 부탁해' 뉴욕, 프랑스, 영국, 이탈리아 등 31개국과 판권계약을 맺음으로서 한국문학의 한류 가능성 확인 • 공지영 '우리들의 행복한 시간' 영국, 중국, 이탈리아, 프랑스 등 11개국과 출판계약을 맺음
방송한류	• 방송 프로그램 포맷 수출 증가 • 드라마, 예능 등 한류프로그램 확산 • 인터넷망을 통해 미디어 콘텐츠를 제공하는 OTT(Over-The-Top) 서비스를 활용한 콘텐츠 이용 활성화 증가 • 중국, 태국에서 '한류 전문 방송국' 잇따라 개국	• 중국: MBC 인기 예능프로그램 '아빠 어디가' 중국판 리메이크 인기몰이 • 일본: MBC 장수 토요 예능프로그램 '우리 결혼했어요'의 포맷이 일본에 수출 • 태국: 2013년 7월 한류 전문 방송국 티브이케이(TVK) 개국

만화 & 애니메이션한류	• '웹툰(Webtoon)' 이라는 온라인 만화 서비스를 제공하여 세계 디지털 만화 시장 선도함 • 만화 원작을 영화, 드라마, 공연 등 연관콘텐츠로 재창조되면서 관심이 증대됨 • TV 애니메이션 해외진출 • 애니메이션과 캐릭터의 조화	• '뽀롱뽀롱 뽀로로', '로보카 폴리', '코코몽' 등 유아용 TV 애니메이션 북미, 유럽 선진국, 중국, 일본, 동남아시아 등과 공동제작 활성화됨 • 유아용 TV 애니메이션 방영으로 관련 캐릭터 상품 급증 및 해외 110개국에 수출 • 한국 애니메이션 '넛잡'이 북미에서 성과를 거두면서 한국 애니메이션 산업의 기능성을 높임
IT 전자제품 한류	• 한류바람으로 한국제품에 대한 이미지 상승 • 전자제품 세계 최고의 반열에 오름 • 한국 스마트폰 세계 시장점유율 상위 차지 • 삼성전자, LG전자 등 제품경쟁력 확보를 위한 혁신상품 개발 노력	• 삼성전자, 애플 제치고 스마트폰 시장점유율 1위(2016.2) • 베트남: 스마트폰, TV, 냉장고 등 한국 전자제품이 실생활 필수품으로 자리매김함 • 중국: 밥솥시장에 한류바람을 일으켜 10년째 성장률을 보임 • 동유럽: '고효율 가전' 등 품질경쟁력을 앞세운 LG 전자제품 인기

2) 한류관광의 개념과 특징

한류의 확산은 한국에 대한 긍정적인 인식과 태도 및 이미지를 형성하는 데 기여한 것으로 파악되었으며, 특히 한류의 2차적인 효과로서 가장 큰 관심분야는 한류 붐에 의한 방한 관광객의 증가라고 볼 수 있다.

한국관광공사는 한류관광을 한류의 영향으로 한국을 방문한 외래객의 관광활동으로 정의하고 있으며, 관광활동의 범위에 따라 협의의 한류관광과 광의의 한류관광으로 구분하고 있다. 협의의 한류관광은 직접적인 한류콘텐츠를 체험하기 위해 방한한 경우이고, 반면에 광의의 한류관광은 한류의 영향으로 방한하였으나 직접적인 한류콘텐츠와 연관된 관광활동에는 참여하지 않고 한국문화를 체험하는 일반적인 관광활동 또는 한류에서 파생된 활동을 위하여 방한한 경우로 규정하고 있다.

이를 구체적으로 분류해 보면 크게 3가지로 나눌 수 있다. 첫째, 한류콘텐츠를 직접 한국에서 감상하기 위한 직접적 한류관광이다. 예를 들어 현지에서 K-Pop 공연을 유튜브 등으로 보다가 직접 감상하기 위해 한국을 방문하는 경우이다. 공급자와 수요자가 직접 대면을 통해 서비스가 이루어지는 공연 · 콘서트와 같은 경우가 여기에 해당된다. 이들은 한국의 공연단체가 현지에 가서 공연할 때까지 기다리지 않고 한국을 방문하여 한국에 대해 체험하면서 공연을 보는 적극적인 소비자들이라 할 수 있다.

둘째, 드라마 · 영화 등의 촬영장소를 방문하는 촬영지 관광이다. 촬영지 관광은 직접 한류콘텐츠나 스타를 만나는 것이 아니기 때문에 간접적인 한류관광이라 할 수 있다. 이러한 관광은 드라마 · 영화 · 음악 내용 속에 있는 장소나 장소와 연관된 스토리를 통해 방문객을 끌어들이는 관광이라 할 수 있다. 이는 제작사나 지자체에서 영화 · 드라마와 연계한 세트장, 촬영지 등을 관광상품화한 결과이다.

셋째, 소비자들이 한류와 연관된 상품구매를 하는 파생적 한류관광이다. 한류를 통해 한국상품에 대한 이미지가 높아져 일반상품을 구매하거나 성형 · 음식 · 유학 · 화장품 · 쇼핑 등 한류 콘텐츠와 연관된 상품을 구매하기 위한 것이다. 파생적 한류관광은 한류스타처럼 멋있는 외모를 가꾸기 위한 성형 및 화장품 관광, 대장금 등의 영향으로 한국음식을 맛보기 위한 한식관광, 한류에 의해 영향을 받은 학생들의 한국 유학 등 다양하다.

한편 한류관광은 생태관광이나 자연관광과는 달리 문화관광이나 창조관광의 특징을 가진다. 또한 한류의 특성에 따라 한류관광 자체도 다양한 특징을 보인다. 첫째, 소비자가 양분되어 있다는 점이다. 이는 한류소비층들이 크게 젊은층과 중년층으로 나누어져 있는 것과 맥을 같이 한다. K-Pop을 중심으로 하는 젊은 소비층들은 한국을 방문하여 공연을 보거나 의료관광 · 화장품 관광 등을 하고, 중년층들은 주로 드라마나 영화를 좋아하는 층으로 촬영지 관광과 같은 간접적인 한류관광을 한다. 2000년대 중반 대장금과 겨울연가가 한류를 대표할 당시에는 중년이후의 소비자들이 한류관광객의 주를 형성했지만, K-Pop으로 한류의 축이 바뀌면서 젊은 관광객이 증가하는 추세를 보이고 있다.

둘째, 반복관광이 가능하다는 점이다. 한류는 끊임없이 변화한다. 이러한 변화에 맞추어 관광객들도 변화될 뿐만 아니라 관광소구점도 달라진다. 따라서 한 번 방문했던 사람들도 유행이 변화하고 한류가 변화하면 또 다른 감정을 가지고 변화된 스토리를 찾아 한국을 방문할 것이다. 즉 한류관광은 유행이나 트렌드와 밀접한 관련성이 있어 1회 방문 이후 유행이 바뀌고 한류가 변화하면 반복 방문할 수 있다는 것이다. 생태관광지나 자연관광지는 한 번 방문으로 관광 수요가 충족될 수 있으나 한류관광은 한국에 와서 변화하는 문화를 즐기고 유행을 추구하기 때문에 반복관광을 한다. 특히 관광지에 한류콘텐츠와 관련된 이야기가 있다면 관광객의 감정이입을 유발할 수 있으며, 스토리텔링을 통해 반복관광을 유도할 수 있다.

셋째, 서울에 집중되어 있다는 점이다. 문화콘텐츠는 대도시형 산업이다. 미국의 헐리웃과 뉴욕처럼 대도시의 유행을 반영하고 우수인력을 활용하고 구매력이 있는 소비시장이 존재하기 때문에 대도시를 중심으로 산업이 형성되고 집적화되어 있다. 한류관광의 경우 인천공항에서의 접근성 · 교통 · 숙박 등 편리한 기반시설이 있고, 편리한 쇼핑환경, 다양한 문화적 체험이 가능하기 때문에 한국을 찾는 관광객들 대부분이 서울방문과 체류를 선호한다. 게다가 한류관광객들은 서울과의 접근성을 고려해 서울 시내나 근거리의 한류콘텐츠 촬영지를 선호한다. 양주의 대장금 테마파크, 겨울연가의 남이섬과 춘천 모두가 서울에서 근거리에 위치하고 있다. 또한 가수, 배우들의 주거지나 콘텐츠 제작사 등 한류콘텐츠의 창작기반 대부분이 서울에 위치하고 있어 한류관광이 서울에 집중되어 있다.

넷째, 한류관광은 한류관광만이 아니라 다양한 관광목적으로 한국을 방문한다. 한류를 위해 방문하였지만 한국의 다른 관광지를 방문하는 등의 복합적인 관광 스타일이 많다는 것이다. 한류만을 위해 한국을 방문하는 관광객은 그다지 많지 않고, 다른 목적을 동시에 충족시키기 위한 관광이 많다는 것이다. 예를 들어 대장금 촬영지를 방문하는 관광객들은 서울의 고궁과 남대문 등 역사관광이나 자연관광도 동시에 한다.

3) 한류관광 확대를 위한 방안

K-Pop으로 유발된 한국에 대한 관심과 긍정적 이미지를 이어나가기 위해서는 한류가 지속되어야 한다는 전제를 깔고 있다. 한류가 일시적으로 끝난다면 한류관광은 더 이상 유효하지 않을 것이다. 이러한 전제가 충족된다고 해도 한류관광을 위해 개선해야 할 부분은 많다.

첫째, 우리나라 국민들의 관광서비스정신과 상대방에 대한 이해심이 중요하다. 한류로 인해 한국에 대해 좋은 인상을 품고 방문한 외국인들이 불친절이나 바가지요금의 피해를 입는 일이 있다. 당장의 이익을 위한 자신의 행동이 장기적으로는 관광객의 축소로 이어져 결국 자신도 손해를 보게 되는 죄수의 딜레마(자신의 이익만을 고려한 선택이 결국에는 자신뿐만 아니라 상대방에게도 불리한 결과를 유발하는 상황)가 적용된다. 택시요금 바가지, 포장마차 바가지, 저가 관광, 의료관광 과다요금 등에 대해 정부가 가격표시제나 법률개정 등의 다양한 조치를 강화할 필요가 있다. 그러나 이러한 정부조치 이전에 관광업 종사자들의 상도덕, 철저한 서비스 정신, 직업의식, 프로의식 등이 선결되어야 하겠다.

또한 연예인의 잘못된 매너나 공연, 이벤트를 주최한 기획사의 성의 없는 행사진행이나 행사취소로 인해 마음의 상처를 입고 한류와 한국에 대한 호감의 반감, 혐한류로 바뀌는 사례도 있다. 반한류 · 혐한류에서 가장 걱정해야 할 것은 우리가 문화적 또는 경제적 우월주의에서 상대방을 무시하거나 멸시하는 일이다.

반한류의 근간이 우리의 잘못된 접근방식에 있다면 이것을 고치려는 노력이 필요하고, 상대 국민의 오해에서 비롯된 것이라면 이것을 해소하기 위한 노력이 있어야 한다. 무엇보다 한국문화를 좋아하는 상대 국민들의 문화를 이해하려는 노력이 필요하다.

아시아 이외의 지역에서는 아직까지 반한류 · 혐한류가 구체화되지 않았지만, 한류의 급속한 확대에 따라 자연스럽게 반한류 감정이 생겨날 수 있다. 이곳에서도 마찬가지로 우월주의가 작용한다면 우려스러운 상황을 낳게 될 것이다. 우리는 한류를 우월감이 아닌 다양한 문화교류의 관점에서 인식해야 한다. 소통의 한류, 공감의 한류를 위한 노력이 필요하다.

둘째, 다양한 관광콘텐츠의 개발이 필요하다. 지역별 관광객의 성향에 맞는 콘텐츠를 제공하고 취향과 선호의 차이를 보이는 관광객의 특성을 감안하여 자연환경, 문화유산, 음식, 쇼핑, 미용 등 다양한 콘텐츠를 활용하여 한류관광객을 흡수해야 할 것이다. 예를 들어 중국인들이 한국에 왔을 때 중국에 비해 먹을거리가 없다고 한다. 초기에는 호기심으로 한국을 방문했지만, 재방문을 유도하기 위해서는 음식에서도 콘텐츠의 개발이 필요하다.

그리고 해외 한류팬을 대상으로 오디션을 진행하고 이들을 관광과 연결시키는 것도 하나의 방법이다. 즉 외국방송이 주간하는 오디션을 한국에서 실시하여, 참여한 외국인들의 구전효과를 유발할 수 있으며 한국에 대한 애착과 인지도를 높일 수 있다. 또한 한류관광지가 주변관광지와 연계될 수 있도록 연계관광콘텐츠 개발이 필요하고, 경제성장 · 농촌개발 · 종교관광 등과 같은 융합 관광상품에도 초점을 맞추고 이와 관련된 콘텐츠 개발을 해야 할 것이다.

셋째, K-Pop관광을 위한 아레나 공연장이 필요하다. 우리나라에는 K-Pop 콘서트를 할 수 있는 전문공연장(K-Pop 아레나) 하나 없다. K-Pop 전용 아레나 공연장이 없어서 올림픽 체조경기장 등을 사용하고 있지만 이는 K-Pop 공연에 적합하지 않다. 일본도 여러 곳에 아레나 공연장이 있고, 일부 동남아 국가에서도 아레나 공연장이 있다. K-Pop 메카로서 부끄러운 일이다. 시급히 전문공연장 건립이 요구되는 바이다.

넷째, 촬영지에 대한 마케팅 전략도 필요하다. 한 때 전국에서 드라마·영화촬영지 유치 붐이 일었지만, 지금은 드라마나 영화촬영지에 대한 인기가 시들하다. 드라마촬영지 방문은 드라마가 종영되었을 때 촬영지의 매력도는 감소하기 때문에 유치했던 시설도 결국 애물단지가 되고 만다.

이러한 촬영지의 매력도를 지속적으로 유지하기 위해서는 종영 이후의 마케팅 활동이 중요하다. 또 다른 드라마를 유치하고, 촬영지에 대한 연계관광지를 개발하며, 이벤트를 유치하는 등 활발한 마케팅을 펼쳐야 할 것이다. 겨울연가의 촬영지인 남이섬이 이제는 다른 볼거리로 손님들을 맞이하고 있다는 점은 시사하는 바가 크다.

다섯째, 관광인프라의 구축이다. 한 해 1,000만 명 이상의 외래관광객들이 찾고 있는 현실에서 호텔 등 숙박시설이 부족해 먼 곳까지 이동하는 사례가 많다. 따라서 시간을 낭비하고 한국에 대한 이미지도 낮아진다. 앞으로 중국수요 등에 대비해서 호텔 시설의 확충과 중국어 표시판 설치 등 관광인프라 구축에 힘을 기울여야 하겠다.

또한 한류에 대해 제대로 설명할 수 있는 가이드도 부족하다. 한류가이드를 기존의 관광가이드가 대신하다보니 한류만의 재미있고 독특한 포인트를 관광객에게 제대로 전달하지 못하는 경우도 있다. 한류관광을 가이드할 수 있는 역량을 가진 인력을 별도로 양성하고 배치하는 것이 필요하다.

K-Pop 열풍을 타고 해외에서 불고 있는 새로운 한류 바람과 이로 인한 외래관광객의 증가는 관광분야에서 분명 새로운 기회이다. 이제부터라도 이러한 기회가 헛되지 않도록 정부와 기업, 그리고 국민이 모두 힘을 모아야 할 것이다.

6. 음식관광

1) 음식관광의 개념

관광경험에 대한 수요의 다양화, 가처분 소득 및 가용 시간의 확대 등 관광환경 변화가 진행됨에 따라 관광객의 요구도 다변화되고 있다. 특히 관광목적지에서 깊이 있고 차별적인 경험에 대한 요구도가 증가하면서 미식경험을 포함한 음식관광(Culinary Tourism)의 중요성이 부각되고 있다.

음식관광은 '식(食)'관련 분야를 '관광'이라는 새로운 관점에서 바라보는 것이다. 음식은 다른 나라나 도시를 여행할 때 가장 빠르고 쉽게 그 나라 문화를 경험할 수 있는 필수요소의 한 가지라고 할 수 있으며, 이제 음식관광은 관광의 중요한 축으로 떠오르고 있다. 음식은 그 지역의 독특한 역사 · 지리 · 문화 등 다양한 요인에 의해 영향을 받으므로 타 관광상품과는 확실하게 차별화되는 관광자원이라 할 수 있다.

국제컬리너리투어리즘협회(ICTA: International Culinary Tourism Association)는 음식관광을 '음식을 통해 즐거움을 찾는 것으로 독특한 음식 이벤트, 요리학교, 식료품점 및 레스토랑과 와이너리를 모두 포함하는 것'이라 했고, 홀(C. M. Hall)과 미첼(R. Mitchell)은 '음식관광은 음식의 주요 생산지를 방문하고 음식축제에 참여하며, 레스토랑이나 특정한 장소에서 음식을 시식하거나 특산물 생산지역의 특성을 체험해 보는 것이 여행의 동기를 자극하는 중요한 요소로 작용하는 관광'이라고 규정하여 일반 관광과는 차이가 있음을 강조하고 있다.

캐나다 관광청(CTC: Canadian Tourism Commission)에서는 음식관광을 '방문객을 위해서 개발된 다양한 음식과 음료와 지역 음식문화에 관련된 활동'으로 음식관광의 범위에 토착민의 축제를 포함하여, 농촌관광활동, 요리교실, 주말농장, 과수원체험, 음식축제, 지역 특산품 구매, 음식 · 와인 · 맥주관광, 전통음식 체험, 관광지내 레스토랑에서의 식사, 농산물 직거래장 등이 포함된다고 하였다.

이 외에도 음식관광에 대한 정의는 학자나 기관 · 단체에 따라 다양하지만 이를 종합해 보면 음식관광이란 관광객이 관광지에서 경험하는 음식과 관련된 모든 활동으로 관광객이 관광지에서 음식을 먹는 것, 구입하는 것, 음식 만드는 장소를 방문하는 것, 음식을 만드는 과정을 관찰하거나 배우는 것 등의 모든 활동을 포함한다고 할 수 있겠다.

2) 음식관광의 특징

음식관광은 다양한 속성을 지니고 있는 융합관광상품이다. 지역문화와 관련된 '문화관광'의 일부이자 식재료 산지를 찾아 체험하는 '자연관광', '농촌관광', '전원관광' 등에 속하며, 음식 · 와인 · 농산물을 주제로 열리는 지역축제를 포함한 '이벤트축제관광'에도 속한다.

또한 학교나 요리아카데미에서 열리는 현지 음식조리법을 배우고 와인 시음교육을 통해 지식과 기술을 습득하므로 '교육관광'으로도 분류할 수 있고, 훌륭한 서비스가 제공되는 분위기 있는 레스토랑을 돌며 현지 음식을 즐기는 '미식관광'이기도 하며, 공간적 범위로는 농촌과 도시지역 모두에서 체험이 가능하므로 '농촌관광' 및 '도시관광' 상품이기도 한다.

그림 6-6 음식관광의 다면성

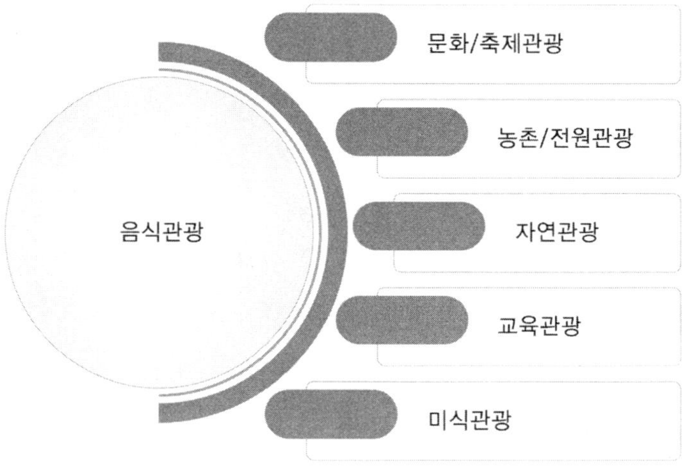

음식관광이 일반 관광상품과 가장 크게 다른 점은 식자원의 본질적 특성상 음식관광의 근간은 1차 산업인 농업이라는 점이다. 신선한 식재료를 생산하는 1차 산지방문, 식재료나 음료가 가공되는 과정을 체험할 수 있는 공장견학(2차 산업), 그리고 요리사의 창작요리를 고품질 서비스와 함께 경험할 수 있는 레스토랑방문(3차 산업) 등, 모두가 음식관광상품 구성의 자원이며, 이들이 '지역기반'으로 융합하면 새로운 6차 산업형 관광상품이 탄생된다.

특히 음식관광은 특정 지역을 기반으로 상품이 기획되고 운영되는데 여기서 말하는 지역기반의 의미는 그 지역만의 독특한 자연환경 특성 및 지역문화 · 역사와 전통, 생산자의 생산기술, 지역민을 포함하며 이는 차별화의 원천이자 때에 따라서는 지역명이 상품브랜드가 되기도 한다. 다시 말하면 음식관광에서 지역의 의미는 물리적인 영토 개념을 넘어서 지역 특성이 반영된 다양한 음식관광 자원들이 공존하는 컬리너리 랜드스케이프(culinary landscape)로 해석할 필요가 있음을 시사한다. 음식관광은 지역의 다양한 식자원을 중심으로 지역의 1차, 2차, 3차 산업이 서로 네트워크를 형성한다면 농촌지역의 6차 산업화의 촉진 및 지역경제 활성화에 크게 기여할 수 있으며, 융복합 관광상품의 대표적인 사례라고 할 수 있다.

그리고 음식관광은 음식과 관련된 모든 주제를 다루기 때문에 매우 다양한 상품개발이 가능하다. 좋은 식재료와 훌륭한 음식은 단순히 '장소를 방문하는 관광'과는 달리 계절에 따라, 지역에 따라, 만드는 사람에 따라 늘 새롭게 변화하는 특성을 가지고 있어 지속가능한 관광자원이라 할 수 있다.

우리가 음식관광에 특별히 관심을 가져야 하는 이유는 음식자원이 관광상품으로서 갖는 매력성과 차별성 때문이다. 국제관광이 보편화됨으로써 국가 간 도시 간 관광객 유치 경쟁이 점차 심화되고 있는 가운데 지역의 고유한 문화와 역사가 담겨있는 식(食)자원은 최고의 차별화된 관광자원이기 때문이다. 또한 다른 관광상품과는 달리 만족도 및 재방문 비율이 높은 매력적인 관광자원이기도 하다. 왜냐하면 관광을 하면서 지역음식을 먹고 마시며 체험하는 과정은 관광객들의 기억에 오래 남을 만한 경험을 제공하기 때문이다.

3) 음식관광 트렌드와 성공 요인

(1) 음식관광 트렌드

최근의 관광산업 환경은 세계화와 지역 자원에 대한 깊이 있는 경험이 동시에 진행되고 있다. 따라서 관광목적지는 강화된 경쟁력을 유지해야 하고, 관광시장을 확보하기 위해 지속적인 노력을 기울여야 하며, 역동적이고 복잡해지는 환경에 대한 대응력을 강화해야 한다.

특히 관광객은 특정 지역의 정체성과 문화에 기반한 여행경험을 추구하려는 경향이 있다. 이러한 관점에서 음식을 통한 체험은 그 지역의 문화와 생활양식을 파악하는 데 중요한 요소로 작용하고 있다. 음식에는 문화와 전통에 대한 존중, 건강한 생활방식, 지속가능성, 경험 등 관광산업의 모든 전통적 가치와 새로운 트렌드가 연관되어 있다.

향후 음식관광 트렌드는 크게 다섯 가지 정도의 특성을 갖게 될 것이다. 첫째, 가처분 소득의 증대와 지출 성향의 변화로 관광객은 건강을 고려한 조리음식, 식품, 외식에 많은 돈을 지출하게 될 것이다. 오늘날 소비자는 자신이 애착을 느끼고 자신에게 만족감을 주는 특정 상품에 대해서는 자기 소득수준을 훨씬 초과하여 돈을 쓴다. 음식과 관련된 일련의 행위들은 본능적인 욕구 충족이라는 면에서도 중요한 의미를 지니지만, 그것을 넘어 삶의 가치 및 질과 직접적으로 연결된다는 점에서 오늘날 많은 관광객들은 큰 만족감을 주는 음식 · 식품 · 외식 등에 더 많은 돈을 지출하려는 경향이 있다.

둘째, 독자성에 대한 강조로 인해 관광객은 더욱 개성 있고 독특한 음식을 찾게 될 것이다. 독자성은 관광목적지를 대변하는 토속적이고, 신선하고 좋은 품질의 요리를 찾는 독특함을 의미한다. 오늘날 많은 관광객들은 대량 맞춤화된 음식보다는 관광지의 독특한 개성 및 문화를 반영하는 음식, 레스토랑 등에서 그만의 독자성을 발견하고자 한다.

셋째, 다문화주의로의 변화로 인해 더욱 다양한 음식 및 식품 등에 대한 지출이 증가할 것이다. 세계적인 인터넷 붐, 중소 전문 TV채널 및 국제관광의 끊임없는 성장 등으로 인해 다문화 소비주의의 인식은 더욱 확산되고 있다. 오늘날 관광객은 최신 영화나 드라마를 보고 그 속의 음식을 동경하여 직접 찾아가서 먹기도 하고, 요리를 위해 이국적인 향신료를 구매하기 위한 여행을 하는 등 다문화주의는 관광에 있어서도 중요한 개념으로 자리를 잡아가고 있다.

넷째, 유명 요리사와 대중매체의 영향력 증대가 관광객의 음식소비에 더욱 많은 영향을 미치게 될 것이다. 인터넷 · 방송과 같은 대중매체의 영향력은 점차 심화되고 있으며, 이는 관광객이 음식제품을 선택하고 결정하는 데 있어 상당한 영향력을 행사하게 될 것이다.

다섯째, 새로운 경험들에 대한 갈망이 음식관광에 영향을 미치게 될 것이다. 음식관광객은 새로운 맛에 대한 열망과 지식 그리고 개념을 가지고 있다는 것을 의미하며, 이에 따라 음식은 고유의 문화적 자본을 만들어내는 중요한 요소가 될 수 있다. 관광객들이 부유해지고 더 섬세해질수록 그들은 자신의 미적 취향 및 욕구를 충족시킬 수 있는 새로운 맛에 끌리게 될 것이다.

(2) 음식관광의 성공 요인

음식관광 산업은 세계적으로 성장세가 뚜렷하여, 관광시장 중에서 가장 역동적인 잠재력을 보유한 분야이다. 세계관광기구(UNWTO)에서는 음식관광의 성공요인을 다음과 같이 제시하고 있다.

첫째, 지역이다. 지역은 음식제공에 있어서 중추적인 역할을 하며, 타지역과 차별화를 위한 요소로서 지역 정체성의 근원이 된다.

둘째, 상품이다. 상품은 음식관광의 기본적인 요소로서 음식관광 활성화를 위해서는 특정 지역의 문화자원과 자연자원을 그 지역의 정체성을 확립시키는 관광상품으로 전환하는 것이 중요한 요소이다.

셋째, 문화유산이다. 문화는 사회를 형성하는 행동 · 지식 · 관습의 총체이며, 소속감을 기반으로 하는 특징이 있다. 음식관광 상품구성 및 사업화를 성공시키기 위해서는 지역의 문화적 특성에 대한 고려가 필요하다. 음식관광은 관광객이 테이스팅(tasting: 시음), 경험, 구매 등을 통해서 관광지의 역사 · 문화적 유산에 접근할 수 있도록 유도해야 한다. 여기에서 역사 · 문화적 경험은 단순히 관조하는 수준이 아니라 적극적으로 참여하는 방식을 의미한다.

넷째, 지속가능성이다. 음식관광 활성화를 위해서는 음식자원의 개발에 있어서 지속가능한 가치를 지향해야 한다. 음식관광을 단순히 관광자원화하는 것이 아니라, 음식관광에 대한 새로운 공급을 창출하거나 현 영역의 외연을 확장할 필요가 있다. 관광객 유치를 위해서 많은 것을 만드는 것보다 지역의 전통음식, 지역 생산품, 제반 서비스, 주변의 관광체험과 연계하고 고품질의 안내 서비스에 따라 지역 고유의 문화를 체험할 수 있도록 해야 한다.

다섯째, 질적 수준이다. 음식관광을 홍보하는 관광목적지는 질적 수준을 제고하기 위한 측면에서 다양한 노력을 기울여야 한다. 지역 생산품의 보존 및 인지, 경쟁력 있는 상품개발, 교육을 통한 인적자원 전문성 확보, 방문객의 욕구를 충족시키기 위한 각종 서비스 등에 대한 고려가 이루어져야 한다.

여섯째, 커뮤니케이션이다. 음식관광 활성화를 위해서는 관광목적지에서 음식관광에 관한 수준 높은 안내 서비스가 제공되어야 한다. 관광수요가 다양화 · 다변화 되면서 관광객이 관광목적지에서 체류하는 기간뿐만 아니라 사전에 여행을 준비하는 단계에서부터 관련 정보를 수집하고 비교, 분석하는 패턴으로 변화하고 있다. 관광객이 관광목적지에서 경험한 것은 관광 후에 사회적 관계를 통해서 평가하고 공유함으로써 완료된다. 이러한 과정에서 재방문을 유도하기 위해서는 셰프, 언론매체, 관광가이드, 음식관련 블로그 및 소셜네트워크 등을 통하여 관광지의 이미지를 잘 구축해야 한다. 따라서 음식관광과 관련된 여행 전 단계, 여행, 사후 단계 등 모든 경로와 과정을 고려한 접근이 이루어질 필요가 있다.

마지막으로 협력이다. 음식과 관련한 생산자, 농업인, 목장주, 어업인, 셰프, 레스토랑 경영자, 공공 행정가, 호텔리어 등 주요 행위자에게 음식관광 상품공급과 관련된 영역에서 역할을 할 수 있도록 협력체계를 구축하는 것이 요구된다.

표 6-21 음식관광의 성공 요인

요인	내용
지역	• 지역은 음식 제공의 중추적인 역할을 하며, 타 지역과 차별화를 위한 요소로서 지역 정체성 확보
상품	• 특정 지역의 문화자원과 자연자원을 그 지역의 정체성을 확립시키는 관광상품으로 전환
문화유산	• 음식관광 상품구성 및 사업화를 성공시키기 위해서는 지역의 문화적 특성에 대한 고려 필요
지속가능성	• 음식자원의 개발에 있어서 지속가능한 가치 지향
질적 수준	• 지역 생산품의 보전, 인적자원의 전문성 확보 등 음식관광 목적지의 질적 수준 제고
커뮤니케이션	• 관광목적지에서 음식관광에 관한 수준 높은 안내 서비스 제공
협력	• 음식산업과 관련한 주요 행위자 간 협력체계 구축

7. 템플스테이

1) 템플스테이의 개념

먼저 템플스테이(Templestay)라는 용어에 대해 살펴보면, 'Temple'은 '사찰 · 사원'을 의미하고, 'Stay'는 '머무르다 · 숙박하다'라는 의미로 이 둘을 합친 합성어가 템플스테이로 신조어이다. 즉 '사찰에서 머무르다' 또는 '사찰에서 숙박하다'라는 사전적 의미를 내포하고 있다. 따라서 템플스테이는 한국의 전통사찰에 머물면서 사찰의 일상생활을 체험하고, 한국 불교의 전통문화와 수행정신을 체험하는 것을 의미한다.

2002년 한 · 일 월드컵을 맞아 개최국으로서 한국을 방문한 외국인들에게 한국의 전통문화를 체험할 수 있는 기회를 제공하고자 '한국방문의 해' 추진위원회와 조계종 포교원이 전국 11개 지역 총 33개의 사찰을 대상으로 템플스테이 사업을 한시적 목적으로 시작하게 되었다. 이후 템플스테이 사업은 정부의 재정지원 및 불교문화사업단과 개별 사찰의 노력 등이 결합되어 한국의 대표적인 문화관광자원으로 그 뿌리를 내리게 되었다.

불교계에서는 전통사찰의 기능을 네 가지로 명시하고 있다. 첫째로 종교수행 기능으로서 종교적 수행과 포교라는 본래의 기능이고, 둘째로 역사문화 보전기능으로 사찰건축과 사찰 내에 소장된 역사문화재에 대한 보전 및 관리를 통해 유산가치(heritage value)를 창출하며, 셋째로 생태환경 보존기능으로 산중사찰은 임상(林相)을 양호하게 보존함으로써 산의 건전한 산림생태가지(ecological value)를 창출하며, 넷째로 관광휴양자원 기능으로 전통사찰의 자연성과 역사문화성이 서로 어우러져 독특하고 수려한 경관을 창출하는 것이 그것이다.

한국의 자연환경과 전통불교문화유산이 공존하는 이러한 사찰에서 숙박을 통해 이루어지는 템플스테이는 내 · 외국인들에게 매력적인 관광의 대상으로 볼 수 있다. 즉 바쁜 일을 뒤로 한 산사에서의 생활체험은 삶에 찌든 현대인들에게 자연과의 교감, 전통불교문화에 대한 탐닉, 전신수양 등을 통해 자신의 내면을 들여다 볼 수 있는 기회와 심신의 안식처를 제공한다.

종교와 관계없이 템플스테이를 찾는 사람들이 늘어나고 있다. 지친 일상에 잠깐의 쉼표를 찍고 자신을 돌아보고자 하는 사람들이 많아진 탓이다.

2) 템플스테이의 분류

(1) 체험형

① 불교문화 체험형

불교문화 체험형은 각 사찰 고유의 인적 자원, 문화, 역사 등을 이용한 프로그램이다. 범어사의 불무도, 백양사의 우리문화재 그림그리기, 대흥사의 다도아카데미, 화엄사의 화엄석경 탁본 등이 그 예이다.

② 전통문화 체험형

전통문화 체험형은 한국전통의 유형 및 무형문화와 각 사찰의 전통문화자원, 지역의 유·무형문화, 세시풍속 및 지역특산물 등을 바탕으로 체험하는 프로그램이다. 부석사의 염색체험, 미황사의 어린이 한문학당, 표충사의 국궁, 범어사의 한지공예 등이 있다.

③ 생태 체험형

생태 체험형은 사찰 근처의 생태 및 자연환경을 체험할 수 있는 프로그램이다. 사찰 주변의 자연환경을 접하면서 자연 속에서 자아를 발견하는 데 초점이 맞춰져 있다. 화엄사의 지리산생태체험, 월정사의 천년의 숲길 걷기, 범어사의 금정산상행 등이 있다.

④ 건강 증진형

건강 증진형은 현대인의 건강 개선을 위해 만들어진 프로그램이다. 신륵사의 아토피제로 산사학교, 내소사의 트래킹 프로그램 등이 있다.

(2) 휴식형

숙식제공과 사찰예절교육 및 사찰안내가 필수로 프로그램에 포함된다. 대체적으로 전체 일정시간 중 자유시간과 휴식이 1/3 이상 차지한다. 예불의 참가여부는 사찰마다 다르며, 이 프로그램은 참가자 전원이 스스로 사찰의 규정을 지킬 때 프로그램이 원활히 진행될 수 있다. 범어사의 금어템플스테이, 미황사의 고요한 소리 등이 있다.

(3) 혼합형

혼합형은 체험형, 기본형, 휴식형, 수행형 중에서 2가지 이상의 프로그램을 혼합한 것이다. 화엄사는 국수 및 새싹차 만들기의 기본형과 생태 체험형이 혼합되어 진행되고, 천은사는 봄 빛 밟기와 산수유, 봄나물 만들기 등이 혼합된 생태 체험형과 불교문화 체험형이 함께 진행된다.

3) 주요 템플스테이 프로그램

(1) 김제 금산사의 '나는 쉬고 싶다(1박 2일)' 프로그램

구분	시간	내용	장소
첫째날 1st day	15:00~16:00	접수 및 방사 배정 Registration	각 방사
	16:30	사찰습의 Orientation	음식체험관 /화림선원
	17:00~18:00	저녁공양 Temple Dinner	후원
	18:00~18:30	저녁예불 Evening Ceremony at Buddha Hall	대적광전
	18:30	스님과의 대화(다담) Teatime with Monk	다실
	21:00	취침 Sleeping	각 방사
둘째날 2nd day	04:30~05:50	새벽예불(자율정진) 및 명상 Early Morning Ceremony at Buddha Hall	대적광전
	06:00	아침공양 Temple Breakfast	후원
	08:00~09:00	울력 및 포행(자율) Free Time	심원암 or 연리지
	09:30~10:30	나를 깨우는 108배 및 108염주 만들기 108 bows & making 108-bead	각 전각
	10:30~11:00	휴식시간 Break Time	사찰 경내
	11:00~12:00	소감문 쓰기 및 방사정리/회향 Comment	각 방사
	12:00	점심공양 Temple Lunch & Departure	

(2) 부안 내소사의 '자연과 하나되기(트레킹 템플스테이 1박 2일)' 프로그램

<table>
<tr><th>시간</th><th>첫째날</th><th>시간</th><th>둘째날</th></tr>
<tr><td colspan="2" rowspan="8">어서 오세요</td><td>04:00</td><td>기상/세면</td></tr>
<tr><td>04:10~04:50</td><td>새벽예불</td></tr>
<tr><td>05:00~05:40</td><td>행복을 찾는 108배 및 참선</td></tr>
<tr><td>06:10~07:30</td><td>발우공양</td></tr>
<tr><td>07:30~08:30</td><td>울력 및 김밥싸기</td></tr>
<tr><td>08:30~12:30</td><td>트레킹
(내소사→실상사→직소폭포→제백이고개→전나무 숲→내소사)</td></tr>
<tr><td>12:30~13:00</td><td>방사 청소</td></tr>
<tr><td>13:00~13:30</td><td>소감문 작성 및 회향식</td></tr>
<tr><td>14:30</td><td>내소사 도착</td><td colspan="2" rowspan="7">새로운 기운을 안고 집으로…</td></tr>
<tr><td>15:00~16:00</td><td>입재식 오리엔테이션
예절습의</td></tr>
<tr><td>16:00~17:00</td><td>Storytelling 사찰소개</td></tr>
<tr><td>17:10~17:20</td><td>저녁공양</td></tr>
<tr><td>18:00~18:30</td><td>타종체험 및 저녁예불</td></tr>
<tr><td>18:30~19:30</td><td>차담, 스님과의 대화</td></tr>
<tr><td>21:00</td><td>취침</td></tr>
</table>

(3) 화성 용주사 '효(孝)' 프로그램

토요일		일요일	
시간	내용	시간	내용
15:00~15:30	접수(보금자리 꾸미기) 수련복, 방배정	03:00~03:30	기상
15:30~16:00	불교예절, 환영사, 실무자 소개	03:30~04:30	새벽예불
16:00~17:00	용주사 도량 둘러보기	04:30~06:00	참 나를 찾아서(108배)
17:00~18:30	발우공양(저녁공양)	06:05~06:40	아침공양
18:30~19:30	세면 및 자유시간	06:50~07:30	대중 울력
19:30~20:30	연꽃 만들기	08:00~09:30	숲 명상

20:30~21:00	명상	09:30~11:00	차담(스님과의 대화)
21:00~03:00	취침	11:30~	회향

(4) 양산 통도사 '내 마음의 休(체험형)' 프로그램

구분	시간	내용	장소
첫째날	14:00~14:30	수련복지급 및 방사배정	설법전 아래법당
	14:30~15:00	사찰 예의습의	문수법당
	15:00~16:30	통도사 문화재 이해하기	경내
	16:30~17:30	참선	문수법당
	17:30~18:20	저녁공양	문수법당
	18:20~19:20	사물관람/저녁예불	종각/설법전
	경내 19:20~20:00	보궁 걷기 명상	문수법당
	20:00~20:40	마음 나누기	문수법당
	20:40~03:00	별빛이 흐르는 밤(꿈을 만나다)	문수법당
둘째날	03:00~03:30	기상 및 세면	문수법당
	03:30~04:30	새벽예불	설법전
	04:30~06:00	나를 깨우는 108배(행복한 발걸음)	
	06:30~07:00	아침공양	후원
	07:00~08:00	주변정리	경내
	08:00~10:00	자연과의 만남	서운암
	10:00~	마무리 명상 및 회향	문수법당

(5) 대구 동화사 '내몸그린' 프로그램

시간	1일차	2일차
04:30~05:00		내몸맘 깸 시간(기상 및 세면)
05:00~05:30		새벽예불 및 명상
05:30~07:00		아침공양 및 휴식
07:00~09:00		숲속 치유명상(걷기 명상)
09:00~11:00		다도체험(다반향초)
11:00~12:30		점심공양

12:30~13:30		부채나 나무잔탁 만들기
13:30~14:00		동영상 시청 및 회향
14:00~15:30	접수 및 방사 안내	
15:30~16:30	사찰예절	
16:30~18:00	동화이야기/저녁공양(발우공양)	
18:00~19:00	타종 및 저녁예불	
19:00~21:00	요가와 명상	
21:00~04:30	내몸맘 쉼 시간(취침)	

(6) 경주 골굴사 프로그램

시간	월~토요일	시간	일요일
4:00	기상(도량석)	4:00	기상(도량석)
4:30	새벽예불	4:30	새벽예불
5:00	좌선 및 걷기명상	5:00	좌선
6:00	아침공양	5:50	아침 발우공양
8:30	선무도 오전수련	8:30	차담
10:00	108배, 차담	9:30	성지순례: 기림사, 감은사지, 문무왕릉 108배 · 사시예불 기도동참
11:30	점심공양		
14:00	좌선(월수금) 또는 국궁(화목토)		
15:00	울력(대중이 함께 사찰 일손 돕기)	11:30	점심공양
15:30	선무도공연(월요일 제외)	15:30	선무도공연
17:00	저녁공양	17:00	저녁공양
18:10	오리엔테이션	18:10	오리엔테이션
18:30	저녁예불	18:30	저녁예불
19:00	선무도수련	19:00	선문도수련
22:00	취침	22:00	취침

8. 스포츠관광

1) 스포츠관광의 개념

최근에는 관광산업의 영역이 점차 확대되고 있다. 과거 숙박, 항공, 식음료, 여행사, 관광지 등에 국한되었던 전통적인 관광산업만으로는 성장의 한계상황에 직면하고 있다. 관광산업은 다양한 다른 산업의 콘텐츠 및 체험의 형태에 따라 관광상품의 특성과 유형이 결정되기 때문에 그 자체로 융합적 성격을 가지고 있다.

스포츠관광도 스포츠(sports)와 관광(tourism)이 서로 융합된 복합어이다. 스포츠관광은 학자들마다 다양하게 정의하고 있지만 일반적으로 '스포츠 참가나 관람을 목적으로 하여 일시적으로 일상생활권을 벗어나 재차 일상생활 권역으로 되돌아오기까지의 사람들의 행동'으로 정의되고 있다.

이러한 스포츠관광의 개념은 활동영역, 경험영역, 시간 및 공간범위로 구분하여 명확히 할 수 있다. 활동영역은 관광일정동안 관련된 스포츠 행위를 의미하고, 경험영역은 관광활동에서 스포츠 관련활동을 통하여 추구하고자 하는 즐거움 등의 경험영역이며, 시간과 공간범위는 일시적이고 24시간 이상 등의 여행으로서 거주지의 일상생활권을 벗어난 관광을 의미한다.

한편 스포츠 참여자의 관점에서는 '직접 스포츠에 참여 · 관람하거나 모든 경쟁적 · 비경쟁적 스포츠관광 대상활동에 참여하기 위해 집을 떠나 하는 관광'이라고 보는 스포츠 관람과 참여의 관광으로 정의할 수 있고, 개최자의 관점에서는 '개최지의 지역경제와 지역공동체의 이익도모를 목적으로 한 스포츠 이벤트의 개발 및 마케팅과정'이라고 보는 경제활동의 한 형태로서 지역발전을 위한 마케팅과정으로 정의될 수 있다.

향후 스포츠관광은 올림픽이나 월드컵대회와 같은 국제적인 스포츠 이벤트의 인기 상승, 선수와 관중을 모두 만족시키는 양질의 다양한 스포츠 이벤트의 증가, 사이클링 · 하이킹 · 골프 등 건강증진 목적의 적극적인 스포츠 활동인구의 증가, 교통망 발달과 전파기술의 발달로 인한 스포츠관광 인구의 증가, 스포츠를 통한 경제성장과 국제관계 개선을 도모하려는 국가의 증진 등으로 현재보다 더 활성화 될 전망이다.

2) 스포츠관광의 분류

학자마다 스포츠관광의 형태나 유형을 다양하게 분류하고 있지만, 스포츠관광의 유형에 대한 대표적인 견해로는 깁슨(H. J., Gibson)의 분류를 들 수 있다. 그는 스포츠관광을 능동적 스포츠관광(active sport tourism)과 이벤트 스포츠관광(event sport tourism), 노스텔지어 스포츠관광(nostalgia sport tourism)으로 구분하였다.

(1) 능동적 스포츠관광

능동적 스포츠관광이란 신체적 참여를 전제로 자신이 선호하는 스포츠 활동을 위해 떠나는 여행을 의미한다. 문명화로 인한 현대인의 정신적 스트레스와 심혈관 및 호흡기관련 각종 질병예방에 있어서 능동적 스포츠관광의 참여효과는 상당하다. 특히 스포츠 활동 중 접하는 야생의 독특한 동식물과 자연의 아름다움은 문명사회에서 누적된 우울감과 정신적 피로를 풀어주고 예방하는 효과가 있다고 한다. 그리고 자연이 주는 신선한 공기, 태양, 흙, 강과 바다 등에서 생물학적인 자극이 가져다주는 신체적인 회복효과는 대단히 커서 어떤 학자는 능동적 스포츠관광 참여를 '자연으로의 복귀와 회복'이라고도 한다.

능동적 스포츠관광은 일반적으로 자연환경을 대상으로 한 하이킹, 트레킹, 바이킹, 카누, 승마, 스키 등과 같은 아웃도어 스포츠 활동과 휴가 기간 동안 즐기는 골프, 테니스 등과 같은 적극적인 신체활동을 수반한 스포츠 활동으로 나타난다. 현재 북미와 유럽을 중심으로 능동적 스포츠관광 참여인구가 급속하게 증가하고 있으며, 국내에서도 암벽등반 · 산악자전거 · 스키 · 패러글라이딩 등과 같은 아웃도어 산악 스포츠와 해양 및 수상스포츠의 참여인구가 꾸준히 증가하고 있다.

캐나다의 휘슬러와 네덜란드의 헤이그의 사례처럼 국가와 지자체 차원에서 능동적 참여스포츠관광 도시를 개발하는 경우도 자주 목격할 수 있다. 이는 바로 스포츠관광이 지닌 경제적 효과와 무관하지 않다.

(2) 이벤트 스포츠관광

이벤트 스포츠관광이란 스포츠를 관람하기 위해서 떠나는 여행이다. 국제 관광시장 활성화 측면에서 스포츠 이벤트 개최는 세계 국가와 도시들 사이에서 초미의 관심사가 되고 있다. 올림픽이나 월드컵 같은 메가 이벤트를 비롯하여 다양한 형태의 스포츠 이벤트의 유치는 개최국가와 도시의 스포츠 인프라 구축과 함께 문화, 예술, 엔터테인먼트 영역과 연계하여 관광산업을 활성화할 수 있다는 측면에서 그 매력도가 높다고 할 수 있다. 오늘날 이벤트 스포츠관광은 다음과 같은 네 가지 유형으로 구분할 수 있다.

첫 번째 유형은 국제 관광시장을 타겟으로 하는 메가 스포츠 이벤트 관광이다. 대표적인 메가 스포츠 이벤트관광은 올림픽과 월드컵으로 이를 관람하거나 직접 대회에 참여하기 위해서 개최지와 개최국으로 떠나는 여행이라고 할 수 있다. 메가 스포츠 이벤트는 참여규모와 목표시장의 크기, 공공재의 투입규모, 정치적 효과, 미디어의 관심, 시설, 경제 · 사회적 영향 측면에서 그 크기와 규모가 가장 크다는 특징이 있다. 우리나라의 경우 86서울아시안게임대회 기간 동안 외국관광객이 전년대비 13.7% 증가하였고, 88서울올림픽 기간 동안 일본인과 미국인 위주의 방한 관광객이 다양하게 확산되어 전년대비 43.8% 관광객의 증가와 37.3% 관광수입의 증가로 이어져 국제적인 메가 스포츠 이벤트는 관광객의 유치와 관광산업 진흥에 큰 효과가 있는 것으로 나타났다.

둘째, 특정 지역이나 목적지를 중심으로 한 홀마크 스포츠 이벤트(hallmark sport event)관광이다. 홀마크 스포츠란 특정 목적지와 지역에서 주기적으로 개최되는 국제적인 스포츠 이벤트로서 런던마라톤 대회, 뉴욕마라톤 대회, 뚜르 드 프랑스 등이 있다. 홀마크 이벤트는 메가 스포츠 이벤트에 비해 참여규모와 시장의 크기는 작지만, 전 세계적으로 미디어의 관심이 상당히 높고 직간접적인 관광유발효과를 지닌다는 특징이 있다. 이처럼 지역의 명성과 지위를 높여주는 효과와 함께, 관광수요 창출을 통해 지역경제에 크게 기여하기 때문에 오늘날 많은 도시들이 홀마크 스포츠 이벤트를 개발하고 있다.

셋째, 메이저 이벤트관광이다. 대회 때마다 개최지가 바뀌는 메이저 이벤트의 특성상, 특정지역이나 목적지를 중심으로 한 홀마크 이벤트와는 차이가 있다. 이러한 형태의 대표적인 이벤트로는 지난 7년간 무려 6차례에 걸쳐 미국 단일 프로그램 시청자 수의 최고 기록을 갈아치운 NFL의 슈퍼볼이나 유러피언 컵, 럭비월드컵, 월드시리즈, 코리언시리즈 등이 있다. 메이저 이벤트는 미디어의 관심과 집중보도 및 중계, 대규모 관중과 시청자, 이들을 타겟으로 한 글로벌 기업들의 광고 및 스폰서십, 국내 및 외래관광객 방문 등으로 유발되는 경제효과가 상당하며, 해당 스포츠와 팀에 대한 충성도가 높은 팬들을 중심으로 한 이벤트관광이 이루어진다는 특징이 있다.

넷째, 지역 스포츠 이벤트관광이다. 지역 스포츠 이벤트는 메가 이벤트, 홀마크 이벤트, 메이저 이벤트와 달리 지역 기반의 순회경기의 형태를 띤다. 이러한 형태의 이벤트관광은 해당 스포츠에 대한 관여도와 팀 정체성이 높은 팬들을 중심으로 이루어진다. 지역 스포츠 이벤트로는 20

개 클럽이 홈과 원정 지역을 순회하며 시즌 당 380개의 경기를 소화하는 프리미어리그를 비롯하여, 한국 프로야구, MLB 리그 경기 등이 있다.

한편 스포츠 이벤트는 중요한 관광자원이다. 특히 우리가 스포츠 이벤트에 주목하는 이유는 이벤트가 개최도시와 개최지역, 개최국이 가져오는 직간접적인 경제적 효과 때문이다. 직접적인 참여와 방문으로 시장이 형성되는 능동적 스포츠관광과 노스텔지어 스포츠관광과는 달리, 특정기간 동안 특정지역에서 생산과 소비가 동시에 일어나는 이벤트 스포츠관광은 개최지와 개최국의 경제에 상당한 영향을 미친다. 오늘날 국제적인 이벤트 스포츠관광도시로 성장한 영국의 쉐필드와 맨처스타, 미국의 인디애나폴리스 등의 사례처럼 스포츠 이벤트의 유치를 통해 조성된 스포츠 시설과 인프라는 스포츠 유산으로서 해당 도시의 중요한 스포츠관광자원이 되고 있다.

(3) 노스텔지어 스포츠관광

노스텔지어란 과거의 추억으로 돌아가고자 하는 열망 혹은 과거를 다시 체험하고자 하는 갈망이다. 소비자의 태도와 서비스 및 상품 선택에 있어서 노스텔지어는 막강한 영향력을 발휘한다. 특히 스포츠와 관광분야에서는 더욱 그러하다. 예를 들어 나이키와 같은 스포츠 용품제조업 분야와 볼티모어 오리올즈와 클리블랜드 인디언스와 같은 메이저리그 야구구단들도 과거 스포츠 스타를 활용한 마케팅 커뮤니케이션 활동을 통해 소비자에게 과거에 대한 추억과 그리움을 어필한다.

노스텔지어 스포츠관광이란 명예의 전당, 유명한 경기장, 스포츠의 역사를 보여주는 유적지 같은 스포츠와 관련된 매력물을 방문하는 것이다. 노스텔지어 스포츠관광의 핵심 요소이자 주요 대상은 사회적으로 스포츠와 관련하여 특별하고 다양한 의미를 담고 있다고 인식되는 매력물이다.

스위스 로잔느 올림픽 박물관이나 베이브 루스를 비롯한 양키즈를 거쳐 간 레전드들의 야구의 흔적과 유물을 전시한 양키즈 박물관 등과 같이 스포츠의 역사, 문화, 유산을 보여줄 수 있는 역사적이고 상징적인 장소나 건축물들이 노스텔지어 스포츠관광의 자산이다.

스포츠관광 매력물은 기념관이나 박물관 외에도 미국의 메디슨 스퀘어 가든이나 애너하임의 야구 경기장 혹은 일본의 도쿄돔 경기장 등과 같은 유명한 스포츠 시설이 될 수도 있다. 이러한 곳을 찾는 관광객들은 경기 관람을 위한 방문 외에도 역사적인 스포츠 시설에 더 큰 매력을 느낄 수 있기 때문이다. 바로 이러한 이유 때문에 스포츠 시설이 스포츠 관광팬(sport tourism fan)들을 유인하는 중요한 스포츠 브랜드로 인식되고 있다. 즉 노스텔지어 스포츠관광은 스포츠 문화유산과 관련되어 나타난다고 할 수 있다.

또한 한 개인이 스포츠 참여와 관람을 통해 과거로부터 축적해온 스포츠를 둘러싼 긍정적인 사회적 · 집단적 경험이 곧 스포츠 노스텔지어가 되며, 이러한 참여와 관람의 향수가 미래의 참여와 관람의 동인이 된다는 것이다. 결국 참여자의 기억을 매개로 능동적 스포츠관광과 이벤트 스포츠관광의 경험 자체가 노스텔지어 스포츠관광의 대상과 목적이 된다고 할 수 있겠다.

3) 스포츠관광의 효과

(1) 경제적 효과

스포츠관광의 경제적 기대효과는 직접적인 경제효과, 소비관련효과, 관광산업의 발전효과, 고용촉진의 효과로 크게 구분될 수 있다.

스포츠관광의 직접적인 효과는 스포츠관광과 관련된 상품을 특화시키기 위해 투자와 유치의 단계에서 건설 · 교통 등의 하부정비를 통해 지역의 각종 서비스관련 기반시설을 강화하고 레저문화시설을 확충함으로써 이루어진다. 이러한 레저문화시설들은 지속적인 관광수입의 원천이 되고, 지역주민들의 스포츠 활동을 용이하게 하며, 스포츠관련 산업활동의 촉진으로 이어져 스포츠산업 발전의 기반이 된다.

스포츠관광에서의 소비효과는 스포츠 관광사업 및 관련 이벤트를 통한 공공사업비 · 시설운영비와 방문객들이 소비하는 입장료 · 이동경비 · 숙박경비 · 체재비용 · 음식비용 · 선물비용 등이 지역경제와 국가수익을 증가시켜 국가수지의 향상에도 도움을 준다.

또한 스포츠관련 관광용품과 판매용품뿐만 아니라 지역 이미지를 홍보할 수 있는 기회가 되고, 관광정보기술 발전과 관광교통체계 확립으로 새로운 관광벨트의 구축 및 관광 시너지효과 등 관광산업 전 분야의 발전에 기여한다.

관광산업과 더불어 스포츠관광 역시 노동집약적인 특성으로 인해 고용창출효과가 크고, 간접적 연계산업에서도 파생적 고용을 창출하게 한다. 스포츠관광의 활성화는 스포츠관광지 개발 및 이용시설확충으로 인한 장 · 단기적 고용기회와 고용촉진 그리고 인재축적의 장이 되어 사회적 자원이 된다.

(2) 사회 · 문화적 효과

스포츠관광은 관광지에서 다양한 환경에 적절히 대처해 나가면서 직 · 간접적인 스포츠 참여뿐만 아니라, 관광지의 사회 · 역사 · 문화나 사람들과의 교류를 통하여 사회적 · 문화적 · 교육적 측면에서 바람직한 목표를 갖게 하고, 사회적으로 안정된 행동을 할 수 있게 도와주며, 인간의 삶의 질을 높이는 긍정적인 효과도 있다.

스포츠관광을 통해 얻을 수 있는 사회적 이익은 지역주민들이 그들의 문화를 진흥시키기 위하여 서로 단합케 하고, 지역사회의 분위기와 참여의욕을 고취시키며, 전통문화적 요소의 발전 및 문화재 보존에 대한 관심, 더 나아가 국가의 위상을 고양시키는 원동력이 된다.

반면 부정적인 영향으로는 보다 수익성이 높은 스포츠관광과 관련된 일자리는 기존의 전통적 고용구조와 지역사회에 혼란을 주어 지역경제의 균형에 문제를 낳을 수 있고, 스포츠관광 콘셉트에 따른 전통적 · 문화적 요소의 변형과 정체성 및 문화유산을 상실하게 할 수도 있다. 그리고 지역주민들과 관광객 간의 긴장관계를 유발하기도 하며, 이벤트에서 혼란과 무질서를 야기할 수도 있다.

스포츠관광객들은 방문한 지역사회에 영향을 주고, 스포츠관광 역시 사회적 변화의 한 원인이 되기도 한다. 관광지의 지역주민들은 관광객들이 가져다주는 경제적 혜택에 의존적인 입장을 취할 것인지, 이러한 혜택을 포기하고 그들의 문화유산과 정체성만을 보존할 것인지를 두고 딜레마에 빠지기도 한다. 스포츠관광이 가져 오는 사회 · 문화적인 잠재혜택과 손해 사이에서의 적절한 균형유지가 필요하다.

(3) 정치적 효과

여러 가지 사회현상 중 스포츠는 정치적 측면에서 볼 때 일종의 권력자원으로서의 의미를 강하게 지니고 있으며, 외교정책면에서도 '스포츠외교'는 이미 국가의 중요한 정치적 행위의 한 수단으로 독자적인 영역을 구축하면서 그 역할과 중요성이 증대되고 있다. 스포츠는 본질적으로 정치 · 경제 또는 특정 이데올로기 문제와 관련하여 가치중립적인 태도를 견지하는 것이 바람직하나, 스포츠가 처한 사회적 상황에 따라 다양한 의미로 활용되고 있다.

스포츠관광은 정치적 측면과 결합되어 순기능과 역기능의 양면적 효과를 지닌다.

순기능적 측면으로는 첫째, 민족주의 정신을 고취시키고 국민화합의 기능을 한다. 둘째, 국가 간 스포츠 교류를 통한 우호 · 협력촉진을 도모한다는 점에서 비공식적인 외교정책수단이다. 셋째, 지역사회나 특정개인의 정치적 지위 및 이미지향상 등 다양한 정치적 목적달성에 기여한다.

반면 역기능적 측면으로는 첫째, 국민의 정치적 무관심을 활용하여 정치권력을 유지 · 확장시키는 효율적인 수단이 되고 있다. 둘째, 특정집단의 저항수단이나 피지배계급에 대한 억압과 지배계급의 모순을 은폐하는 수단이 되기도 한다. 셋째, 각국의 정치적 상황이 스포츠와 결부되어 국제갈등의 원인이 되기도 한다.

이처럼 스포츠는 정치 · 경제 · 사회 · 문화 등 여러 요소들과 결합하여 제반 사회문제 해결 및 국가발전을 증진시키는 정치 · 경제적 자원이자 문화인 것이다.

(4) 환경적 효과

여가산업의 발달과 소득수준의 향상으로 스포츠 활동에 대한 참가인구의 증가는 자연생태계의 훼손 등 몇 가지 측면에서 점차 사회문제화되고 있다. 특히 현대사회로 접어들어 새로운 스포츠가 등장하고 숲이나 산 · 바다 · 강 · 절벽 · 동굴 등으로의 야외활동의 증가는 자연환경의 오염으로 이어져 그 피해는 날로 급증하고 있다. 야외활동 관광지로서 인기도가 증가하게 되면 건축물 신설, 도로확장, 교통체증 및 대기오염, 관광객들로 인한 자연파괴 및 훼손도가 커지게 된다.

도시에서 개최되는 대형 스포츠 이벤트 역시 도시환경에 부정적인 영향을 끼친다. 대규모의 스포츠시설들과 스포츠관중 · 상인 · 취재기자들은 지역주민들에게 교통의 불편함과 소음의 피해를 주고 있는 실정이다.

스포츠에 의한 환경파괴는 스포츠 활동을 지원하는 스포츠산업체들이 기업의 이익추구를 위해 무분별한 자연개발 및 자원을 소비하고, 이로 인한 폐기물 처리를 적절히 하지 않음으로써 광범위하게 조장되고 있다.

한편 자본주의체제에서는 스포츠가 경제적 여유를 가진 상류계층의 전유물이고 하류계층은 보조자나 관람자의 위치로 전락시킨다는 비판적 측면에서 환경적 책임을 두고 국민계층 간의 갈등으로 이어져 사회뿐만 아니라 국가적 차원에서도 커다란 유해요인으로 작용하고 있어 이를 둘러싼 갈등이 야기되지 않도록 대책 마련이 시급하다.

스포츠는 지금까지 사회 · 문화적으로 긍정적 효과만이 강조되어 자연환경을 무분별하게 파괴하고 오염시키는 역기능에 대해서는 관대한 예우를 받아 왔다. 그러나 환경문제는 단순히 자연환경파괴의 문제가 아닌 전 세계적으로 또는 국가적 차원의 사회적 정의를 실현시키는 거시적 입장에서 환경보호와 사회적 정의를 동시에 실현할 수 있는지의 여부가 핵심과제로 대두되고 있다.

스포츠관광으로 인한 환경문제 해결을 위해서는 지연환경이 주는 가능성을 이용하여 조화될 수 있는 공간구성이 선행되어야 한다. 이는 생태계를 위한 자연환경 보존의 차원에서 더 나아가 스포츠관광의 지속적인 발전을 위해서도 필요한 것이다.

국가적 차원에서의 정책 마련과 지방자치단체 및 지역주민이 주체가 되어 지방의 생태적 · 문화적 독자성을 반영한 투철한 환경의식과 환경친화적 생활양식의 정착이 필요하다. 또한 스포츠관광에 참여하는 개개인도 올바른 환경의식을 확립하고 환경보호와 홍보에도 앞장서야 할 것이다.

9. 해양관광

1) 해양관광의 개념

해양관광의 사전적 의미는 국문으로서의 해양 즉 '넓고 큰 바다' 또는

'지구 표면의 약 70%를 차지하는 수권(水圈)으로, 태평양 · 대서양 · 인도양 따위를 통틀어 이르는 말'이라는 명사와, 관광으로서는 '다른 지방이나 나라에 가서 그곳의 풍경, 풍습, 문물 따위를 구경함'이라는 명사가 합쳐진 복합명사이다. 영문으로는 'marine tourism', 'coastal tourism', 'maritime tourism', 'ocean tourism' 등으로 다양하게 사용되고 있다.

해양관광은 학자에 따라 연안 또는 물과 인접한 공간에서 이루어지는 자동차 드라이빙, 해변에서의 야영, 해양생물의 관찰, 낚시와 경관감상 등을 포함하는 광범위한 활동으로 정의되기도 하고, 해역과 해안에서 이루어지는 활동으로 해양에 의존하거나 해안에서 특별히 이루어지는 활동으로 정의하기도 하며, 해안선에 인접한 육지와 바다의 공간에서 휴양 및 레크리에이션을 하는 활동으로 정의되기도 한다.

또한 해양관광은 해중 · 해상 · 해변을 대상으로 하여 이루어지는 관광활동으로 청색관광(blue tourism)이라고도 하고, 일상생활에서 벗어나 변화를 추구하기 위한 관광행위로서 해역과 연안에 접한 단위 지역사회에서 직 · 간접적으로 해양공간에 의존하거나 연관된 활동을 의미하며, 해양이 가지고 있는 영역과 역할 및 매력성으로 인한 모든 관광활동을 지칭하기도 한다.

이러한 해양관광의 개념은 관광이 행해지는 장소, 관광의 목적 그리고 활동의 형태가 모두 충족될 때 성립될 수 있다. 이 세 가지 요소 중 하나라도 충족되지 않을 시에는 해양관광이라고 정의하기에 다소 무리가 있다. 따라서 해양관광은 관광활동의 일종으로 즐거움 · 위락 · 휴가 · 스포츠 등을 목적으로 일상생활권을 벗어나는 행위이고, 해변 · 해상 · 해중 · 해저 등 해양에서 이루어지는 관광활동이며, 해양을 경관자원으로 활용하는 소극적 의미에서부터 해양스포츠와 같은 적극적인 의미까지 포함하는 개념이라고 할 수 있다.

2) 해양관광의 특성

(1) 다른 산업과 높은 연관성

해양관광은 지리적으로는 어촌, 항만, 도서와 연결될 수밖에 없고 크루즈관광, 세일링요트, 모터요트 등 조선업 및 보트용품 산업과도 연결된다. 또한 해양생태관광 등은 해양보전지역의 관광자원 이용과 같은 해양환경과도 직결되는 산업이다. 이밖에 해양스포츠나 해양휴양에 필요한 해양리조트 등 해변 친수공간 개발 사업이기도 하다.

또한 국내에서는 해양과 관련된 시설들이 주로 항만이나 어항 등 산업시설 위주로 개발되거나 진행되고 있어 요트장의 추가개발이나, 해양체험시설장 등의 시설개발이 요구된다.

(2) 접근성

해양관광에 있어 고려해야 할 요인은 관광지의 접근성이다. 해양관광은 보통 표적시장인 도시지역으로부터 멀리 떨어져 있어 접근이 어려운 경우가 많다. 시간에 쫓기는 현대인의 생활양식으로 인해 접근편의성에 대한 요구는 더 커지고 있다. 관광지의 접근성은 구체적으로 항로나 도로, 해로 등의 접근로와 교통기반시설에 달려있는데 이를 관광지의 루트수용력(route carrying capacity)이라 할 수 있다. 루트수용력은 환경수용력과 함께 교통 요지에 위치하는 경우가 많아서 해양관광을 좌우하는 중요한 요인이다.

최근 지방자치단체에서는 관광개발을 유치하기 위해서 접근성에 대한 부분을 크게 고려하여 기반시설 구축에 집중하고 있으며, 관광개발회사에서도 지역개발과 운영이익을 위해서 접근성을 가장 크게 고려하고 있다. 이점을 충분히 인식하여 지방자치단체에서는 개발회사를 유치하려는 전략보다 접근성 및 기타 인프라시설을 충분히 검토하여 사업을 추진시키는 데 문제가 발생하지 않도록 지원계획을 수립해야한다.

(3) 자연의존적 성향

해양은 관광객들에게 매력적인 장소가 되는 독특한 특성을 제공한다. 각각의 해안은 그곳만의 특성에 따라 자연에서 유일한 3S, 즉 태양과 바다 그리고 모래로부터 창출되는 복합적인 특성으로 다양한 매력을 제공한다.

해양관광은 자연(기후, 풍경, 생태계 등)과 문화(역사와 문화유산, 예술, 전통 등)에 상당히 의존하는 경향이 있다. 오직 특정한 지역과 환경에서 행해질 수 있는 활동들을 포함한다. 멕시코만에서의 세일링, 호주와 하와이의 비치서핑, 홍해의 스포츠잠수와 같이 일부 지역은 특정한 형태의 관광활동에 적합한 환경 때문에 세계적으로 유명한 지역으로 발전해왔다.

그리고 해안지역의 관광발전은 지역주민의 관심, 지역의 청결상태와 안전, 환율급등 등 사회 · 경제적인 특성에도 관련이 있다. 뿐만 아니라 예기치 못한 기후변화, 녹조현상, 산불, 쓰나미, 홍수 등과 같은 환경적인 요인 또한 해안지역의 관광발전에 영향을 미친다. 특히 섬지역의 관광은 뭍으로 둘러싸인 지리적인 환경 때문에 주로 자연자원을 기반으로 하는 해양관광에 중점이 되므로 모든 해양관광 활동은 기후와 밀접하게 연관이 있다.

3) 해양관광의 유형

(1) 레저스포츠형

해양관광에 스포츠의 의미를 부여하자면 친수공간, 연안, 해안 및 해저 등의 공간에서 정신 · 휴양 · 신체활동을 위해 지역이 보유하고 있는 해양환경을 토대로 이루어지는 스포츠, 레저, 레크리에이션 등의 활동을 모두 포괄하고 있다.

따라서 해양관광의 레저스포츠형에는 해양기구나 장비를 이용하거나 바다를 중심으로 형성된 자원과 직접적으로 접촉하는 형태로 해상에서 파도, 바람, 해류 등을 이용한 윈드서핑 · 카누 · 요트 · 서핑 등이 있으며, 동력을 이용한 제트스키 · 모터보트 · 패러글라이딩 · 수상스키 등과 해저에서 즐길 수 있는 스킨스쿠버 등이 있으나 장비와 보조기구를 사용해 전문적인 훈련을 이수해야 하는 등의 숙련이 필요한 종류도 있다.

해양이라는 자연환경에 대한 의존도가 높아서 자연조건과 환경에 대한 한계성을 가지는데, 육상활동과는 다르게 기상조건과 같은 통제가 어려운 속성까지 감안해야 하는 세심한 주의가 요구된다. 또한 해변 모래사장에서 즐길 수 있는 비치발리볼, 축구, 족구, 씨름 등의 스포츠도 있다.

해양스포츠는 사람과 사람만이 아닌 사람과 자연의 경쟁이기도 하며, 여기에서 자연을 향한 끊임없는 도전정신도 함께 배양할 수 있는 호연지기의 장이 될 수도 있다.

(2) 휴양오락형

해양관광의 휴양오락형 자원은 해양자원이나 모래해변 등 직 · 간접적으로 연관되어지는 것으로 해양의 자연조건을 활용하여 즐길 수 있는 관람 · 감상 · 참여형태로 구분할 수 있다. 휴양오락형으로는 주로 해수욕, 바다낚시, 해변캠프, 건강랜드(해수탕, 머드시설 등), 해양 주제공원, 일광욕, 해양축제 참가, 유흥오락시설, 조개구이 및 생선회 시식, 지역 수산특산물 시식 등으로 구분할 수 있다.

(3) 자연경관유람형

자연경관유람형 해양관광은 크루즈 여행, 전망대, 해양경관지 감상,

어항 및 항만관광, 유람선 관광, 일출 · 일몰 감상, 해저관광(잠수정, 해중전망대 등) 등 해양과 관련된 해양관광활동이다. 이 또한 해양이라는 특별한 자연경관에 대한 의존도가 높아서 자연조건과 환경에 대한 한계성을 가지는데, 육상관광 활동과는 다르게 기상조건과 같은 통제가 어려운 속성까지 감안해야 하는 세심한 주의가 요구된다.

(4) 생태체험형

생태체험형 해양관광은 갯벌체험, 어촌체험, 해양체험학습장, 철새도래지 탐방, 생태공원 체험, 해양박물관, 수족관 관람, 염전체험 등 해양과 관련한 관광활동이다.

10. 도시관광

1) 도시관광의 개념

도시는 삶의 필요적 기능에 의해 만들어진 물리적 실체이기도 하지만, 오랜 역사와 문화로 이루어진 도시만의 특별한 정체성을 가진다. 때문에 도시는 그 자체로 관광목적지로서의 충분한 가치를 지니며, 도시관광은 관광객을 지역으로 유인하여 관광효과를 유발함으로써 도시 활성화에 기여하는 도시마케팅의 강력한 수단의 하나라고 할 수 있다.

사실 도시는 관광의 역사를 통해 가장 대표적인 목적지로 여겨 왔으며 현재도 파리, 런던, 뉴욕, 도쿄, 베이징, 서울 등 각국을 대표하는 대도시들은 다양한 역사적 · 문화적 · 현대적 볼거리를 바탕으로 매년 수많은 관광객들의 발길을 끌어당기고 있다. 더욱이 도시들은 관광목적지로서

뿐만 아니라 철도, 항공, 도로 교통의 중심지로서 주변 지역을 방문하는 관광객들의 관문으로서도 중요한 역할을 하고 있고, 대표적 주거지역으로서 관광객들의 출발지가 되는 등 전체 관광시스템에서 여러 역할들을 담당하고 있다.

도시관광이 비도시관광과 확연히 구분되는 몇 가지 특징이 있다. 첫째, 비도시 지역에 위치한 관광목적지를 방문하는 대부분의 목적이 주로 위락적 목적인데 반해 도시 방문자들의 목적은 위락 이외에도 업무, 교육, 쇼핑, 친지방문 등 매우 다양하다는 것이다. 둘째, 다양한 기능과 산업이 공존하는 도시에서 관광산업은 해당 도시의 가장 핵심적인 기능이 아닌 경우가 많기 때문에 도시의 여러 요소들을 다른 기능과 공유해야 한다는 것이다. 셋째, 도시는 지역의 중심지로서 세계화 · 상업화 등의 영향으로 빠른 문화적 정체성의 변화를 겪는다는 것이다. 넷째, 많은 관광매력물들이 도시거주자들의 여가공간으로 활용되고 있는 현실에서 도시에서 관광기능과 여가기능의 구분은 사실상 어렵다는 것이다.

도시는 다양한 계층의 많은 사람들에 의해 정치 · 경제 · 문화 · 교육 등 복합적인 기능이 수행되는 공간으로서 지식, 자본, 권력, 노동, 커뮤니케이션이 집적되는 지역적 · 국제적 중심지로서의 역할을 수행하고 있다. 따라서 도시관광은 이러한 도시라는 특수한 환경 속에서 도시를 방문한 관광객으로 하여금 도시 자체에서 즐길 수 있는 다양한 관광활동의 기반을 제공하고 이를 통해 도시관광을 구성하는 관광객, 관광대상(자원), 관광기업 및 정부, 도시 주민들이 서로 상호작용하는 현상의 총체라고 할 수 있다.

2) 도시관광의 기능

도시는 다기능적인 특성을 가지고 있으며, 다양한 동기를 지닌 이용자들의 욕구를 충족시켜주는 곳이다. 도시는 규모나 발달정도에 따라 차이는 있으나 역사 · 인구 · 문화 · 종교 · 교통 · 상품 · 자본 등의 집산지로서 경제활동, 문화활동, 교육활동 등과 관련한 사람의 이동과 교류를 촉발시킨다. 특히 도시는 전통적인 비도시지역의 관광지가 제공할 수 없는 독특하고 다양한 여가, 관광, 레크리에이션을 위한 공간적 · 경험적 · 위락적 경험들을 제공해 준다.

도시관광의 기능은 경제 · 사회 · 문화적 기능과 관광적 기능으로 나눌 수 있다. 먼저 도시관광의 경제 · 사회 · 문화적 기능은 경제적 소득과 고용창출, 문화유산의 보전 및 재창조, 기반시설의 확충 및 정비 시 재개발 및 활력을 부여할 수 있다. 또한 전통적 산업구조에서 서비스산업 중심의 경제구조로 이행하는 데 중요한 역할을 한다. 둘째, 도시의 관광적 기능은 관광객들이 관광목적지로 가는 경유지로서 교통 및 관광정보 제공지이며 관광목적지의 배후지로서 숙박지의 기능을 한다. 또한 도시 내의 여러 관광대상물에 의한 위락지이기도 하며, 도시민의 생활풍습과 각종 이벤트 개최로서의 기능들을 수행한다.

표 6-22 도시관광의 경제 · 사회 · 문화적 기능 및 관광적 기능

도시관광의 경제 · 사회 · 문화적 기능	도시관광의 관광적 기능
• 경제적 소득과 고용창출 • 문화유산의 보전 및 재창조 • 기반시설의 확충 및 재정비 시 재개발 및 활력 부여 • 전통적 산업구조에서 서비스산업 중심의 경제구조로 이행하는 데 중요한 역할을 수행	• 관광객들이 관광목적지로 가는 경유지로서 교통 및 관광정보 제공지 • 관광목적지의 배후지로서 숙박지 • 도시 내 여러 관광대상물에 의한 위락지 • 도시민의 생활풍습 및 각종 이벤트의 개최지

한편 도시관광은 그 지역의 자원을 활용하여 상품을 개발하는 데 있어 〈표 6-23〉에서 나타난 여러 가지 자원을 재분석하여 관광자원화 할 수 있는 소재 발굴이 중요하다.

표 6-23 도시관광 상품화 가능 지역자원

자원	자원의 내용	관광대상
인재	사람, 모임, 교류, 체험, 창작, 지적 재산 등	사람
역사 · 문화	전통문화, 축제, 이벤트, 생활문화, 사적, 유적, 종교시설 등	문화
산업	기존산업, 기업, 기술, 생산물, 특산품 등	산업
자연 · 환경	자연, 경관, 도시공간, 농림공간, 물, 동식물 등	환경
활동	오락, 음식, 쇼핑, 유희, 스포츠, 자원봉사활동 등	장소
도시기능	도시시설, 문화시설, 레저시설, 지적 시설 등	도시

3) 도시관광의 유형과 구성요소

(1) 도시관광의 유형

도시관광의 유형은 도시 내에서 이루어지는 관광형태로서 목적과 활동에 의하여 비즈니스관광, 쇼핑관광, 이벤트관광, 컨벤션관광, 문화관광, 위락 및 휴양관광 등 다양한 형태로 구분할 수 있으며, 이러한 유형은 방문객의 특성에 따라 지속적으로 변화할 수 있다.

또 다른 도시관광에 대한 유형은 그 도시가 지니고 있는 관광자원을 기준으로 분류할 수 있다. 관광자원은 관광객의 관광욕구 대상이 되며, 관광행동의 목표가 되어 관광객을 끌어들이는 데 기여하는 유 · 무형의 자원이라 할 수 있다. 이러한 측면에서 도시관광의 유형을 자연관광자원 중심형, 문화관광자원 중심형, 종교관광자원 중심형, 전적지관광자원 중심형, 새로운 흡입요소 중심형 등으로 구분할 수 있다.

표 6-24 도시관광의 유형

유형	구체적인 내용
자연관광자원 중심형	경관, 풍경, 풍물, 산수, 지질, 기후, 풍토, 동식물 등
문화관광자원 중심형	고고학적 유적, 사적, 사찰, 건축물, 유형문화재, 무형문화재, 기념물, 민속자료, 공원, 성곽, 향토민속예술축제, 박물관, 미술관 등
종교관광자원 중심형	교회당, 종교성지고고학적유적, 종교건축물, 종교순례, 종교제사활동 등
전적지관광자원 중심형	각종 전적지
새로운 흡입요소 중심형	주제공원, 동물원, 식물원, 해양생물공원 등

(2) 도시관광의 구성요소

도시관광에 대한 중요성이 부각되면서 도시는 정주공간으로서의 역할뿐만 아니라 산업, 문화, 여가 등의 공간으로서 관광목적지의 하나로 대두되고 있다. 도시가 많은 관광객들에게 선호되고 관광목적지로 지각되는 이유는 도시가 갖고 있는 다양한 환경과 시설물들이 관광매력물로 작용하고 있기 때문으로 관광지의 매력은 이제 경쟁력과 같은 용어로 사용되고 있다.

도시관광의 구성요소를 도시관광객, 도시관광대상, 관련정부, 관광기업, 도시지역주민 등으로 구분할 수 있는데, 그 내용은 〈표 6-25〉와 같다.

표 6-25 도시관광의 구성요소

구성요소	내용
도시관광객	순수 또는 겸목적 관광객으로 도시 외부의 방문객 및 도시 내의 모든 이용객을 포함
도시관광대상	도시 자체가 지니고 있는 총체적 매력으로 도시관광객을 유인할 수 있는 모든 요소
관련정부	도시관광진흥의 주체로서 해당 도시의 행정기관
관광기업	도시환경에서 대부분의 관광매력물을 직접 경영하는 민간기업
도시지역주민	해당도시의 거주민으로서 도시관광 이용객으로서의 잠재력이 있고 다른 한편으로는 도시관광의 매력물로서 외지 방문객이 느끼는 대상도시의 친절도, 호감 등의 이미지를 창출하는 대상이 되기도 함

한편 도시관광자원의 구성요소는 공급적 측면과 수요적 측면 두 가지로 분류할 수 있다. 공급적 측면에서 1차적인 요소는 관광객을 도시로 유인하는 핵심요소로 활동장소와 여가환경이 있다. 활동장소에는 문화시설, 스포츠시설, 엔터테인먼트시설, 축제와 이벤트, 전람회 등이고 여가환경은 자연적 · 사회문화적 성격의 다양한 관광자원이다. 2차적 요소는 음식제공이나 쇼핑 등 편의시설 요소이고, 부가적 요소는 주차시설이나 관광관련 인프라 등이다.

수요적 측면에서는 첫째, 특별하고 흥미로운 것으로 구체적인 내용의 볼거리 및 즐길거리, 흥미로운 장소, 특별한 휴가경험 등을 포함시킬 수 있으며 둘째, 오락적 요소로는 흥미로운 야간생활, 쇼핑, 음악공연, 극장과 예술, 축제와 이벤트 등이 있겠고 셋째, 음식과 숙박시설에 대한 구성요소에는 일류급 호텔, 세련된 식당, 특별한 음식과 요리, 리조트 등이며 넷째, 문화적 흡인요소와 관광요소에는 잘 알려진 사건, 건축물, 박물관, 미술관, 지역의 풍습과 전통 등을 포함시킬 수 있다. 이를 정리해 보면 〈표 6-26〉과 같다.

표 6-26 도시관광의 구성요소

1차적 요소		2차적 요소
장소적 요소	물리적 요소	
• 콘서트홀 • 영화관 • 전시관 • 박물관, 미술관 • 극장 등	• 유적 • 교회 • 항만 • 역사적 거리 • 빌딩 • 공원, 녹지 • 수변, 운하 등	• 호텔 • 운반시설 • Market • 쇼핑시설 등
스포츠시설	사회 · 문화적 특성	부가적 요소
• 실내, 실외시설 • 놀이시설 • 카지노 • 축제 • 나이트클럽 • 정기 이벤트 등	• 민속 • 친근감 • 언어 • 생동감 있는 환경 • 지역관습 • 안전 등	• 접근성 • 관광편의시설(안내소, 표지판, 안내지도, 리플렛) 등

4) 수도관광의 특성

일반적으로 대부분의 여행자들은 도시를 방문할 때 각 나라의 수도(首都: capital)를 먼저 찾게 된다. 수도란 한 나라의 통치기관이 있는 정치적 활동의 중심지를 말한다. 대부분 인구 규모가 크고 경제 · 문화의 중심지인 경우가 많다.

수도의 성격은 국가와 시대에 따라 다르지만 다음과 같이 3가지 유형으로 분류된다. 첫째는 역사적 수도로 수 세기에 걸쳐 한 국가의 정치 · 경제의 중심으로 되어 온 서울, 북경, 런던, 파리, 아테네, 도쿄 등이다. 두 번째는 계획적 수도로 브라질리아, 라고스, 캔버라 등과 같이 수도로 삼기 위해 건설된 도시이다. 세 번째는 분리수도로서 정부기관이 두 도시 이상으로 나누어져 설치된 것으로 도시 간에 경쟁적 관계에 있거나 민족구성이 복잡해 하나의 도시로 결정하지 못한 경우이다. 예를 들어, 네덜란드는 암스테르담에 왕궁이 있고 헤이그에 입법부가 있으며, 남아프리카공화국은 프리토리아에 정부가 케이프타운에 의회가 블룸폰테인에 최고 재판부가 있는 특수한 경우를 말한다. 따라서 한 국가의 핵심지역 형성과 수도의 입지관계를 명확히 하기가 어려운 국가들도 있다.

표 6-27 수도의 유형

유형	사례
역사적 수도	서울, 북경, 런던, 파리, 아테네, 동경 등
계획적 수도	워싱턴, 브라질리아, 라고스, 캔버라 등
분리 수도	네덜란드는 암스테르담과 헤이그, 남아프리카공화국은 프리토리아와 케이프타운 및 블룸폰테인 등

수도관광은 일반적으로 관광(단)지 중심형의 전통적 관광과 비교해 볼 때 정치 · 경제 · 사회 · 문화적 측면에서 그 의의가 크다. 수도관광의 발전은 국가의 이미지와 민족의 발전정도를 보여준다. 이러한 수도관광의 특성을 좀 더 구체적으로 살펴보면 다음과 같다.

첫째, 관광지를 중심으로 한 전통적인 관광이 계절성과 밀접한 관련이 있는 반면에 수도관광은 계절성에 구애를 받지 않는 다양한 전천후 관광매력을 보유하고 있으므로 수도관광의 진흥은 기존의 시설과 자원의 효율적 활용을 촉진시킬 수 있다.

둘째, 모든 수도는 관광산업체계를 보유하고 있다. 관광은 다른 경제활동과 마찬가지로 소득 · 고용 · 투자 · 조세 등의 중요한 원천이기 때문에 수도관광 진흥을 위한 체계적인 노력이 이루어질 경우 다양한 경제적 효과를 기대할 수 있다. 이와 더불어 수도관광은 수도를 방문한 관광객뿐만 아니라 지역주민의 여가, 관광, 레크레에이션 수요를 충족시키는데 기여할 수 있다.

셋째, 수도는 한 국가의 관문으로서 중요한 역할을 담당하며 또한 그 자체로서 훌륭한 관광대상이 되기도 한다. 수도 내의 박물관, 공원, 극장, 유적지, 현대적 건물, 쇼핑, 음식, 위락 및 도시적 환경 및 경관 등은 수도관광의 매력물이 된다. 특히 역사적 건축물이나 기념물 등과 같은 역사적 자원이 많은 수도는 전 세계의 많은 관광객들을 유치하고 있다. 수도의 문화자원은 수도관광에서 매우 중요한데, 이는 수도관광의 활성화가 문화자원의 개발을 통해 수도의 이미지를 고양시킴으로써 수도문화자원의 부활과 활력제고에 촉진제 역할을 수행할 뿐만 아니라 지역주민들의 수도에 대한 자부심을 불러일으키는 역할도 수행하기 때문이다.

넷째, 수도관광은 관광객들로 하여금 수도의 생활양식과 사고의 방법을 배우게 함으로써 세계문화교류와 국제협력을 증진시키는 중요한 수단이 되기도 한다. 많은 나라에서 관광은 문화교류정책과 연결되어 있다. 왜냐하면 문화교류는 국가 간의 상호이해를 촉진시킬 뿐만 아니라 외국인들에게 자기 나라에 대하여 우호적인 인상을 줄 수 있기 때문이다.

다섯째, 수도관광의 활성화는 관광객들의 체류기간을 연장시킴으로써 주민의 소득향상에 기여한다. 수도 자체를 관광목적지로 방문한 관광객들의 체재는 물론 수도를 경유지로 방문한 관광객들에게도 체재욕구를 불러일으킬 수 있다. 수도는 교통이 편리하고 관광정보체계가 잘 구축되어 있기 때문에 교통경유지 및 관광정보제공지로서의 역할을 할 수 있다.

여섯째, 수도관광의 활성화는 문화관광자원이 풍부함에도 불구하고 도시화나 산업화로 훼손되고, 발굴 혹은 복원이 미흡했던 수도문화가 보전되며 재창조되는 계기를 마련해준다. 따라서 문화산업은 그 국가의 전략산업 중의 하나로 간주될 것이고, 각 수도들은 유 · 무형의 각종 자원의 보존 및 관리, 홍보 그리고 각종 시설자원의 확충, 창조적인 문화이벤트의 운영 등 문화관광자원 개발과 육성에 박차를 가하게 될 것이다.

일곱째, 수도관광은 수도를 찾는 관광객들의 문화적 동기와 교육적 동기를 충족시켜 준다. 관광객들은 수도에서 관광대상물을 보고 체험하는 과정을 통해 관광대상이 가지고 있는 문화적 · 사회적 특성을 경험하게 된다. 인간의 경험 중에서 전체가 한 단위가 되어 다양한 시간과 공간 속에서 겪는 문화적 경험은 매우 커다란 비중을 차지하며, 자신의 경험은 자신과 관계를 맺고 있는 다른 사람들의 경험을 낳게 한다. 그러므로 수도의 문화관광체험은 관광객 자신뿐만 아니라 그와 관계된 모든 사람들에게 교육되는 것이다.

여덟째, 수도관광의 활성화는 수도 기반시설의 확충, 정비 및 수도 재개발에 활력을 불어넣어 지역주민의 생활의 질을 크게 향상시킬 뿐만 아니라 지역주민의 여가활용을 위한 건전한 레크리에이션 장소를 제공함으로써 환경복지 차원에서도 크게 이바지한다.

아홉째, 관광의 활성화는 수도의 전통적 산업구조를 서비스산업중심의 경제구조로 이행시키는 데 중요한 역할을 한다. 이것은 고용창출의 효과를 일으킴으로써 수도경제를 활성화시키고 나아가 국가경제 활성화에도 도움을 주며, 환경적 차원에서 훨씬 더 쾌적한 삶의 공간을 창출시킨다.

열째, 수도관광의 활성화는 수도문화를 상품화시키는 과정에서 그 문화적 고유성이 발견되어 문화 자체가 발전하는 계기를 마련하기도 한다. 버려지거나 잊혀졌던 전통문화가 문화관광 활성화로 인해 관광자원화되어 과거의 찬란했던 빛을 발휘하기도 하고, 기존의 문화가 더 일반화 · 일상화되기도 하며, 그 가치가 한층 더 부가되어 새롭게 재창조되기도 한다.

11. MICE

1) MICE산업의 개념

MICE는 일반적으로 회의(Meeting), 인센티브 관광(Incentive Travel), 컨벤션(Convention), 전시(Exhibition)를 지칭하는 용어로서, 학계에서 먼저 정립된 개념이 아니라 홍콩, 싱가포르 등 동남아지역의 호텔 · 관광 업계에서 주로 사용되다가 그 후 아시아권에서 본격적으로 일반화된 개념이다.

(1) Meeting

회의는 공동의 목적과 정보 공유를 위한 사람들의 모임으로 개최 주최에 따라 크게 기업회의, 협회회의, 정부조직회의, 비영리단체회의 등으로 구분할 수 있다. 그리고 개최기간 또는 규모로 1일 이하의 경우는 Meeting으로, 2일 이상 지속되는 회의 경우 Convention으로 구분하기도 하지만, 일정 부분 이 두 가지의 중첩은 피할 수 없어 명확한 구분이 어려운 경우도 있다. 회의를 전시를 포함하지 않는 모든 유형의 회의로, 컨벤션을 전시를 포함하는 회의로 규정하여 구분하는 경향도 있다.

한편 BECA(Business Events Council of Australia)에서는 '회의'를 공동의 목적과 정보의 공유를 위한 사람들의 모임(컨그레스, 컨퍼런스, 세미나, 워크숍, 심포지엄 등)이라고 했으며, CIC(Convention Industry Council)에서는 '회의'를 행사의 개념으로 보고 참가자들의 일차적인 활동이 교육 세션, 회의 · 토론에 참가하거나 사교 및 조직된 행사에 참가하는 이벤트로 파악했으며, 전시는 포함되지 않는다고 하였다.

표 6-28 회의의 형태

구분	내용
Seminar	특정주제에 관하여 전문가에 의해 행해지는 연수회 · 강연회나 특정한 주제를 가지고 토론 · 연구하는 교육방식을 말하기도 한다.
Workshop	문제해결능력의 일환으로서 참여를 강조하고 소집단(30~35명) 정도의 인원이 특정문제나 과제에 관하여 새로운 지식 · 기술 · 아이디어 등을 교환하는 회의로서 강력한 교육적인 프로그램이다.
Conference	일반적인 관심사의 문제를 논의하기 위한 2명 내지 그 이상의 회합으로서 공식적으로 의견을 상호 교환한다.
Congress	컨벤션과 같은 의미로서, 특히 유럽에서 국제적인 회의를 설명할 때 주로 사용하며, 본 회의와 사교행사 또는 관광행사가 동반되는 큰 행사이다.
Clinic	특정분야에 있어 특별한 지식과 기술을 배우거나 습득하는 교육적인 모임이거나 구체적인 문제해결 결과분석을 위해 개최되는 집단회의이다.
Forum	일정한 주제에 대하여 상반된 견해를 가진 동일분야의 전문가들이 사회자의 주도 하에 청중 앞에서 행하는 공개토론회로서, 청중이 자유롭게 질의에 참여할 수 있고, 사회자가 의견을 종합한다.
Symposium	제시된 안건에 대하여 전문가들이 청중 앞에서 벌이는 공개토론회로서, 포럼에 비하여 다소의 형식을 갖추고 있고, 연사나 전문가들은 청중의 질문에 답변해야 한다.
Panel Discussion	일정한 문제에 관하여 토론집단인 전문 패널의 견해를 차례로 발표하게 하는 전문가집단회의이다.
Lecture	한 사람의 전문가가 한 주제에 관하여 공식적인 설명과 강의를 하고 청중들의 질문을 받는 회의이다.

Teleconferencing	화상회의는 원거리의 서로 다른 지역 간에 통신을 이용하여 회의 참여자가 화면을 통해 서로의 얼굴을 보면서 진행하는 형태의 회의를 말하며, 최근에 와서는 IT산업 정보기술의 진보에 의해 타 지역과의 다원영상회의가 점차 보편화되어 가고 있다. 이러한 화상회의는 원거리 여행의 비용과 시간 등을 소비하지 않고 회의를 할 수 있어 필요한 경비절감과 직원이동에 따른 인력손실을 해소할 수 있다는 장점이 있다.

(2) Incentive Travel

인센티브 관광은 기업 종사원 등의 포상의 일환으로 영업직원, 딜러, 유통업자, 생산직 근로자, 지원부서 직원, 때로는 고객들에게 동기를 부여하고 보상하려는 목적으로 이루어지는 특수한 목적의 세분화된 관광 분야라 할 수 있다.

SITE(The Society of Incentive & Travel Executives)에서는 특별한 여행 경험을 통해 참가자들에게 동기 부여와 업무적 재인식의 기회를 제공하는 것이라고 했고, ICCA(International Congress & Convention Association)에서는 이전 실적에 대한 보상으로서 참가자들에게 제공되는 일종의 미팅 이벤트로 규정하고 있다.

(3) Convention

컨벤션(convention)이란 용어는 cum이라는 라틴어(together를 의미)에서 con과 라틴어 venire(to come의 의미)에서 vene이라는 말에서 유래한 것으로 '함께 와서 모이고 참석하다'의 의미를 가지고 있는데, MICE와 관련 산업적 관점에서는 국제회의로 정의될 수 있다.

CIC(Convention Industry Council)에서는 참가자의 1차적 목적이 교육·토론 세션에 참가하고 사교활동을 하거나 기타 기획된 이벤트에 참석하는 행사로서 부가적으로는 전시회가 포함되는 회의를 전시회라고 정의하고 있다.

국제회의연합(UIA: Union of International Association)에서는 컨벤션을 주최기관, 참가자 수, 기간, 참가 국가 수 등을 기준으로 하여 〈표 6-28〉과 같이 3가지로 분류하고 있다. 첫째는 정부 간 기구(IGO)나 비정부 기구(NGO)에 의해서 후원되거나 조직된 회의로서 최소 50명이 참가하는 회의가 있으며, 두 번째는 3일 이상 진행되는 회의로서 국제기구가 아닌 국제기구의 국내조직이나 지사가 조직하고 참가자 수는 300명 이상으로 5개국 이상이 참가하고, 외국인 참가자가 40% 이상 차지해야 한다. 세 번째는 2일 이상 열리는 회의로서 국제기구가 아닌 국제기구의 국내조직이나 지사가 조직하는 회의로 250명 이상이 참가하거나 참가자의 40%가 외국인이어야 하며, 5개국 이상 참가해야 한다.

표 6-29 UIA 국제회의 분류 기준

분류	주최기관	기간	참가자 수	외국인 수	참가국가
A	정부기구, NGO	–	50명 이상	–	–
B	국제기구의 국내조직	3일 이상	300명 이상	40% 이상	5개국 이상
C	국제기구의 국내조직	2일 이상	250명 이상	40% 이상	5개국 이상

한편 우리나라 「국제회의산업 육성에 관한 법률」에서는 '국제회의'란 상당수의 외국인이 참가하는 회의(세미나, 토론회, 전시회 등을 포함한다)로서, 국제기구나 국제기구에 가입한 기관 또는 법인 · 단체가 개최하는 회의는 해당 회의에 5개국 이상의 외국인이 참여하고 그 중 외국인이 100명 이상일 것, 그리고 국제기구에 가입하지 아니한 기관 또는 단체가 개최하는 회의는 회의 참가자 등 외국인이 150명 이상이고, 2일 이상 진행되는 회의일 것이라고 규정하고 있다.

(4) Exhibition

전시회는 유통 · 무역업자나 소비자 혹은 일반인 등을 대상으로 판매 · 홍보 · 마케팅 활동을 하는 각종 전시회로서 전시품목 및 분야에 따라 전문전시회, 종합전시회, 세계박람회의 3가지 유형으로 구분된다. 이때 전문전시회는 방문객의 성격에 따라 Trade Show(참관객이 주로 바이어)와 Public Show(참관객이 주로 일반대중)로 분류할 수 있다.

IAEM(International Association for Exhibition Management)에서는 '전시회'를 구매자와 판매자가 진열된 상품 및 서비스를 서로 간의 상호작용을 통해 현재 또는 미래의 시점에 구매할 수 있도록 개인이나 기업이 조성하는 일시적이고 시간에 민감한 시장으로 규정하고 있다.

한편 우리나라 「전시산업발전법」에서는 '전시회'란 무역 상담과 상품 및 서비스의 판매 · 홍보를 위하여 개최하는 상설 또는 비상설의 견본상품박람회, 무역상담회, 박람회 등이라고 규정하고 있다. 그리고 전시회의 종류와 규모로는 첫째, 「국제박람회에 관한 협약」에 따라 박람회 국제사무국 총회에 등록하거나 총회에서 승인한 박람회. 둘째, 옥내와 옥외 전시면적 2,000㎡ 이상 또는 100명 이상의 외국인 구매자가 참가 등록한 상설 및 비상설 전시회. 셋째, 옥내와 옥외 전시면적 1,000㎡ 이상 또는 10개 이상의 전시부스를 구비한 상설 또는 비상설 전시회로서, 전시주최사업자의 신청에 의하여 산업통상자원부장관이 전시산업 발전을 위하여 필요하다고 인정하는 전시회이다.

2) MICE산업의 구조와 유형 분류

(1) MICE산업의 구조

① 수요 측면에서의 MICE 시장

수요 측면에서의 MICE 시장은 MICE 행사의 개최자와 실제 행사에 참여하는 참자가로 구성된다. 개최자는 정부, 협회 · 학회, 기업 등으로 인적 교류, 안건협의, 회원교육 등을 위해 MICE 행사를 개최하고, 참가자를 대신하여 구매자의 역할도 수행한다. 참가자는 관료, 회원, 기업의 직원 등 MICE 상품의 최종 구매자로서 다양한 MICE 행사에 대한 직접 참가자이다.

표 6-30 수요 측면의 MICE 시장

구분	개최자	참가자
Meeting/ Convention	정부	국가 정상, 관료
	협회/학회	협회/학회 회원
	기업	기업 및 관계사 직원
Incentive Travel	기업의 보상관광	기업 직원
Exhibition	Trade Show: 산업박람회(B2B)	관련업체
	Public Show: 대중전시회(B2C)	관련업체, 일반소비자

② **공급 측면에서의 MICE 시장**

공급 측면에서의 MICE 시장은 협의적 관점에서는 크게 MICE 서비스의 직접적인 공급자와 중개인으로 구성되고, 광의의 관점에서는 후방산업까지도 포함된다. MICE 서비스의 직접적인 공급자로는 국제회의기획업, 전시 및 행사대행업, 회의 및 전시시설업 등으로 구성된다. 광의의 관점에서 보면 MICE 행사와 간접적으로 연계되는 시설산업(전시컨벤션시설, 숙박 인프라 등), 운영산업(식 · 음료산업, 오락산업, 관광산업 등), 교통산업(교통, 물품수송) 등과 같은 후방산업까지도 포함된다.

표 6-31 공급 측면의 MICE 시장

<table>
<tr><th colspan="2">구분</th><th>유형</th><th>내용</th></tr>
<tr><td rowspan="4">협의적 관점</td><td rowspan="3">MICE 서비스 공급자</td><td>국제회의 기획업체</td><td rowspan="2">다양한 공급자로부터 시설 및 서비스를 구매하여 개최자에게 MICE 행사 서비스 제공</td></tr>
<tr><td>전시 · 행사 대행업체</td></tr>
<tr><td>회의 · 전시 대행업체</td><td>MICE 행사를 위한 전문 회의 · 전시시설 제공</td></tr>
<tr><td>중개인</td><td>컨벤션뷰로, 여행사</td><td>MICE 공급업체를 MICE 공급자와 개최자에게 연결</td></tr>
<tr><td rowspan="3">광의적 관점</td><td rowspan="3">후방 산업</td><td>시설산업</td><td>회의장소, 숙박시설 등을 제공하는 서비스</td></tr>
<tr><td>운영산업</td><td>식 · 음료산업, 오락산업, MICE 행사 전후 관광서비스 제공</td></tr>
<tr><td>교통산업</td><td>행사장 접근을 위한 교통 및 물품수송 서비스</td></tr>
</table>

(2) MICE 관련산업의 유형 분류

MICE산업은 전시컨벤션 행사를 중심으로 교통, 숙박 · 음식, 오락, 유통, 유흥 등 비즈니스 · 관광 · 엔터테인먼트산업이 융복합하여 고부가가치를 창출하는 복합산업이다. 특히 각각의 관련산업들이 개별적으로 독립된 산업이지만, 상호의존성이 강해 시너지효과 창출이 용이하기 때문에 특정 권역을 중심으로 MICE 핵심시설과 배후지원시설을 집중하여 입지시킬 필요가 있다.

MICE 관련산업도 MICE 행사를 직접 유치 · 기획하는 전문 에이전시(PCO, PEO)를 포함하여 전시컨벤션시설을 핵심으로 호텔, 여행사, 항공사, 유통업, 관광객이용시설업, 관광객편의시설업 등과 같이 다양한 지원산업들이 유기적으로 결합되어 있다.

특히 MICE산업은 숙박업, 음식점업, 건설업, 오락 · 문화서비스업, 건설업, 부동산서비스업, 사회서비스업 등과 같은 관련산업에 생산유발효과 및 고용창출효과 등 상당한 경제적 파급효과를 미침으로써 지역경제의 활성화에도 크게 기여할 수 있다.

표 6-32 MICE 관련산업의 유형

구분	관련산업
회의 진행 관련산업	국제회의전문업, 통역 · 번역 · 속기업, 인쇄 · 출판 · 사진업, 전시장식업, 회의용품대여업, 그래픽 · 디자인, 경비청소업, 전기 · 배관업, 모형제작업, 광고기획업, 예능업, 나레이터모델, 기념품 · 문구업, 꽃판매업 등
회의장 · 숙박 · 음식 관련산업	회의장, 전시장, 호텔, 모텔, 여관, 스포츠센터, 문화센터, 극장, 레스토랑, 급식산업, 커피숍, 바 등
교통 관련산업	항공사, 여행사, 철도회사, 선박회사, 버스회사, 택시회사, 화물운송회사, 통관업, 창고업, 배달업 등
관광 관련산업	관광시설, 오락시설, 미술관, 박물관, 유원지, 동물원, 수족관, 안내소, 안내원, 문화시설 등
기타	은행, 병원, 약국, 우체국, 통신회사, 매스컴 등

3) MICE산업의 파급효과

MICE산업은 기업홍보와 수출마케팅 수단인 전시와 사회 · 문화적 수준의 향상을 도모하는 회의 등의 행사를 개최함으로써 기업의 국제화 촉진, 행사주최자의 투자 효율성 및 방문객 지출효과를 통해 지역경제를 활성화시키는 등 파급효과가 매우 큰 산업이다.

먼저 경제부문을 살펴보면 지역소득증대효과(방문객 지출효과), 고용 · 세수 · 외화가득효과, 수요유발효과, 시설운영에 따른 산출효과, 연관산업 파급효과, 지역개발 및 정비효과, 지역육성산업의 고부가가치화 등을 들 수 있겠다.

사회부문으로는 지역 내 관련산업의 세계화, 관련시설 및 서비스부문의 국제화, 지역주민의 자부심 및 의식수준 향상, 지식 및 정보교류, 문화교류, 인적 교류를 통한 국제친선의 공헌, 지역브랜드 강화 효과, 지역 및 국가의 국제적 위상확립 효과 등이 있다.

문화부문으로는 지역 및 도시의 홍보효과, 지역문화의 정체성 개발, 문화시설 개발 및 주변지역 정비효과, 정보의 교류를 통한 사교 및 교육적 효과 등이 있다.

관광부문으로는 지역의 문화 · 관광자원 홍보 효과, 숙박 · 쇼핑 · 관광 · 오락활동 지출 효과 등이 있다.

그림 6-7 MICE산업의 파급효과

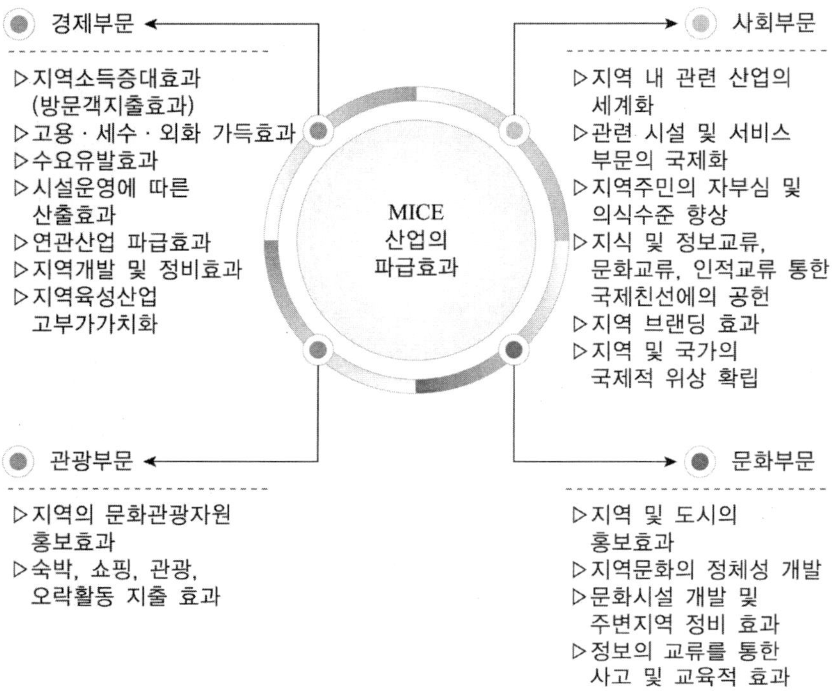

제7장

관광과 문화

제1절 문화와 문화관광

1. 문화의 개념

일상용어나 전문용어로서 '문화'라는 단어만큼 흔하게 사용되고 있는 말도 드물 것이다. 문화인, 문화민족, 문화시설, 문화유산, 문화자원, 문화영화, 문화재, 문화행정, 대중문화, 고급문화, 한국문화, 동양문화, 서구문화 등 좁은 의미로 또는 넓은 의미로 '문화'라는 용어는 다른 말의 앞이나 뒤에 붙어서 다양한 의미로 사용되고 있다.

문화는 사용하는 사람과 상황에 따라 그 의미가 매우 다양하여 한 마디로 정의하기에는 매우 포괄적이고 난해한 개념이다. 문화가 이렇게 다의성을 띠고 있는 것은 문화의 개념이 사회 · 경제의 역사적 발전과정과 밀접한 관련을 맺으면서 변천해 왔기 때문이다.

문화란 좁게는 '내적 감정 및 관념의 미적표현'을 의미하는 '예술'과 유사한 개념으로 넓게는 '사회구성원들이 공유하고 있는 삶의 양식의 총체'로 정의할 수 있다. 우리나라 「문화기본법」 제3조는 '문화'를 '문화예술, 생활양식, 공동체적 삶의 방식, 가치체계, 전통 및 신념 등을 포함하는 사회나 사회구성원의 고유한 정신적 · 물질적 · 지적 · 감성적 특성의 총체'로 광의의 개념으로 정의하고 있다. 「문화예술진흥법」 제2조에서는 '문화예술'을 '문학, 미술(응용미술을 포함한다), 음악, 무용, 연극, 영화, 연예(演藝), 국악, 사진, 건축, 어문(語文), 출판 및 만화'로 정의하고 있다.

결국 문화는 인간이 자연상태에서 벗어나 일정한 목적 또는 생활의 이상을 실현하려는 활동과정 및 그 과정에서 이룩해 낸 물질적 · 정신적 소득의 총칭, 특히 학문 · 종교 · 도덕 등 인간의 내적 정신활동의 소산을 의미한다. 그리고 한 인간집단의 생활양식 또는 한 사회의 구성원들 간에 찾아볼 수 있는 관습적인 행위 및 행위의 산물로 정의될 수 있다.

이러한 문화가 관광목적지에 커다란 기여를 한다는 점에서 최근에는 관광객 유치를 위한 마케팅의 도구로 활용되고 있다. 전 세계를 통하여 박물관, 전시관, 유적지, 역사적 건물, 고고학적 건축물, 예술축제 등은 중요한 관광대상이 되고 있고 그 중요성은 점차 확대될 것으로 예견되고 있다.

2. 문화관광의 개념

현대사회의 관광활동을 그 목적을 중심으로 살펴보면 의료관광, 문화관광, 사교관광, 스포츠관광, 위락관광, 역사관광, 비즈니스관광, 회의관광 등으로 생각해 볼 수 있는데, 문화관광은 이러한 여러 관광형태 중 하나인 것이다.

문화관광이란 사전적 의미로는 유적, 유물, 전통공예 등이 잘 보존되어 있는 지역에의 관광 또는 과거 역사에 초점을 둔 관광행위를 말한다. 이는 다른 지역의 문화에 대한 지식 습득과 함께 그 지역 문물의 참의미를 탐구하는 데 목적을 두고 여행하는 것이며, 각종 전시회와 문화행사나 명승고적지 탐방 및 고고학적 발굴 등에 참여하기 위해 여행하는 것도 포함된다.

오늘날 문화관광은 관광객들이 휴식과 즐거움만을 추구하는 기존의 관광과는 확연히 구분되는 형태인데, 문화관광을 문화자원의 소비를 목적으로 하는 새로운 관광형태임을 인정하면서 정작 문화관광이 문화와 관광의 합성어인 탓에 개념이나 범위가 불명확한 부분에 대해서는 논의가 많지 않다. 즉 역사 · 유산자원을 주로 소비하는 관광활동이 문화관광인 것인지, 예술 등의 공연을 주로 소비하는 활동이 문화관광인 것인지, 아니면 이 모두를 포함하는 것이 문화관광인지 명확하지는 않다. 과거에 문화관광이라 하면 좁은 의미에서 역사적 유물이나 유적에 대한 관광 이른바 문화유산관광 정도로 인식되었었다.

한편 세계관광기구(UNWTO)는 '문화관광은 광의 또는 협의로 정의될 수 있다. 협의로서 문화관광은 학업, 예술행위, 축제나 여타 문화행사를 위한 여행, 장소나 유적지 방문, 생태, 민속 또는 예술연구를 위한 여행, 종교순례 등과 같은 근본적으로 문화적 동기에 의한 이동을 포함한다. 그리고 광의의 문화관광은 다양성을 추구하고, 개인의 문화수준을 향상시키고, 새로운 지식 · 경험과 만남을 추구하는 인간의 욕구를 만족시켜주는 모든 인간의 이동이다'라고 정의하고 있다.

그러나 문화관광의 기준 활동은 상황에 따라 그 종류나 범위는 훨씬 더 다양해질 수 있다. 예를 들면, 공간적으로 하나의 건물이나 작품일 수도 있지만, 경우에 따라서는 특정 지역이나 도시 또는 지역사회나 국가 전체와 같은 대규모 공간이 될 수도 있는 것이다.

우리나라에서 문화관광이란 개념이나 용어가 학문적 혹은 전문가적 관심사로 자리를 잡게 된 역사는 그리 오래지 않다. 문화관광이 중앙행정기관이나 지방자치단체 등 제도권의 시선을 끌게 된 시기는 지방자치제가 실시된 1990년대 후반기 정도로 볼 수 있다. 그 이유는 관광행정업무가 소속된 중앙행정부서가 1994년 12월말 교통부로부터 문화체육부로 이관되고, 1998년에는 국민의 정부가 출범하면서 '문화체육부'의 명칭이 '문화관광부'로 바뀌었는데, 아마 이 때를 전후로 '문화관광'이란 용어가 중앙행정기관과 지방자치단체의 주목을 받게 된 것으로 보인다.

이러한 문화관광의 출현 배경을 살펴보면 첫째, 물질적인 풍요로움 보다는 정신적인 풍요로움을 중시하는 가치관으로 변화하였고 둘째, 교육수준 및 생활수준의 향상에 따라 문화욕구가 증대되고 다양화해졌으며 셋째, 지방화시대를 맞이하여 지역문화에 대한 재평가가 이루어짐과 동시에 지역주민의 긍지와 자부심이 증대되고 지역문화의 발굴과 복원 및 전승 노력이 활발해졌기 때문이다.

제2절 문화관광축제

1. 문화관광축제의 개념

지역축제의 개념은 일반적으로 두 가지로 나누어 볼 수 있다. 하나는 협의적 의미로 축제를 전통적인 측면에서 정의하는 것이고, 다른 하나는 광의적 의미로 오늘날의 축제에 대한 개념을 중심으로 한 것이다. 먼저, 협의적 의미의 축제의 형태는 지역과의 역사적인 상관성 속에서 생성 · 전승된 전통축제로 나타나고, 광의적 의미에서 축제는 단순히 전통축제뿐만 아니라 각 지역의 문화제, 예술제, 민속 경연대회 등을 전부 포함한 문화행사 전반으로 나타난다.

축제는 시대적 상황에 따라 내용의 변화를 경험해 왔고, 조상이나 신에 대해 예를 갖추기 위해 개최되던 과거의 축제에서 탈일상성과 오락성을 포함한 놀이적 성향이 강화된 오늘날의 종합축제 또는 문화관광축제로 변모하고 있다.

문화관광축제(Cultural Tourism Festival)는 문화(Culture), 관광(Tourism), 축제(Festival)가 합성된 단어로서 말 그대로 문화와 관광과 축제가 함께 어우러진 개념이라 할 수 있다. 문화적 관점에서의 축제는 지역의 문화에 기초하면서 타 지역과 차별화 될 수 있는 고유한 문화를 의미한다. 관광학적 관점에서의 문화관광축제는 축제가 계기가 되어 관광객이 지역을 방문하고 이를 위해 지역의 수용태세를 개선한다던가, 관광목적지로서의 위상을 강화하기 위한 노력을 기울이는 등 지방자치단체의 목표가 뚜렷한 관광프로그램을 의미한다. 축제적 관점에서의 문화관광축제는 지역주민이 그 지역의 고유한 문화와 정서를 보존하고 발전시키면서 지역공동체에 대한 소속감을 높일 수 있는 지역 이벤트라 할 수 있다.

이렇듯 문화관광축제는 지방자치제도가 실시된 이후 각 지방자치단체들이 낙후된 지역의 경제 활성화를 꾀하기 위한 목적으로 앞 다투어 관광개발 사업에 뛰어 들면서 본격화되었다. 지방자치단체들은 이전의 대중관광을 위한 시설중심의 관광개발방식에서 벗어나 축제 개최를 통하여 새로운 관광수요를 만들 수 있다는 점에 주목하여 지역문화에 기초한 색다른 관광상품을 개발하기 시작하였다. 그러한 정책의 산물로 태어난 것이 바로 문화관광축제이다.

일반적 의미로 지역축제가 지역문화의 창달 또는 지역주민들의 공동체 의식 강화를 목적으로 삼는 내부지향적 축제라고 본다면, 문화관광축제는 외지인을 유치하여 그들의 소비지출행위를 통해 지역경제를 활성화시키려는 외부지향적 축제라고 볼 수 있다.

표 7-1 순수지역축제와 문화관광축제 비교

구분	순수지역축제	문화관광축제
개최목적	지역문화 창달 주민화합	지역 이미지 고양 지역경제 활성화
목표시장	지역주민	외지 관광객
축제성격	자족적 즐거움이 중요한 내부지향적 행사	마케팅이 중요한 외부지향적 행사

2. 문화관광축제의 유형

1) 전통문화형

지역에 전승되는 전통문화를 핵심소재로 구성한 축제로써, 예를 들면 김제 지평선축제와 이천 쌀문화축제는 전체 프로그램의 구성을 볼 때 특산물보다는 전통문화의 재현에 초점을 맞추었으므로 전통문화형이라 할 수 있다.

2) 특산물형

지역의 특산물을 중심 소재로 축제를 구성한 경우로써, 예를 들면 봉화군은 은어의 진상 기록이 있을 뿐만 아니라 지금도 은어를 양식하여 지역 특산품으로 내세우고 있다. 반면 화천 산천어 축제는 얼음낚시를 통한 경쟁과 놀이의 즐거움이 특징이므로 놀이경연형으로 분류할 수 있다.

3) 역사 · 위인형

역사적 유물 · 사실이나 훌륭한 인물을 소재로 축제를 구성한 경우로, 예를 들면 고령 대가야체험축제나 통영 한산대첩축제 등이 있다.

4) 공연예술형

대체로 지역성에 관계없이 순수 예술공연을 중심으로 개최하는 축제로, 보통 문화예술인들이 특정 지역을 거점으로 공연예술을 축제로 승화시켜 개최하고 있다. 예를 들면 춘천 국제마임축제나 자라섬재즈페스티벌 등이 있다.

5) 놀이 · 경연형

낚시, 물놀이 등의 놀이 및 무술대회와 같은 경연형식으로 치러지는 축제로, 예를 들면 포항 불빛축제의 경우 공연 및 체험프로그램도 많으나 핵심은 국제 불꽃 경연대회이므로 놀이 · 경연형이라고 볼 수 있다.

6) 자연생태형

바닷물이 갈라지는 자연현상이나 반딧불이와 연꽃 등 동식물을 소재로 구성한 축제로, 예를 들면 무주 반딧불축제나 지도 신비의바닷길축제 등을 들 수 있다.

표 7-2 문화관광축제의 유형

유형	해당 축제
전통문화	김제지평선, 이천쌀문화, 서천한산모시문화, 추억의 7080충장, 대구약령시한방문화, 광안리어방, 목포해양문화, 여주오곡나루, 울산고래, 정선아리랑, 제주들불 등
특산물	강진청자, 문경찻사발, 강경젓갈, 괴산고추, 담양대나무, 산청한방약초, 순창장류, 보성다향제 · 녹차, 봉화은어, 창원가고파국화 등
역사 · 위인	평창효석, 통영한산대첩, 고령대가야체험, 수원화성문화, 해미읍성역사체험, 동래읍성역사, 한성백제문화 등
공연예술	춘천국제마임, 자라섬재즈페스티벌, 인천펜타포트 등
놀이 · 경연	화천산천어, 포항불빛, 정남진장흥물, 충주세계무술 등
자연생태	무주반딧불, 진도신비의바닷길, 부여서동연꽃 등

3. 문화관광축제의 현황

중앙정부 차원에서 축제에 대한 지원은 1970년부터 이루어졌으며, 1983년 지방문예진흥 5개년 계획으로 향토문화제 12개를 시도별 대표축제로 선정하면서 단발적으로 행해진 바 있다. 문화관광축제 선정 제도는 1995년 이천도자기축제와 통영한산대첩축제 두 축제에 대해 2억 5천만 원을 지원하면서 시작되었다. 1999년부터는 축제경쟁력 강화를 위해 본격적으로 평가체계 기준을 마련하여 각 지역에서 개최되고 있는 지역축제를 선발하여 차등지원하였다. 평가방법은 축제현장을 방문한 관광객들을 대상으로 한 설문조사(40%)와 외래관광객 유치실적(30%), 문화부 · 전문가 평가(30%)로 정량적 평가와 정성적 평가가 합산되었다.

명칭에서 드러나고 있듯이 중앙정부에서 문화관광축제 선정을 추진하게 된 배경에는 '관광'이라는 목적이 크게 작용했다고 볼 수 있다. 문화관광축제를 지정할 당시 한국사회의 경제적 수준이 과거에 비해 크게 향상되면서 내국인의 국외여행 수요가 급증하게 되었지만, 이에 비해 국내여행을 하는 내 · 외국인 수는 감소추세를 보이고 있었다. 정부에서는 세계화 시대에 국내관광이 갈수록 위축을 겪게 되는 상황에 심각성을 느끼고, 이에 대한 대응책으로 지역문화에 기초한 국내관광을 활성화시킬 수 있는 정책개발의 필요성을 절감하게 되었다. 결과적으로 중앙정부는 문화관광축제를 선정하여 외국인 관광객을 유치하고, 한국 고유의 문화를 상징화한 관광축제를 육성시키고자 했던 것이다.

문화관광축제로 선정된 이후 지역경제 활성화에 실효성이 나타나게 되자 2001년까지 문화관광축제의 지원 규모를 보다 확대하게 되었다. 또한 집중육성축제와 지역육성축제로 등급을 나누어 평가 요소의 각 부분마다 뛰어난 축제에 대해 인센티브를 제공해 주는 등 '선택과 집중'이라는 원칙 속에서 차등지원방식이 강화되고 있었다. 2003년부터는 최우

수 · 우수 · 지역육성축제 등급으로 세분화시켜 차등 지원하였으며, 예비축제라는 것을 도입하여 신규축제가 일정한 기간 동안 평가 절차에 따라 검증을 받고 문화관광축제에 진입할 수 있도록 하였다. 이는 단기간 동안 지역축제들이 급증하면서 내실화를 이끌고자 지역축제 간 경쟁을 유도하고자 한 것이었다.

2004년부터는 축제 개최로 인한 사회적 · 문화적 환경적 영향을 고려한 정성적 평가가 이루어지긴 했으나, 여전히 관광과 서비스 품질개선에 초점을 둔 정량적 평가가 행해졌다. 2005년에는 유망축제를 도입하여 최우수 · 우수 · 지역육성축제 · 유망축제 · 예비축제로 등급을 더 세분화시켜 지원했지만, 다음해에는 지역육성축제를 없애고 최우수 · 우수 · 유망 · 예비축제로 등급을 분류하였다.

이처럼 1999년 평가체계가 도입된 이후 평가기준 자체에서는 큰 변화를 보이고 있지 않았지만, 축제를 서열화 시키고 등급을 세분화 시키는데 초점을 맞추었음을 알 수 있다. 그런데 문화관광축제 선정 평가의 문제점이 학계 안팎에서 지속적으로 제기되자, 2007년에 새롭게 변화를 시도하게 된다. 2007년에는 설문조사와 외국인 관광객 유치실적 조사, 축제 참관평가에 대해 문화관광부와 각 시 · 도에서 종합적으로 평가하여, 그 결과를 바탕으로 문화관광축제를 선정하게 되었다. 참관평가 기준을 100점 만점으로 해서 각 세부항목별 기준을 명료화 시켰으며(홍보 및 안내: 15점, 행사진행전반: 15점, 축제프로그램: 20점, 쇼핑 및 음식: 15점, 운영 및 주민 참여: 15점, 외국인 관광객 수용실태: 10점, 숙박 및 연계관광: 10점) 공통항목 60점(국내외 관광객 유치가능성, 축제기획의 전문성 담보, 주최기관의 축제 육성의지 등), 선택항목 40점(문화관광축제 기반시설, 축제의 부가가치 창출효과, 지역문화 보존 및 계승, 지역주민 자긍심 고취, 전년도 축제개최실적, 기타 등)으로 구성하여 다양한 관점에서 평가가 이루어지도록 하였다.

축제평가방식의 변화를 요약하면, 참관평가에 대한 기준이 보다 구체화되었으며 기존 관광상품개발을 중심으로 경제적 가치를 중시하던 방식에서 지역문화와 주민참여 등을 고려한 방식으로 바뀌어가고 있음을 알 수 있다. 이와 같은 모습은 지역축제를 발전시켜 나가기 위해서는 경제적 효과뿐만 아니라, '지역문화 보존 및 계승'과 같이 지역정체성의 확립 등과 같은 문제에 관심의 폭을 넓히고 있는 것이라고 할 수 있다. 다시 말해, 축제에 대한 지역주민의 관심과 참여를 중요시하는 정부의 인식전환을 보여준다는 점에서 주목되었다.

특히 '축제 기획의 전문성 확보'는 공통평가 항목의 배점 중 50%를 차지할 정도로 큰 비중을 차지하고 있다. 이는 지역적 특성을 축제에 반영하고, 주제의 통일성이 나타날 수 있도록 축제의 기획과 운영을 전담하는 '전문적인 축제 조직'의 중요성을 강조한 것이라고 할 수 있다. 이러한 모습은 당시 대다수 지역축제가 전문성이 떨어지는 행정인력을 중심으로 운영되다보니, 축제의 형태나 프로그램 등에서 비슷한 축제를 양산할 수밖에 없다는 정부측의 상황 인식을 반영한 것으로 보인다.

2008년과 2009년 참관평가 부분이 변화되었고(축제 발전성: 15점, 축제프로그램 완성도: 25/35점, 축제운영 적절성: 40/30점, 축제성과: 20점), 2010년에 그 기준이 대폭 바뀌어 현재에 이르고 있다. 2010년 참관평가는 총 100점 만점을 기준으로 하여 축제의 특성·콘텐츠(70점), 축제의 운영(10점), 축제의 발전성(10점), 축제의 성과(10점)로 구성되었다. 평가항목이 이전 시기보다 대폭 간결화 되었음을 알 수 있고, 또한 축제의 고유성 또는 타 축제와의 차별성을 대단히 중요시하는 평가방식이라는 것을 알 수 있다. 이러한 평가방식의 의도는 명확해 보인다. 정부는 더 이상 우후죽순 식으로 늘어나는 축제의 양적증가에 관심을 갖고 있지 않으며, 오히려 다른 축제와 변별적인 그래서 관광객의 실질적 관심을 유도할 수 있는 질적인 측면을 강조하고 있는 것이다.

한편, 문화관광축제의 효과를 살펴보면 다음의 〈표 7-3〉과 같다.

표 7-3 문화관광축제의 효과

구분	내용
경제적 효과	• 관광객 지출효과 • 지역주민에 대한 소득창출 효과 • 고용 및 연관 산업의 파급효과
사회적 효과	• 지역주민의 자긍심 고취 • 지역의 지명도 제고 및 정체성 확립 • 지역 간 교류촉진의 매개 역할
문화적 효과	• 지역의 문화예술 창작수준의 향상 • 지역주민의 문화생활 증진 • 지역의 문화자원 보전 강화 • 지역주민의 문화활동 참여기회 제공
정치적 효과	• 국제사회에서의 지위 및 이미지 향상 • 정치적 · 행정적 발전 • 민간외교의 증진
교육적 효과	• 미래의 잠재적인 문화관광객을 육성하는 차원에서의 교육적 효과

제8장

관광과 환경

1 환경보전과 관광
2 생태관광

● 제1절 환경보전과 관광

1. 환경보전의 필요성

보전(conservation)의 뜻은 보존(preservation)이란 뜻뿐만 아니라 보호(protection), 유지(maintenance), 회복(restoration), 관리(management) 등의 뜻도 포함되는 개념이다. 끊임없이 변하는 자연자원을 보존 · 보호 · 유지 · 회복 · 관리해야 하며, 인간의 행동양식이 일정한 집단에 공통된 양식으로 전파 · 계승되어 형성된 문화의 남은 흔적이 문화재라면 문화재도 발굴 · 복원 · 보존 · 유지 · 관리해야 한다. 여기에서는 환경보전의 필요성에 대해 자연환경과 인문환경 그리고 관광 측면에서 살펴보았다.

1) 자연환경

자연환경은 다음의 세 가지 중요한 점 때문에 보전해야 한다. 첫째, 자연환경은 대기오염 · 수질오염 등의 환경오염에 따른 피해가 크다. 대기오염이 식물에 미치는 영향을 살펴보면, 질소산화물(NOx)에 의해서는 심한 경우 2~48시간 내에 식물의 세포가 파괴되며, 간헐적인 접촉으로도 잎의 색깔이 변한다. 유황산화물(SOx)에 의해서도 이와 유사한 피해를 입는데, 예를 들어 천혜의 관광자원으로 꼽히는 설악산의 단풍도 대기오염으로 인한 자연환경 파괴는 관광가치를 상실케 할 수 있음을 시사한다. 따라서 환경오염으로 인한 자연환경 파괴는 관광가치를 상실케 할 수 있을 정도로 그 피해가 크다는 것을 알 수 있다.

둘째, 환경오염은 오염물 간의 상승효과를 유발하고, 시간적 · 공간적으로 그 피해의 범위가 광범위하며, 오염물질이 생태계에 배출된 후 자연환경의 피해를 발견하기까지는 상당한 시간이 걸릴 뿐만 아니라, 발견 즉시 규제를 가하더라도 피해가 완화되기까지는 장기간을 요한다는 점이다. 따라서 사전에 예방적인 조치 없이는 자연환경이 환경오염으로 입는 피해는 극심해질 것이다. 이를테면, 충주호에 유입되는 폐수를 적절히 처리하지 않아 호수에 부영양화 현상이 발생한다면 충주호의 관광자원 가치는 감소하거나 상실될 수밖에 없다.

셋째, 자연환경은 한번 파괴되면 그 회복이 어렵다. 1년생 초본식물이 죽으면 1년만 기다리면 되지만, 50년생 수목이 죽으면 50년을 기다려야 한다. 그리고 1㎝ 두께의 흙이 생성되는 데는 100~400년의 시간이 필요하며, 식물이 생육할 수 있는 30㎝ 깊이의 토양이 생성되기까지는 3천~1만 2천년이 걸린다. 이와 같이 자연환경은 회복기간이 장구하다는 점 때문에 보전의 필요는 더욱 강조된다.

2) 인문환경

인문환경은 다음의 두 가지 중요한 점 때문에 보전해야 한다. 첫째, 인문환경이 조성되기까지는 오랜 역사가 소요되었다는 점이다. 인문환경 즉 문화는 일정 집단 혹은 한 사회의 믿음과 세계관, 가치와 규범, 관습과 행동 등을 포함한다. 문화는 곧 훌륭한 관광자원이다. 이러한 문화는 물리적 환경과 인간의 상호작용으로 형성되며, 시간의 흐름에 따라 계승 · 발전 또는 쇠퇴한다. 따라서 장구한 시간의 흐름이 단절되면 인간의 역사와 뿌리를 확인할 수 없다.

둘째 인문환경은 고유성을 그 생명으로 하기 때문에 고유성을 보전해야 한다. 자연생태계의 경우 생물학적 다양성이 커질수록 안정되므로 다양성을 확보해야 하듯이, 오랜 역사를 거치면서 전승되어 온 문화는 인간생존을 위한 다양성 확보라는 차원에서 뿐만 아니라, 오랜 시간이 흐르더라도 동일한 문화는 생성될 수 없기 때문에 보전해야 한다.

3) 관광 측면

관광 측면에서도 다음 두 가지 점에서 관광자원을 보전해야 할 필요성이 강조된다. 첫째, 관광경험의 질을 높이기 위해 관광자원을 보전해야 한다. 관광은 이제 인간의 기본 권리로 규정되고 있으며, 참가하는 비율과 횟수도 꾸준히 증가하고 있다. 이러한 상황의 지속은 관광자원에 대한 수요의 증대로 귀결되기 때문에 관광욕구 충족과 관광경험의 질적 수준을 유지하고 높이기 위해서도 관광자원의 보전은 당위적 사실로 대두된다.

둘째, 관광자원이 지닌 선택기능 가치를 무시할 수 없다. 특이한 자연경관이나 문화경관의 가치는 실제로 방문하는 사람이 부여하는 가치뿐만 아니라, 잠재적인 선택수요(option demand)의 존재를 고려해야 한다. 비교적 싼 값으로 재생산할 수 있고 저장할 수 있는 경우에 선택수요는 무시될 수 있으나, 어떤 대가를 치르고도 재생산이 곤란한 것이라면 후세의 사람들도 선택할 수 있게끔 보전해야 한다.

세계관광기구(UNWTO)에서 '환경은 관광의 기본이다(The environment is tourism' base)'라고 규정하고 있듯이 대부분의 환경이 곧 관광자원이 될 수 있으며, 이러한 환경의 질(質)은 관광산업의 성공을 위한 필수조건이 된다.

2. 관광과 환경과의 관계

환경보전을 옹호하는 것과 관광개발을 촉진하는 것 사이에는 두 가지 측면에서 연관성이 존재할 수 있다. 첫째, 관광과 환경보전은 서로 각자의 이득을 취하는 방법으로 구성되는 상호 의존하거나 공생하는 관계를 맺을 수 있다. 환경의 특성과 조건들이 가능한 본래의 상태에 가깝게 남아 있는 가운데 그것을 보고 경험하는 관광객에게 이득을 제공한다. 둘째, 관광과 환경보전은 갈등관계에 있다. 특히 관광이 환경에 악영향을 미칠 때 관광과 환경의 관계는 대부분 이러한 범주에 들어간다.

1) 공생관계

일부 관광산업은 특별히 양질의 환경을 유지하는 데 큰 관심이 있으며, 관광은 직접적으로 환경의 보전을 도와줄 수도 있다. 다음은 환경과 관광의 공생관계 예이다. 첫째로, 관광은 현존하는 역사유적지 · 건축물 · 기념물의 재건을 자극한다. 기묘한 매력을 풍기는 마을이 있다면 그 지역의 주된 관광자원으로 등대, 항구, 낚시 등을 위한 방파제, 오래된 집 등을 새롭게 단장함으로써 그 지역은 부가적인 매력을 더할 수 있게 되는 것이다.

둘째로 오래된 건물과 장소를 완전히 새로운 관광시설로 변하도록 자극한다. 관광지역 내의 낡은 지하실과 창고들이 색다른 매력을 풍기는 바와 디스코텍 또는 레스토랑 등으로 바꾸면서 본래의 건축구조적 특성을 보전하는 경우도 있다. 이러한 특성과 매력이 지역이 쇠퇴할 때 활기와 생명을 불어 넣을 수 있는 것이다.

셋째로 관광은 자연자원의 보전에 대한 자극제가 될 수도 있다. 아프리카 국립공원 설립은 관광이 보전을 자극한 좋은 예가 된다. 탄자니아가 1961년 독립하기 전에 아프리카의 야생동물은 유럽인의 통제에서 벗어나면 멸종할 것이라고 예견되었으나, 실제로 그러한 일은 일어나지 않았을 뿐만 아니라 동아프리카의 국립공원들은 그 수와 세력이 크게 증가하였다. 즉 동아프리카국가들은 관광객에게 매력 있는 관광자원, 특히 야생동물의 보전이 그들이 필요로 하는 외화획득에 기여한다고 인식한다는 것이다.

2) 갈등관계

관광과 갈등하는 관계는 이용의 정도에 따라, 조절정책을 입안하고 관리하는 기구와 장소에 따라, 그리고 나라에 따라 다양하다. 다음은 관광과 환경의 갈등관계 예이다. 첫째로 관광과 수질이다. 관광객이 즐겨 찾던 호수가 수질이 오염됨에 따라 방문객의 수가 줄어들고, 해안에 기름이 쏟아짐에 따라 관광객이 감소된 예들이 있다.

둘째로 관광과 대기의 질이다. 관광이 이동과정을 포함하고(자동차, 배, 기차, 버스, 비행기 이용 등) 있으므로 대기오염에 영향을 미치고 있다. 셋째로 관광과 식생이다. 꽃 · 식물 · 버섯류의 채집이 종(種)의 구성에 변화를 유발하고, 부주의로 큰 화재가 발생하여 식생에 변화를 주며, 쓰레기를 과도하게 버림으로써 생태계에 손상을 입힐 수 있다.

셋째로 관광과 야생동물이다. 관광객이 야생동물 서식지를 방문함으로써 야생동물의 사적 자유를 해쳐 먹이사슬을 위협하고, 무분별한 사진촬영 행위가 번식에 영향을 미치며, 관광개발로 길을 개설하게 되면 야생동물을 재배치하게 만들어 이전에는 번식지였던 곳을 잃게 만들 수도 있다. 또한 무차별한 사냥과 낚시는 야생동물의 수를 줄이고, 관광객의 증대로 서식지가 변하기도 한다.

기타 주요한 환경문제로 교통혼잡, 급수문제 및 지하수 오염, 소음공해, 건축공해, 성수기의 시설부족 현상, 지역주민과의 분리 등을 들 수 있다.

표 8-1 관광으로 인한 환경파괴

환경구성요소		관광개발 및 활동	환경파괴의 영향
자연요소	수질	폐수방출	주민 · 관광객의 건강저해, 수생동식물의 감소, 위락가치의 감소
		차량, 유람선의 유류 · 연료 유출	해양 동식물의 오염, 물놀이의 감소
		식수 공급의 증가	성수기 식수 고갈
	대기	자동차, 항공기의 증가	소음 심화, 오존층 파괴
		관광지 내 운행	
	식생	리조트 건설로 인한 산림 훼손	식생군의 변화, 서식지 감소
		부주의로 인한 화재	생물다양성 감소
		식물의 채취, 외래종 도입	개체구성의 변화
	야생동물	수렵 · 낚시	개체구성 변화 및 희귀종 멸종
		기념물 제작을 위한 포획	야생동물 감소
		사진촬영 등에 의한 교란	성장 방해, 먹이사슬 교란
		도로, 탐방로 개설	서식지 감소, 이동 방해
생태계	해안	호텔, 캠프장, 접근로 개설	서식지 파괴, 사구 침식, 경관 훼손
	육상	숙박시설 설치	토양 오염, 산사태, 홍수 유발
		트레킹, 스키장 개설 등	개체 수 밀도 감소, 토양 침식
정주환경	주거지	숙박 · 관광시설의 확장	교통체증으로 인한 주민불편, 오염 · 소음 공해 증가, 커뮤니티 파괴
	역사유적	과도한 이용	쓰레기 투기, 유적 훼손 등

제2절 생태관광

1. 지속가능개발과 지속가능관광의 등장 배경

오늘날 환경문제는 인류가 최우선적으로 해결해야 할 범지구적 과제로 떠올랐다. 환경보호가 경제개발에 방해가 되며 국제경쟁력 역시 약화시킨다는 전통적인 환경관을 극복하고, 환경적으로 건전한 개발전략을 수립하고 이행에 활용할 수 있는 각종 자원과 기술 그리고 지식의 획득에 노력을 경주하고 있다.

1972년 스톡홀름에서 개최된 유엔인간환경회의(UNCHE)가 '하나뿐인 지구(Only One Earth)'라는 슬로건을 제시하면서 지구환경보존문제를 세계 공통의 과제로 채택한 이래, 1980년 세계자연보존연맹(IUCN)회의에서 '지속가능한 개발(sustainable development)' 개념이 공식적으로 제안되었다. 1987년 세계환경개발위원회(WCED)는 지속가능한 개발을 '미래세대의 욕구를 충족시킬 수 있는 능력과 여건을 저해하지 않으면서 현세대의 욕구를 충족시키는 개발'로 정의하였다.

1980년대 이후 대표적인 개발규범으로 받아들여지는 지속가능한 개발 개념은 1992년 유엔환경개발회의(UNCED)의 리우선언을 통해 국제적으로 공론화되고 그 실행계획으로 의제 21(Agenda 21)이 채택되었다.

피어스(D. Pearce) 등은 지속가능한 경제성장과 개발을 다음과 같이 설명하고 있다. 첫째, 경제성장이란 1인당 실질소득이 시간이 지남에 따라 계속 증가함을 의미하지만 이러한 추세가 성장의 지속가능성을 의미하는 것은 아니다. 둘째, 지속가능한 경제성장이란 1인당 실질소득이 계속 증가함과 동시에 그 증가는 공해나 자원의 문제와 같은 생태적 · 물리적 부작용이나 빈곤 및 사회혼란과 같은 사회적 문제를 야기하지 않는 것이어야 한다. 셋째, 지속가능한 개발은 천연자본(natural capital)과 인공자본(man made capital) 간의 대등한 변환을 통하여 혹은 천연의 부가 감소함이 없이 1인당 효용이나 복지가 계속적으로 증가함을 의미한다.

관광분야에서도 지속가능개발 개념을 실현하기 위한 노력들이 이어졌다. 1960년대부터 시작된 환경에 대한 관광분야의 관심은 1980년 마닐라선언을 통해 관광과 환경, 문화가 공존하는 지속가능한 관광 추구의 필요성과 인류의 유산인 관광자원의 보호와 환경보존의 중요성을 최초로 공표함으로써 보다 구체화된 노력으로 이어지게 된다. 1982년에 멕시코의 아카풀코와 1985년 불가리아의 소피아에서 개최된 세계관광기구(UNWTO)의 회의는 인류의 생존차원에서 제기되고 있던 자연보호와 공해방지를 위한 활동이 관광개발에 적용되어야 한다는 환경에 대한 인식이 확산되는 계기가 되었다. 1991년 세계관광기구는 환경보전결의를 통하여 관광의 지속적인 발전을 위해 환경과 조화를 이루는 개발에 한하여 투자해 줄 것을 각 회원국들에게 제안하고, 관광의 장기적인 수익성 보장, 관광상품의 지속성 유지, 현 세대와 미래 세대 간의 형평성 유지를 골자로 하는 '환경적으로 책임을 지는 관광(environment responsible tourism) 강령'을 채택하기도 하였다.

리우선언 이후 실천적인 노력으로, 1995년 세계관광기구와 유엔환경프로그램(UNEP) 그리고 국제연합교육과학문화기구(UNESCO)와 유럽연합(EU) 등이 지속가능관광헌장(Charter for sustainable tourism)을 채택함으로써 지속가능관광 기준선정의 필요성, 지속가능관광의 원칙, 방법, 역할 등 18개 조항의 행동지침을 제시하였다. 1996년에는 세계여행관광위원회(WTTC)와 세계관광기구(UNWTO) 그리고 지구협의회(EC) 등의 3개 국제기구가 지속가능한 개발 개념하에 지속가능관광을 실현하기 위한 계획안으로 '여행과 관광산업에 대한 의제 21'을 공동으로 채택하였다.

또한 2000년 서울에서 열린 아시아 · 태평양경제협력체(APEC) 관광장관회의에서는 관광의 발전을 위하여 민간부문과의 대화 및 협력이 지속 · 확대, 더욱 심화되어야 함을 강조하면서, '관광의 영향 및 결과에 대한 지속가능한 관리 · 경영', '관광정보 네트워크의 구축' 등을 정책목표로 지정하였고, 관광의 영향 및 결과에 대한 지속가능한 관리를 위한 정책을 제시하였다.

그 후 2001년 제14차 세계관광기구총회가 '평화에 이바지하는 관광, 지구환경과 문화유적을 보전하는 지속가능한 관광, 정보기술로 진일보하는 관광'이라는 주제로 서울에서 일본과 공동개최로 열렸는데, 이 회의에서는 관광의 지속가능한 발전을 위한 지식, 정보, 인적자원 등의 공유 등을 결의하여 관광자원을 이용하고 보호함에 있어서 자연환경 및 사회 · 문화환경에 대한 지속가능한 관광개발의 원칙을 준수, 상호 협력함으로써 세대 내 및 세대 간 형평성을 유지함으로써 관광의 지속가능한 발전을 도모함을 실천적 행동기준으로 정하였다.

지속가능한 관광개발은 관광자원의 적극적 개발을 지양하고, 환경보호와 자연보전을 고려한 적절한 개발과 활용으로 관광자원 이용의 지속성을 보장하는 것이다. 지속가능한 관광은 현세대뿐만 아니라 후세대 역시 자원이용이 가능하도록 효과적인 자원보전과 활용에 초점을 두고 있다. 또한 현재의 경제적 활동이 자연적으로 재생될 수 있는 자원의 소비를 최소화하는 것을 전제로 하며, 지역주민과 관광객들이 현재와 미래에 누릴 수 있는 환경적 · 문화적 자원을 보호하면서 관광개발과 관광활동을 통한 경제적 편익을 증대시키는 것을 의미한다. 지속가능한 관광개발은 지역사회에 대한 '생활의 질 향상', 관광객에게 '양질의 경험 제공', 지역사회와 관광객을 위한 '양질의 환경 유지'를 그 내용으로 하며, 생태적 지속가능성 · 사회적 지속가능성 · 경제적 지속가능성을 모두 포함하는 개념이라고 할 수 있다.

이러한 지속가능한 관광의 실현을 위해서는 주요 이해관계자 간 협조체제가 이루어져야 한다. 여기에는 자연자원을 관리하고 장기적인 보존을 확보할 수 있는 공공기관과 일련의 숙박, 음식 그리고 교통서비스를 제공하는 관광산업체, 관광객에게 매력의 대상이 될 수 있고, 문화를 형성하거나 관광개발로 인한 편익을 가져올 수 있는 지역주민들이 있다. 이들은 각각 직접적으로나 간접적으로 지속가능성을 유지하는 데 관여하게 된다. 특히 공공기관은 정치적 · 경제적 목적을 달성하기 위해 관광산업에 의지하게 되고, 관광사업체는 경제적 · 사회적 목적을 달성하기 위해 활동하게 되며, 지역주민은 그들의 삶을 유지하고 향상시키기 위하여 적극 노력하게 된다. 따라서 참가자 간에는 정보의 공유로 공감대가 형성되어야 한다.

그런데 관광에서 어떤 방법으로 지속가능성을 보장할 것인가? 어떤 형태의 관광이 지속가능관광에 대한 모범답안을 보여줄 수 있는가? 이러한 고민은 실천적 해결수단으로 생태관광의 선택으로 이어지고, 많은 비판적 시각에도 불구하고 생태관광은 여전히 지속가능관광의 최적 실행대안으로 받아들여지고 있다.

2. 생태관광의 개념

대안적 관광의 하나로 대두된 생태관광(Ecotourism: 생태(ecology)+관광(tourism)의 결합)은 생태계 보전이라는 개념적 틀 속에서 관광을 지속시키기 위한 하나의 방편으로 도입되었다. 사실 생태관광은 혁신적이거나 새롭게 출연한 개념이 아니라 오히려 기존 개념으로부터 진보된 것이다. 생태관광을 통해 얻을 수 있는 경험은 이미 야외휴양(outdoor recreation)이나 모험관광(adventure tourism) 등에서 오래 전부터 제공해 온 것이기 때문이다.

현재 사용하고 있는 '생태관광'이라는 용어는 1983년 세바우스 라스쿠라인(Hector Ceballos−Lascurain)에 의해 만들어졌다. 보전주의자이며 정부부처의 장관이었던 그는, 미국홍학(American Flamingo) 번식지인 유카탄(Yucatan) 북부의 습지를 보전하기 위한 운동을 펼치면서 생태관광이란 용어를 사용하기 시작하였다. 그는 개발업자들의 마리나 개발을 단념시키기 위해 그 지역에서의 관광객 조류관찰 같은 생태관광이 지역경제를 부흥시키고 생태계 보전에 기여할 수 있음을 강조하였다.

라스쿠라인이 생태관광이란 용어를 쓴 이후 많은 단체나 학자들이 약간의 견해를 달리하면서 생태관광의 개념을 정의해 오고 있는데, 각 국가 및 국제기구에서 정의하는 생태관광의 개념은 〈표 8−2〉와 같다.

표 8−2 주요 국제기구와 주요 국가(협회포함)의 생태관광 정의

구분	정의
IUCN	자연(과거와 현재의 관련 문화자원 포함)을 즐기고 감상하기 위해 비교적 훼손되지 않은 자연지역을 이용하여 환경적으로 책임 있는 여행이나 방문으로서 보전을 증진하고 부정적 이용 영향을 유발하지 않으며, 지역주민에게 사회 · 경제적 편익을 제공하는 관광
TIES	자연자원의 보전이 곧 지역주민의 편익이 될 수 있는 경제적 기회를 창출하는 동시에 생태계의 균형을 깨뜨리지 않도록 주의를 기울이면서, 지역의 자연과 문화를 이해하기 위하여 자연 지역으로 떠나는 의미 있는 여행

캐나다	문화와 자연역사를 이해하게 하고 생태계를 온전하게 보호하여 경제적 편익을 창출하여 보전을 촉진하는 의미 있는 여행
브라질	자연 및 문화유산을 지속가능하게 이용하고 보전을 촉진하여 환경 해설을 통해 생태계 이해를 증진함으로써 주민 복지를 증진하는 관광
호주 생태관광협회	환경과 문화의 이해와 감상 및 보전을 촉진하여 자연지역 경험을 강조하는 생태적으로 지속가능한 관광
일본 생태관광협의회	자연 · 역사 · 문화 등 지역 고유의 자원을 활용하고 관광자원이 훼손되지 않도록 적절한 관리를 통해 보전을 촉진하여 지역자원의 지속가능한 이용과 지역경제 활성화에 기여하는 관광의 새로운 형태로서 관광객에게 매력적인 지역자원의 접촉기회를 제공하고 지역주민의 생활을 안정시켜 자원이 보전되는 것을 목표로 하는 관광

* IUCN(세계자연보전연맹: International Union for Conservation of Nature), TIES(세계생태관광학회: The International Ecotourism Society)

위 정의를 종합해 볼 때, 생태관광이 함의하고 있는 공통된 두 가지 요소는 '생태보전'과 '지역발전'이다. 대부분 생태적 보전가치가 우수한 지역은 개발이 덜 된 낙후된 지역이다. 이 지역에 사는 사람들은 대체적으로 빈곤하다. 빈곤을 방치하면서 생태계를 온전히 보전한다는 것은 현실적으로 어려움이 많다. 생태계를 훼손하지 않으면서 지역발전을 이룰 수 있는 가장 적합한 대안이 생태관광이다.

우리나라는 1990년대 초, 처음 생태관광이 소개된 이래 주로 관광학과 환경학 분야에서 지속적인 연구가 이루어져 왔다. 1990년대 중반부터 생태관광이 보전과 개발을 조화시킬 수 있는 지속가능한 발전의 주요한 실천대안으로 큰 주목을 받기 시작하였으나, 생태관광의 정의와 원칙 및 전략에 대한 논의가 충분하게 이루어지지 못한 채 추진되어 오고 있었다. 2002년 세계 생태관광의 해를 맞이하여 한국의 생태관광 발전 전략을 모색하고자 '2002 세계 생태관광의 해 기념 포럼'이 제주도에서 개최되었다. 이 포럼에서 문화체육관광부, 환경부, 해양수산부, 산림청 등의 관계부처와 지방자치단체, 학계, 관광업계 등에서 참가하여 생태관광의 사례와 경험을 공유하고 향후 발전전략과 과제에 대해 논의하였다. 당시 포럼에서 생태관광이 환경보전과 지역사회 발전에 기여하면서 교육적이고 양질의 경험을 제공하는 것임에 동의하고, 올바른 정책과 발전을 바라면서 '한국의 생태관광 발전전략모색 권고안'을 만들었다. 그 권고안을 토대로 지금까지 정부와 지방자치단체, 생태관광협회들이 사업을 추진해 오고 있다.

지금까지 추진해 온 우리나라의 생태관광 프로그램들을 살펴보면, 대부분 생태관광이 협의의 개념 틀 안에서 이루어지고 있다는 것이다. 즉 잘 보전된 지역에서 자연과 문화를 감상하고 체험하는 것이었다. 그러나 향후 생태관광은 광의의 개념에서 추진되어야 한다. 광의의 생태관광 개념은 생태관광자원을 보전하고 지역을 발전시키고 생태관광시장 시스템도 갖추면서 기후변화로 인한 관광환경 변화에도 적극적으로 대응할 필요가 있는 광의의 개념으로 해석하는 것이 필요하다.

한편 문화체육관광부에서는 〈표 8-3〉과 같이 한국형 생태관광 10대 모델사업지를 선정하고 있다.

표 8-3 한국형 생태관광 10대 모델사업지 현황

유형	소재지	특징
해안사구	충남 태안군 신두리 해안사구	내륙과 해안의 생태계를 이어주는 완충 기능을 하는 국내 최대 규모의 사구
연안습지	전남 순천시 순천만 (습지보호지역 대중관광지)	세계 5대 습지 중 하나로 흑두루미 등 철새 등의 주요 서식지
내륙습지	경남 창녕군 우포늪 (습지보호지역, 람사르 협약)	약 1억 4천만 년 전에 생성되어 태고의 신비를 간직하고 있는 원시 늪
철새 도래지	충남 서산시 천수만 (동북아 철새 중간기착지)	가창오리, 노랑부리저어새 등 멸종위기종을 포함한 300여 종 400만 마리의 철새가 찾아오는 동북아 최대 철새도래지

화석/동굴	강원도 평창군 마하 (마하생태관광지, 백룡동굴)	지표운동과 지하수 · 석회수의 용식작용으로 형성된 백룡동굴과 생태계의 보고인 동강이 있음
산/강	영주시 소백산 자락길 진안군 고원 마실길, 데미샘 (소백산과 4대강 연계지역)	수려한 자연경관과 유교문화를 엿 볼 수 있는 소백산 자락길 진안 데미샘과, 아름다운 산천을 걸으며 지역별 특성을 느낄 수 있는 고원 마실길
DMZ	경기도 파주시 서부 DMZ	지구의 마지막 갈라파고스로 일컬어지며 희귀야생동식물은 물론 역사적으로 중요한 문화재가 산재함
	강원도 화천군 동부 DMZ	
섬	제주도 거문오름과 서귀포 생물권 보전지역	UNESCO 생물보전지역이며, 세계자연유산
	울릉도 · 독도	동해에 위치한 천혜의 비경을 간직한 울릉도 · 독도

3. 생태관광의 구성요소

1) 생태관광객

생태관광 수요는 국내 · 외적으로 급속히 증가하는 추세이다. 세계관광기구(UNWTO)는 생태관광이 21세기 새로운 관광유형의 하나로 강조한 바 있다. 최근 20년 동안 연평균 5%의 성장을 하고 있어 2020년대에는 16억 명까지 증가할 것으로 예측하고 있다.

생태관광객은 자연자원의 훼손을 최소화한 환경친화적 개발과 지역주민의 장기적인 혜택을 부여하며 이용자의 자연자원에 대한 윤리적 책임을 가지는 관광객으로 대중관광객과는 달리 생태관광객들은 환경에 관심이 높고 대상지역의 문화 및 자연보전의 필요성에 공감하므로 생태관광지의 낮은 수준을 기꺼이 감수하고자 하는 적극적인 관광객이라 할 수 있다.

린드버그(Lindberg)는 생태관광객을 연구나 자연경관 감상 및 야생 동식물의 관찰과 지역문화를 경험하고자 하는 구체적인 목적을 가지고 상대적으로 덜 오염되고 덜 훼손된 지역을 관광하는 관광객이라고 정의하면서, 생태관광객을 〈표 8-4〉와 같이 네 가지 형태로 분류하였다.

표 8-4 생태관광객 분류

분류	내용
핵심 생태관광객(hard-core ecotourist)	과학적 연구자 또는 교육, 쓰레기 제거 혹은 이와 비슷한 목적을 위해 조직된 관광 구성원들
목적 생태관광객(dedicated ecotourist)	보전지역을 보기 위해 여행을 하고, 그 지역 자연과 문화를 이해하기를 원하는 관광객
주 생태관광객(mainstream ecotourist)	주로 특별한 체험을 하기 위해 아마존이나 르완다의 고릴라 공원 또는 기타 지역을 방문하는 관광객
임시 생태관광객(casual ecotourist)	휴가기간 중 짧은 여정의 자연관광에 참여하는 관광객

생태관광객은 자연환경을 보존 · 보호하려는 목적을 가지고 현세대와 미래세대의 견지에서 보전을 위한 수단으로 여행하고자 하는 계몽된 여행자로 환경보전지향적인 관광태도를 가지고 있는 관광객을 말한다. 따라서 관광지가 생태적으로 보전이 잘 된 곳이든 아니든 그 어느 관광지에서든 생태관광객처럼 행동할 때까지는 누구도 생태관광객이 될 수 없는 것이다.

한편 생태관광이 단순히 생태적으로 우수한 지역만을 대상으로 하는 것을 의미하는 것은 아니다. 기존의 환경에 부정적인 영향을 끼친 관광개발 방식과 운영 및 이용 등이 친환경적으로 바뀌어 가는 것도 바로 생태관광인 것이다. 또한 국민들의 의식과 관광형태 그리고 관광태도가 생태관광을 전개할만한 수준이 되지 못하기 때문에 우리나라에서 생태관광의 실행이 어려운 것이 아니라, 이러한 국민들을 생태관광객화 시키는 것이 바로 향후 우리나라에서 생태관광을 정착시키기 위해 해야 할 일이다.

2) 생태관광자원

생태관광을 위해서는 생태관광자원이 필요하다. 생태관광자원은 여러 가지 자연현상과 생태계, 그리고 여기에 적응하면서 형성된 문화현상에 이르기까지 다양하다. 예를 들면 자연경관이 뛰어난 지역과 울창한 삼림지역, 야생동물 서식지, 희귀식물 자생지, 갯벌, 동굴 등을 비롯하여 문화유적과 주민의 독특한 생활상 등이 생태관광자원으로 될 수 있다.

한편 우리나라 생태관광자원의 현황을 간단히 살펴보면 다음과 같다.

첫째, 자연관광자원의 체계적 보전과 관리가 미흡하다. 우선 자연관광자원의 지정에 있어서 정부주도적인 경우가 많다. 물론 지역의 적극적인 참여와 요구 및 전문가의 자문을 받았다고 하지만 과학적인 조사 · 연구를 통해서 이루어진 경우가 많지 않다. 생태적 가치가 크지 않은 곳을 지정하다보니 생태관광이 기존 대중관광화 되어가고 있어 오히려 생태계 훼손을 유발하고 있다. 생태관광이 활성화되기 위해서는 무엇보다도 우수한 생태자원의 발굴이 중요하다. 생태자원이 있을 때 다채로운 생태관광프로그램이 개발될 수 있다. 그리고 생태관광자원의 보전 방안이 미흡하다. 생태관광지역을 지정만 했지 어떻게 구체적으로 관리할지가 문제이다. 성공적인 생태관광이 이루어지는 외국의 사례를 보면 생태관광지에 대한 합리적 통제 등으로 환경문제와 생태자원의 관리가 체계적으로 이루어지고 있다. 또한 생태훼손지역 중 생태관광자원으로 활용가능한 지역을 지속적으로 복원하고 관리해야 한다.

둘째, 생태관광자원이 자연관광자원을 중심으로 이루어져 있다는 점이다. 문화관광자원이나 산업관광자원은 광의의 생태관광이란 개념 안에 녹아있어야 진정한 생태관광의 가치를 실현할 수 있다. 자연과 문화가 어우러진 생태관광이 필요하다. 지금 세계 곳곳에서 지속가능한 도시라는 이름으로 다양한 친환경도시들(생태도시, 녹색도시, Amenity City 등)이 탄생되고 많은 생태관광객들이 모이고 있다. 특히 '생태도시(Ecocity)'는 전 지구적으로 지속가능한 도시의 한 모형으로 발전하고 있다. 생태도시는 생태문화자원으로서 그 가치를 매우 높일 수 있다. 자연과 문화가 어우러지는 생태관광이 되기 위해서는 문화관광자원과 지속성을 유지할 수 있는 네트워크 구성이 필요하다. 생태도시는 자연과 문화를 연결하여 생태관광을 성공적으로 이끌 수 있는 중요한 매개체가 될 수 있다.

마지막으로 생태축제와 생태탐방로 조성 등을 살펴보면 지나치게 인위적으로 행해지고 있다는 것이다. 생태축제는 말 그대로 자연관광자원을 토대로 체험을 통해 생태자원의 가치를 일깨우고 환경보전 의식을 고양시키는 것이다. 함평 나비축제, 보령 머드축제, 무주 반딧불축제 등은 일부 인위적인 자원을 동원해 단기적인 경제적 수익효과는 있을지 모르지만 생태관광의 본질을 벗어나는 측면이 있다. 반면 순천만 생태관광자원은 1990년대 초반 도심 쓰레기를 버리는 버려진 땅이었으나 166억원을 투자해 습지로 복원하여 두루미 등 철새들의 안식처로 변모하여 수많은 관광객이 방문하면서 환경보전과 지역경제에 기여한 대표적인 성공 사례가 될 수 있다. 또한 전국의 생태탐방로 역시 인위적인 환경이 너무 가해지면 지역생태자원의 가치를 훼손시킬 우려가 있다.

3) 생태관광시설

생태관광의 기본시설은 주로 자연환경보전 및 이용시설이다. 현재 국립생물자원관, 국립생태원, 국립공원생태탐방연수원, 생태관광지 에코촌과 같은 국가차원의 생태자원 조사 · 연구를 위한 전문기관과 체류형 생태관광객을 위한 시설들이 일부 마련되었고, 또한 관광객의 생태관광 만족도를 증대하기 위한 자연환경해설사 제도 도입에 따른 환경부지정 양성기관도 지정되어 있다. 이외 탐방객의 편의제공을 위한 시설이 있지만 생태관광을 위한 숙소, 캠프장, 고품격 생태휴양시설 등의 인프라 확충이 더욱 시급하다.

우리나라 생태관광시설은 초보적인 단계에 있다. 생태관광지역 지정마다 생태자원 조사 · 연구 · 해설에 필요한 기관이 필요하다. 또한 관광객이 체류할 수 있는 숙소 등 편의시설 등이 품격 있게 갖추고 있지 않아서 체류형 관광이 어려워 지역경제에 큰 도움을 주지 못하고 있다. 생태관광의 수단이 되는 교통시스템도 자동차 중심도로이다 보니 승용차나 관광버스를 이용하는 경우가 많다. 생태적 가치를 실현할 수 있는 저탄소 녹색교통 수단과 시스템 개발이 절실하다. 향후 지속가능성을 연계할 수 있는 생태문화적 자원으로 배후 생태마을이나 생태도시의 건설을 모색해야 할 것이다.

4) 생태지역활동

생태관광은 지역주민의 참여를 기본전제로 하며, 운영을 통해 창출된 경제적 이익의 상당부분이 지역사회로 환원되어야 한다. 따라서 생태관광이 지역사회의 발전에 기여할 수 있는 장점을 가지고 있어야 한다. 이뿐만 아니라 생태관광지의 방문객들은 훼손되지 않은 자연환경을 감상하고 체험함으로써 환경보전의 중요성을 인식하고, 그들의 환경에 대한 태도변화와 행동변화를 유발하는 계기를 마련한다는 점에서 살아있는 환경교육의 기회를 제공해야 한다.

국가차원에서 환경부, 문화체육관광부, 산림청 등이 '생태관광 관계부처 협의회'를 구성하여 생태관광발전 기본계획을 심의하고 생태관광 모델사업 선정, 특성화 지역 지정, 재원 및 인력지원방안 등을 마련하고 있다. 지방자치단체에서는 지역 시민단체, 주민대표, 관광사업자와 함께 생태관광 '추진협의회'를 구성하여 지역단위 생태관광 프로그램 개발 및 운영과 중앙정부 생태관광 프로그램 집행을 하고 있다.

민간차원에서는 관광업계, 전문가, 시민단체로 구성된 '한국생태관광협의회'를 구성하여 생태관광 프로그램 개발과 자문, 인력양성 및 교육 · 홍보지원을 하고 있다. 그러나 현실적으로는 중앙과 지방 및 민간협력의 생태관광 거버넌스 활성화가 부족하다. 생태관광의 성공여부는 지역활동이 어떻게 이루어지는가에 따라서 판가름이 난다고 볼 수 있다.

4. 생태관광의 사례

1) 순천 순천만

순천만은 2002년부터 훼손 · 방치된 습지를 복원함으로써 흑두루미 · 재두루미 등 230여종의 철새, 120여종의 식물, 300여종의 저서식물 등이 서식하는 생태관광의 명소로 변모했다. 순천 생태관광의 주요 성공요인은 시민단체의 건의를 수용해 생태를 복원하고 환경저해시설을 철거하는 동시에 순천만을 브랜드화한 순천시의 강력한 추진의지와 생태공원 · 에코촌 등 인프라 구축으로 분석된다.

2) 제주 선흘1리

제주 선흘1리는 람사르 습지인 동백동산습지와 벵뒤굴 등 독특한 자연환경을 보유한 마을로서 2011년부터 지역주민 주도의 생태관광을 운영하고 있다. 제주만의 독특한 자연환경과 함께 10여 년 간 주민을 설득하고 마을사업으로 발전시킨 사무국장 및 이장 등 지역리더의 존재가 큰 힘이 되었다. 또한 지역주민들이 자연자산에 대해 긍지를 가지고 있으며, ㈜제주생태관광과 협력해 지속적인 컨설팅이 이루어지는 점도 성공요인으로 꼽힌다.

3) 창녕 우포늪

창녕 우포늪은 국내 최대의 내륙습지(230만㎡)이자 최고(最古)의 원시 자연늪으로 1,500여종의 동 · 식물이 서식하고 있는 생태계의 보고(寶庫)이다. 2008년 창원 람사르협약 당사국 총회를 계기로 탐방객이 급격히 증가하였고, 최근에도 매년 80만 명 이상이 방문하고 있다. 그러나 교통이 불편하고, 장시간 체류할 프로그램이나 숙박 · 식당 등이 부족하며, 지역 핵심리더가 부재하여 생태적 우수성에 비해 생태관광이 크게 활성화하지 못하고 있다.

4) 울진 왕피천

울진 왕피천은 국내 최대 생태경관보전지역(전체 생태경관보전지역의 30%, 102㎢)으로 우수한 식생과 빼어난 경관을 보유한 지역이다. 산양, 수달, 구렁이, 하늘다람쥐 등 멸종위기종 18종이 서식하고 있는 것으로 알려져 있다. 하지만 교통여건이 불편하고 적극적으로 프로그램을 개발하고 홍보할 수 있는 지자체 또는 지역리더를 중심으로 한 구심력이 부족해 생태관광 잠재력이 충분히 발현되지 못하고 있는 것으로 평가된다.

5) 미국 텍사스해안 철새관찰 탐방로

자연자원이 풍부하고, 특히 철새들의 서식지로 유명한 텍사스해안은 미국 종합육상교통촉진법과 텍사스 주정부의 150만 달러의 재정적 지원에 의해 철새관찰 탐방로로 개발되었다. 지역주민, 토지 소유주, 보전단체, 지역 사업가와 지방정부가 함께 협력하여 조성한 텍사스해안 철새관찰 탐방로는 지역사회의 활성화와 철새관찰지역으로서 텍사스해안을 국내 · 외에 홍보하는 데 많은 기여를 했으며, 지역보전과 경제개발을 병행하여 관광개발사업을 추진할 수 있는 모범사례를 제공하고 있다.

6) 일본 가고시마현 야쿠시마

야쿠시마(屋久島)는 1993년 유네스코의 자연유산 등재를 전후로 자연환경의 소중함을 체험하는 생태관광이 주력산업으로 성장하였으며, 자연과의 공생을 목표로 한 새로운 생태관광의 성공사례로 주목받고 있다. 야쿠시마는 당시 일본 경제 및 농촌지역에서 대대적으로 유행하고 있던 대규모 관광리조트 개발을 배제하고, 지역의 고유한 문화적 · 자연적 정체성을 보전하고 활용하는 정책 방향을 설정하였다. 야쿠시마 생태관광의 기본 이념은 '공생과 순환'의 원칙을 교감하기 위해서 섬의 생활과 문화 등을 체험하도록 하는 것으로, 생태관광이 지역발전에 있어서 중요한 요소가 될 것이라는 공통된 인식을 가지고 민 · 관이 협동하여 야쿠시마 천혜의 자연을 활용한 지역 진흥을 도모하고 있다.

7) 호주 카카두 국립공원

호주 최대 규모의 국립공원이면서 세계에서 세 번째로 큰 국립공원인 카카두 국립공원(Kakadu National Park)은 4만여 년 동안 끊임없이 인류가 생활해 왔다. 동굴벽화, 암각화, 고고학 유적지는 사냥과 채집을 하던 선사시대 사람들부터 현재 이곳에 거주하는 원주민들에 이르기까지 이 지역에 살았던 사람들의 기술과 삶의 양식을 기록하고 있다. 간석지, 범람원, 평원, 고원을 포함한 복잡한 생태계의 독특한 사례 지역으로, 광범위한 희귀종과 고유종 동식물의 서식지이다. 1981년과 1987년, 1992년의 3차례에 걸쳐 유네스코의 세계유산 목록 중 복합유산으로 등록되었다. 또한 1980년과 1989년에는 람사르 조약(국제습지조약)에 의하여 습지로 지정되었다. 국립공원 책임자와, 자신들의 땅을 정부에 빌려주고 있는 옛날부터 땅의 소유자인 애버리진 비니니/뭉구이 족이 공동으로 공원을 관리한다. 지역사회와 지역주민의 생활문화가 밀착된 개발로 지역의 고유성 및 경쟁력을 확보한 대표적인 사례이다.

제9장

유네스코 세계유산

1 유네스코와 세계유산
2 세계유산의 종류와 등재절차
3 세계유산 등재 효과와 관광과의 관계

제1절 유네스코와 세계유산

1. 유네스코의 기능과 역할

유네스코(UNESCO)는 교육, 과학, 문화 등 지적 활동분야에서의 국제협력을 촉진함으로써 세계평화와 인류 발전을 증진시키기 위해 만들어진 유엔전문기구이다. 그 이름은 '국제연합 교육 · 과학 · 문화 기구(United Nations Educational, Scientific and Cultural Organization)'의 영문 머리글자를 따서 만든 것이다. 인류는 두 차례 세계 대전의 참화를 겪으면서 항구적인 평화는 정치, 경제, 군사 등 물리적 힘만으로는 이룩할 수 없으며 인류의 지적 · 도덕적 연대에 기초해야 할 필요성을 공감하게 되었다.

제2차 세계대전 중인 1942년부터 1944년까지 연합국 교육장관들이 영국 런던에 모여 전쟁으로 황폐해진 교육을 재건하고, 교육으로 세계 평화에 기여할 수 있는 방안을 여러 차례 논의한 끝에 교육 · 과학 · 문화 분야에서 국제협력을 증진함으로써 세계 평화에 기여하는 국제기구를 창설하기로 뜻을 모았다. 그 결과, 1945 년 11월 16일 열린 유네스코창설준비위원회에서 37개국 대표들이 영국 런던에 모여 '유네스코 헌장'을 채택함에 따라 유네스코가 창설되었다.

유네스코의 기능으로는 규범설정, 투명성 확보, 전문지식 혹은 자원 제공, 정당성 확보 등을 들 수 있다. 첫째, 유네스코는 다양한 토의 · 협상 · 회의 등을 통해 다양한 공동 관심사에 대해 논의하고, 이에 대한 국제적 원칙과 기준 그리고 행동양식을 정함으로써 국제적 준거와 질서를 유지하는 데에 기여한다. 둘째, 유네스코는 국제사회의 다양한 문제에 관해 그 내용과 논의과정을 이해시키고 참여하게 함으로써 국제사회에서 투명성을 제고한다. 셋째, 유네스코는 회원국이 필요로 하는 전문지식 또는 정보를 제공하고 물질적, 인적자원의 공여 혹은 교육훈련 및 자문 등을 한다. 이를테면 개도국의 교육문제 해결(문맹퇴치사업), 문화유산의 복원 및 보존 지원(세계유산 등재사업), 각종 연구사업 지원 등이 여기에 포함된다. 넷째, 유네스코는 각종 논의 · 협상 · 결의 등을 통해 일정한 사안에 대하여 회원국의 인식 · 태도 · 정책의 변화를 유도하고, 국제사회에서 집단적 정당성(collective legitimation)을 확보하는 기능을 수행한다. 이러한 정당성은 유네스코의 정책과 활동에 대한 국제사회의 지지 획득에 기여한다.

한편 유네스코의 역할은 국제사회의 수단, 국제사회의 포럼, 국제사회의 독립적 행위자로 설명할 수 있다. 첫째, 국제기구가 문제해결을 위한 기구로서의 역할뿐만 아니라 개별 회원국들의 외교적 수단으로도 작용한다는 것이다. 즉 국가의 지위(강대국, 중진국, 약소국)에 따라 국제사회에서 영향력이 달라지며, 국제기구를 외교정책의 수단으로 사용하기도 한다는 것이다. 둘째, 유네스코는 교육 · 과학 · 문화 분야의 국제적 관심사에 대해 다자 포럼을 상시 개최하여 국가 간 상호이해와 협력을 촉진하고 갈등을 해소하는 역할을 수행한다. 셋째, 유네스코는 유엔 산하기구면서 동시에 독립기구의 성격을 갖는다. 이에 따라 회원국들의 관심분야에 대한 전문 서비스 업무를 담당함과 동시에 국제사회의 공익신장을 위해 노력하며, 유네스코 사무총장은 고유의 권한 내에서 재량을 발휘한다.

2. 세계유산의 개념과 세계유산협약의 특징

1) 세계유산의 개념

유네스코(UNESCO: 국제연합교육과학문화기구)에서는 유산(Heritage)에 대한 정의를 '과거로부터 물려받은 것으로서, 현재 우리가 더불어 살아가고 미래 세대에게 물려주어야 할 것(Heritage is our legacy from the past, what we live today, and what we pass on to future generations)'이라 하였다. 이 기준으로 볼 때 세계유산(World Heritage)은 한 민족, 한 국가에서만 보존되고 전승되어야 할 유산이 아니라 전 세계인이 공동으로 지키고 전승해야 할 유산이라는 의미이며, 과거에서 현재와 미래로 이어지기 때문에 지속가능성(sustainability)을 지니고 있다.

세계유산이란 유네스코가 1972년 11월 제17차 총회에서 '세계문화 및 자연유산 보호협약'에 따라 지정한 유산을 말한다. 인류문명과 자연사에 있어 매우 중요한 자산인 세계유산은 탁월한 보편적 가치를 지닌 유산으로서 전 인류가 공동으로 보전하고 이를 후손에게 전수해야 할 유산이다. 자연재해와 전쟁 등으로 파괴 위험에 처한 유산의 복구 및 보호활동 등을 통하여 보편적인 인류유산의 파괴를 근본적으로 방지하며, 문화유산 및 자연유산의 보호를 위한 국제적 협력 및 각 나라별 유산 보호활동을 격려하고 용기를 북돋아 주기 위한 목적으로 만들어진 개념이다.

오늘날 지구상의 수많은 문화유산과 자연유산이 심각한 위협에 처해 있다. 이는 종족 간, 국가 간 물리적인 충돌과 전쟁뿐만 아니라 환경오염, 자연재앙 및 자원의 무차별적인 이용으로 미래에 전수시킬 유산의 보호가 날로 어려워지고 있기 때문이다. 오늘날 지구 곳곳에서는 '유산의 보호와 개발'이라는 상충된 이해관계 속에서 수많은 유산들이 손상되고 있으며 문화생활의 증진이라는 명목 하에 산업화되고 있는 관광에 의해서도 적지 않은 유산들이 훼손, 손상, 파괴되고 사라질 위기에 처해 있다.

이러한 문화 및 자연유산을 파괴로부터 영구히 보존하고 이를 미래에 전수시킬 목적으로 국제적인 구속력을 갖춘 제도적 장치의 필요성이 절실해 졌다. 이러한 배경을 띠고 제정된 협약이 1972년 유네스코가 채택하고 1975년부터 발효한 '세계문화 및 자연유산 보호협약'(Convention concerning the Protection of the World Cultural and Natural Heritage: 일명 '세계유산협약'이라고도 함)이다.

유네스코 세계유산 제도는 제1차 세계대전 이후 국제운동으로 태동되었으나 20세기 중반 이후 가시화한다. 즉, 1959년 이집트 아스완댐이 건설되면서 문화유산인 아부심벨 사원(Abu Simbel)이 수장될 위기에 처하자 유네스코 주도 아래 51개국이 모여 해결방안을 모색하였다. 이를 계기로 문화유산의 범세계적인 보전이라는 발상이 실현되는 계기가 마련되었다.

자연유산인 경우에는 공업화 · 도시화에 따른 대규모 개발로 인해 환경문제가 심각해지자 1960년대부터 보전의 발상이 태동하였다. 이를 계기로 1972년 제17차 총회에서 세계문화유산 및 자연유산의 보호에 관한 협약 제8조에 따라 정부 간 위원회로 세계유산위원회가 설립되었다. 그때부터 세계유산위원회가 인류 전체를 위해 보호되어야 할 현저한 보편적 가치가 있다고 인정되는 유산에 대해 세계유산으로 등록하는 절차를 밟았다.

세계유산 지정의 또 다른 시각에서의 추세는 부(負)의 유산, 즉 부정적 의미의 유산도 등재한다는 것이다. 또한 고대 유산뿐만 아니라 근 · 현대 유산도 등재되고 있다. 대표적인 예가 아우슈비츠(1979년 지정)와 히로시마 원폭 돔(1996년 지정)이다. 세계유산은 대부분 인류에게 긍정적인 면만을 준 건축물에 그 번호를 부여했다. 이를 이른바 플러스(+) 문화재라 한다. 그러나 부정적인 건축물에도 번호를 부여했는데, 바로 아우슈비츠 강제수용소(폴란드)와 히로시마 원폭 돔(일본)이 그것이다. 이를 부(負)의 유산, 혹은 마이너스(−) 문화재라 한다. 원폭 돔의 세계유산 지정을 강력하게 반대했던 중국정부는 흑룡강성 하얼빈(哈爾濱)에 있는 옛 일본군 731부대 시설터를 세계유산으로 등록하는 방안을 추진하기도 했다. 일본의 생체실험이 자행된 그곳 역시 부(−)의 유산인 것이다.

1979년 등재된 아우슈비츠의 경우 폴란드가 독일 점령 하(1939~1945)에 있었던 시절 350만 여명의 유대인들이 죽은 곳으로 악명을 떨쳤다. 지금도 그때의 수용소 건물이 보존되어 있다. 다시는 이러한 불행한 일이 일어나서는 안 된다는 측면에서 지정되었다. 히로시마 원폭 돔은 1996년 등재되었다. 1945년 8월 6일 원자폭탄이 터진 것을 기리기 위해 지정되었다. 그때 폭격 맞은 옛 산업장려관(원폭 돔)과 희생자 위령비, 평화의 불, 자료관 등 평화기념공원이 지정되었다. 일본은 '원폭투하의 역사적 사실과 인류역사상 최초로 사용된 핵무기의 참화를 세계인에게 알리고 핵무기의 폐기와 세계평화를 희구하는 상징적인 장소'라는 이유로 세계유산을 추진하였다. 하지만 1996년 멕시코시티에서 열린 세계유산 총회에서는 제2차 세계대전 당사자인 중국과 미국 등이 극력 반대하였으나 폴란드의 아우슈비츠와 마찬가지로 '부(−)의 유산'으로 등재되었다.

한편 유네스코 세계유산을 통합 · 관리하는 세계유산위원회(World Heritage Committee Meeting)는 매년 세계유산의 지정 이외에도 '위험에 처한 세계유산목록'을 따로 작성 · 관리하고 있는데, 세계유산목록에 등재된 유산 중에서 자연적 환경의 변화나 인위적 이유로 보존 위기에 처한 유산만을 별도로 지정해 관리하는 것이다. 위험에 처한 세계유산으로 등재되면 각 정부와 협의하여 유산 훼손의 원인 규명 및 방지를 위한 전문적인 지원을 하게 되는데, 이후 지속적인 관리가 잘 이루어진다면 위험에 처한 세계유산목록에서 삭제를 하게 되지만, 이러한 노력에도 불구하고 세계유산의 가치를 완전히 상실하게 되면 세계유산목록에서 영구히 삭제된다.

유형유산이든, 무형유산이든 또는 기록유산이든지 간에 세계유산으로 등재되어 있다는 것은 우리나라에서만 중요한 유산으로 간주되어 보존되어야 한다는 점을 넘어 세계적으로 뛰어난 보편적 가치를 지닌 유산이므로 세계인의 관점에서 보호되고 보존관리 되어야 한다는 중요한 의미를 갖는다. 더구나 그 유산이 소재하는 곳이 어디냐가 중요한 것이 아니라 어디에 분포하는 것이든지 간에 그 유산들은 전 세계인이 가꾸고 보존하여 우리의 후손에게 물려주어야 할 유산이라는 의미이다.

따라서 세계유산으로 등재된 유산이 분포하고 있는 지역은 현재 어떤 특정 국가에 위치하고 있는가에 관계없이 세계인의 소유라고 할 수 있다. 예를 들어 서울에 위치하고 있는 우리나라 문화재인 창덕궁은 뛰어난 보편적 가치를 지닌 세계유산으로 등재되었기 때문에 한국의 관점으로만이 아닌 세계적 관점에서 보존되어야 할 유산이라는 것이다.

2) 세계유산협약의 특징

한 특정 국가에서 유산은 그 국가의 자부심을 표출하는 가치를 지니며, 유산에 대한 정의는 국가가 지닌 특징에 따라서 조금씩 다르게 이루어지기도 한다. 왜냐하면, 그 국가만이 가질 수 있는 독특한 자연적 · 문화적 유적을 유산이라고 지칭하며 각국은 그 국가가 지닌 자연환경, 역사, 전통 등에 따라 각기 다른 문화를 전승하게 되기 때문이다. 그러나 세계유산은 '세계유산협약'에 따라 세계유산위원회가 인류 전체를 위해 보호되어야 할 현저한 보편적 가치가 있다고 인정하여 유네스코 세계유산 일람표에 등록한 문화재를 의미한다. 즉, 세계유산은 세계적 관점에서 현저한 보편적 가치를 지니는 유산이다.

'세계유산협약'은 여러 국제협약과 달리 몇 가지의 특징을 가지고 있다. 첫째, 정치 · 경제적 관계에서 탄생되는 협약과는 달리 비정치적이고 순수한 문화적 성격을 띠고 출발한 '세계유산협약'은 문화유산과 함께 자연유산을 더불어 보호하는 최초의 국제협약이라는 특징을 가지고 있다. 대다수 국가들은 문화유산과 자연유산은 별개의 유산으로 보아 각기 독립적으로 보호하는 경향이 있어 왔으나 이 협약의 제정으로 문화유산과 자연유산을 동일한 테두리 안에서 보호할 수 있는 법률적 근거를 마련했다고 볼 수 있다.

둘째, '전시 문화재 보호협약'이나 '문화재 불법 밀반출 및 소유권 양도 금지에 관한 협약'은 그 중요성에 비해 구체적인 제재 방안이나 실천 방안을 충분히 보장받지 못하고 있다. 그러나 '세계문화유산'은 전 세계 인류가 소중히 간직해야 할 유산에 대하여 상대적으로 구체적이며, 법적 구속력을 갖고 있는 조항을 담고 있다. 즉, 세계유산위원회를 구성하고 유산보호에 필요한 기금을 독립적으로 운영하고 있고, 문화유산 및 자연유산 보호와 관련된 전문기관과의 구체적인 협력관계를 유지하고 있으며, 후진국을 위한 인적 · 물적 지원사업의 지원을 명기한 조항을 담고 있기 때문이다.

셋째, 인류 역사상 보존해야 할 필요성이 있는 문화 및 자연유산을 구체적으로 지정하고, 이를 보호하게 하는 실천적 강제성을 띠고 있는 것이 특징이다. 즉, 전문기관의 모니터링을 통하여 보존의 위험이 예견되거나 파괴가 신속히 진전될 경우 이를 위험에 처한 유산으로 별도 관리하면서 관련 회원국에서 구체적인 예방조치를 강구하게 하는 것이다.

넷째, 유네스코의 세계유산으로 등록된다는 것은 '세계유산협약'의 정신에 따라 전 세계 인류의 공동자산으로 등록되어 보존 · 관리한다는 것을 의미한다. 따라서 세계유산은 그 유산이 존재하는 국가의 주권이 충분히 존중되고 또 국내법이 정한 재산권을 해치지 않지만, 이 유산이 세계인류 공동의 재산이며 그 유산의 보호에 협력하는 것이 국제사회 전체의 의무라는 것을 규정하고 있다.

제2절 세계유산의 종류와 등재절차

1. 세계유산의 종류

1) 세계유산

(1) 세계문화유산

세계문화유산은 유네스코가 1972년 11월, 제17차 정기총회에서 채택한 세계유산협약에서 규정한 기준에 따라 전 세계 인류의 공동 재산으로 등재되어 보존, 복구 등 특별 관리되고 있는 유산을 의미한다. 세계문화유산은 세계문화유산 등록제도에 의해 세계문화유산 협약을 근거로 협약 가입국의 문화유산 중에서 현저한 세계적 · 보편적 가치를 보유하고 있다고 인정된 유산을 유네스코 세계문화유산목록에 등재하고 있다.

문화유산은 기념물(monument)과 건조물군(group of building), 유적지(site) 등으로 나뉜다. 기념물은 건축물, 기념 조각 및 회화, 고고 유물 및 구조물, 금석문, 혈거 유적지 및 혼합유적지 가운데 역사 · 예술 · 학문적으로 탁월한 보편적 가치가 있는 유산이고, 건조물군은 독립되었거나 또는 이어져 있는 구조물들로서 역사상 · 미술상 탁월한 보편적 가치가 있는 유산이며, 유적지는 인공의 소산 또는 인공과 자연의 결합의 소산 및 고고 유적을 포함한 구역에서 역사상 · 관상상 · 민족학상 또는 인류학상 탁월한 보편적 가치가 있는 유산이다.

문화유산의 등재기준은 ① 인간의 창의성으로 빚어진 걸작을 대표할 것(예: 호주 오페라 하우스) ② 오랜 세월에 걸쳐 또는 세계의 일정 문화권 내에서 건축이나 기술 발전, 기념물 제작, 도시 계획이나 조경 디자인에 있어 인간 가치의 중요한 교환을 반영(예: 러시아 콜로멘스코이 성당) ③ 현존하거나 이미 사라진 문화적 전통이나 문명의 독보적 또는 적어도 특출한 증거일 것(예: 태국 아유타야 유적) ④ 인류 역사에 있어 중요 단계를 예증하는 건물, 건축이나 기술의 총체, 경관 유형의 대표적 사례일 것(예: 종묘) ⑤ 특히 번복할 수 없는 변화의 영향으로 취약해졌을 때 환경이나 인간의 상호 작용이나 문화를 대변하는 전통적 정주지나 육지 · 바다의 사용을 예증하는 대표 사례(예: 리비아 가다메스 옛도시) ⑥ 사건이나 실존하는 전통, 사상이나 신조, 보편적 중요성이 탁월한 예술 및 문학작품과 직접 또는 가시적으로 연관될 것 (다른 기준과 함께 적용 권장)(예: 일본 히로시마 원폭돔) 등이다.

예술작품과 기념물에 한정되었던 과거의 문화유산 개념이 오늘날에는 현대사회의 발전, 그 가치 및 요구의 과정이 만들어 내는 산물로 폭넓게 정의된다. 유네스코를 비롯하여 ICOMOS(국제기념물유적협의회), 유럽 여러 나라에서는 문화재(문화유산)를 'cultural heritage'라고 쓰는 반면 중국에서는 '文物', 한국과 일본은 '문화재(cultural properties)'라는 용어를 사용하고 있다.

(2) 자연유산

자연유산은 무기적 또는 생물학적 생성물들로부터 이룩된 자연의 기념물로서 관상상 또는 과학상 탁월한 보편적 가치가 있는 것과 지질학적 및 지문학(地文學)적 생성물과 이와 함께 위협에 처해 있는 동물 및 생물의 종의 생식지 및 자생지로서 특히 일정구역에서 과학상 · 보존상 · 미관상 탁월한 보편적 가치가 있는 것 및 과학, 보존, 자연미의 시각에서 볼 때 탁월한 보편적 가치를 주는 정확히 드러난 자연지역이나 자연 유적지이다.

자연유산의 등재기준은 ① 최상의 자연 현상이나 뛰어난 자연미와 미학적 중요성을 지닌 지역을 포함할 것(예: 케냐 국립공원, 제주 용암동굴·화산섬) ② 생명의 기록이나, 지형 발전상의 지질학적 주요 진행과정, 지형학이나 자연지리학적 측면의 중요 특징을 포함해 지구 역사상 주요 단계를 입증하는 대표적 사례(예: 제주 용암동굴·화산섬) ③ 육상, 민물, 해안 및 해양 생태계와 동·식물 군락의 진화 및 발전에 있어 생태학적, 생물학적 주요 진행 과정을 입증하는 대표적 사례일 것(예: 케냐 국립공원) ④ 과학이나 보존 관점에서 볼 때 보편적 가치가 탁월하고 현재 멸종 위기에 처한 종을 포함한 생물학적 다양성의 현장 보존을 위해 가장 중요하고 의미가 큰 자연 서식지를 포괄한다(예: 중국 쓰촨 자이언트팬더 보호구역) 등이다.

(3) 복합유산

복합유산은 문화유산과 자연유산의 특징을 동시에 충족하는 유산이다. 세계유산으로 지정되면 세계유산기금(World Heritage Fund)으로부터 기술적·재정적 원조를 받을 수 있다.

세계유산협약에 따른 세계유산은 유네스코에서 선정하는 세계기록유산과 인류구전 및 무형유산 걸작(세계무형유산)과는 개념상 구별되어 별도 관리된다.

현재 우리나라는 세계복합유산으로 등재된 곳은 없다. 호주의 카카두(Kakadu) 국립공원·윌랜드라(Willandra) 호수·태즈매니아(Tasmanian) 야생지대·울루루-카타추타(Uluru-Kata Tjuta) 국립공원, 중국의 타이산(Taishan)·황산(Huangshan)·어메이(Emei)산과 낙산대불·우이(Wuyi)산, 프랑스의 피레네-몽페르뒤(Pyrénées-Mont Perdu), 그리스의 메테오라(Meteora) · 아토스(Athos)산, 과테말라의 티칼(Tikal) 국립공원, 말리의 반디아가라(Bandiagara) 절벽, 페루의 마추픽추(Machu Picchu) 역사보호지구 · 리오 아비세오(Río Abiseo) 국립공원, 남아프리카공화국의 우카람바–드라켄스버그(uKhahlamba–Drakensberg) 공원, 스웨덴의 라포니안(laponian)지역, 마케도니아공화국의 오흐리드(Ohrid)지방의 역사건축물과 자연, 터키의 히에라폴리스–파묵칼레(Hierapolis–Pamukkale), 영국의 성 킬다(St Kilda)섬 등이 세계복합유산으로 등재되어 있다.

한편 세계유산협약에 따라 유네스코가 1972년부터 선정한 세계유산 중에서 특별히 파괴 위험에 처한 유산은 별도로 선정하여 유네스코의 특별한 관리를 받는다. 세계문화유산, 세계자연유산, 세계복합유산의 3종류 중에서 자연적 환경의 변화나 인위적인 이유 등으로 인해 특별히 보존의 위기에 처한 유산만을 별도로 선정한다. 세계문화유산의 경우 재질의 심각한 파손, 구조물이나 장식물의 심각한 파손 같은 '확실한 위험'과 유산 보호에 영향을 끼치는 법률적 상황의 변화, 보존정책의 결여와 같은 '예상 위험'을 중요 판단 기준으로 삼는다.

'위험에 처한 세계유산'으로 선정되면 유네스코의 특별한 관리와 함께 유네스코가 파견한 전문가들이 복원을 위해 많은 노력을 기울이며, 보존상태와 처리조치에 대해 매년 세계유산위원회에 보고 · 심의한다. 선정된 이후 보존상태가 크게 개선되면 목록에서 해제된다.

한 예로 남미 안데스산맥에 위치한 마추픽추(Machu Picchu)는 잉카문명의 상징이자 페루 최대의 관광지로, 지난 1983년 유네스코 세계복합유산으로 등재되었다. 그러나 이곳은 하루에 2,000명 이상의 관광객들이 찾아오는 관광의 메카이자 성지가 되었지만, 이러한 관광객들의 열성에 마추픽추는 점차 훼손되기 시작하였다. 결국 2003년 유네스코 세계문화유산관리위원회는 마추픽추를 '위험에 처한 문화유산'으로 지정

했고, 이후 페루정부의 집중적인 관리와 보호로 2007년 위험유산이라는 오명을 벗을 수 있었다. 하지만 관광객의 발길이 끊이지 않는 한 마추픽추의 존립은 장담할 수 없다.

경제적 · 정치적 등 다양한 이점으로 인해 유네스코 세계유산들의 수가 점차 증가하고 있지만, 마추픽추와 같이 위험에 처한 유네스코 세계유산이 증가하고 있는 것도 사실이다. 물론 세계유산이 단지 관광객들 때문에 위험에 처하는 것만은 아니다. 산업화, 환경파괴 등으로 인해 훼손되거나, 전쟁이나 인간의 욕심, 과도한 개발 등으로 인해 많은 세계유산들이 황폐화되고 있는 것이다. 더욱 반성적으로 보아야 할 것은 세계유산 중 몇몇은 과도한 개발과 고도의 상업화로 인해 존속 자체가 위기에 처해 있다는 것이다.

세계유산위원회의 위험에 처한 세계유산목록 등재기준은 첫째, 확인된 위험으로 다음과 같은 특징적이며 입증된 위험으로서 ① 재료의 심각한 상태악화 ② 구조 또는 장식의 심각한 변화 ③ 건축적 또는 도시계획상의 일관성(coherence)이 심각히 상실되었을 때 ④ 도시적, 전원적 또는 자연적 환경이 심히 손상되었을 때 ⑤ 역사적 진정성을 상실하였을 때 ⑥ 문화적 의의를 크게 상실하였을 때, 둘째, 잠재적 위험으로 유산이 고유의 특성에 유해한 영향을 줄 위협에 직면한 경우로서 ① 유산의 보호 강도를 낮추는 (유산의) 법적 지위의 변경 ② 보존 정책의 부재 ③ 지역계획사업이 가지는 위협적 영향 ④ 소도시 계획이 가지는 위협적 영향 ⑤ 전투 상황의 발생이나 그 위험성 ⑥ 지질학적, 기상학적 또는 환경적 요인에 의한 점진적 변화를 들 수가 있다.

이러한 내용을 바탕으로 문화유산을 지속적으로 보호하면서 훼손되거나 멸실된 문화유산을 어떻게 복원할 것인가? 세계유산위원회의 문화유산 등재기준을 바탕으로 진정성(authenticity), 온전성(integrity), 수월성(excellence), 존속성(continuance)을 유지하는 것을 전제로 복원하고 활용하는 방안을 다음과 같이 제시할 수 있다. 문화유산의 복원은 ① 물리적인 가치와 원형에 대한 충실성에 근거한 '재료의 진정성' ② 유형의 산물은 창조적 천재성에 기인한다는 생각에 바탕을 둔 '제작기법의 진정성' ③ 창조자(건축가, 기술자 등)의 원래 의도를 중요하게 생각하는 가치인 '구성(design)의 진정성' ④ 원래 맥락에 충실한 충실성, 즉 장소와 공간적 조건을 고려하는 '공간의 진정성'을 포함한 네 가지 진정성이 확보되어야 한다. 문화유산이 보유한 진정성이 확보되었을지라도 총체적 관점에서 문화유산을 구성하는 요소의 온전성을 구축해야 하고, 당대의 독창적인 수월성을 유지해야 하며, 삶 속에 지속적으로 존속할 수 있도록 해야 한다.

2) 인류무형문화유산

유네스코는 세계 문화ㆍ자연ㆍ복합유산 제도를 1972년부터 실시해 오고 있다. 그러나 이 제도는 알려진 바와 같이 만리장성이나 피라미드 같은 역사적 유물, 유적 등 유형적인 유산과 뛰어난 자연환경에 한하고 있다. 이 제도는 유네스코가 행한 가장 성공한 사업 중의 하나이다.

그러나 이런 세계문화유산제도는 노래, 춤, 의례 같은 무형유산은 포함하지 않고 있다. 그래서 1972년 이래 많은 유네스코 회원국들은 전통적인 문화와 민속에 대한 보호제도를 설치할 것을 권유해 왔다. 1989년 유네스코 총회에서 마침내 '전통문화와 민속에 대한 보존 장치에 관한 권고안'이 채택되기에 이르렀다.

그동안 유네스코 회원국들에 대해 무형문화보존 훈련프로그램의 실시, 무형문화유산 목록 작성하기, 소수민족과 원주민들의 무형문화의 보존ㆍ활성화ㆍ전파 등을 위한 계획, 전통문화 축제조직, 아프리카 언어 보존을 위한 다국적 조직, 민속자료의 연결망 조직, 유네스코 민족음악 수집 CD 발간, 민족음악 수집을 위한 지침서 발간, 사라져가는 언어 · 지도 출판, '상업적 요인으로부터 민속과 전통문화의 보호방안' 그리고 '도덕과 전통문화'와 같은 책자 등을 발간하였다.

그러나 가장 획기적인 기획 중의 하나는 1993년 제142차 집행위원회의 결정에 따라 유네스코 총장이 각 회원국에게 'Living Human Treasures(인간문화재)' 제도를 설치할 것을 촉구한 점이라고 할 것이다. 이 제도는 우리나라의 인간문화재 제도에서 따온 것이다. 우리나라는 1964년부터 무형문화재 보존 정책을 펴온 나라이고 무형문화재 보유자 제도를 실시하고 있다. 이 무형문화재 보유자의 속칭이 인간문화재로서 한국의 유네스코 대사가 한국의 무형문화재 보존 제도를 소개하고 한국의 인간문화재 제도를 유네스코의 다른 나라에도 채택할 것을 건의하여 이루어진 것이다. 이 건의안은 많은 회원국들의 열렬한 호응을 얻어 약 50여 개국의 회원국들이 우리의 인간문화재 제도를 도입할 의사를 밝혔다.

1989년의 권고안만으로는 전통문화의 보존에 한계점을 갖는다는 경험에 의해 유네스코는 많은 전문가회의를 거쳐 1997년 유네스코 제29차 총회에서 인류 구전문화 걸작 선정제도를 창설하기로 합의를 보았다. 그러나 집행위원회에서 구전과 무형문화유산을 분리시키기보다는 함께 고려하자는 의견이 채택되어 '인류 구전 및 무형문화유산'으로 이름을 바꾸어 1998년 제155차 집행위원회에서 '인류구전 및 무형유산 걸작(Masterpieces of the Oral and Intangible Heritage of Humanity)'에 대한 규약이 채택되었다.

이 규약에 따라 유네스코는 각 회원국의 무형유산을 신청 받아 심사한 결과 2001년에 1차로 19개국의 무형유산을 세계무형유산으로 선정하였다. 한국의 종묘제례(宗廟祭禮), 중국의 곤극(崑劇), 일본의 노(能), 그리고 인도의 쿠티야탐(Kutiyattam)이 이 중에 포함되었다. 세계유산협약에 따른 세계유산이나 유네스코에서 선정하는 세계기록유산과는 개념상 구별되며 별도 관리한다.

선정 대상은 인간의 창조적 재능의 걸작으로서 뛰어난 가치를 지니고 문화사회의 전통에 근거한 구전 및 무형유산으로, 언어 · 문학 · 음악 · 춤 · 놀이 · 신화 · 의식 · 습관 · 공예 · 건축 및 기타 예술 형태를 포함한다.

선정 기준으로는 문화적 가치 및 전통의 뿌리, 문화적 정체성, 문화 간 교류촉진, 현대사회에서의 사회적 · 문화적 역할, 기능 및 기술응용의 탁월성, 독특한 문화적 전통, 그리고 소멸위기 등을 들 수 있다.

2003년 9월 29일부터 10월 17일까지 파리에서 열린 제32차 유네스코 총회에서는 10월 17일 회원국들의 압도적인 지지를 얻어 그동안 많은 노력을 들인 '무형문화유산협약(International Convention to Safeguard Intangible Cultural Heritage)'이 통과되었다. 이 협약은 그동안 권고사항으로만 보호됐던 무형문화유산이 이제는 법적인 효력을 갖는 것을 의미한다. 이 협약이 통과됨으로써 앞으로 세계무형문화유산은 회원국들의 긴밀한 협조 아래 그리고 감시하에 보호, 보존된다고 볼 수 있다. 이 협약은 2006년 4월 20일부터 정식으로 발효되게 되었다.

한편 2008년 6월에는 제2차 무형문화유산보호협약 당사국 총회에서 종전의 '인류 구전 및 무형유산 걸작 제도'를 '세계무형유산 대표목록 및 긴급보호목록 제도'로 전환하였다. 종전 제도에서는 가장 우수한 무형유산 1건씩 신청할 수 있었던 것과는 달리 변경된 제도에서는 국내 목록으로 등재된 유산을 대상으로 하되 등재 건수를 제한하지 않으며, 현장실사를 하지 않고 신청서와 제출된 영상물을 통하여 심사를 한다는 점에서 요건과 절차가 완화되었다고 할 수 있다.

현재 무형문화유산의 정의(협약 제2조 1항)는 '공동체나 집단 및 개인이 자신의 문화유산의 일부분으로 인식하는 관습, 표현, 지식 및 기술로 이와 관련된 전달 도구, 사물, 공예품, 문화공간'이다.

무형문화유산의 범위(협약 제2조 2항)로는 무형문화유산의 전달체로서 언어를 포함한 구전 전통 및 표현, 공연 예술(전통음악, 무용 및 연극 등), 자연 및 우주에 관한 지식 및 관습, 전통 기술 등이다.

3) 세계기록유산

유네스코 '세계기록유산(Memory of the World)'은 인류의 기록유산을 포괄한다. '기록유산'은 세계 여러 민족의 집합적인 기억으로 인류의 성취와 발견, 사고의 진전 등을 기록한 것이다.

유네스코 '세계기록유산제도'는 인간이 만든 기록유산을 대상으로 한다. 많은 나라에서 여전히 기록이 사회발전에 기여한 역할에 대한 인식 부족으로 기록이 지닌 중요성에도 불구하고 그들 중 상당 부분은 자연재해나 사람들의 관리소홀로 인해 사라지거나 훼손의 상태로 방치되고 있다. 기록이 인류사에서 차지하는 중요성에 대한 인식의 제고뿐만 아니라 기록을 보존하고 활용하기 위해서는 지속적인 노력이 필요하다. 이러한 차원에서 유네스코의 세계기록유산제도는 1992년에 구체적인 목적을 가지고 운영되었다. 세계기록유산제도는 다음과 같은 목적을 가지고 있다.

첫째, 최적의 기술을 통해 전 세계 기록유산의 보존을 돕는다.

둘째, 기록유산의 보편적인 접근성을 향상시킨다.

셋째, 기록유산의 존재와 중요성에 대해 세계적으로 인식을 제고하는데 있다.

세계기록유산은 영향력, 시간, 장소, 인물, 주제, 형태, 사회적 가치, 보존 상태, 희귀성 등을 기준으로 선정된다. 기록유산은 한 국가 문화의 경계를 넘어 세계의 역사에 중요한 영향력을 끼쳐 세계적인 중요성을 갖거나 인류 역사의 특정한 시점에서 세계를 이해할 수 있도록 두드러지게 이바지한 경우 선정된다. 또는 전 세계 역사와 문화의 발전에 큰 기여를 한 인물 및 인물들의 삶과 업적에 관련된 기록유산도 있다. 형태에 있어서 향후 기록문화의 중요한 표본이 된 경우, 예를 들면 야자수 나뭇잎

원고와 금박으로 기록된 원고, 근대 미디어 등과 같은 매체로 된 기록유산도 있을 수 있다.

한편 세계기록유산의 등재 주요 기준은 다음과 같다.

첫째, 유산의 진정성(authenticity)이다. 해당 유산의 본질 및 기원(유래)을 증명할 수 있는 정품이어야 한다.

둘째, 독창적(unique)이고, 비(非)대체적(irreplaceable)인 유산이어야 한다. 특정 기간 또는 특정 지역에 지대한 영향을 끼쳤음이 분명한 경우이거나, 해당 유산이 소멸되거나 유산의 품질이 하락한다면 인류 유산의 발전에 심각한 해악을 끼치리라 판단되는 경우이다.

셋째, 세계적인 관점에서 유산이 가지는 중요성 즉 한 지역이 아닌 세계적으로 어떠한 영향을 여부와 다음의 5가지 요소들 중에 반드시 한 가지 이상으로 그 중요성을 증명할 수 있어야 한다.

- 시간(time)

국제적인 일의 중요한 변화의 시기를 현저하게 반영하거나 인류 역사의 특정한 시점에서 세계를 이해할 수 있도록 이바지하는 경우

- 장소(place)

세계 역사와 문화의 발전에 중요한 기여를 했던 특정 장소와 지역에 관한 주요한 정보를 담고 있는 경우

- 사람(people)

전 세계 역사와 문화에 현저한 기여를 했던 개인 및 사람들의 삶과 업적에 특별한 관련을 갖는 경우

- 대상/주제(subject/theme)

세계 역사와 문화의 중요한 주제를 구현하고 있는 경우

- 형태 및 스타일(form and style)

뛰어난 미적, 형식적, 언어적 가치를 가지거나 형태 및 스타일에서 중요한 표본이 된 경우

넷째, 다음과 같은 보조요건이다.

■ 희귀성(rarity)

독특하거나 희귀한 자료

■ 원 상태로의 보존(integrity)

온전한 하나의 전체로서 보존되어 있는 경우

■ 위협(threat)

해당 유산이 각종 위험 요소에서 안전한지 또는 안전을 담보할 수 있는 경비 조치가 적절한지의 여부

■ 관리 계획(management plan)

해당 유산의 중요성에 비추어 적절한 보존 및 접근 전략의 존재 여부

2. 세계유산의 등재절차

세계유산 등재절차는 세계유산협약에 가입한 각국 정부가 유네스코 세계유산센터에 잠정목록 등재 신청서를 제출하면서 시작된다. 단계별 절차를 살펴보면 다음과 같다(유네스코 한국위원회: www.unesco.or.kr).

1. 잠정목록 등재

- 세계유산으로 신청하려면 먼저 해당 유산을 잠정목록(tentative list)에 가급적 1년 전에 등해야 함. 잠정목록에 등재되어 있지 않은 유산은 세계유산으로 신청 불가
- 특별한 심사절차 없음
- 잠정목록은 당사국이 앞으로 세계유산목록에 등재할 유산의 예비목록 성격 보유. 수시로 갱신 가능

2. 본 신청서 제출

① 예비신청서 접수: 매년 9월 30일
- 최종 신청서 제출 전 미비사항 검토, 보완기회 제공

② 본 신청서 접수: 매년 2월 1일
- 신청은 연중 가능하나, 2월 1일을 넘겨 접수되는 신청서는 차기연도로 이월됨
- 2월 1일까지 접수된 신청서에 한해 세계유산센터가 자문기구에 현지실사 의뢰

3. 자문기구의 현지 실사 및 평가

- 문화유산: 국제기념물유적협의회(ICOMOS)
- 자연유산: 세계자연보전연맹(IUCN)
- 복합유산: ICOMOS, IUCN 공동 조사
- 현지조사 실시: 통상 당해연도 하반기에 자문기구의 전문가가 신청국을 방문, 유산의 보존현황 및 가치 현지조사
- 평가의견 제출: 자문기구는 현지조사결과 및 서류검토 등 논의결과를

바탕으로, 세계유산위원회에 신청유산의 세계유산 등재 여부에 대한 권고의견 제출

* ICOMOS와 IUCN의 심사절차는 [그림 9-1], [그림 9-2] 참조.

4. 세계유산위원회의 결정

- 회의 개최시기: 매년 6월말에서 7월 사이
- 세계유산위원회 심의 및 신규 세계유산 최종 결정

결정사항	내용	비고
등재	세계유산 등재	극히 예외적인 경우(이스라엘-아랍 간 유산 등)를 제외하고는 그대로 등재
보류 (referral)	일부 미비한 자료가 있어 다음해 2월 1일까지 추가자료 제출 필요. 자료 보완 시 차기 위원회에서 재심의	자료 보완 시 당해 또는 차기연도 회의에서 등재가능성 높음
반려 (deferral)	등재신청서상에 심각한 결함이 있어 심화연구 또는 신청서 수정 필요	원칙적으로 현지 재조사
등재 불가	등재불가	같은 유산 재신청 불가

[그림 9-1]

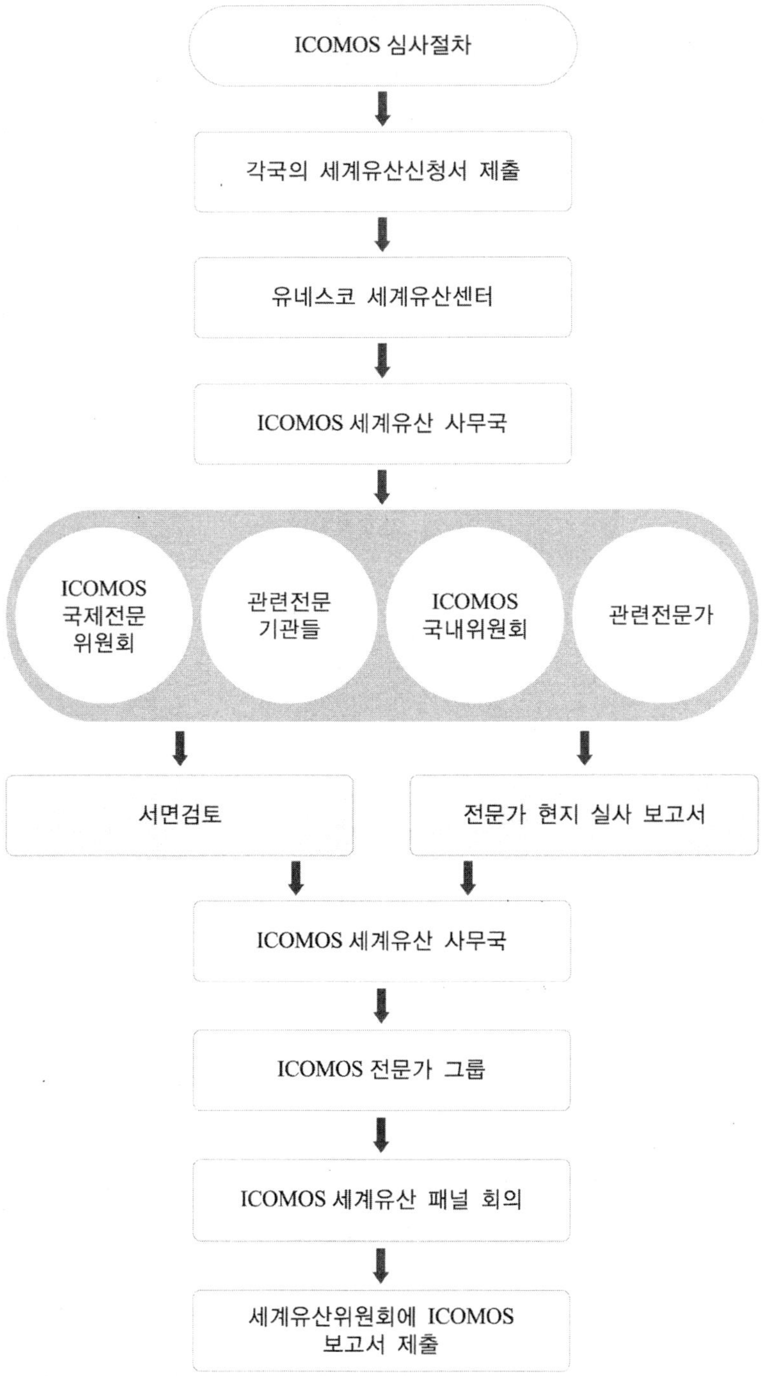
ICOMOS 심사절차
각국의 세계유산신청서 제출
유네스코 세계유산센터
ICOMOS 세계유산 사무국
ICOMOS 국제전문 위원회
관련전문 기관들
ICOMOS 국내위원회
관련전문가
서면검토
전문가 현지 실사 보고서
ICOMOS 세계유산 사무국
ICOMOS 전문가 그룹
ICOMOS 세계유산 패널 회의
세계유산위원회에 ICOMOS 보고서 제출

[그림 9-2]

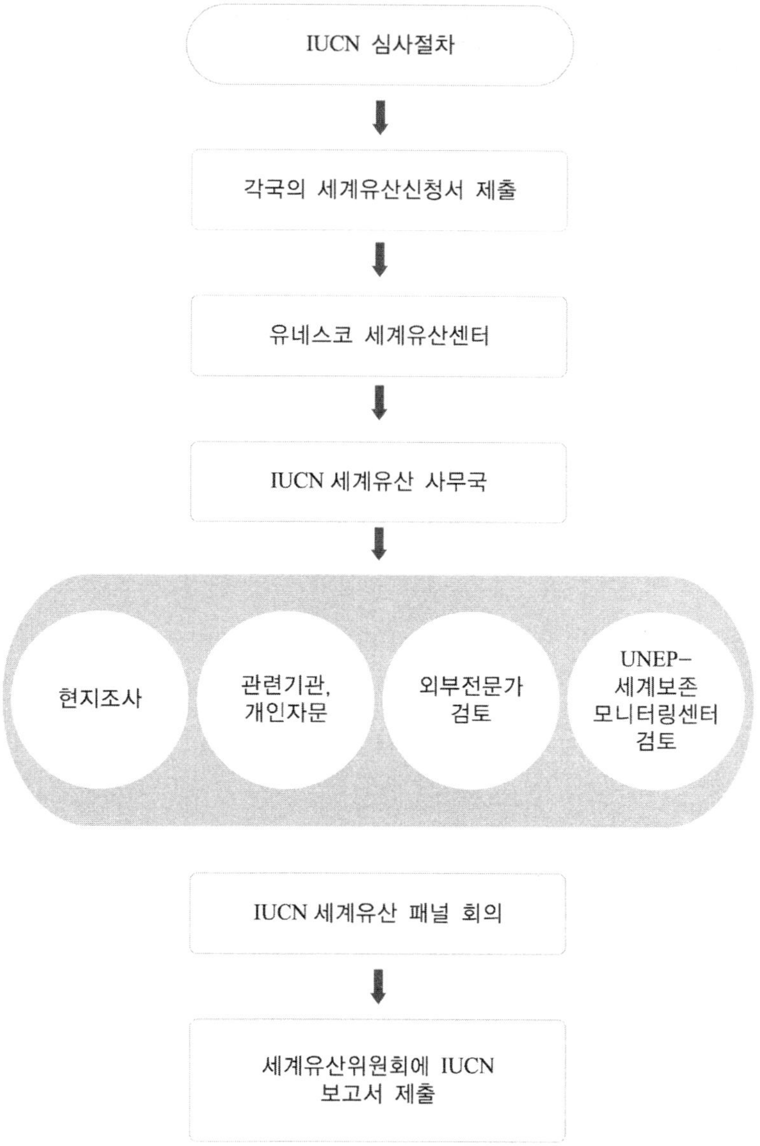
IUCN 심사절차
각국의 세계유산신청서 제출
유네스코 세계유산센터
IUCN 세계유산 사무국
현지조사
관련기관, 개인자문
외부전문가 검토
UNEP-세계보존 모니터링센터 검토
IUCN 세계유산 패널 회의
세계유산위원회에 IUCN 보고서 제출

제3절 세계유산 등재 효과와 관광과의 관계

1. 세계유산 등재 효과

1) 등재의 이점

세계유산에 등재되는 것은 해당 유산이 어느 특정 국가 또는 민족의 유산을 떠나 인류가 공동으로 보호해야 할 가치가 있는 중요한 유산임을 증명하는 것이다. 저개발국의 경우, 세계유산에 등재되면 세계유산기금 및 세계유산센터, 국제기념물유적협의회 등 관련 기구를 통해 유산 보호에 필요한 재정 및 기술 지원을 받을 수 있다. 또한, 국제적인 지명도가 높아지면서 관광객 증가와 이에 따른 고용기회, 수입 증가 등을 기대할 수 있다. 세계유산으로 등재되면 정부의 추가적인 관심과 지원을 받을 수 있으므로 지역 발전에도 도움이 된다.

무엇보다 중요한 것은 세계유산으로 등재되면 세계유산이 소재한 지역 공동체 및 국가의 자긍심이 고취되고, 자신들이 보유한 유산의 가치를 재인식함으로써, 더 이상 유산이 훼손되는 것을 막고, 가능한 원상태로 보존하는 데 크게 기여할 수 있다는 점이다.

한편 우리나라를 비롯해 선진국들은 세계유산으로 등재되어도, 해당 유산 보존을 위해 세계유산위원회로부터 재정 지원을 받는 경우는 거의 없다. 오히려 유네스코 신탁기금 등을 통해 저개발국 유산 보존에 기여할 수 있는 계기로 삼는 것이 보편적이다.

2) 소유권 및 관리 책임

세계유산등재는 해당 국가의 소유권이나 통제에 영향을 주지 않으며, 소유권은 지정 이전과 마찬가지로 그대로 유지되고, 국내법도 여전히 적용된다. 세계유산에 등재된 유산의 소유권이나 통제가 국제기구나 대외적인 권한에 넘어가는 것은 아니다. 다만, 세계유산위원회는 당사국이 세계유산을 적정하게 보호 및 관리하고 있는지 주기적으로 보고서 제출을 요구할 수 있으며, 필요한 경우 현지조사를 실시하기도 한다.

3) 국제협력 및 지원

세계유산협약은 문화유산과 자연유산 지역을 보호하기 위하여 국제지원을 해야 한다고 강조한다. 이를 위해 협약 제15조와 제18조에 따라 '세계 문화 및 자연유산 보호 기금'이 만들어졌다. 이 기금은 당사국의 의무적 또는 지원에 따른 기부금으로 조성된 것이다. 이 기금을 바탕으로 국제적 지원이 이루어지며 이 기금은 세계유산지역의 보호를 위한 당사국 활동을 보완한다. 세계유산기금에 기부금을 납부한 당사국은 다양한 형태의 국제적 지원을 받을 수 있는 자격을 얻게 된다.

한편 세계유산협약 운영지침은 긴급 지원, 예비 지원, 기술 협력, 훈련 및 연구 지원, 교육 · 정보 · 인식제고 지원 등 다섯 가지 지원 형태를 규정하고 있다.

첫째, 긴급 지원이다. 갑작스럽고 예기치 못한 자연적 · 인위적 현상 때문에 피해 위험이 임박한 지역을 대상으로 한다.

둘째, 예비 지원이다. 잠정목록을 준비 내지 갱신하거나 잠정목록 작성을 위한 회의 개최, 세계유산목록 신청 준비, 훈련과정의 개최와 관련된 신청을 포함해 기술협력 준비 등을 대상으로 한다. 세계유산 국제전략, 대표성 강화, 유산지역 다양성 증가 필요성 등으로 인해 예비 지원도 매우 중요하다

셋째, 기술 협력이다. 세계유산지역의 보존과 관리를 위한 전문가와 장비 파견, 지원 수요와 배분액면에서 국제적 지원 가운데 가장 큰 몫을 차지한다.

넷째, 훈련 및 연구 지원이다. 세계유산의 확인, 보호, 보존, 홍보, 기능회복 등의 분야에서 모든 수준의 담당자 훈련 또는 세계유산지역에 필요한 연구와 과학적 조사 등을 목적으로 한 훈련 및 연구 지원이다.

다섯째, 교육 · 정보 · 인식제고 지원이다. 세계유산협약에 대한 인식제고 교육, 인쇄물 발간, 번역, 정보 자료 보급 등에 대한 지원이다.

4) 등재된 유산의 보존, 관리

세계문화유산으로 등재된 후 문화유산 보유국은 유산의 최적, 최상의 상태 보전을 위하여 관리에 대한 책임과 의무가 수반된다. 세계유산목록에 등재된 유산의 보전상태를 모니터하고 그에 따른 조치를 취하기 위하여 협약국이 매 5년마다 그 나라의 세계유산지역의 보전상태에 관하여 과학적인 보고를 하는 '정기관찰보고'와 세계유산센터나 다른 기구들이 위험에 처한 유산의 상태에 관하여 보고하는 '특별관찰보고'가 있다.

2. 세계유산 보존관리와 관광과의 관계

세계유산을 관광자원으로 활용하는 것은 세계유산을 보존하고 관리하는 사람들에게 세계유산의 보존관리와 관광이라는 두 가지 측면을 모두 고려해야 하는 어려움을 제공한다. 어떻게 하면 세계유산의 탁월한 보편적 가치를 훼손시키지 않고, 세계유산을 성공적으로 관광자원화할 수 있을 것인가? 이에 대해 맥커쳐(B. McKercher)와 듀크로스(H. du Cros)의 이론을 중심으로 유산 보존관리와 관광의 속성이 서로 어떻게 다른지 살펴보고, 이들 간의 관계를 살펴봄으로써 그 해답의 실마리를 모색해 볼 수 있을 것이라고 생각한다.

그들은 유산 보존관리와 관광의 속성을 다음과 같이 비교분석했다. 즉 전자인 유산보존관리는 비영리적인 성격을 띤 공공부문이 주도하는 것이라면, 후자인 관광은 영리적 성격을 가진 민간부문이 주도하는 것이다. 또한 전자가 사회적 목적을 실현하기 위한 것으로 지역사회 그룹, 유산 그룹, 소수집단, 지역주민, 유산전문가, 지역 역사가, 종교적 그룹 등이 주요 이익단체라면 후자는 상업적 목적을 실현하기 위한 것으로 비즈니스 그룹, 외지인, 전국적 범위의 관광협회 등이 주요 이익단체이다. 그리고 유산 보존관리가 유산의 존재 그 자체에 가치를 둔 것인 반면, 관광은 유산 소비행위에 가치를 둔 것이다. 유산 보존관리의 측면에서 보면 유산의 주요 사용집단은 지역주민인 반면, 관광의 측면에서 보면 유산의 주요 사용집단은 방문객인 외지인이다. 그리고 마지막으로 유산 보존관리자들은 주로 사회과학이나 인문학을 전공한 사람들이 주류를 이루고 있다면, 관광업에 종사하는 사람들은 주로 비즈니스나 마케팅을 전공한 사람들이 주류를 이루고 있다(〈표 9-1〉 참조).

표 9-1 유산 보존관리와 관광의 속성 비교

구분	유산 보존관리	관광
성격	비영리적(공공부문)	영리적(민간부문)
목적	사회적 목적	상업적 목적
주요 이익단체	지역사회관련 집단, 유산관련 집단, 소수집단, 지역주민, 유산전문가, 지역 역사가, 종교적 집단 등	비즈니스 집단, 외지인, 전국적 범위의 관광협회 등
가치	유산의 존재 그 자체	유산의 소비행위
주요 사용집단	지역주민	외지인
유산관리자의 전공	사회과학, 인문학 등	비즈니스, 마케팅 등

또한 맥커쳐와 듀크로스는 유산 보존관리와 관광의 관계를 두 가지 측면에서 설명하고 있다. 서로 관심 없는 관계(parallel existence/blissful ignorance)에서 조금 성가신 관계(mild annoyance), 초기 갈등 관계(nascent conflict), 전적으로 갈등하는 관계(full conflict)로 발전할 수 있으며, 다른 한편으로는 서로 관심 없는 관계(parallel existence/blissful ignorance)에서 공존하는 관계(peaceful co-existence), 함께 일하는 관계(working relationship), 그리고 전적으로 협력하는 관계(full cooperation)로 발전할 수도 있다는 것이다.

유산 보존관리와 관광이 서로 관심 없는 관계는 유산 보존관리와 관광이 서로 독자적으로 활동하는 단계로 상호 간 접촉이 거의 일어나지 않는 단계다. 그러나 유산 보존관리와 관광이 서로 접촉하면서 어느 한쪽이 다른 한쪽의 간섭을 느끼면 이들의 관계는 조금 성가신 관계로 발전하게 된다. 조금 성가신 단계는 아직 갈등의 단계라고 할 수는 없고, 상호 간의 이해가 부족한 단계라고 할 수 있다. 이때 서로 간섭이 지나치면 유산 보존관리와 관광의 관계는 조금 성가신 관계에서 초기 갈등 관계로 진입하게 된다. 이 단계에서 유산 보존관리와 관광은 서로 각자의 편익을 추구하게 되고, 그 결과로 서로가 서로에게 미치는 부정적 영향이 수면으로 떠오른다. 마지막으로 유산 보존관리와 관광이 전적으로 갈등하는 관계가 되면 이들은 각자 자기 자신만의 편익을 위하여 서로 반목하게 된다.

다른 한편으로, 유산보존관리와 관광이 서로 관심 없는 관계에서 공존하는 관계로 접어들면, 이들은 서로 같은 자원을 공유하고 있다는 인식을 가지고 서로 편익을 위하여 함께 노력하게 된다. 그러나 이 단계는 유산 보존관리와 관광이 여전히 서로 독립적인 활동을 수행하는 단계로 서로 협력해야 하는 필요성이나 당위성을 인정하는 단계는 아니다. 다음으로 유산 보존관리와 관광의 관계가 공존하는 관계를 넘어서 함께 일하는 관계로 발전하면, 이들은 공동의 욕구와 관심을 인식하고 대화를 통하여 모두에게 유익한 이익을 얻기 위해 노력하게 된다. 그러나 이 관계에서 유산 보존관리와 관광은 아직은 협력하기보다는 인식을 같이하는 단계라고 할 수 있다. 그리고 마지막으로 유산 보존관리와 관광이 전적으로 협력하는 관계가 되면 이들은 공동의 이익을 위하여 파트너십을 형성하게 된다. 파트너십은 유산을 관리하고 운영하는 사람들과 유산을 관광상품의 하나로 판매 혹은 소비하고자 하는 사람들이 서로 상대방의 욕구를 명확히 파악하고 이해함으로써 형성되는 것이다.

따라서 유산 보존관리와 관광의 관계가 전적으로 협력하는 관계가 되기 위해서는 유산을 보존관리하는 사람들은 관광이란 무엇이고 어떻게 실행되는 것인지를 명확히 알고 있어야 하고, 관광자원화를 실행하고자 하는 사람들은 유산 보존관리의 개념과 추구이념, 그리고 관습을 명확히 이해해야 한다.

세계유산의 탁월한 보편적 가치가 세계유산의 관광자원화로 인하여 훼손되고 있는 것을 염려하는 현시점에서, 세계유산 보존관리와 관광과의 관계에 대한 심도 있는 연구가 절실히 요구되고 있다.

제10장

관광사업

1 관광사업의 본질
2 관광사업의 특성과 분류
3 관광사업의 발전단계와 발전요인

제1절 관광사업의 본질

1. 관광사업의 개념

오늘날 관광여행의 대중화 현상에 힘입어 관광객들의 다양화와 개성화로 인해 서비스산업은 광범위한 분야와 영역에 걸쳐 관광객의 필요와 욕구를 충족시켜 주고 있으며, 또 이들의 왕래촉진과 편의를 제공하는 한편 관광은 일상생활권 밖에서의 인간행동이므로 사실상 관광여행과 무관한 사업이 없다고 할 수 있을 정도로 그 사업범위는 점점 확대되어 가고 있다.

관광사업은 관광객들의 욕구를 만족시켜 주는 서비스산업을 의미하며, 관광여행의 왕래를 유발 · 촉진하는 각종 요소에 의해 조화롭게 발달하고 또 이의 이용을 증대시킴으로써 사회 · 문화 · 경제적인 효과를 가져오는 현대적 · 조직적인 경영활동이라고 개념화해도 무방하다.

관광사업을 정의함에 있어 학자에 따라 가치관이나 내용에 대한 이해의 차이 때문에 매우 다양한 견해를 보여주고 있다.

독일의 글뤽스만(Robert Glücksmann)은 관광사업을 "일시적 체재지에 있어서 외래관광객과 이를 수용한 그 지역사람들과의 여러 관계의 총합이다"라고 하였다. 미국의 지(Chuck Y. Gee)는 "관광객의 요구에 제공하기 위한 상품과 서비스의 개발, 생산 그리고 마케팅에 포함되는 공적조직과 사적조직의 집합체"라고 하였고, 일본의 이노우에만쥬소(井上万

壽藏)는 "관광사업이라 함은 관광왕래에 대처하여 이를 수용하고 촉진하기 위하여 이루어지는 모든 인간 활동"이라고 정의하였다. 우리나라 관광진흥법에서는 관광사업을 "관광객을 위하여 운송 · 숙박 · 음식 · 운동 · 오락 · 휴양 또는 용역을 제공하거나 그밖에 관광에 딸린 시설을 갖추어 이를 이용하게 하는 업(業)을 말한다"라고 규정하고 있다.

이러한 개념규정들을 종합하면 관광사업을 광의로 해석하고 있다는 점과 함께 경제적 효과에 중시하고 있음을 알 수 있으며, 관광사업 내용의 복합성과 관광사업에 대한 가치관의 변화를 인식하고 관광객의 편익을 증진시키기 위해 관련 산업 간에 유기적인 조화가 필요하다는 것을 암시하고 있다고 볼 수 있다.

오늘날의 관광사업은 첫째, 관광왕래를 자연발생의 흐름으로 인식하는 방관적 · 수동적 자세에서 벗어나 관광수요의 창출과 증대를 도모하는 적극적인 경영태도를 견지하여야 하고 둘째, 관광사업의 사회공익적인 성격에 부응하고 관광객들의 다양한 관광행동과 관광현상에 효과적으로 대처하기 위해 사업성격과 역할의 명확화 그리고 경영내용의 개선 및 서비스 수준의 향상을 도모하여야 하며 셋째, 관광왕래를 원활하게 하는 각종 요소가 유기적인 관계 위에서 조직적으로 발전해 나갈 수 있는 방안 모색이 강조되고 있다.

2. 유사개념과의 관계

이상에서와 같이 관광사업에 대한 정의는 관광객의 관광활동과정과 관련되는 모든 사업이라고 할 수 있으나, 구체적으로 관광사업을 규정할 때에는 개념상의 혼란을 가져 올 수가 있다. 따라서 그 원인을 파악하기 위해서는 관광사업의 특성을 파악하고, 용어의 전래상 배경을 이해하여야 할 것이다.

먼저 관광사업의 일반적인 특성으로서 관광객이 관광목적 뿐만 아니라 이동에 의하여 관광현상에 참여하게 되므로 그와 관련된 소비대상은 매우 넓고 다양함으로써 관광사업의 범위가 전체 산업에 직 · 간접적으로 연결되는 특성이 있다. 또한 관광사업은 타 사업과 비교하여 정부나 지방자치단체에서 이동의 편의나 정책적 관심을 기울여야만 가능한 부분이 포함되어 있기 때문에 공익적 특성을 갖고 있고, 유통과정에서는 '서비스'라는 무형의 전달방법을 대부분 포함한다. 마지막으로 관광사업은 세계평화나 인류복지를 표방한 경제적 활동이라는 양면성을 갖고 있는 독특한 사업성격을 띠고 있다.

이와 같은 성격으로 그동안 관광사업의 정의는 광의의 개념과 협의의 개념, 영리적 관광사업과 공익적 관광사업, 또는 직접적 관광사업과 간접적 관광사업으로 그 범위를 축소하거나 확대하면서 그 개념의 혼동을 가져왔다. 그리고 구미권에서 관광사업을 지칭하는 용어가 동양권으로 전파되면서 공적인 부문과 영리적인 부문을 분리하거나 용어상 개념을 무리하게 구분하려는 의도에서 다양한 용어가 혼용되었다.

곧 관광사업은 구미권에서는 관광산업과 구분 없이 Tourism이나 Tourism Industry, Tourist Industry 또는 Travel Industry라는 용어로 넓게 쓰이고 있으며, 동양권에서는 광의로 관광산업, 협의의 개념으로 관광기업이라는 용어를 쓰거나, 양자를 절충한 개념으로 관광사업이라는 용어를 많이 사용하고 있다.

제2절 관광사업의 특성과 분류

1. 관광사업의 특성

1) 복합성

관광현상은 사회현상이고, 관광현상과 관련하여 관광객이 원하는 재화나 서비스의 질과 종류도 매우 다양하다. 따라서 이러한 관광객의 욕구나 필요를 충족시키고자 하는 사업이 제공하는 재화나 서비스 역시 종류나 내용에서 매우 복합적이어야 하며, 이렇게 다양한 재화나 서비스를 취급하기 위한 사업의 주체 역시 매우 다양하다.

여기서 복합성이란 사업주체의 복합성과 사업내용의 복합성을 말하는데, 관광사업은 이 두 가지 특색을 모두 지니고 있다.

먼저 관광사업은 여러 사업주체로 구성된다는 점에서 복합성을 지닌다. 사업주체란 사업을 주관하여 목적을 달성하는 조직을 말하는데, 관광사업은 정부 및 지방자치단체들의 공적 기관과 민간기업이 역할을 분담하여 추진하는 사업이다.

사업목적의 달성을 위하여 정부와 민간기업의 역할이 분담되는 점은 관광사업의 경우에는 다른 분야의 사업보다도 현저하게 나타난다. 예를 들면, 자연공원의 유지관리와 도로의 건설 등은 오로지 공공기관의 역할로 되어 있고, 여행업이나 숙박업은 거의가 민간기업의 역할로 되어 있다. 그러나 관광에 관한 정보제공과 숙박분야에서 공공기관의 역할이 전혀 배제되고 있지는 않다. 그것은 국가 또는 지역 전체에 관광판촉을 실시할 경우나 저렴한 숙박시설의 확충(예를 들면, 민박 · 유스호스텔 등)과 같은 특별한 목적 내지는 이유가 설정되어 있는 경우에 국한되는 것이 보통이다.

이와 같이 관광사업의 기본적 성격으로서 복합성에는 공적 기관과 민간기업이 역할을 분담하면서 전개하는 사업이라는 뜻이 있다. 또한 현대의 관광사업은 관광의 대중화를 배경으로 하여 사업주체로서의 정부를 비롯한 공적 기관의 역할이 늘어난 점이 특색이라고 할 수 있다.

한편 사업내용의 복합성이란 관광사업 자체의 내용이 여러 부분으로 분산되어져 있다는 것을 의미한다. 관광객의 출발로부터 도착하기까지 관광활동의 전 과정에서 관광사업은 여러 관련 업종의 복합으로 이루어지고 있음을 쉽게 알 수 있다. 다시 말하면 관광사업은 여러 가지 업종이 모여서 하나의 통합된 사업활동으로서 성립되고 있다. 여기서 업종이라는 개념은 생산된 재화나 서비스의 단일적인 성격에 따른 것이지만, 관광사업은 여러 가지 업종으로부터 제공되는 재화나 서비스를 갖추어야 비로소 관광객의 행동에 대응할 수 있다. 곧 숙박업 · 여행업 · 음식업 · 교통업 · 공원 · 박물관 · 기념품판매업 등과 같은 각 업종의 사업활동이 각각 관광사업의 일부분을 차지하고 있는데, 관광사업은 이와 같은 여러 가지 업종이 한데 모아져서 관광객행동에 대응하는 특징을 가지고 있는 것이다.

각각의 사업활동은 관광사업의 일익을 담당하고 있으면서, 동시에 자기 고유의 존재의의를 가진다. 예를 들면, 출판업은 관광에 대한 정보제공에 관계되고 있는 한에 있어서 관광사업이긴 하지만, 관광사업으로서만 존재하고 있는 것은 아니다. 교통업의 경우에 있어서도 관광객을 수송하는 부분이 관광사업이며, 일반 통근자나 화물을 수송하는 부분은 관광사업이 아니다. 여행업은 관광사업이지만, 해외이민을 떠나는 사람이 이용할 경우에는 관광사업이 아니라고 할 수 있다. 숙박업의 경우에도 그렇다. 실제 대도시의 고급호텔의 경우 관광객의 이용에 따른 매상액은 그 밖의 매출액보다 적은 경우도 흔히 있다. 전적으로 관광객만을 대상으로 하는 관광사업은 관광지에서나 찾아볼 수 있는 사업일 것이다.

이와 같이 대부분의 사업활동이 부분적으로 관광현상에 관여하기는 하지만, 완전 독립된 관광사업이라고 말할 수 있는 경우는 거의 존재하지 않는다. 따라서 여러 가지 업종의 복합에 의해서 성립되는 사업이며, 관광에 대한 욕구를 어떤 의미에서든지 충족시키는 모든 업종이 포함된다.

따라서 사업의 내용에 있어서 관광객이 관광하고자 하는 욕구의 발현과 계획의 입안 및 출발에서부터 경유지, 목적지에서의 도착과 체재 및 활동 또 그 후에 다시 거주지에 돌아오는 전체과정에 관련되는 숙박, 교통, 식음, 즐거움의 제공 등 모든 것이 포함되어야 한다. 또 사업주체는 개인 · 기업 · 단체 등 민간기업은 물론이고, 국가 · 지방자치단체 · 공기업 등의 공공기관과 민관합동의 제3섹터 등이 동시에 존재한다.

2) 입지의존성

관광사업은 그것이 어느 곳에 위치하고 있는가에 따라 큰 영향을 받는다. 관광사업은 관광객이 찾는 시장의 변화에 따라 이동하거나 상품을 변경하여 제공할 수 없고, 소비자가 소비를 위하여 상품을 찾아 이동하는 특성을 가진다.

모든 관광지는 유형 · 무형의 관광자원을 소재로 하여 각각 특색이 있는 관광지를 형성하고 있다. 온천관광지 · 산악관광지 · 해안관광지 · 도시관광지 · 종교관광지 등이 그것인데, 이들 관광지는 대개의 경우 입지에 따라 서로 치열한 경쟁상태에 놓이게 된다.

따라서 관광사업 역시 입지의존성이라는 제약은 피할 수 없다. 곧 관광사업은 관광지의 유형과 기후조건, 관광자원의 매력성, 개발추진상황 및 교통사정 등에 의존하는 바가 매우 크다.

3) 변동성

관광욕구의 충족은 필수적인 것이 아니고 임의적인 성격을 띠고 있기 때문에 관광은 외부사정의 변화에 매우 민감하게 영향을 받는다. 관광사업이 변동성을 갖게 하는 요인으로 사회적 · 경제적 및 자연적 요인 등을 들 수 있다. 사회적 요인에는 사회정세의 변화, 국제정세의 긴박, 정치불안, 폭동, 질병의 발생, 그 밖의 신변의 안전에 불안을 주는 것 등이 있다. 경제적 요인에는 경제불황, 소득상황, 환율변화, 요금의 변화 등을 들 수 있다. 자연적 요인으로서는 기후, 지진, 태풍, 폭풍우 등의 자연현상을 들 수 있다.

또한 관광은 계절적 영향을 많이 받는다. 계절변화는 관광사업경영에 있어서 성수기 · 비수기의 문제를 던져 주고 있기 때문에 그 대책마련에 힘을 기울일 필요가 있다. 특히 관광사업은 무형의 서비스가 사업의 중심을 이루고 있고, 상품판매에 있어서는 생산과 소비를 시간적으로나 장소적으로 일치시켜야 할 필요가 있기 때문에 외부사정의 변화는 관광사업경영상 매우 곤란한 문제를 야기한다. 따라서 관광사업경영에 있어서는 관광시장에 대한 면밀한 조사연구와 정세의 예측을 바탕으로 경영목표를 추진해 나가야 한다.

4) 공익성

관광사업은 공(公) · 사(私)의 여러 관련사업으로 이루어진 복합체라는 점에서 이윤추구만을 목적으로 한 경영이 허용되지 않는다. 관광의 목적은 관광객이 즐거움을 느끼고, 재창조의 효과를 얻는 데 있다. 따라서 관광사업의 목적도 관광소비에 따른 경제적 효과 이상의 가치를 추구하는 데 두어야 하므로 관광소비에 의한 사업이윤만을 목적으로 할 수 없는 것이다.

관광사업에 있어서 공익적 효과는 사회문화적 효과와 경제적 효과를 지적할 수 있다. 먼저 관광은 사회문화면에서 국위선양, 상호이해를 통한 국제친선의 증진, 국제문화의 교류, 그리고 세계평화의 기반을 구축할 수 있는가 하면, 국민보건의 향상, 근로의욕의 증진과 교양의 향상을 기대할 수 있다. 관광의 경제적인 면에서는 외화획득 · 경제발전 · 기술협력과 국제무역의 증진효과를 기대할 수 있고, 소득효과 · 고용효과 · 산업연관효과, 그리고 국민후생복지의 증진과 생활환경의 개선 및 지역개발의 효과를 크게 기대할 수 있다.

이와 같이 관광사업활동의 내용이 점차 공익적인 면에 대한 인식이 높아져 가고 있다. 그 관계분야가 자연 · 문화 · 경제 · 종교 · 정치 등 모든 분야에 걸쳐 확대되어 가고 있으므로 관광사업은 개별기업 활동의 특징을 살려가면서 공익적 효과를 높여 가도록 기업경영을 유도해 가는 것이 중요한 과제가 될 것이다. 따라서 관광사업경영이 공익성과 수익성의 조화적 발전을 도모해 가는 데서 그 존재의의를 찾아야 할 것이다.

5) 서비스성

관광기업이 생산하여 판매하는 상품은 본질적으로 서비스가 근본을 형성하는데, 이는 곧 관광기업의 상품은 부수적으로 약간의 재화가 부가되기는 하나 주된 것은 역시 서비스상품임을 의미한다. 흔히 관광사업에서 서비스상품의 특성으로 생산과 소비의 장소적 및 시간적 동일성, 생산물의 비저장성 등을 지적하고 있다.

일반적으로 유형재는 반드시 일정한 형상과 상품으로서의 가치를 일정기간 동안 지니는 존속성을 가지며, 생산과 소비는 항상 상이한 장소와 시간에 행해지지만, 서비스상품은 생산되는 순간에 소비되지 않으면 상품으로서 가치가 소멸되고, 생산성은 사라지고 마는 시한적인 속성을 가지고 있다. 또한 서비스상품의 수요적 특성의 하나인 시간과 계절적인 수요의 편재현상과 집중현상은 생산물의 비저장성과 결합되어 관광기업에서 만성적인 과잉수요와 과잉공급현상을 초래시키는 원인이 되고 있다. 그래서 관광기업은 연간 평균적 수요가 발생하게끔 탄력적인 운영시스템을 개발하는 것이 중요한 과제가 된다.

결국 관광사업은 관광객에 대하여 서비스를 제공하는 영업을 중심으로 구성되어 있기 때문에 무형의 서비스가 가장 중요한 요소이다. 서비스가 관광객의 심리에 미묘한 작용을 끼치고 있음을 생각할 때 각각의 영업활동에 있어서 그 서비스의 질은 기업 자체, 나아가서는 관광지 전체와 국가 전체의 관광사업에 지대한 영향을 미칠 수 있다. 따라서 관광종사자뿐만 아니라 지역주민 · 국민 전체에게도 친절한 서비스의 제공을 위하여 관광인식의 보급과 관광 서비스에 대한 인식을 국민 일반에게 계몽 · 계도를 펴나갈 필요가 있다.

한편 관광사업은 기업적인 특성에서 첫째, 관광왕래로 인한 수요에 민감한 산업이며 둘째, 3차 산업의 성격이 강한 서비스업으로서 셋째, 시설을 제공하는 산업이다. 따라서 이러한 세 가지 특성에 따른 성격은 〈표 10-1〉, 〈표 10-2〉, 〈표 10-3〉과 같다.

표 10-1 관광수요의 성격에 따른 특성

복합성	• 관광수요는 이동과 그에 따른 숙박 및 각종 관광활동에 대한 수요에 맞게 구성됨. 따라서 관광산업은 그러한 수요에 대응하는 다양한 업종으로 구성됨.
다양성	• 관광수요는 쉬는 관광, 보는 관광, 동적 관광 등의 목적내용이 다양하며 업종별 부침도 심한 산업임.

성장성	• 관광은 오늘날 필수품으로서 관광수요는 국민소득이나 개인소비 지출의 신장보다 더 큰 탄력성을 보이고 있으며, 앞으로 최대의 신장이 예상되는 성장산업임.
편재성	• 관광은 나빠지는 생활환경을 이탈하여 자연으로 돌아가고자 하는 욕구에서 발생하므로 각종 여가활동 가운데 계절이나 기후의 영향을 받는 경향이 강해 특정시기에 수요가 집중됨.
변동성	• 관광수요는 대중의 심리에 움직이기 쉽고(관광의욕을 유발하는 사회적 움직임), 따라서 관광업체의 광고 · 홍보 등에 좌우되는 경향이 강함.

표 10-2 서비스산업으로서의 특성

노동집약성	• 관광산업은 인적 서비스업으로 영업경비와 총지출에 점하는 인건비 비율이 높음.
서비스의 비저장성	• 서비스는 저장할 수 없고, 재고도 불가능함.
수동성	• 서비스의 생산과정에 소비자가 참여해야 성립됨. 따라서 관광산업의 입장은 수동적임.
저생산성	• 노동집약적 산업이므로 기계화에 의한 생산성 향상이 곤란함.

표 10-3 시설산업으로서의 특성

입지의존성	• 관광사업이 지속적으로 발전하고 관광수요자의 니즈(needs)에 부응하는 관광 서비스 및 각종 편의제공, 관광시설 매력도와 경쟁력을 제고시키기 위해 높은 입지적 의존도를 지님.
자본성과 노동성	• 관광사업은 시설과 인적 서비스를 제공하는 사업으로 인건비 비율이 높고, 고정자산 비율이 높음. 따라서 노동집약적이며 자본집약적이라고 할 수 있음.
시설의 사용가치	• 시설의 노후화 · 진부화가 심해 재투자비가 큼.
자산의 고정화	• 관광사업의 건물 · 시설은 자산구성에서 큰 비중을 차지하므로 자본의 대부분이 고정화되어 있음. 관광사업의 과제 가운데 하나가 거액의 고정자산을 회수하는 것임.

6) 경합과 공존성

관광사업은 주체와 내용이 복잡하고, 상호의존적인 성격을 갖는다. 즉 자원의 질이나 양에 따라 관련 사업이 영향을 받고, 그 반대의 경우도 성립할 수 있다. 그러나 동종의 사업일 경우, 특히 입지의 유사성을 동시에 가질 경우에는 서로 경쟁의 관계에 있게 된다. 결국 관광사업은 전체적인 면에서 서로 협조하는 공존의 관계를 유지하지만, 지엽적인 면으로 볼 때는 서로 경쟁의 관계를 갖는다.

2. 관광사업의 분류

1) 관광객 중심의 관광사업 분류

관광사업의 분류를 관광객중심으로 한 이론은 관광객에게 직접 재화나 서비스를 제공하는 사업을 1차 관광사업, 관광객에게는 간접적으로 1차 관광사업자에게는 직접 제공하는 사업은 2차 관광사업이며, 관광개발에 직접적으로 영향을 주고 1차 · 2차 관광사업과 관광객에게 간접적으로 재화나 서비스를 제공하는 사업을 3차 관광사업이라고 분류하였다.

이는 관광사업의 범위를 지각하고 관광사업 내의 하부사업 、조직이 다른 하부사업 、조직과 관광객에게 어떻게 관련되는가를 이해하는 데 유용하다.

(1) 1차 관광사업: 직접제공자

관광객에게 재화나 서비스를 직접 제공하는 관광사업으로 호텔업, 여행사, 식당업, 소매상(retailer)과 항공사 및 모든 교통업 등을 말한다.

(2) 2차 관광사업: 보조 서비스

직접제공자 또는 1차 관광사업에게 재화나 서비스를 직접 제공하거나 관광객에게 간접 제공하는 관광사업으로 계약에 의한 식품 서비스업, 계약에 의한 세탁업자, 식품제공자, 관광출판물업체 등을 말한다.

(3) 3차 관광사업: 관광개발

관광개발 또는 3차 관광사업은 1차 관광사업과 2차 관광사업과 관광객에게 직접 또는 간접적으로 영향을 주는 사업으로서 정부기관, 금융기관, 부동산개발업자, 교육 및 직업훈련 교육기관 등을 말한다.

2) 법률적 관광사업 분류

관광진흥법 제3조 및 관광진흥법 시행령 제2조에서는 관광사업의 종류를 다음과 같이 분류하여 설명하고 있다.

(1) 여행업

여행자 또는 운송시설 · 숙박시설, 그 밖에 여행에 딸리는 시설의 경영자 등을 위하여 그 시설의 이용알선이나 계약체결의 대리, 여행에 관한 안내, 그 밖의 여행편의를 제공하는 업으로서 일반여행업 · 국외여행업 · 국내여행업 등으로 구분된다.

① **일반여행업:** 국내외를 여행하는 내국인 및 외국인을 대상으로 하는 여행업(사증을 받는 절차를 대행하는 행위를 포함한다)

② **국외여행업:** 국외를 여행하는 내국인을 대상으로 하는 여행업(사증을 받는 절차를 대행하는 행위를 포함한다)

③ **국내여행업:** 국내를 여행하는 내국인을 대상으로 하는 여행업

(2) 관광숙박업

① 호텔업

관광객의 숙박에 적합한 시설을 갖추어 이를 관광객에게 제공하거나 숙박에 딸리는 음식 · 운동 · 오락 · 휴양 · 공연 또는 연수에 적합한 시설 등을 함께 갖추어 이를 이용하게 하는 업으로써 관광호텔업, 수상관광호텔업, 한국전통호텔업, 가족호텔업, 호스텔업, 소형호텔업, 의료관광호텔업 등으로 구분된다.

- 관광호텔업: 관광객의 숙박에 적합한 시설을 갖추어 관광객에게 이용하게 하고 숙박에 딸린 음식 · 운동 · 오락 · 휴양 · 공연 또는 연수에 적합한 시설 등(이하 '부대시설'이라 한다)을 함께 갖추어 관광객에게 이용하게 하는 업
- 수상관광호텔업: 수상에 구조물 또는 선박을 고정하거나 매어 놓고 관광객의 숙박에 적합한 시설을 갖추거나 부대시설을 함께 갖추어 관광객에게 이용하게 하는 업
- 한국전통호텔업: 한국전통의 건축물에 관광객의 숙박에 적합한 시설을 갖추거나 부대시설을 함께 갖추어 관광객에게 이용하게 하는 업
- 가족호텔업: 가족단위 관광객의 숙박에 적합한 시설 및 취사도구를 갖추어 관광객에게 이용하게 하거나 숙박에 딸린 음식 · 운동 · 휴양 또는 연수에 적합한 시설을 함께 갖추어 관광객에게 이용하게 하는 업
- 호스텔업: 배낭여행객 등 개별 관광객의 숙박에 적합한 시설로서 샤워장, 취사장 등의 편의시설과 외국인 및 내국인 관광객을 위한 문화 · 정보 교류시설 등을 함께 갖추어 이용하게 하는 업
- 소형호텔업: 관광객의 숙박에 적합한 시설을 소규모로 갖추고 숙박에 딸린 음식 · 운동 · 휴양 또는 연수에 적합한 시설을 함께 갖추어 관광객에게 이용하게 하는 업

• 의료관광호텔업: 의료관광객의 숙박에 적합한 시설 및 취사도구를 갖추거나 숙박에 딸린 음식 · 운동 또는 휴양에 적합한 시설을 함께 갖추어 주로 외국인 관광객에게 이용하게 하는 업

② 휴양콘도미니엄업

관광객의 숙박과 취사에 적합한 시설을 갖추어 이를 그 시설의 회원이나 공유자, 그 밖의 관광객에게 제공하거나 숙박에 딸리는 음식 · 운동 · 오락 · 휴양 · 공연 또는 연수에 적합한 시설 등을 함께 갖추어 이를 이용하게 하는 업이다.

(3) 관광객이용시설업

관광객을 위하여 음식 · 운동 · 오락 · 휴양 · 문화 · 예술 또는 레저 등에 적합한 시설을 갖추어 이를 이용하게 하는 업 및 대통령령으로 정하는 2종 이상의 시설과 관광숙박업의 시설 등을 함께 갖추어 이를 회원이나 그 밖의 관광객에게 이용하게 하는 업 그리고 야영장업으로 전문휴양업, 종합휴양업(제1종 종합휴양업, 제2종 종합휴양업), 야영장업(일반야영장법, 자동차야영장업), 관광유람선업(일반관광유람선업, 크루즈업), 관광공연장업 등으로 구분된다.

(4) 국제회의업

대규모 관광수요를 유발하는 국제회의(세미나 · 토론회 · 전시회 등을 포함한다)를 개최할 수 있는 시설을 설치 · 운영하거나 국제회의의 계획 · 준비 · 진행 등의 업무를 위탁받아 대행하는 업을 말하며, 국제회의시설업과 국제회의기획업으로 구분된다.

(5) 카지노업

전문 영업장을 갖추고 주사위 · 트럼프 · 슬롯머신 등 특정한 기구 등

을 이용하여 우연의 결과에 따라 특정인에게 재산상의 이익을 주고 다른 참가자에게 손실을 주는 행위 등을 하는 업을 말한다.

(6) 유원시설업

유기시설(遊技施設)이나 유기기구(遊技機具)를 갖추어 이를 관광객에게 이용하게 하는 업(다른 영업을 경영하면서 관광객의 유치 또는 광고 등을 목적으로 유기시설이나 유기기구를 설치하여 이를 이용하게 하는 경우를 포함한다)을 말하며, 종합유원시설업과 일반유원시설업 및 기타 유원시설업으로 구분된다.

(7) 관광편의시설업

관광편의시설업이라 함은 여행업, 관광숙박업, 관광객이용시설업, 국제회의업, 카지노업, 유원시설업 외에 관광진흥에 이바지할 수 있다고 인정되는 사업이나 시설로서 관광진흥법 시행령에 정하는 바에 의하여 지정된 사업으로 관광유흥음식점업, 관광극장유흥업, 외국인전용유흥음식점업, 관광식당업, 시내순환관광업, 관광사진업, 여객자동차터미널시설업, 관광펜션업, 관광궤도업, 한옥체험업, 외국인관광 도시민박업 등으로 구분된다.

3) 주체별 관광사업 분류

관광사업의 기본개념은 관광객이 일상생활을 벗어나 활동하는 모든 과정에 필요한 사적인 사업과 관광환경을 조성하고 기반시설을 제공하는 관광의 공익적 사업을 포함하고 있다.

사적 관광사업이란 다양한 관광욕구에 대응하여 관광객에게 직접적으로 재화와 서비스를 제공하는 직접적인 관광사업과 관광객에게 간접적으로 편의를 제공하는 간접적인 관광사업으로 나누어진다. 또한 공적 관광사업이란 대외적으로 국제친선 및 관계개선을 위하는 것이며, 대내적으로는 외래관광객 유치를 통한 외화획득과 건전한 국민관광을 도모하는 등 공익을 위한 관광사업을 추진하는 것이다.

이는 기존의 관광객을 중심으로 한 관광사업의 분류와 관광진흥법상의 관광사업의 종류를 통합한 분류로서, 사적 관광사업은 관광기업과 관광관련기업으로, 공적 관광사업은 관광행정기관과 관광공익단체로 분류할 수 있다.

(1) 관광기업

관광의 개념에서 관광객의 활동과정 중에 직접적으로 관계되는 영리를 목적으로 한 사적 관광사업으로 1차 관광사업이 포함되는 개념이다. 곧 관광진흥법상의 관광사업의 종류와 관광객의 소비활동을 주수입원으로 하는 사업을 말한다.

이에 대한 주요 업종으로는 여행업 · 관광숙박업 · 관광객이용시설업 · 국제회의업 · 카지노업 · 유원시설업 · 관광편의시설업 등 관광진흥법상의 관광사업이 주종을 이루고 있으며, 교통업 중의 전세버스업과 항공업, 관광기념품판매업, 유람선업, 관광지내의 기타 업종 등도 포함된다.

(2) 관광관련기업

2차 관광사업 또는 간접관광사업이 포함된 의미로 재화나 서비스를 관광객에게 간접적으로 제공하거나 또는 관광기업에 직접 제공해 주는 사적 관광사업을 말하며, 호텔에 재화와 서비스를 제공해 주는 세탁업자, 식품업자, 각종 납품업자와 용역업자, 관광출판물업자 등을 말한다.

(3) 관광행정기관

관광사업 중 공적 관광사업으로서 관광정책 · 관광행정의 기구를 뜻한다. 국가 · 정부 · 지방자치단체 등 관광관계 행정기관으로 관광객, 관광기업, 관광관련기업과 직 · 간접적으로 영향을 주고받으며 관광개발과 육성업무를 행한다.

(4) 관광공익단체

공적 관광사업으로 관광공사 · 관광협회 등 공익법인과 관광인력을 양성하는 교육기관 및 관광관련 연구소 등을 말한다.

제3절 관광사업의 발전단계와 발전요인

1. 관광사업의 발전단계

1) 세계 관광사업의 발전단계

관광사업은 관광과 관련된 사업으로서 기능을 해 온 것이지만, 시대적 변천에 따라 커다란 변화를 가져 왔다. 곧 교통기관 · 숙박시설 등과 같은 여러 가지 관광관련 시설에서부터 관광사업이 발전하여 왔는데, 그 단계는 자연발생적 단계, 매개 서비스적 단계, 개발 · 조직적 단계 등으로 나눌 수 있다.

지연발생적 단계의 관광사업은 고대에서 19세기 중엽까지의 초기형태의 여행자를 위한 이동이나 체류에 필요한 시설로서 이동객이 많은 도로변이나, 오아시스 및 촌락의 입구에 생겨난 주막 · 우마차 등과 같은 초보적인 여행자 편의시설이라고 할 수 있다.

매개 서비스적 관광사업은 19세기 중엽부터 제2차 세계대전까지의 시기로서 초보적 형태의 여행자 편의시설들이 경제적 이윤추구에 눈을 뜨기 시작하여 기업형태의 모습을 갖추던 시대의 관광사업으로, 교통기관이 본격적으로 발전하고, 숙박업이나 여행업의 초기모습이 나타나는 시기이며, 신흥부유층이 비로소 관광여행을 시작하던 시기의 관광사업발전 초기모습을 보여주는 시기이다.

개발 · 조직적 단계의 관광사업은 제2차 세계대전 이후 현재에 이르기까지의 본격적인 관광사업의 육성기의 모습을 의미하며, 관광사업의 국가적 기여도를 인식하여 조직적인 관광사업의 발전이 시작되고, 오늘날과 같이 소득증대 · 여가시간증대 · 인식변화 · 도시화 등의 사회적 · 경제적 변화와 함께 일반대중이 관광활동에 대량으로 참여하는 오늘날의 모습을 의미한다. 이러한 관광사업의 발전영향요인을 중심으로 정리하면 〈표 10-4〉와 같다.

표 10-4 관광사업의 발전단계

구분	시대	경영유형	사업주체	주요기업	관광계층
자연발생적 관광사업	고대~ 19세기 중엽	자생형 관광사업	기업	우마차, 주막	귀족 · 무사 등의 특권층과 서민층의 종교적 여행자
매개 서비스적 관광사업	19세기 중엽~ 제2차 세계대전	매개형 관광사업	기업 국가	철도, 증기선, 호텔, 여관, 여행알선업	특권층과 서민층 유산계급
개발 · 조직적 관광사업	제2차 세계대전 이후	개발형 관광사업	기업 국가 공공단체	철도, 선박, 항공기, 자동차, 호텔, 여관, 여행업, 관광관련업, 관광개발추진 기관	일반대중

2) 한국 관광사업의 발전단계

(1) 자연발생적 관광사업

한국의 관광사업 발전단계는 각 시대의 사회사적인 관점에서 관광사업의 형성과정을 중심으로 살펴볼 수 있다.

고조선시대부터 삼한시대의 사회상을 보면 이 시대의 주요 관광현상은 부여 · 동예 · 마한 등의 부족단위 축제형태를 들 수 있다. 이러한 축제는 관광의 속성과 밀접한 관계를 갖고 있다는 점에서 관광현상의 진원지로서의 성격을 갖는 시대라고 볼 수 있다.

삼국시대는 고구려 · 신라 · 백제가 독립국가로서의 위치를 널리 알리기 위하여 각국에 사신을 파견한 시기이고, 불교가 한반도로 전래되던 시기이다. 이러한 교류의 이동로나 불교전파과정은 국제교류의 단면을 이해하는 데 중요한 현상이라고 하겠다. 이 시기의 주요 현상은 불교전파 이외에 신라의 역참설치, 혜초의 인도순례, 장보고의 청해진 활동 등으로 간헐적인 국제교류도 있었던 시기이다. 한편 통일신라시대에는 아랍상인들의 모습이 보이고 있으며, 신라의 여러 상황이 중동에까지 알려질 정도로 국제교류가 활발한 시대였다.

고려시대에는 불교의 융성으로 주요 도시와 사찰을 연결하는 도로가 생겨났고, 전국에 22개의 도로망과 525개에 이르는 역참이 설치되면서 백성들의 이동이 점점 늘어나게 되었다. 그러나 신분적 차별이 철저하여 여행을 할 수 있었던 계층은 귀족과 특권계급의 사람들에 한정되었다. 그 당시 귀족의 자제들은 국내외로 유학을 하고, 명산사찰 유람 · 사냥 · 뱃놀이 · 격구 · 활쏘기 등을 즐겼다.

조선시대에 들어서면서 전국에 41개의 노선(路線)과 538개의 역(驛), 1200개의 원(院)이 설치되어 서울을 중심으로 각지에 방사상(放射狀)으로 교통망이 발달하여 지역과 지역 간의 교류가 활발하게 이루어지고 관민(官民)의 여행과 매년 정기적으로 개최되는 그 지방 특유의 민속행사 참가, 산렵(山獵), 뱃놀이 등 여러 여행현상이 나타나게 되었다. 여행자의 숙식을 해결하는 형태로는 관용으로 출장을 가는 관원들을 위한 여관인 역(驛)과 반관반민의 성격으로 평민이 관리하고 공용여행자의 숙식 이외에 일반 민중의 여사(旅舍) 또는 가난한 사람에게는 음식을 제공하고 여행자에게는 약을 무료로 제공하였던 원(院)이라는 제도도 생겼으나 임진왜란과 병자호란 등을 거치면서 유명무실하게 되었다.

그 후 객상(客商)을 숙박시켰던 객주(客主)와 여상(旅商)을 숙박시켰던 여각(旅閣) 및 주막(酒幕) 등이 등장하여 그 기능을 담당하게 되었다. 역이나 원이 관용적(官用的) 성격을 띠었다면 객주나 여각은 사용적(私用的) 성격을 띤 것으로 일반여행자보다는 상인을 대상으로 한 여숙(旅宿)이었고, 주막의 경우에는 임진왜란 때부터 성행하여 주로 시골의 길거리에서 일반여행자를 대상으로 술과 음식을 제공하고 숙박도 겸하는 여숙의 형태였다. 또한 조선중기 이후에는 보부상(褓負商) 조직이 전국적으로 이루어져 상인들의 왕래가 왕성하게 이루어지고 있음을 알 수 있다.

(2) 초기 관광사업의 도입시기

1876년 일본과의 강화조약인 병자수호조약의 체결을 계기로 부산항 등 3개 항이 개항되고, 동시에 외국과의 통상과 교류로 인하여 외국인이 입국하면서 기존의 숙박시설의 모습이 변화하였고, 근대적인 여관이 인천·서울을 비롯하여 전국적으로 생겨나게 되었다. 우리나라에서 최초로 세워진 근대적인 호텔은 인천의 대불호텔이라고 전해진다. 일본인 호리리키 타로오(堀力太郎)에 의해서 착공된 3층의 양식시설인 이 건물은 1889년에 완성된 호텔이다.

서울에서의 최초의 서양식 숙박시설은 1902년에 개업한 손탁호텔이었다. 서양식 숙박시설들은 처음에는 개항지를 중심으로 발생하였고, 철도교통의 발달과 함께 철도역 부근을 중심으로 번창해 갔다. 1912년에는 부산과 신의주에 최초의 철도호텔이 세워졌고, 1914년에는 서울에 조선호텔(4층 65실), 1915녀에는 금강산에 금강산호텔과 장안사호텔이 건립되었다. 1936년에는 서울의 반도호텔(8층 111실)이 개업하여 본격적인 서구식 상용호텔(commercial hotel)이 출현하게 되었다. 또한 일본은 대륙진출의 활성화를 위하여 1914년 일본교통공사(JTB)의 한국지사를 개설하여 여행업무를 개시하였다.

(3) 관광사업의 발전기

해방 후 한국의 관광사업은 비로소 민족자본에 의한 발전의 전기를 이루게 되었다. 해방 후 1961년 관광사업진흥법이 제정되기 전까지는 통합적인 관광사업에 관한 발전이 결여되어 있었지만, 관광사업진흥법이 제정되면서 본격적인 정부주도형 관광사업의 발전기를 맞이하게 되었다. 1960년대의 특징은 관광공사 등이 PATA(아시아 · 태평양지역 관광협회)나 ASTA(미주여행업협회) 등에 가입하는 등 국제무대에 비로소 등장하여 개발도상국의 경제적 효용을 얻기 위해 국제관광객 유치를 중심으로 하는 관광사업이 도입되는 시기였다.

1970년대는 관광사업이 호경기를 누렸던 시기로 관광사업을 지원하기 위해서 관광진흥개발기금법이 제정되고, 1975년에는 관광기본법이 제정되어 정부의 지원하에 괄목할 성장을 기록하였다. 1978년에는 외래관광객이 100만 명을 돌파하였다.

1980년대에는 아시안게임과 서울올림픽 등의 국제적인 이벤트와 1989년의 해외여행자유화시대를 맞이하여 비로소 본격적인 국제관광의 시대를 맞게 되었으나, 급격한 여행객의 증가와 관광시장의 대외개방 등으로 한국의 관광사업은 새로운 전기를 맞이하였다.

1990년대에는 독일의 통일, 구소련의 붕괴, 남북한의 유엔 동시가입, 중국과의 국교정상화(1992) 등으로 인한 냉전시대의 종식으로 인하여 우리나라의 외교와 무역 및 관광의 세계화 · 국제화가 성큼 다가오게 되었다. 1993년 대전 엑스포는 우리나라의 저력을 과시한 이벤트 축제였으며, '한국방문의 해'(1994)로 이어지면서 외국인들의 방한을 촉진하고,

우리나라의 역사 · 문화와 발전상을 알리는 우리의 노력이 결실을 맺은 해로 평가되었다. 그러나 대전엑스포 개최, 한국방문의 해 등에도 불구하고 전반적인 관광산업의 성장률이 급격히 감소하였고, 정부의 참여와 노력이 수반되었다.

전반적으로 1990년대는 외국인의 방한만이 아니고 내국인의 해외여행 증가로 인하여 외래문물을 보고 느끼며 식견을 높여 우리의 삶을 살찌우는 데 새로운 장을 여는 관광인식 전환의 시기라고 말할 수 있다.

2000년대에 들어서는 주 40시간 근무, 고령화, 웰빙 가치추구 등으로 국민관광 · 레저수요가 급격히 증가하고 있으며, 지방자치제가 체계적으로 시행됨에 따라 본격적인 국가균형발전정책 추진으로 관광사업을 포함하여 문화 · 레저산업을 전략산업화하려는 지방자치단체가 늘어가고 있다.

2000년의 아 · 태정상회의(ASEM)와 2001년 한국방문의 해 및 2002년 월드컵 축구대회 유치를 바탕으로 새로운 도약의 계기가 되었으며, 관광진흥법이 완화 · 개정되어 관광산업에 대한 육성지원이 계속되고 있다.

2. 관광사업의 발전요인

1) 라이프스타일의 변화

라이프스타일(life style)은 전체사회 또는 그 사회의 특정집단이 가지고 있는 독특하고 특징적인 생활방식으로서 항상 고정된 것이 아니고 개인들의 가치 · 태도 · 신념 및 외부의 사회문화적 환경변화로 인하여 변경될 수 있는 하나의 생활방식을 의미한다. 그런 뜻에서 라이프스타일은 사람들이 생활하거나 시간과 돈을 소비하는 유형이라 볼 수 있으며, 이는 결국 문화 · 사회계급 · 준거집단 및 가족들의 영향을 받아 개인이 학습한 것이긴 하지만 더욱 구체적으로는 개인의 가치체계나 개성의 파생물이라 할 수 있다.

오늘날 많은 현대인들이 추구하는 가치는 단순히 수입을 얻고 생활을 영위한다는 기존 생활방식에서 벗어나 소비자로서보다는 한 개인으로서 성장 · 발전하기 위해 보다 많은 자유와 시간을 찾게 되고 재화의 양보다는 생활의 질(quality of life)에 더 많은 관심을 가지는 경향이 있다.

특히 이러한 경향은 선진국에서 현저하며, 이들 국가의 국민대중은 사회복지제도의 정착에 힘입어 노동제일주의로부터 생활제일주의로 의식을 전환하고 있다. 그 결과 이들 국민들은 관광여행을 단순히 유람이라는 차원에서 벗어나 관광을 통한 지식과 견문을 확대하는 기회로, 그리하여 자기실현의 계기 내지는 자기확대 · 달성의 기회로 삼으려는 인식을 하고 있다.

2) 가계소득의 증대

산업기술의 발달과 기계화로 인한 대량생산과 대량소비가 이루어지면서 생활수준은 질적 · 양적으로 높아졌으며, 국민소득의 향상으로 개인의 가처분소득 또한 증대되었다. 경제적 생활수준의 향상과 더불어 가처분소득 중에서 의식주를 위한 비용에 비해서 여행비용을 포함하는 문화적 비용이 증대되었는데, 그 중에서 특히 관광소비가 현저히 증가하여 여행수요를 확대하는 요인으로 작용하였다.

특히 여기서 주목되는 것은 부부근로에 의한 가계소득 증대현상이다. 오늘날 여성은 전통적으로 남성의 일이라 인식되어 왔던 과업을 수행하는 정도가 점차 늘어남에 따라 경제적으로 남편의존도가 낮아지고 있으며, 여성의 지위가 신장됨에 따라 자주권이 강화됨과 동시에 사회활동

참여기회도 확대되었다. 부부근로로 취득한 가계소득의 풍요로움과 가사종사시간의 단축으로 관광에의 참여기회를 한층 증대시키고 있다.

3) 여가시간의 증대

여가는 일반적으로 구속으로부터의 자유, 노동에서 벗어난 시간, 선택의 기회, 사회적 임무수행 후의 자유로운 시간, 자신만의 시간, 자신이 하고 싶은 것을 할 수 있는 시간 등으로 표현되기도 하는데, 일반적으로 시간적인 개념과 활동적인 개념으로 구분하여 설명하고 있다. 시간적 개념은 여가를 자유시간, 비의무적 시간, 자의(自意)로 선택한 시간 등으로 보는 견해이며, 노동의 대가를 위해서 일하는 시간이 아닌, 즉 1일 24시간 중 생활필수시간 · 노동시간 등의 구속시간을 뺀 나머지 자유시간 등으로 보는 입장이다. 활동적 개념은 여가를 '자유시간 중에 행하는 활동 그 자체'로 보는 견해로서 직장에서의 업무, 가정에서의 일, 공동사회의 임무에서 벗어나서 휴식을 취하고 교양을 증진시키는 활동 및 각종 레크리에이션 활동을 모두 여가로 보고 있다.

과학기술이 발전하고 기계문명이 향상되어 이것이 인간생활과 생산활동에 널리 보급되면 인적 노동력은 점차 줄어들게 되어 그것은 오토메이션(automation)화로 나타나게 되고, 또한 컴퓨터의 보급 · 확대에 따른 사무자동화가 추진되는 양상으로 변화하였다. 이와 같은 생산체제의 자동화, 영농의 기계화, 가전제품의 발달과 보급, 그리고 사무자동화 등이 진행됨으로써 근로시간이 단축되고 그 결과 현대인들은 점차 많은 여가시간을 갖게 되었다.

선진국에서는 사회복지정책에 힘입어 국민대중의 증대된 여가욕구가 관광대중화 현상으로 발전하였다. 대부분의 선진국에서는 이미 주5일 근무제가 일반화되어 있고, 일본(1992년 6월부터) 및 중국(1995년 5월부터)에서도 이 제도를 시행하고 있다. 우리나라는 1998년 2월부터 주5일 근무제를 추진하기 시작하여 2004년 7월부터 단계적 시행에 들어갔으며, 2008년 7월부터는 20인 이상 사업장에 대해 이 제도가 시행됨으로써 여가시간의 증대현상은 현실적인 것으로 대두되고 있다.

4) 교육수준의 향상

교육수준의 향상과 국민소득의 증대에 따라 사람들은 부(富)로부터 얻게 되는 만족에만 그치지 않고 간접적으로 인식하고 있던 역사·문화에 관한 지식을 직접 그 현장에 가서 확인하고 재인식하려는 욕구가 강렬해진다. 이러한 지식욕구는 해외여행의 경우에 더욱 현저해지며, 이러한 움직임은 결국 국민들이 민간차원에서 국제교류의 대열에 참여하여 문화교류에 일익을 담당하는 역할을 수행하도록 만든다.

이렇게 본다면 교육수준의 향상은 결국 해외여행에 대한 욕구를 자극시키는 원동력이 되고, 그들의 관광욕구가 관광행동으로 나타날 때 관광여행의 원활화를 도모하고 그들을 수용하며 또 그들에게 각종 재화와 서비스를 제공해 줄 관광사업은 발전하지 않을 수 없게 된다.

5) 교통운송수단의 발달

과거에 마차가 주된 교통수단이었고, 국제간의 여행에서는 선박중심의 여행이 이루어진 시대가 있었다. 당시의 여행에서 여행객들의 경험했을 시간적 손실과 경제적인 부담 그리고 불편함은 대단했을 것이다. 그러나 이러한 불편함은 교통운송수단의 발달로 많이 제거되었으며, 종전에 많은 교통시간이 소요되어 여행이 불가능했던 지역도 이제는 가능하게 되었다.

특히 제2차 세계대전이 끝난 후 항공기 제작기술의 발달은 항공교통수단의 고속성 · 쾌적성 · 안전성 · 경제성을 향상시키는 한편, 대량운송능력의 보유 및 고속운항에 의한 시간절약과 운임의 저렴화를 가능하게 만들었다. 항공사는 여행자들이 비행 중에 향유하게 될 정신적인 만족감, 즉 쾌적성을 높이기 위하여 기내 시설과 기내 서비스 향상에 한층 세심하게 배려함으로써 관광객들의 욕구에 부응하도록 노력하고, 해외여행 욕구를 더욱 자극시키게 되었다.

한편 내륙교통 운송수단에서도 이러한 혁신이 진행되었다. 종전의 증기기관차에서 디젤기관차로의 전환은 여행시간을 단축시켰고 동시에 객차수용을 가능하게 하여 운임저렴화를 실현시켰다. 일각에서는 철도산업을 사양산업으로 보는 시각도 있으나 관광객들을 수송하는 교통기관으로서의 철도를 결코 과소평가해서는 안 된다.

유럽 각국 간의 교통운송에서 철도이용율이 아직 우위를 차지하고 있고, 일본 신간선(新幹線)의 고속화 성공은 세계 철도업계를 자극함으로써 철도의 스피드화, 객차설비의 개선과 서비스향상 등이 추진되고 있으며, 쾌적성을 높이고 고속성을 실현하기 위한 연구가 진행되고 있다. 우리나라도 2004년 4월 1일 개통된 고속열차인 KTX는 전국을 반나절 생활권으로 바꾸었고, 개통 3년 만인 2007년 4월 이용객이 1억 명을 돌파하였다.

또한 육상에서는 고속도로의 확장과 개발 그리고 고속버스의 현대화 및 렌터카 사업의 활성화에 힘입어 여행객 수요가 계속 증가하고 있다. 구미제국에서는 'Fly and Drive'라는 여행형태가 일반화되어 목적지까지는 항공기로 그리고 목적지에서는 자동차로 관광여행을 즐기는 패턴이 하나의 상식으로 되어 있을 정도이다.

또한 해상운송면에서는 선박을 이용하는 관광객들은 그 이용증가율면에서는 매년 감소 추세에 있으나, 선박여행이 여행객들에게는 더 없는 매력이 된다는 사실은 매년 호화스런 관광유람선(cruiser)을 이용하는 관광객들이 증가하고 있고, 페리(Ferry) 및 관광선(觀光船)도 장래성이 있는 해상교통운송수단으로 평가받고 있다.

6) 여행촉진활동의 강화

관광사업자들에 의하여 수행되는 관광여행과 관련한 광고 · 판매촉진 · 홍보 및 인적 판매와 같은 상업적인 촉진활동의 전개는 관광여행에의 소비확대에 커다란 영향을 미친다.

7) 관광사업의 확충

호텔 객실 수의 증가와 대규모 항공회사의 등장 및 크루즈회사의 참여 그리고 수십만 명의 종사원이 이들 관광사업에 종사하면 이는 직접적으로 여행수요를 증대시키는 요인이 된다. 더불어서 이와 같은 관광사업체들이 규모면에서도 확대되어 나가면 이의 효과는 더욱 증폭된다.

왜냐하면 관광사업의 규모가 확대되면 촉진활동과 구전광고의 필요성이 제고되어 이를 실시할 것이고 결과적으로 잠재여행객들에게 관광여행욕구를 자극시키며 이의 실현을 위한 심적 갈등을 불러일으킬 것이기 때문이다. 그러나 이러한 관광사업의 확대와 그 전개는 한계성이 있어 여러 문제점을 야기시키고 있는 것 또한 사실이다. 그 예로 수요량보다 많은 호텔 객실과 항공좌석의 과잉공급 현상은 경쟁기업 간에 더욱 과다한 촉진비의 사용을 촉구하고 서비스품질의 향상을 끊임없이 요청하는 한편, 할인운임 가격정책의 도입과 운영이라는 문제점을 제시해 주고 있다는 데서 확인할 수 있다.

8) 세계의 지구촌화

국제간의 교역량 및 정보통신의 발달은 인적 교류의 확대를 수반하기 마련이다. 국제간에는 자원과 기술보유의 정도가 다르므로 세계경제가 원활하게 운용되려면 국가 간의 거래는 필수적인 것이 된다. 그렇게 되면 비즈니스 여행자가 증가하게 되고, 세계는 마치 하나의 좁은 시장으로 간주되는데, 이는 여행을 증대시키는 요인이 되며, 관광사업을 발전시키는 촉매제의 역할을 하기도 한다.

제11장

관광정책과 관광행정

1 관광정책의 본질
2 관광정책의 정치적 의미와 시대별 관광정책의 변화
3 관광행정과 관광행정조직

제1절 관광정책의 본질

1. 관광정책의 개념

1) 정책의 개념

우리는 요즘 정책의 일상화 시대에 살고 있다. 매일매일 다양한 정책들이 쏟아져 나오고 있으며, 생활 속에서 정책이 미치지 않는 영역이 없을 정도이다. 하지만 정책에 대한 정의는 매우 다양하다. 정책을 공적사항(public affairs)의 관리와 실현을 위해서 또는 바람직한 미래 상태를 실현하기 위해서 정부가 직 · 간접적으로 관여하여 이루어진 지침적 결정으로 정의하기도 하고, 정부가 궁극적으로 국민들의 삶의 질을 향상시키기 위해 삶의 질에 관련된 각종 조건에 의도적으로 개입하는 다양한 활동으로 정책을 정의하기도 하며, 공공문제나 사회문제를 해결하거나 바람직한 목표 달성을 위해 정부에 의해 결정된 행동지침으로 정책을 정의하기도 한다. 또한 정책은 전략이나 전술의 선택으로 이해되거나 공동체가 수행할 사업이나 행동노선의 선택으로 이해되기도 하며, 공동체의 기본원칙을 정한 가치선정과 국가 활동이나 기능수행의 기본방침으로 이해되기도 한다.

이와 같은 정책의 개념들을 종합해 보면 일반적으로 정책의 행위주체는 정부와 공공부문이다. 그리고 정책은 국가 및 사회공동체의 문제 등을 해결하고자 하는 목표지향적 또는 목표추구형 행위라고 할 수 있다. 즉 정책은 무엇인가를 해결하기 위한 노력으로 일련의 정치적 또는 사회적 절차와 과정을 거쳐야 한다. 따라서 정책이란 국가나 지방자치단체가 사회적 문제를 해결하기 위해 정치적인 과정을 거쳐 목표를 세우고, 그 목표를 달성하도록 수단과 방법을 동원하도록 하는 행동노선 또는 행동지침이라 할 수 있다.

2) 관광정책의 개념

관광정책에 대한 개념정의는 관광행동의 지침과 이념의 노선으로 볼 수 있으며 정치적 성격을 강조하는 입장이 있는가 하면, 목적을 강조하는 기획적인 입장과 정부의 관광과 관련한 광범위한 활동을 의미하는 포괄적인 내용에 이르기까지 다양하다.

첫째, 관광정책은 주로 정부의 관광분야활동과 밀접한 관련을 맺고 있다. 관광정책의 주체는 개인이나 사적 집단이 아닌 정부의 공공기관이라는 점이다. 최종적인 관광정책의 주체는 정부기관이라는 것이다. 관광문제를 제기하거나 주도하는 것은 관광객 개인이나 관광객집단이 될 수 있지만, 궁극적으로 그 관광문제를 관광정책으로 결정하는 것은 정부의 관광담당 공공기관이기 때문이다.

둘째, 관광정책은 관광과 관련하여 실현하고자 하는 특정한 목표가 있다. 관광정책은 정부당국의 임기응변적인 조치나 우연한 행동이 아니라, 의도를 가진 관광분야의 목표지향적 활동이라는 점을 내포하고 있다. 관광정책은 관광을 담당하는 행정부처가 장 · 단기적으로 관광의 바람직한 미래의 모습을 구현하기 위하여 이루어진다.

셋째, 관광정책은 목표실현을 위한 실제적 행동경로를 제시하고 있다. 관광정책을 통해 구현하려는 가치는 기존문제의 해결뿐만 아니라 미래에 예측되는 문제까지도 해결하거나 변화하기를 바라며 유도하려 한다.

따라서 관광정책은 궁극적으로 공익 및 국가의 목표를 실현하기 위한 공적 수단으로 본다는 점을 설명하고 있다.

넷째, 관광정책에는 관광분야의 특정한 가치가 함축되어 있다. 이러한 관광정책은 주로 복잡하고 동태적인 정치 · 행정적 과정 속에서 많은 변수들이 다양하게 작용하며 다양한 관광정책을 탄생시키게 된다는 의미를 내포하고 있다.

다섯째, 관광정책은 장기간에 걸쳐 지속적으로 반복됨으로써 일관성을 지닌다. 관광정책은 일반적으로 미래지향적인 성격을 지니고 있다는 점을 나타내고 있다. 관광정책을 통하여 구현하고자 하는 것은 어디까지나 미래의 바람직한 상태이기 때문이다.

여섯째, 관광정책은 거시적이고 총체적이며 근본적인 성격을 지니고, 관광정책에서 전반적인 지침으로서의 기능을 지닌다.

그러므로 관광정책을 '권위 있는 공공기관(문화체육관광부, 한국관광공사 등)이 관광문제해결이나 관광분야 전체의 공익을 달성하기 위하여 정치적 · 행정적 과정을 거치거나 당위성에 입각하여 의도적(공식적)으로 선택(결정)한 장래의 행동지침'이라고 정의할 수 있겠다.

정책이라는 용어와 비슷한 용어로 시책 · 대책 · 정부방침 등이 있다. 또한 법률 · 규칙 · 기획 · 계획 등도 정책과 혼용되고 있다. 이들을 이론적으로 엄격하게 정의하기는 극히 어렵다. 정책이라는 동일한 현상에서 사용되는 경우가 많아서 이질적이라고 하기에는 무리가 있다.

우선 시책 · 대책 · 사업 등은 정책과 거의 같은 뜻으로 쓰이는 상식적 용어이다. 그러나 이들은 정책 중에서 하위정책을 의미할 때가 많다. 상위목표의 구체화는 하위목표로 나타나게 된다. 이 때 상위정책의 집행을 위한 하위정책은 흔히 시책이라 부른다. 이러한 목표-수단의 계층제적(hierarchy) 구분은 정책(policy) 그리고 프로젝트(project)의 구분과 유사하다. 즉 정책을 구체화하면 프로그램으로 구분되고, 또 프로그램은 프로젝트로 구체화되어 집행된다.

법률은 정책과 본질적으로 동일하다. 법률도 정책과 같이 목표가 있고, 최후수단으로서 강제력이 있으며, 대상 집단으로 규제될 인간이 있고, 법의 내용을 실현할 정부의 강력한 의지가 있다. 요컨대, 법률은 정책의 한 형태로서 주로 규제정책이 이러한 형식을 띠고 있는 경우가 많다.

2. 관광정책의 특징

1) 종합정책

관광문제는 다면성의 특징을 지닌다. 관광문제는 경제, 교육, 복지, 환경 등의 다른 사회문제들과 단순하고 쉬운 문제로 인식되기 쉬우나, 실상은 매우 다양하고 복잡한 특징을 지닌다. 관광은 우선 경제로서의 기능을 지니며, 또한 문화 · 정치 · 환경 등의 기능을 갖는다. 그리고 최근에는 복지로서의 기능도 강조되고 있다. 이러한 다면성으로 인해 관광정책은 종합정책으로서 관광산업정책, 관광개발정책, 관광복지정책, 관광교류정책, 문화관광정책 등 다양한 정책유형들을 포함한다.

2) 부차적 정책

관광문제는 비교적 특정 영역을 대상으로 하는 문제라고 할 수 있다. 정치 · 경제 · 교육 · 환경 · 복지 등의 사회문제들이 일반국민들을 대상으로 하는데 반해, 관광문제는 비교적 특정지역, 혹은 특정집단을 대상으로 한다는 점에서 일차적인 문제라기보다는 이차적인 문제이며, 그런 의미에서 부차적인 성격을 갖는다. 물론, 최근 들어 관광문제가 국가경제 전체에 미치는 영향력이 커지고 국민관광문제도 관심의 대상이 되고는 있으나, 아직까지는 사회이슈화나 공론화가 이루어지지 못하는 경우가 많다. 그런 이유에서 관광정책은 상대적으로 우선순위가 되지 못하고 후순위 정책으로서의 특징을 갖는다고 할 수 있다.

3) 융합정책

관광문제는 여타 사회문제들과 관계하는 연관적 특성을 갖는다. 예를 들어 관광은 의료산업과 함께 의료관광을 이루며, 한류와 함께 한류관광을 이룬다. 또한 농업과 함께 농업관광이 이루어지며, 종교와 함께 종교관광이 이루어진다. 이러한 융합성으로 인해 관광정책은 관광행정조직뿐만 아니라 유관행정조직과의 협력이 반드시 필요하다. 의료관광정책은 문화체육관광부와 보건복지부 간의 협력이 필수적이다. 마찬가지로 농업관광정책은 농업행정조직과 관광행정조직 간의 협력이 필수적이다. 또한 한류관광정책은 문화체육관광부 내 한류담당조직과 관광담당조직 간의 협력이 필수적이라고 할 수 있다.

4) 지원적 정책

관광문제는 다른 사회문제들에 수단요소 내지는 부분요소로 포함되는 경우가 많다. 따라서 관광정책은 주 정책에 포함된 지원적 정책의 특성을 갖는다고 할 수 있다. 대표적인 예로 남북교류협력정책 차원에서 시행되었던 금강산관광사업을 들 수 있다. 주무부처인 통일부의 정책에 관광정책이 지원적 정책의 기능을 담당한 예라고 할 수 있다. 또한 비자정책에 있어서도 관광은 중심 목표보다는 부수적 수단으로 다루어진다. 그밖에도 중소기업정책, 농업정책, 청소년교류정책 등 다양한 유관정책들에서 관광사업이 부수적인 정책수단이 되는 경우가 늘고 있다. 그런 의미에서 관광행정조직과 타 행정조직 간의 협조와 조정이 더욱 필요하다고 할 수 있다.

5) 네트워크정책

관광문제는 여타 사회문제들에 비해 다양한 이해관계자들이 관계한다. 특히 관광산업이 지니는 시스템산업적 특징으로 다양한 업종들이 생산자 이익집단의 형태로 정책과정에 참여한다. 그런 의미에서 관광정책의 네트워크적 특성을 들 수 있다. 예를 들어 직접공급자라고 할 수 있는 여행업, 관광숙박업, 테마파크업, 리조트시설업, 카지노업, 외식업, 유통업 등 다양한 업종들이 있으며, 간접공급자라고 할 수 있는 컨설팅업, 광고업, 교육기관 등이 있다. 또한 융합공급자라고 할 수 있는 의료관광업, 엔터테인먼트관광업, 컨벤션전시업, 스포츠관광업 등이 있다. 이러한 생산자뿐만 아니라 최근에는 환경, 복지, 사회서비스 관련 NGO들의 참여가 확대되고 있으며, 국제관광기구들의 활동도 활발하다. 이러한 다원화 추세와 함께 관광정책은 특히 이해관계자들과의 상호작용관계가 매우 중요하다고 할 수 있다.

3. 관광정책의 목표

1) 생활의 질 향상

관광정책의 목표는 국민생활의 질 향상에 있다. 생활의 질(quality of

life)이란 국가발전정책을 수립하고 평가하는 개념의 틀로서 지역사회의 수요와 욕구의 실질적인 만족 정도를 의미하는 생활수준으로 복지에 대한 포괄적인 표현이라 할 수 있다. 대부분 선진국가정책 목표의 실천적인 의미에서는 양적인 혜택보다는 질적인 여건 조성에 역점을 두어 기회균등을 통한 인간다운 삶의 보장에 맞추어져 있다.

생활의 질 향상을 위한 수단으로 이용되는 여가생활의 한 부분인 관광은 레크리에이션의 사회적 기회를 제공하고 정신적 건강에 기여하며 서로 다른 계층 간의 관계 개선을 촉진시켜 지역사회의 생활의 질 향상에 크게 기여하고 있다. 따라서 국민의 욕구가 경제적 · 물질적 풍요함에서 건강과 정신적 안정이나 인간다운 문화적 가치의 추구 등 경제외적 내지 내면적인 것의 충실로 옮아가고 있음을 감안할 때, 인간개발의 중요성을 강조한 관광정책이 하나의 목표로서 생활의 질을 새롭게 인식할 필요성이 있다.

2) 체험의 질 향상

관광정책의 목표는 관광객의 욕구충족과 체험의 질을 창조하는 관광객 만족의 방향으로 수립되어야 한다. 인간은 기본적 욕구충족과 의식주가 해결되면, 그 다음에는 고차원적인 욕구와 기대를 가지게 되는 속성을 지니고 있다. 그 추구방식은 시대 · 민족 · 사회에 따라 약간의 차이를 보일 수 있으나, 일반적으로 공통된 것은 매슬로우(A. H. Maslow)가 주장한 인간욕구 5단계설에 대체로 접근하고 있다.

인간욕구 5단계에 의하면 인간의 욕구는 하나의 서열을 이루고 있으며, 하위욕구는 생리적 욕구에서 사회적 욕구를 거쳐 상위욕구인 자아실현의 욕구로 단계적인 성장을 거치게 된다는 이론이다. 인간의 관광활동차원에서 보면 개인의 잠재능력을 발견하고 실현하고자 하는 자아실현의 욕구와 관련시킬 수 있다.

매이요와 자비스(E. Mayo & Jarvis L. P.)는 관광과 관련된 욕구를 인간의 지적추구라고 보면서 알고자 하는 욕구(need to know)와 이해하고자 하는 욕구(need to understanding)로 구성된다고 설명하고 있다. 이러한 관광욕구는 어떤 동기가 부여되지 못하면 구체적인 관광행동으로 발전하지 못한다. 관광동기는 관광행동을 일으키게 하는 중요한 요인으로서 인간이 관광을 통하여 만족을 얻으려 할 때 일어난다. 따라서 관광정책은 사회구성원 각자의 관광욕구에 각종 자극을 가하여 관광동기를 부여하기 위해서 관광객지향의 개발목표를 설정하여 관광욕구가 충족될 수 있도록 관광현상을 조성해야 한다.

3) 관광환경의 질 창조

관광정책의 목표는 관광환경의 질 창조에도 있다. 관광의 성장은 불가피하게 환경변화를 가져오고, 환경의 질이 나쁘면 관광체험의 질이 떨어지므로, 관광개발은 관광과 상호의존적이며 공생적인 관계를 유지하면서 환경의 질을 창출해야 한다. 물론 관광은 환경을 개선한다는 주장에서와 같이 다른 산업과 달리 공해를 유발하지 않는다는 무공해산업이라는 견해도 있지만, 물리적 · 양적 · 환경파괴적인 경성관광(hard tourism)을 삼가고, 환경의 질을 보존하는 연성관광(soft tourism)을 강조하기도 한다. 그러므로 관광정책이 관광환경의 질을 극대화하기 위해서는 관광의 경제적 편익만을 강조한 개발이 아니라 자연적 · 문화적 가치를 충분히 반영한 연성관광 개발을 고려해야 한다. 또한 원상회복할 수 없는 모든 활동은 피하고, 적정한 이용을 전제로 한 촉진을 강조하여 환경의 질을 고무시키는 동시에, 환경적 · 경제적 측면에 초점을 둔 상호의존성을 인식해야 한다.

4) 지역 간 균형발전

관광정책의 목표는 지역 간의 균형적인 발전을 도모하는 데 있다. 지역 간 균형발전은 경제적 측면과 사회적 측면의 불균형 해소를 해결하고 지역의 모든 주민들이 그들의 삶의 터전에서 기초적인 평등을 향유하며 인간다운 삶의 조건과 동일한 기회를 보장받을 수 있는 권리를 의미한다고 볼 수 있다. 지역균형개발이 지역 간의 경제적 · 사회적 요소의 격차를 해소하고 안정적인 지역발전을 추구하는 것이라고 본다면, 관광정책은 지역주민의 소득증대, 고용기회 확대, 재정수입 증가 등의 경제적 편익과 문화유산의 보존관리, 지역 여가공간 확충, 지역 이미지 향상, 지역주민의 자부심 고취 등 사회문화적 편익을 줄 수 있으므로 지역 간의 균형개발을 달성할 수 있는 수단이 될 수 있다. 따라서 관광정책은 지역 간의 불균등적 요소를 해결하고 지역발전을 도모할 수 있는 유일한 수단으로 제시되고 있기 때문에 그 목표로서 지역 간 균형발전을 설정할 수 있다.

4. 관광정책의 분류

1) 지역적 · 공간적 분류

① 전국종합 관광개발정책(national tourism development policy)

② 지역단위 관광개발정책(regional tourism development policy)

③ 지방적 관광개발정책(local tourism development policy)

④ 단위지역 관광개발정책(area tourism development policy)

⑤ 국제관광정책(international tourism policy)

⑥ 지구관광정책(geo tourism policy)

⑦ 우주관광정책(aero tourism policy)

2) 인적 분류

관광정책의 인적 분류는 크게 내국인에 대한 정책과 외국인에 대한 정책으로 대별된다. 내국인에 대한 정책은 국내관광정책과 복지관광정책 및 국외관광정책으로 나누어지고, 이를 종합하여 국민관광정책이라고 부른다. 외국인에 대한 정책은 주로 국내를 방문하는 외국인에 대한 국제관광정책, 즉 수용태세정책으로 분류할 수 있다.

3) 현상적 분류

(1) 관광교통정책

관광은 이동을 수반하며, 관광객은 관광대상인 관광자원을 찾아 이동하는 관광현상으로서 국제관광에 있어서의 국제교통과 방문국가의 관광환경의 평가대상이 되는 국내교통으로 분류할 수가 있다.

관광교통정책은 항공기 · 선박 · 자동차 · 철도 · 지하철 및 기타 교통수단과 소요시간 · 접근성 · 거리 등에 관한 전반적인 정책과 공항 · 항만 · 도로 · 주차장 등과 같은 관광기반시설에 관한 것 등을 결정하는 정책이다. 또한 관광교통수단을 이용하는 경우 요금의 구조를 결정하는 관광교통요금도 중요한 요인이 될 수 있다. 특히 관광에 있어서 관광객의 동선에 따라 이동하는 도보관광도 중요한 관점에서 추진해야 할 정책이라고 하겠다.

(2) 관광행정정책

관광정책을 효율적으로 추진하기 위해서는 관광행정조직이 국가행정 내에서 어떠한 조직으로 형성되어 있고, 체계적인 시스템화를 통하여 유지해 나가느냐 하는 것이다. 즉 관광행정조직이 중앙행정조직과의 합리적인 조화 및 동일조직 내의 융화 등을 추진하기 위한 분야라고 하겠다. 또한 행정조직인력의 전문성 확보 등도 관광정책의 목표설정에 많은 영향을 미치게 된다.

(3) 관광숙박정책

숙박시설은 관광객의 체재를 담당하는 중요한 역할을 하고 있다. 즉 관광활동에 있어서 가장 기본이 되는 요소라고 할 수 있다. 숙박시설은 입지적 측면의 사업으로서 입지정책과도 연관성이 높으며, 관광숙박시설의 이용객 대상을 중심으로 하는 방안의 강구, 국제관광객 위주인가 또는 국내관광객 위주의 숙박시설인가를 결정하는 정책도 포함될 수 있다. 또한 관광숙박시설의 확충과 시설의 유형을 다양화하는 한편, 시설의 입지조건의 결정 등과 같은 것이 중요한 정책이 된다.

(4) 관광인력 관리정책

관광산업은 인적 서비스의 의존도가 높은 산업으로 국가에서 관광산업의 육성을 위해서는 효율적인 관광인력에 대한 관리가 필요하다. 따라서 관광종사원에 대한 전반적인 수요와 공급에 대한 관리, 관광종사원에 대한 훈련 및 교육, 관광종사원을 양성하는 교육기관의 교육과정의 개발 및 운영 등과 같은 것도 관광정책의 중요한 과제가 된다.

(5) 관광상품 개발정책

관광상품은 관광객의 욕구를 충족시켜 주는 모든 상품으로서 관광자원을 포함하여 숙박 · 식음료 · 쇼핑 · 카지노 등과 같이 모든 대상이 될 수 있다. 따라서 관광상품 개발정책은 관광자원의 보호 등을 비롯하여 관광자원의 조사 및 개발, 관광기념품의 개발, 쇼핑장소의 지정 및 확대, 관광지 · 관광단지의 개발, 관광특구의 지정 및 개발, 식음료상품의 다양화, 관광코스의 개발 등과 같은 것이 중요한 정책이라고 하겠다.

(6) 관광사업정책

관광사업은 사회적 변화와 상관관계를 갖는다. 그동안 관광사업의 분류는 시대적인 흐름에 따라서 변화하였고, 발전되어 왔다. 그러나 관광사업의 범주설정과 내용에 대한 견해로서 법적인 시각에서 분류할 것인지, 아니면 일반적인 관점에서 분류해야 하는 것인지, 또는 그 내용을 어떻게 할 것인가에 대한 것도 중요한 정책이 된다. 관광사업은 공익성과 영리성이 상호 조화를 이루면서 기업활동을 영위하는 것으로서 관광관련사업의 과학화를 위한 지원과 전반적인 정부의 결정도 관광정책의 중요한 과제가 될 수 있다.

(7) 관광마케팅정책

관광마케팅은 관광객들에게는 관광동기를 부여하며, 상업적 차원에서는 기업의 목적을 성취하게 하고, 국가차원에서는 국제수지의 개선을 위한 관광정책의 명분이 된다. 즉 관광사업을 통하여 관광외화수입을 증대하고 민간외교를 확대시키기 위해서는 효율적인 정책이 필요하다. 따라서 관광마케팅정책은 외래객을 유치하기 위한 것으로서 잠재시장에 대한 이해와 시장세분화전략 및 관광수요의 예측을 통한 목표를 설정하고 이에 적합한 다양한 홍보 · 광고 등을 통해 이미지를 제고시키기 위한 방안을 설정하는 것도 중요한 정책이 된다. 또한 관광진흥을 위한 장 · 단기계획의 수립, 관광안내체계의 정비, 외국정부 및 국제관광기구와의 협력을 증진하는 것도 중요한 정책이 될 수 있다.

(8) 법적 · 제도적 정책

관광정책의 추진에 있어서 가장 근본이 되는 정책이라고 할 수 있다. 관광을 진흥시키기 위한 관광관련법규의 정비 · 조성 등을 비롯하여 관광진흥개발기금의 관리 · 운영, 출입국절차, 출국세 제도, 여권 및 사증관계, 관광사업자에 대한 우대제도, 관광관련종사원 자격제도의 신설 및 폐지, 관광관련 사업자단체의 육성, 사회기반시설의 민간자본 유치촉진에 관한 사항, 외국인 투자유치를 위한 투자제도 및 환경의 조성 등과 같은 것은 관광에 직접적인 영향을 미치는 정책이 된다고 하겠다.

제2절 관광정책의 정치적 의미와 시대별 관광정책의 변화

1. 관광정책의 정치적 의미

1) 관광정책의 정치적 의미

정치적 관점에서 관광은 국가의 정치적 안정성과 국가 이미지 홍보, 국가 또는 지역의 정치적 · 문화적 기반 마련, 자국 관광객의 국외여행으로 인한 국가 홍보, 국가 간 협력과 긴장완화 촉진 등과 같은 기능을 한다. 또한 관광은 본질적으로 평화와 자유를 추구하므로 정치적으로 아주 곤란한 문제에 대해 민간부문인 관광객의 건설적인 교류를 통해 이를 해결할 수 있는 계기를 마련하기도 한다.

대통령제에서는 정치권력이 대통령에게 집중되기 때문에 정책결정과정에서 대통령의 영향력은 매우 큰 의미를 가질 것이다. 대통령은 한 국가의 최고권력자로서 국가원수, 행정수반, 최고입법자의 역할을 수행한다. 행정부의 모든 정책적 결정이 대통령에 의해 이루어진다고 볼 때 관광정책 역시 대통령의 인식에 따라 상이한 방향과 결과를 나타날 것이라고 예상할 수 있다. 예를 들어 대통령의 대북정책관에 따라 대북정책의 방향이 설정되는 것과 같은 이치라고 할 것이다.

이러한 관광의 정치적 중요성에도 불구하고 우리나라 역대 대통령들의 관광분야에 대한 정책적 관심은 낮은 편이었다. 이러한 사실은 과거

대통령선거에서 관광과 직접 관련이 있는 내용은 거의 찾아볼 수 없었다는 사실에서 확인할 수 있다. 그러나 역대 대통령의 관광정책발언을 살펴보면 대통령마다 나름대로의 정치적 입장과 정책관을 갖고 관광부문에 대하여 관심을 가지고 있는 것으로 나타난다.

관광정책은 다른 국가정책과 같이 국민의 다수의사와 요구에 부응하여 형성되고 이해관계자와 정책결정주체들과의 상호작용 속에서 결정되어 추진하게 되는데 이러한 정치과정(political process)에서 대통령의 역할은 매우 중요할 수밖에 없다. 관광정책, 관광 관련 정부의 본질, 관광업체의 구성, 관광개발의 본질, 그리고 관광과 관련된 지역사회 등에 큰 영향을 미치는 결정은 바로 정치과정에서 나온다. 정치문화와 전통의 차이, 집무기간 동안 국내외 정치상황의 차이, 대통령 자신의 성격과 집념의 차이 등이 대통령의 역할 수행의 차이를 만들어내는 변수들이다. 정치과정에서 최종적인 의사결정권자는 대통령이고, 대통령의 역할 수행은 이와 같은 다양한 변수에 의해 전개된다고 볼 수 있다.

대통령은 정책을 결정하는 정치과정과 이를 집행·관리하는 통치과정을 통하여 최고책임자로서의 역할을 한다. 그리고 대통령의 통치스타일은 산업정책에 직접적으로 영향을 미친다. 우리나라 산업정책의 경우, 지금까지 제조업 육성에 중점을 두었다. 그렇다보니 관광산업과 같은 서비스분야는 정책적으로 우선순위에서 밀려나 덜 중요한 분야로 인식되어 왔다. 그러나 관광의 중요성과 상대적 영향력 및 경제적 효과 등은 1970년대와 1980년대를 걸쳐 전 세계적으로 관광의 비중을 극적으로 증대시켰다.

관광정책의 최고의사결정권자는 대통령이다. 그 많은 국가정책 중에서 대통령이 관광정책에 관심을 갖고 정책에 대한 지도·감독을 체계적으로 실시한다면, 관광분야의 발전은 매우 빠르게 진행될 것이다. 대통령은 정치인이기 때문에 관광정책을 정치적인 맥락을 고려하면서 지침을 부여하는 것을 종종 볼 수 있다. 국정의 큰 책임이 대통령에게 주어지는 대통령중심체제에서는 국가의 중요한 정책의 쇄신이나 방향전환은 대통령 주도에 의한 것이 많을 수밖에 없으며, 특히 대통령 주변의 위원회나 특별작업반(task force) 등의 자문기구로부터 나오는 발의가 점점 많아지는 추세를 보이고 있다.

우리나라의 경우에 관광산업은 취업유발률(인/백만달러)이 175~245명으로 다른 수출산업(93~113명)에 비하여 상당히 큰 특징을 보이고 있어 고용효과가 매우 크고, 많은 미래학자나 관광전문가들이 21세기에는 관광산업이 단일산업으로서는 최대 성장산업이 된다는 전망을 하고 있다. 이러한 중요성 등에 비추어 관광정책은 경제적 기능을 넘어서 정치적으로 매우 중요한 의미를 갖지 않는다고 할 수 없을 것이다.

2) 관광의 정치적 기능

우리나라에서의 관광정책은 국가발전과정에서 주로 경제적 기능에 초점을 두고 발전해 왔다. 그러나 관광정책은 다양한 정치적 기능도 수행하고 있음을 알 수 있다. 관광의 정치적 기능 중 대표적인 예는 국제적으로 자국의 정치적 안정을 확인시켜 주는 기능을 한다는 것이다. 국제적인 정치적 정당성 확보를 위해 관광을 정치적으로 이용한 사례는 남·북한, 이스라엘, 필리핀, 중국 등에서 찾아볼 수 있다. 이처럼 관광이 국제적으로 한 국가의 권위를 인정해 주고, 합법성을 보장해 주는 등의 기능을 하면서 국가 간 협력의 계기가 될 뿐만 아니라 국내 정치적으로도 지역발전은 물론이고 복지정책의 수단으로 활용되기도 한다.

예를 들어 이스라엘은 민족의 역사적 박해와 종교적 특성을 융합한 관광정책을 바탕으로 팔레스타인 정책에 대한 정당성을 확보하려고 노력하고 있으며, 북한은 관광정책을 통해 체제의 우월성을 홍보하려는 목적을 숨기지 않고 있다. 특히 우리나라와 같이 신흥 선진국 대열에 올라선 국가의 경우 세계 속에 국가브랜드를 전파하고 국가의 위상을 높이기 위한 수단으로서 관광정책을 활용할 수 있을 것이다.

관광분야는 관광이라는 본질적인 개념과 이로 인한 파생적 영역으로 구분할 수 있다. 일반적인 관광개념의 요소들은 관광수용체계, 관광수용시설, 관광자원 · 관광상품, 관광선전 · 안내 · 서비스 체계, 관광행정 · 정책 · 제도 등이다. 관광으로 인한 파생적 영역은 통일, 자원, 인구, 정치외교, 경제, 사회, 문화, 교육, 종교, 예술, 환경 · 생태, 정보, 국토, SOC, 복지 등의 영역이 있다.

따라서 관광을 하나의 산업으로 인식할 수도 있지만, 정치, 경제, 사회, 문화 등의 복합적인 관계를 형성하고 있는 개념으로도 볼 수 있다. 특히 정치 분야에서의 관광의 기능은 매우 광범위하게 활용가능하다는 것이다. 일반적으로 관광의 정치적 기능은 국정안정 확인기능, 국가의 자원으로서의 기능, 국력의 홍보 기능, 교류협력 · 긴장완화 · 해외원조 등의 국제적 협력기능 등을 들 수 있다.

2. 시대별 관광정책의 변화

1) 이승만 정부의 관광정책

(1) 정책환경과 관광정책 기조

1948년 대한민국정부가 수립되었으나 행정체제가 확립되기도 전에 6 · 25전쟁의 와중에 휩싸이게 됨으로써 한국정부는 관광행정의 정비를 위한 시간적인 여유를 갖지 못하였다. 즉 이 시기는 국내적으로 6 · 25의

혼란과 사상적 대립이 극심한 시기였으며, 한미상호방위조약이 안보의 주축을 이루면서 한국정부의 대외정책은 친미 · 친서방을 취하고, 한국에 비우호적인 태도를 취하는 중립국에 대해서는 적대시하는 이중적인 정책을 취했다.

전후 경제재건과 정치적 안정을 위해서 관광정책의 목표를 국제관광의 진흥을 위한 외화획득에 초점을 두고 정책을 추진하였다. 이 시기의 관광정책은 경제적 측면에 국한하여 외화획득에 의한 무역외수지 흑자에 기여하였으나 전반적으로 국가재원의 부족, 정책수립자들의 인식부족, 행정력 빈약 등의 이유로 초보적인 수준의 관광정책 및 프로그램이 결정 · 집행되었다.

(2) 주요 관광정책

정부수립 이후 교통부는 교통행정과 함께 관광행정을 담당해 왔으며, 1949년부터 교통부 육운국(局)이 정부 직영호텔로 반도호텔을 운영하였으나, 교통부 관광계가 신설(1953년)되기까지 관광을 전담하는 부서는 없었다. 육운국 관광과로 승격(1954년 2월)됨으로써 1개 과(課) 수준에 지나지 않았지만 관광행정을 전담하는 조직이 탄생하여 관광행정 및 관광정책의 중추적 역할을 담당하였다.

당시 관광정책의 최우선 해결순위는 전쟁으로 파괴된 도로 · 숙박시설 등 관광기반시설을 복구하는 것이었다. 관광시설이 점진적으로 복구되면서 관광조직 및 정책의 목표에 있어서도 기존의 관광호텔관리, 관광자원의 확보와 개발, 민간관광사업자의 육성 등 관광산업 육성으로 전환되었다. 또한 교통부는 자문기관으로 교통부에 중앙관광위원회, 시 · 도에 지방관광위원회가 각각 설치(1958년 3월)되어 관광정책방향에 대한 각계의 의견을 수렴하였다.

특히 1950년대 관광행정에서 역점을 두었던 사업은 주한UN군의 휴가장병 유치와 휴식공간의 제공이었다. 이러한 정책방향은 주한UN군에 대한 환대와 그들로부터 외화를 획득하려는 관광정책의 목표에 따라 추진되었다. 한편 교통부는 국제관설관광기구(IUOTO, 현 UNWTO)의 정회원으로 가입(1957년)하고, 태평양 · 아시아관광협회(PATA)에는 준회원으로 가입(1958년)하였다. 이 시기는 우리나라 관광산업의 성장을 위한 기초를 닦는 시기였다고 할 수 있다.

2) 발아기(박정희 정부)의 관광정책

(1) 정책환경과 관광정책 기조

① 경제성장 중심의 국가기구 구성에 따라 관광을 경제정책의 하위분야로 인식

발아기에 박정희 정부는 전후 경제기반 구축과 경제성장을 목표로 경제부처를 전면에 부각시키면서 행정체계를 정비해 나갔으며, 관광은 경제정책의 하위분야로 인식했다. 특히, 관광산업이 새로운 산업으로서 급진적인 발전을 보이게 된 것은 관광객의 왕래를 통해 이루어지는 경제현상이 외화획득과 국제수지가 개선된다는 면에서 국민경제의 발전에 이바지한다고 인식함에 따라 관광정책은 외화획득을 위한 수출산업적 측면에서 고려되었다.

이 시기 관광정책의 주요 목표는 외래관광객 유치를 통한 외화획득 및 경기부양에 있었으며, '경제개발5개년계획' 등 경제성장을 위한 정책을 우선적으로 추진함에 따라 관광정책도 경제적 측면이 강조되었다.

② 국가 간 교류 증대로 인해 관광을 통한 국제관계진흥에 관심

세계경제의 악화와 더불어 교통 · 통신의 발달에 따른 국제간 교류가 활발해지면서 발아기의 관광정책은 국가 간 평화적 교류를 위한 국제협력적 측면에서 고려되었다. 이 시기에는 국제적으로 제1차 오일쇼크와 스태그플레이션으로 세계경제악화와 외환위기가 있었으며, 국내적으로는 한 · 일 국교정상화(1965년), PATA 제14차 총회 서울개최, 제28차 PATA총회 등 대규모 국제관광회의가 서울에서 개최되었다.

또한 전 세계적으로 관광분야에 있어서 정부의 역할에서 중요한 부분을 차지한 것은 국제협력이었으며, 이러한 배경에서 박정희 정부는 관광을 통한 국제협력 증진에 관심을 가지고 있었다.

1960년대 관광정책에 있어서 정부의 기능은 조사연구, 국내적인 정보촉진, 해외홍보, 기술적 · 법률적 문제, 관광지 개발에 집중되었다. 1970년대에는 조사, 통계, 계획기능, 관광자원의 목록화, 관광시설의 개발, 관광기업 및 협회의 규제와 감독, 관광편의 증진, 국제협력 등이 있었다.

(2) 주요 관광정책

① 관광정책 추진을 위한 법 · 제도적 기반 마련

박정희 정부에서는 '관광'에 대한 일반적인 법체계를 정비함으로써 관광행정수요에 대응하고, 관광산업을 국가전략산업으로 지정하는 등 관광산업의 제도적 기반을 구축한 시기였다. 이는 종래 소극적 정책에서 벗어나 적극적으로 관광사업의 투자환경을 조성하는 데 역점을 두는 것으로, 법제도적 측면에서는 1961년 체계적인 관광사업의 발전을 위해 관광사업진흥법이 제정되었으며, 이후 관련법 제정 내용을 정리하면 다음의 〈표 11-1〉과 같다.

표 11-1 발아기의 법제도적 특징

연도	내용	비고
1961년	관광사업진흥법 제정	'관광'에 대한 일반적인 법체계를 정비
1962년	관광사업진흥법시행령 제정	
1962년	국제관광공사 설립	

1972년	관광진흥개발기금법 제정	'관광'에 대한 행정수요에 대응
1973년	관광진흥개발기금법시행령 제정	
1975년	관광기본법 제정	
1975년	경제개발계획에서 관광사업을 국가전략사업으로 지정	관광사업에 대해 재정 · 행정적 지원

또한 급증하는 관광수요에 보다 효율적으로 대처하기 위해 관광업무를 전담할 기구를 신설 및 확대 개편하였다. 이 시기 관광관련 업무의 소관부처는 교통부로 1국 3과로 이승만 정부에 비해 조직규모가 확대되었으며, 1979년에는 1국 4과에서 2국 6과로 개편되었다.

그리고 1971년에 박정희 정부는 관광진흥을 위한 주요 정책과제로 출입국 절차의 간소화를 제시하였고, 1962년에는 처음으로 관광통역안내사 자격제도를 마련했으며, 1976년에는 국내여행안내사 자격시험제도를 마련하였다.

② **경제개발계획과 연계된 관광수용태세 정비 및 확충**

박정희 정부는 관광산업을 경제정책의 하위부문으로 인식하여 제1차 · 제2차 · 제3차 경제개발5개년계획에 포함시켜 관광수용태세 및 인프라 확충에 주안점을 두었다. 이 당시 우리나라 관광행정은 외래관광객의 국내수용태세와 유치 · 선전활동을 강화하여 외화획득을 극대화하고 국위선양과 국제간의 교역증진에 기여하는 것을 기본방향으로 하였다.

이에 국제수용태세의 확립을 위하여 수익성이 낮은 부문에는 정부가 직접 지원을 하거나 국제관광공사로 하여금 지원하게 하여 관광개발에 선도적 역할을 할 수 있도록 하였다. 그러나 1960년대 관광정책은 체계적인 정책수립에 의해 집행되었다고는 보기 어려우며, 관광정책이 관광산업의 발전에 선도적인 역할을 하지 못한 것으로 보인다. 왜냐하면 이

시기에 추진된 외래관광객 수용태세의 개선은 관광호텔의 조세부담을 완화하고, 민간관광사업체에 대한 재정적 지원을 하는 등 소극적인 지원정책에 그쳤기 때문이다.

하지만 1970년대에 와서 제1차 국토종합개발계획에서 10대 관광권을 설정하는 등 관광에 대한 정책결정자들의 관심이 고조되기 시작하였다. 특히 박정희 정부는 제2차 경제개발5개년계획의 제4차년도 평가에서는 관광의 외화가득률을 92%로 산정하는 등 관광산업의 경제적 가치를 높게 평가하고 있어, 국제수지 개선 차원에서 관광을 적극적으로 육성해야 할 산업으로 평가했다. 1975년에는 국제관광진흥의 기본방향을 경제개발계획에 포함시켜 국가의 주요 전략사업으로 발전시키고자 했으며, 외래관광객 유치를 위해 국제적 시장과 중요도에 따라 주요 관광지(지정관광지)를 집중 개발하였다. 이를 위해 관광산업을 수출산업에 준하여 금융·세제·행정면에서 지원하고, 능률적이고 강력한 관광행정을 위하여 관광기구의 기능을 강화하였다.

표 11-2 발아기의 관광수용태세 확충 계획

구분	내용
제1차 경제개발5개년계획 (1962~1966년)	• 관광부문 계획 포함 • 관광정책을 경제정책 하위부문으로 인식
제2차 경제개발5개년계획 (1967~1971년)	• 교통부 관광사업5개년계획 작성 • 관광도로 건설, 관광호텔 증설, 청소년숙박시설 건설
제3차 경제개발5개년계획 (1972~1976년)	• 국제관광진흥사업을 연차적으로 진행 • 관광진흥개발기금을 조성

③ **외래관광객 유치를 위한 해외 홍보기능 강화 및 산업환경개선에 중점**

박정희 정부에서는 국제화가 가속화됨에 따라 적극적인 외교정책을 추진하였으며, 관광정책은 이러한 외교정책의 일환으로 국제관광진흥을 통한 외화획득에 주안점을 두었다. 1960년대에 추진된 주요 관광정책으로는 외래관광객 유치를 위한 대외 홍보 및 선전활동 강화, 관광객 유치활동 강화, 다양한 관광개발 사업의 추진, 관광시설 및 서비스 수준 향상, 관광인력의 자질향상 등이 있었다.

1970년대에는 관광산업을 적극적으로 진흥하기 위해 관광객 수용시설의 확충 및 정비, 종사원의 자질향상, 관광호텔 시설의 확충, 관광호텔의 등급제와 요금조정, 건전국민관광 기반 조성을 위한 환경개선에 주안점을 두었다.

3) 형성기(전두환, 노태우, 김영삼 정부)의 관광정책

(1) 정책환경과 관광정책 기조

① 세계 정치 · 경제 환경의 급격한 변화 속에 관광정책 환경 변화

형성기에 세계는 정치적으로는 냉전시대에서 사회주의체제 몰락으로, 경제적으로는 보호무역주의에서 자유무역주의로, 사회문화적으로는 후기산업사회 및 정보화 사회로 진입하는 등 정치 · 경제 · 사회 · 문화적으로 급격한 변화를 겪은 시기이다.

이러한 국제환경변화 속에서 국내 관광정책은 여전히 관광산업을 통한 경제성장에 중점을 두었으나, 자유무역주의 확산에 따른 국가 간 관광산업 교류증대와 국내관광산업 진흥을 위한 정책을 수립하였다.

자유무역주의를 표방한 WTO 체제의 출범, 정치경제 부문의 블록화는 새로운 세계질서로의 적응이 각국에 강제되는 변화의 단면으로 무한경쟁시대의 진입을 예고했으며, 이러한 외부환경변화 추세에 따라 김영삼 정부의 관광정책은 세계화, 개방화, 분권화를 제반정책의 기본방향으로 설정하였다.

② 국내 정치환경의 변화로 국제관광진흥에서 국민관광으로 정책기조 전환

국내 정세는 1979년 10 · 26사건 및 12 · 12쿠데타, 1987년 6 · 29 민주화 선언 등 정치적으로는 군사정부에서 문민정부로 권력층의 변화가 있었으며, 경제적으로는 자유민주주의의 압박 속에서 관주도의 성장위주 경제계획에서 민간주도의 경제로 전환되는 시기에 있었다.

이러한 정권교체는 국가와 사회관계의 변화에 유연하게 대처할 수 있는 정책기조로의 변화를 가져왔다. 전두환 정부는 정치적 정통성 부재와 강압적인 통치 방식에 대한 저항을 감소시키기 위해 박정희 정부의 권위주의적 통치방식과 수출지향적인 경제정책의 기본방침을 계승하는 등 형성기의 초기 관광정책은 국제관광진흥을 통한 외화획득에 주안점을 두었다.

노태우 정부는 국가의 조정능력과 정부관료제의 응집능력이 점차 약화되면서 관광이 외화획득과 경제성장의 중요한 부분을 차지하고는 있으나, 국제화 · 지방화 시대에 관광산업의 경쟁력 강화를 위한 다양한 정책을 추진하려고 하였다.

김영삼 정부는 군사정부에서 문민정부로 권력이 변화한 시기로, 체제의 정당성을 확보하면서 보다 적극적이고 능동적인 관광정책을 추진하고자 하였다. 특히 김영삼 정부는 노태우 정부까지 이어져 오던 외화획득과 경제성장 중심의 정책이 국민관광의 진흥으로 구체화된 시기였다.

(2) 주요 관광정책

① 국제관광과 국민관광의 균형적인 발전을 위한 계획 수립

1980년대의 정부는 복지행정의 실현 및 국제수지의 개선이라는 정책명분 하에 국제관광과 국민관광의 조화발전이라는 기본방향을 설정하고 정책을 추진하였다. 1980년대 세계 각국이 강조해 온 관광의 외화획득 수단으로서 한 걸음 더 나아가 1980년 9월에 마닐라에서 개최된 세계관광회의에서 「마닐라 선언」을 통해 관광을 통한 국가 간 교류의 장벽을 허물 것을 권고했는데, 이 시기에 정부는 관광의 경제적 가치뿐만 아니라 관광의 사회문화적 효과에도 관심을 갖기 시작하였다.

1990년대 전반기에는 국민관광의 대중화 · 다양화로 기존에 국제관광과 국민관광의 규모나 수준, 정책지원 등에 차등을 두었던 관광에서 국민관광과 국제관광의 조화를 추구하였다. 이러한 배경에서 국민관광장기종합개발계획을 수립했으며, 본 계획은 관광자원 및 개발실태, 국민관광 장기전망, 전국토의 관광지화 및 계획 등을 주요 내용으로 하였다.

② **본격적인 대규모 관광자원 개발 시작**

1980년대 정부는 국제관광 목적지로서 외래관광객의 증가에 대응하고, 국토의 균형적인 발전과 조화로운 관광자원개발을 위해 관광자원개발사업을 추진하였다. 관광자원개발사업은 현재 외래관광객의 수용시설이 서울을 비롯한 대도시에 집중됨으로써 발생하는 불균형을 해소하고 관광시설을 전국적으로 균형 있게 분배 및 확보함으로써 관광소비를 확대시키는 데 그 목적이 있었다.

이러한 관광자원개발사업으로는 제주도관광종합개발, 경주보문단지개발, 충무도남관광단지 개발사업 등이 있다.

③ **관광을 전담하는 주무부처 확대**

1994년 김영삼 정부는 1954년 교통부 육운국에 관광과를 설치한 이래 40여년 만에 관광에 대한 주무부처를 문화체육부로 이관하는 등 관광을 전담하는 소관부처가 규모면에서 확대되었으며, 법제도적인 주요 특징은 〈표 11-3〉과 같다.

표 11-3 형성기의 법제도 관련 주요변화

연도	내용	비고
1980	• 제주도 무비자 입국제도 실시	–
1983	• 50세 이상 관광목적 해외여행자유화	–
1987	• 45세 이상 관광목적 해외여행자유화	–
1989	• 해외여행 완전자유화	–
1990	• 전국관광지 5대권으로 분류	–
1991	• 관광진흥법시행령 개정 • 관광산업을 소비성 산업으로 분류 • UR협상에 따라 여행업 대외개방	• 업체의 건전한 여행알선을 위해 행정 처분 기준 강화 및 세분화 • 관광호텔의 외화획득금액에 대한 부가가치세 영세율 폐지
1994	• 관광진흥법시행규칙 개정 • 관광산업을 소비성 산업에서 제외	• 관광산업 관련 각종 규제 철폐

④ **대규모 국제행사 유치 및 지원을 위한 인프라 확충**

1980년대 관광정책은 1986년 아시안게임과 1988년 하계올림픽 개최에 따른 관광인프라 확충에 노력하였으며, 관광교통체계가 핵심적인 정책대상으로 부각되고 국민관광행동체계가 정책대상으로 고려되었다. 특히 대규모 국제행사를 개최하면서 외래관광객 수용태세의 질적 개선에 대한 계획이 수립되었다. 관광사업체의 체질개선에 대한 전략이 추진되어 관광호텔 등 숙박시설의 확충을 유도하고, 휴양콘도미니엄업 지도감독체제를 정비하였으며, 해외여행 전면자유화 조치 등과 함께 건전한 국민해외관광을 위한 전략도 함께 추진되었다.

1990년대에는 관광자원의 개발, 관광시설의 확충, 관광기반시설의 조성, 교통체계정비 등 국제관광정책에 주안점을 두었다. 1993년 대전 EXPO, 1994년 한국방문의 해 등 국제적인 행사를 개최하면서 관광수용태세 개선, 관광안내체계 정비, 국가이미지 제고 등이 추진되었다.

⑤ **관광업무가 관주도에서 민간부문에 점진적으로 이관**

전두환 · 노태우 정부는 관광업계의 발전에 부응하여 관광종사원의 자격관리 업무를 민간부문에 점진적으로 위탁하였다. 1984년에 관광통역안내사 및 호텔경영사 · 호텔관리사에 대한 자격관리 업무는 한국관광공사에 위탁했으며, 1987년 국내여행안내사와 호텔서비스사에 대한 자격시험 및 등록업무는 한국관광협회중앙회에 위탁하였다.

⑥ **관광산업에 대한 통제중심에서 규제완화로 전환**

전두환 · 노태우 정부는 88올림픽 등과 같은 국제대회 개최를 계기로 관광산업에 대한 금융 · 세제상 혜택을 주었으나, 올림픽 이후 기존의 금융 · 세제상의 지원정책 폐지와 규제가 강화되었고 한편으로는 과소비와 연계하여 소비성 산업으로 지정되었다.

김영삼 정부에서는 관광진흥종합대책을 수립함으로써 관광산업을 국가전략산업으로 육성하여 관광산업의 국제경쟁력을 강화하기 위한 제도적 기틀을 구축하였고, 관광산업 경쟁력을 강화하기 위해 각종 행정규제를 완화했으며, 관광산업에 대한 투자여건을 개선하였다. 투자여건의 개선은 국제회의시설을 민자유치촉진법상 대상시설로 지정했으며, 수도권 자연보전권 내 관광지조성 규모제한을 완화하였다.

4) 확충기(김대중, 노무현 정부)의 관광정책

(1) 정책환경과 관광정책 기조

① **관광을 삶의 질 측면에서 고려**

확충기의 국제정세는 이념갈등을 통한 극단적인 대립에서 벗어나 개방과 자유화 및 실리추구의 현상이 가속화되고, 경제적으로는 유럽통합 등 세계경제체제가 재편되는 동시에 관광산업이 21세기를 주도할 산업으로 부상하였다.

사회문화적으로 환경에 대한 중요성이 강조되고, 여가에 대한 욕구가 증가하면서 다양한 여가형태가 발전하고, 인간수명의 연장에 따른 노령화 사회 진입으로 다양한 세대의 등장을 예고하였다.

지속적인 경제성장에 따른 소득의 증가로 관광은 이제 모두가 누리는 기본적인 권리로 인식되고 있으며, 과거 시설중심의 규모경제에서 지식을 중심으로 하는 지식기반 산업과 문화지향적 여가생활에 대한 선호가 증가하였다.

② **국가균형발전에 따라 지역관광에 대한 관심 증대**

참여정부는 국가균형발전과 지방분권을 핵심적인 국정과제로 설정했으며, 지방이 지역발전의 주도적인 역할을 수행할 수 있도록 지자체의 기능과 권한 강화, 중앙행정기능의 분산과 정부권한의 지방으로의 분권화를 추진하였다. 이러한 국가균형발전의 대두는 중앙정부 주도의 행정체계의 개편뿐만 아니라 각 부처의 정책추진 방식에 변화를 초래하였다.

1994년 지방자치제 실시 이후 관광정책의 추진주체는 정부주도의 정책추진에서 지방자치단체로 이양되고 있었으며, 민간부문의 역할강화가 요구되고 있으나 관광사업자단체의 역량은 이에 미치지 못하고 있었다. 이에 관광정책의 원활한 추진을 위하여 지방자치단체와 민간부문의 역량을 강화하기 위한 정책적 시도가 이루어지고 있었다.

참여정부의 국가균형발전전략은 지방분권 · 지방분산 · 지방분업의 삼분정책을 통해 수도권과 비수도권이 함께 번영할 수 있는 상생전략을 추구하며, 내생적 발전전략을 통해 지방이 스스로 발전할 수 있는 자립형 지방화를 실현하는 것을 목표로 하였다.

③ **햇빛정책 추진에 따른 남북관광 대두**

2000년 6월에는 남북 정상회담에서 '남북공동선언문'이 발표됨에 따라 남북한 관계가 새로운 국면으로 접어들면서 남북한 교류가 확대되었다. 이에 관광은 남북한 간 화해와 협력의 상징으로 대두되면서 1998년 금강산관광을 시작하게 되었다.

(2) 주요 관광정책

① 관광산업을 신성장동력산업으로 육성정책 마련

2000년대에는 관광산업의 부가가치 및 고용유발 효과가 타 산업에 비해 우수한 것으로 평가되면서 관광산업을 전략적으로 육성하고자 하는 노력들이 진행되었다. 김대중 정부는 관광산업 · 관광단지 · 관광복지의 3대 기조아래 세부 공약을 제시하는 등 관광부문을 공약기조 전면에 부각시키며, 관광산업을 21세기 국가전략산업으로 육성하고자 하였다.

이에 김대중 정부는 제주도 · 설악권 · 경주권 · 백제권 · 부산권 · 수도권의 6대 관광문화권을 세계적인 관광단지로 조성하기 위한 계획과 남해안관광벨트계획 및 유교문화권관광개발사업 등 광역권 관광개발계획을 수립하였다.

노무현 정부는 국민복지의 향상, 지역의 균형발전, 동북아 경제중심국가 실현이라는 정책 목표 하에 관광복지를 실현하고, 관광산업을 신성장동력산업으로 육성하고자 하였다. 이에 노무현 정부는 관광레저형기업도시, 광역권 관광개발계획 등 대규모 관광개발 사업들과 함께 특화된 관광자원 개발사업, 문화예술 및 생태자원을 활용한 관광개발 사업, 문화관광자원개발 사업 등을 추진하였다.

② 관광산업의 경쟁력 강화를 위한 법 · 제도 개선

1990년대 관광정책의 주요 목표는 관광산업의 진흥 및 육성이며, 이를 위해 다양한 규제완화 및 지원확대 방안이 검토되기 시작하였다. 법제도적 측면에서 김대중 정부는 1998년 21세기 핵심 서비스산업으로 육성하기 위해 관광과 관련된 규제를 완화하고자 하였다. 노무현 정부에서 관광관련 제도개선은 규제개선 및 서비스산업 경쟁력 강화 차원에서 추진되었으며, 고부가가치 관광산업을 육성하기 위해서 의료관광, 크루즈산업, 국제회의산업에 대한 정책을 마련하였다.

조직체계 측면에서는 1998년 문화체육부가 문화관광부로 개칭되어 정부부처 명칭에 처음으로 관광이 포함되었으며, 규모에 있어서는 1국 3개과에서 1국 4개과로 조직이 확대되었다. 특히 김대중 정부에서는 '관광'이 중앙행정기구 전면에 부각되고, 관광정책에 대한 관계부처 간 협의 및 조정을 원활하게 하기 위하여 관광정책심의위원회를 설치하는 등 효율적인 관광정책 추진을 위한 기반을 마련하였다.

③ **국민관광수요에 대응하기 위한 국민관광활성화 정책 추진**

이 시기의 관광정책은 국민생활관광을 도모하고 관광소외계층에게 관광기회를 확대하여 국민 모두가 관광기회를 향유할 수 있는 관광한국을 실현하기 위해 노력하였다. 김대중 정부는 관광진흥개발기금법에 복지관광 활성화를 위한 근거를 마련하는 등 복지 측면에서 관광소외계층의 관광기회를 확대하고, 선진적인 관광환경을 조성하기 위한 정책을 추진하였다. 노무현 정부는 본격적인 주40시간 근무제 실시에 따른 여가시간 증대와 국민소득 2만 달러 돌파 등 국내관광 제반 여건이 개선됨에 따라 국민복지 차원에서 여행바우처 사업을 실시하는 등 사회 취약계층·서민층의 관광참여 기회를 확대해 나갔다.

또한 국민의 건전한 관광문화의 정착과 관광산업에 대한 인식제고를 위한 홍보를 통해서 국내관광 활성화와 문화관광에 대한 인식을 개선하기 위해 노력하였다. 이러한 맥락에서 관광시설 개발은 관광객의 형태와 수준의 변화에 따라 양적 확충에서 질적 확충으로 변화했고, 관광자원 개발은 하드웨어 중심에서 소프트웨어 중심으로 변화했으며, 지속가능한 관광발전의 개념 도입으로 관광개발과 보전을 위하여 관광자원의 체계적 관리 및 상품화 방안이 다양하게 논의되었다.

④ **한반도 평화시대를 열어가는 남북관광정책 추진**

김대중 정부는 남북한 관광교류와 협력을 강화하여 한반도 평화 및 세계평화 실현의 기반을 조성함으로써 한반도 평화시대를 열어가는 관광한국을 실현하기 위한 발판을 마련하고자 하였다. 관광분야의 남북협력사업은 금강산관광사업을 시작으로 이산가족 상봉 문제, 남북공동 협의

기구 구성, 북한지역 인프라 지원, 투자보장 협정 체결 등 정상회담 이후 정부의 세부실천 사업을 구체화하는 방향으로 추진되었다.

노무현 정부도 남북관광교류사업을 지속적으로 확대하여 남북을 단일 관광권으로 조성하고 동북아 관광의 중심지로 발전시키기 위한 기반을 마련하고자 하였다.

⑤ **지역의 균형적인 광역권 관광개발 및 지역연계 강화**

노무현 정부는 지식기반사회에서 지속가능한 발전을 이루기 위해 지역의 창의력 집중과 특성화를 통한 관광산업의 진흥을 추구하였으며, 지방자치제 실시 이후 중앙집권적이고 정부주도의 정책추진에서 단계적으로 정책집행권한의 지방이양을 추진하고, 지역의 고유성과 생활환경 자체가 관광자원인 동시에 지역발전의 동력으로 활용되는 지역관광을 추구하였다.

주요 정책으로는 서남해안 관광레저형기업도시, 광역권 지역거점 관광자원 개발사업(남해안 개발사업, 유교문화권 개발사업)을 추진하였다. 또한 지역의 역사 · 생태 · 레포츠 등 문화와 특색을 살린 다양한 관광프로그램을 개발하고, 선택과 집중으로 지역별 특색 있는 문화관광축제을 육성하고자 노력하였다.

5) 성장기(이명박 정부)의 관광정책

(1) 정책환경과 관광정책 기조

① **세계경제악화 속에 관광산업경쟁력 강화를 위한 정책 육성**

이명박 정부에서는 국제적으로 미국의 서브프라임모기지 사태와 유럽의 재정위기에 따라 세계경제가 불안정한 시기였으며, 신종플루, 일본의 후쿠시마 쓰나미 등 세계적인 자연재해로 이에 대한 국제적인 관심이 고조된 시기였다.

이명박 정부는 이러한 세계경제 불황 속에서 '소프트파워가 강한 창조문화 국가' 건설을 문화비전으로 삼고, 이를 실현할 정책목표 중 네 번째로 관광산업의 경쟁력 강화를 설정하였다. 관광산업 관련 중점과제로는 규제완화 및 세제지원 강화, 한국 고유의 문화관광상품 개발, 핵심시장 전략적 마케팅 강화, 광역권 관광개발, 관광 수용태세 개선 및 국내관광 활성화를 제시하였다.

② 공정관광의 가치가 부각되면서 사회적 책임, 복지관광에 대한 관심 증대

관광활동의 긍정적 효과에 대한 관심이 경제적 측면에서 사회문화적인 측면으로 확대되면서, 관광활동으로 발생하는 이익이 사회에 긍정적인 영향을 미칠 수 있도록 하는 공정관광에 대한 관심이 증대되기 시작하였다. 이러한 배경에서 이명박 정부는 생태환경의 피해를 최소화하는 생태관광, 여행자에게 여행지의 환경과 문화를 보존할 책임을 강조하는 책임관광, 관광을 삶의 질 향상 측면에서 바라보는 복지관광, 관광기업의 사회적 책임활동 등과 관련된 정책을 수립하였다.

(2) 주요 관광정책

① 관광산업의 경쟁력 강화를 위한 제도 개선 및 육성정책 마련

이명박 정부는 관광산업(호텔업, 여행업, 관광단지 등)의 가격경쟁력을 제고하고 투자를 활성화하기 위해 관광산업에 대한 조세지원 및 규제를 제조업 수준으로 지원하고자 하였다. 이는 조세지원의 혜택이 최종 관광소비자에게 돌아가도록 하여 민간의 적극적인 경영혁신노력과 연계할 수 있도록 하기 위한 것으로, 제1차 관광산업 경쟁력 강화대책(2008.3)을 시작으로 제2차 · 제3차 관광산업 경쟁력 강화대책을 수립하였다.

구체적으로 제1차 경쟁력 강화대책(2008.3)은 우리나라의 관광수지 적자 확대를 해소하기 위한 것으로, 정부에 의한 제도적 지원과 민간의 자율역량을 강화하기 위해 총 32건의 규제완화 사항을 발굴하여 개선하였다.

표 11-4 제1차 관광산업 경쟁력 강화 대책(2008.3)

전략	추진 과제
민관 효율적인 파트너십 체계구축	풀뿌리 관광홍보협의체(CVB) 구성
	관광진흥개발기금 배분에 민간참여 확대
감세 및 규제완화	조세지원 및 규제완화 사항 발굴 및 개선
	지속적인 조세지원 및 규제완화
관광산업의 고수익 구조화	MICE산업, 의료관광 육성
	신명 · 열정 · 풍류 등 한국 정신문화 관광자원화 지원(템플스테이, 태권도, 한국전통 콘텐츠 스토리텔링 지원)
	한국적 특성이 강한 관광상품 명품화(DMZ, 생태 · 체험관광, 문화생태탐방 천리길 등 관광자원화)
	고부가가치 신규 분야 발굴 지원(테마파크, 크루즈, 요트 등 해양레저스포츠 지원)
관광마케팅 및 수용태세 선진화	한국방문 캠페인(2010~2012)
	2012년 중국, 일본관광객 각 300만 명 유치
	중저가 숙박시설의 확충 지원
	외래관광객 대상 음식서비스 개선
	외래관광객과 동행하는 관광안내체계 구축
	관광고용정보 DB 구축
	〈가족 · 체류 · 종합휴양〉개념의 대규모 관광자원 확충

이후 이명박 정부는 늘어나는 국내관광 수요에 능동적으로 대처하고, 글로벌 관광국가로 발전하기 위해 제2차 관광산업 경쟁력 강화대책(2008.12)을 발표했으며, 한국적 특성의 콘텐츠 개발, 관광수용태세 개선, 인바운드 수요 관리, 관광서비스업계의 경쟁력 강화를 주요 내용으로 하였다.

표 11-5 제2차 관광산업 경쟁력 강화 대책(2008.12)

전략	추진 과제
한국적 특성의 명품 콘텐츠 개발	역사 · 문화자원의 명품 콘텐츠 개발(5대 고궁 등 문화재의 글로벌 관광명소화 추진, 한국의 종교문화를 체험 관광자원으로 육성, 한국 생활 문화 체험프로그램 확충)
	자연 · 생태자원의 명품 콘텐츠 개발(한국적 녹색관광의 기초 인프라 확충, 글로벌 녹색관광 프로젝트의 전략적 추진, 국내 관광수요에 특화된 생태관광자원 개발 병행)
	문화 · 예술 · IT자원의 명품 콘텐츠 개발(상설공연장 확보, 세계적인 한국공연 문화축제 개최, 도시관광 여건 강화, IT에 대한 생산현장 및 미래 유비쿼터스 체험관을 관광상품화)
친절 · 안전 · 쾌적한 관광한국 이미지 창출	입국에서 출국까지 편리하고 안전한 관광서비스 제공(한국 관문으로서의 글로벌 이미지 구축, 외국인 친화적인 관광안내시스템 정비, 3味[흥미 · 의미 · 재미]가 있는 역사문화 스토리텔링 제공, 편리 · 안전 · 친절한 서비스 지원체계 구축, 관광숙박시설에 대한 접근성 제고)
	KOREA 관광브랜드 재창출
인바운드 수요 관리	일본 · 중국 관광객에 대한 차별화된 서비스 제공
관광서비스업계의 경쟁력 강화	관광업계의 서비스 품질 제고 노력을 강화
	관광산업에 대한 정부의 지원제도 개선

이명박 정부는 제1차 · 제2차 관광산업 경쟁력 강화대책에 이어, 2009년 11월에 제3차 관광산업 경쟁력 강화대책을 발표하였다.

표 11-6 제3차 관광산업 경쟁력 강화대책(2009.11)

<table>
<tr><th>전략</th><th>추진 과제</th><th>주요 세부 추진 과제</th></tr>
<tr><td rowspan="4">관광의 일상화</td><td>휴가제도 개선</td><td>• 연가 및 휴가사용 활성화
• 경제단체와 연계한 민관합동 휴가활성화 캠페인</td></tr>
<tr><td>가족관광 교육시스템</td><td>•「재량 휴업」 제도의 조기 정착 및 활성화 유도
• 배움이 있는 교육관광 및 가족관광 프로그램 확충</td></tr>
<tr><td>소외계층 복지관광</td><td>• 장애인 · 노약자 친화적 관광시설 기준마련
• 수화가 가능한 문화관광 해설사 양성 지원
• '관광나눔 바우처' 제도 도입</td></tr>
<tr><td>숙박 등 관광수용태세 개선</td><td>• 다양한 유형의 숙박시설 도입
• 중저가 숙박시설 관광기금 융자조건, 금리 완화
• 'KOREA Pass', 관광 KS 마크 도입</td></tr>
<tr><td rowspan="4">시장 친화</td><td>단기 활성화 대책</td><td>• 관광 관련업체에 대한 특별 지원프로그램
• 관광침체 국면 전환을 위한 안전 · 건강여행 캠페인</td></tr>
<tr><td>민간투자 제도개선</td><td>• 복합기능 관광단지 개발 허용
• 국공유지 장기 저리임대로 토지부담 경감
• 관광산업펀드 도입</td></tr>
<tr><td>고부가가치산업 육성</td><td>• G20 정상회담을 계기로 새로운 MICE 메카로 도약
• 쇼핑관광, 환승관광객 유치 및 한류관광 마케팅 강화</td></tr>
<tr><td>한중일 협력 강화</td><td>• 중국관광객 유치 확대를 위해 비자제도 획기적 개선
• 한 · 중 · 일 관광협력 강화 및 항공노선 확충</td></tr>
<tr><td rowspan="4">한국형 콘텐츠 강화</td><td>명품 콘텐츠 개발</td><td>• 한국관광 10대 명품 콘텐츠 발굴 및 집중 육성</td></tr>
<tr><td>관광재생 프로젝트</td><td>• 전통문화 관광도시의 활력 재충전 프로그램
• 유휴시설의 관광자원화
• 야간관광 프로그램 활성화</td></tr>
<tr><td>테마형 관광국토 구축</td><td>• 테마를 바탕으로 한 네트워크형 기초관광권 개발</td></tr>
<tr><td>창조관광 실현</td><td>• '지역 밀착형 창조관광 시범사업' 추진</td></tr>
</table>

또한 이명박 정부는 관광레저산업의 중요성이 증대되고 있으나, 우리나라의 관광 · 레저산업의 경쟁력 약화를 지적하면서 관광산업 경쟁력 제고, 분야별 관광활성화, 레저산업 육성을 위한 추진과제를 제시하였다.

표 11-7 관광 · 레저산업 육성방안(2010.7)

구분	제고 방안	주요 추진 과제
관광산업 경쟁력 제고	4대 지역관광 으뜸명소 육성	• 관광자원성과 시장성이 뛰어난 관광거점 육성 • 민간 수요를 고려한 맞춤형 패키지 지원
	관광숙박시설의 확충 및 경영여건 개선	• 비즈니스급 관광호텔 확충 • 여관 · 모텔을 중저가 관광숙박시설로 전환 지원 • 한옥체험 숙박시설 육성 • 관광호텔 경영여건 개선
	새로운 관광수요 창출	• 성장시장에 대한 적극적 비자 절차 개선 추진 • 국내관광 참여확대 유도 • 4대강 수변관광 활성화
	관광산업 품질제고	• 안내체계 개선 • 여행상품 및 쇼핑의 품질관리 가이드라인 도입 • 공정한 상거래 및 환대서비스(Hospitality) 유도
분야별 관광활성화	쇼핑관광	• 동북아지역 최대 규모의 쇼핑축제 육성 • 외국인 쇼핑관광 환경개선
	생태관광	• 순천만, 우포늪, DMZ를 생태관광거점으로 육성 • 생태관광 인프라 확충 및 제도 정비
	해양 · 항공관광	• 해양관광 다양화, 수변관광 활성화, 항공투어 다각화
	농산어촌 관광	• 농산어촌 체험관광 활성화 및 만족도 제고 • 지역공동체 중심 농어촌관광 육성 • 외국인 관광객 유치확대
	산업관광	• 산업관광 활성화 시범사업 추진 • 홍보관 · 박물관 · 테마파크 건립 지원
	관광형 사회적 기업 육성	

② **국민관광 활성화를 위한 제도 개선**

우리나라의 관광산업이 GDP와 고용부문에서 차지하는 비중은 경제 규모 및 국가경쟁력을 기준으로 볼 때 외국에 비해 낮은 수준으로, 특히 외래관광객 수는 2003년 이후 지속적으로 성장하여 2015년 1,300만 명을 넘어섰으나, 국민의 국내관광 참가일수는 2007년부터 점진적으로 감소하는 등 내수관광이 부진한 실정이다.

이에 이명박 정부는 국민의 국내관광 활성화를 통한 선순환 구조 확립을 위해 국내관광 수요진작 방안, 관광산업 환경개선 방안, 관광콘텐츠 개발 및 홍보 방안 등을 제시하였다.

표 11-8 국내관광 활성화 대책(2011.6)

구분	세부 전략	주요 내용
국내관광 수요진작	홍보 및 캠페인 전개	• 지역관광 활성화 특별 관광캠페인 전개 • 대한민국 구석구석 공식행사 활용
	제도 개선 추진	• 국민 여가시간 확대 및 연가보상제도 • 학습관광 활성화
	여행비용 절감 대책	• 가구당 국내여행비용 소득공제, 여행바우처
	해외여행수요 국내 전환	• 민간의 단체관광 국내 전환
관광산업 환경개선	관광숙박시설 확충	• 제도 개선 및 민간투자여건 조성 • 체험시설 명품화 및 시범사업 추진
	지방공항 활성화	• 항공신규노선 적극 추진(수요 고려)
	쇼핑인프라 적극 확충	• 동북아 최대 규모의 쇼핑축제 육성
	지역먹을거리 활성화	• 지역별 대표 먹을거리 육성 및 환경개선
	외국인전용 카지노 활성화	• 외래관광객 방문거점 중심으로 활성화
	신용카드 수수료율 인하	• 여행업계 카드수수료 인하
	문화관광해설사 육성	• 문화관광해설사의 사회적 기업화 추진

관광콘텐츠 개발 · 홍보	수변 · 생태관광	• 강변 체육시설 설치로 레저스포츠 활성화 • 4대강 지역방문 촉진을 위한 프로그램 운영
	생태 · 문화 · 체험 · 의료관광 활성화	• 역사 자원의 고품격 관광명소 운영 • 의료관광 활성화를 위한 제도 개선
	한류관광 콘텐츠 확충	• 한국 대표 영화 · 드라마의 관광자원화
	국제적 관광명소 개발	• 유니버셜스튜디오 코리아 리조트 조성

③ 지역관광 활성화를 위한 방안 제시

이명박 정부는 관광을 일자리 창출효과와 성장잠재력이 높은 산업으로 보고, 지역경제 활성화와 내수진작을 위해 핵심적으로 육성하기 위한 대안으로 지역관광 활성화 방안을 제시하였다. 특히 지역관광 활성화는 지역발전 정책과 연계하여 추진하며, 정부 · 지자체 · 민간 등이 협력하여 사업을 추진할 수 있도록 시스템을 개선하는 데 노력하였다.

표 11-9 지역관광 활성화 방안(2009.7)

추진 과제	주요 내용
민간투자 촉진을 위한 제도적 환경 조성	• 관광(단)지 민간투자 여건 개선 및 관광특구 활성화를 위한 특례 확대
	• 관광개발 절차 간소화 및 교통 인프라 지원
	• 관광사업 경영환경 개선
관광 접근성 향상 및 관광인프라 확충	• 대중교통 연계 관광 활성화 및 새로운 관광교통수단 도입
	• 중저가 숙박시설, 쇼핑시설 등 관광인프라 확충
	• 관광객 편의 제고를 위한 안내시스템 개선
	• 비자제도 개선으로 외래관광객 입국편의 개선
지역 관광매력을 높이는 관광자원 확충	• 지역발전 정책과 연계한 체계적인 관광자원 개발
	• 지역별로 특색 있고 차별화된 관광콘텐츠 확충
	• 숨겨진 지역 우수 관광자원 발굴 및 홍보

미래 환경변화 대응, 녹색성장 실현	• 녹색관광 실현을 위한 기반 구축
	• MICE, 의료관광, 해양항공레저 등 미래형 관광산업 육성
「정부-지자체-민간」 사업추진 시스템 개선	• (문화부)사업 조정 · 규제완화 및 제도 개선
	• (지자체)지역 간(내) 협력 확대, 투자 유치, 특색 있는 자원 개발
	• (지역주민)주민참여 및 사회적 기업 참여 확대

④ **관광주체의 역량강화를 위해 민관협력 제고방안 모색**

이명박 정부는 종전 정부주도의 관광진흥체계를 민간의 자율과 창의가 발휘될 수 있도록 민관 파트너십 체제로 전환하고자 하였다. 특히 관광정책이 실현되는 지역현장의 역량을 높이고 문화체육관광부, 각 지방자치단체, 관광사업자, 지역주민이 협력하는 관광추진체계를 구축하고자 하였다. 또한 「정부-지자체-민간」의 사업추진 시스템을 개선하기 위해 규제를 완화하고, 지역 간 협력확대 및 투자유치를 위해 노력하였다.

⑤ **차별화된 해외 관광마케팅 전개**

세계 관광시장이 지속적으로 확대됨에 따라 각국의 관광산업 육성경쟁은 더욱 심화되고 있으며, 특히 중국인의 해외관광이 큰 폭으로 증가하면서 각국의 중국인 유치경쟁은 더욱 치열해지고 있다. 이에 이명박 정부는 동북아시아 관광중심국으로 발전하기 위해 중국을 표적시장을 선정하여 차별화된 관광마케팅을 전개하고자 하였다.

구체적인 세부 추진과제로는 인프라 확충, 다양한 숙박시설 확보, 저가의 관광서비스 개선, 민간투자 활성화 등이 있었다. 특히 관광숙박시설은 급증하는 중국관광객을 위한 수용태세를 강화하기 위해 「관광숙박시설 확충 특별대책(2010.11)」을 마련했으며, 본 대책은 신규 숙박시설 확충 및 기존 숙박시설 재정비를 위한 제도개선을 주요 내용으로 하였다.

⑥ **대규모 국제행사와 연계한 관광홍보 및 마케팅 사업**

이 시기는 G20정상회의, 여수엑스포, 2014 인천아시안게임, 2018년 평창올림픽 유치 등 대규모 국제행사가 개최 및 계획된 시기로 이러한 국제행사와 연계하여 관광목적지 한국의 브랜드 가치 제고를 위한 홍보 및 마케팅 사업을 추진하였다. 특히 이명박 정부는 '2010~2012 한국방문의 해'의 성공적인 개최를 위해 국민 환대서비스 및 안전한국 캠페인과 한국방문의 해 특별 마케팅을 전개하였다.

⑦ **관광복지에 대한 제도적 지원 강화**

이명박 정부의 친서민정책의 일환으로 관광분야에서도 '관광복지'에 대한 관심이 증대되었다. 이에 정부는 장애인 · 노약자 · 저소득층 등 소외계층의 관광참여 기회를 확대하고, 관광제약요인을 개선하기 위한 제도적 기반을 마련하였다.

⑧ **한국적 관광콘텐츠 개발 및 지원**

우리나라는 고유한 역사 · 산업 등 관광자원으로 발전할 수 있는 소재는 다양하나, 한국 고유의 관광상품이 부족하여 외래관광객을 적극적으로 유치하는 데 한계로 작용하고 있다. 이에 이명박 정부는 성장잠재력이 높은 관광산업을 집중적으로 육성하기 위해 한국적인 관광콘텐츠를 개발하고 지원하기 위한 정책을 제안하였다. 대표적인 사업으로는 5대 고궁 자원화, 스토리가 있는 문화생태 탐방로 선정 및 지원, 공연관광 활성화, DMZ 생태자원화, 종교관광 활성화, 녹색관광자원 사업화 등이 있었다.

제3절 관광행정과 관광행정조직

1. 관광행정의 개념

행정의 사전적 의미는 '공익을 증진시키고 공공문제를 해결하기 위해 공공정책을 형성하고 집행하는 공공부문의 활동'으로, 일반적으로 행정이란 '정치권력을 배경으로 하고, 국가발전의 목표설정과 정책결정 및 규제화를 도모하는 기술적 체계이며, 집단적 · 협동적 행위이자 의사결정'이라고 할 수 있다.

관광행정이란 국가 또는 지방자치단체 등이 관광과 관련된 공공정책을 결정하고 이를 구체화하는 방법 및 내용을 의미한다. 이에는 관광발전을 위해 관광시장, 관광기업, 관광대상, 관광교통, 그 밖의 관광관련자의 행동을 조성 · 촉진하고 혹은 계도 · 감독 · 단속하는 활동이 포함된다.

따라서 관광행정은 관광발전을 목표로 하여 정부 및 지방자치단체가 주체가 되어 인적 · 물적 및 정보 자원을 매개로하여 관광시장, 관광기업, 관광교통, 관광자원 등을 대상으로 의도적인 역할을 수행하는 하나의 체계(system)로 볼 수 있다. 이러한 관광행정체계는 목표 달성을 위하여 자원과 정보를 동원하고, 관광의 각 요소를 투입하여 이를 권위적으로 배분하는 상호작용 체계이며, 요구(input)를 산출로 처리하는 전환체계이기도 하다.

또한 이러한 관광행정 체계는 관광의 수요와 공급을 조절하고 각종 제약을 제거하거나 완화하는 관리 및 통제체제로서의 역할을 하며, 이해갈등을 조절하는 조정체계, 민간부문의 역할에 대한 보완체계, 그리고 국민관광을 통해 삶의 질을 향상시킨다는 측면에서 복지체계의 역할을 담당하기도 한다.

비록 관광행정의 명칭을 따르지는 않고 있지만 성격상 관광행정과 여러 가지 면에서 관계를 가지는 행정기관은 많이 있다. 이를테면 교통행정, 도로행정을 행하고 있는 행정기관이나 출입국관리행정, 자원보호행정을 행하고 있는 행정기관 등 비교적 관계가 깊은 것부터 노동행정을 담당하고 있는 행정기관과 같이 비교적 관계가 적은 것까지를 포함해서 그 범위는 극히 광범위하고 다양하다. 이와 같은 다양한 기관이 관련된 복합행정은 관광행정의 특징 중 하나라고 하겠다.

2. 관광행정조직

1) 문화체육관광부

우리나라의 관광행정은 1954년 2월 17일 교통부 육운국에 관광과를 설치함으로써 국가차원에서 관광에 관한 업무를 시작하였고, 1963년 3월 11일 관광공로국에서 관광국이 분리되었으며, 1994년 12월 23일 정부조직 개편에 따라 관광국의 기능이 문화체육부로 이관되었다. 1998년 2월 28일에는 정부조직 개편으로 문화관광부로 개칭, 관광이 정부부처 명칭에 처음으로 들어가게 되었고, 2005년 3월 31일에는 관광레저형 기업도시추진기획단 직제를 신설하였으며, 2008년 2월 29일자로 문화관광부에서 문화체육관광부로 직제가 개정되었고, 관광레저도시추진기획단장이 관광레저도시기획관으로 변경되었으며, 2009년 5월 4일에는 관광레저도시기획관이 관광레저기획관으로 변경되었다. 2013년 3월 23일 정부조직개편에 따른 정부 기능변경에 따라 종래 관광산업국 명칭을 관광국으로 변경하고 관광레저기획관을 중심으로 일부 소속 부서의 명칭과 기능을 개편하였다. 2014년 10월 정부조직개편에 따라 2차관 소관으로 관광체육레저정책실이 신설되었고, 관광국을 관광정책관실과 관광레저정책관실로 분리 개편하였다.

문화체육관광부 관광정책관실은 관광정책과, 관광산업과, 국제관광과 등 3개과를 두고 있으며, 관광산업과 내에 임시 팀으로서 관광진흥팀을 두어 카지노 산업 및 관광안내 서비스 등의 업무를 전담토록 하고 있다. 관광레저정책관실은 관광개발기획과, 관광개발지원과, 관광레저기반과의 3개과를 관장하고 있다.

한편, 문화체육관광부에서 추진하고 있는 업무 중 관광 및 관련 부문은 다음과 같다.

① **관광정책과**

- 관광진흥장기발전계획 및 연차별계획의 수립
- 관광관련법규의 연구 및 정비
- 관광진흥개발기금의 조성 및 운용
- 남북관광교류 · 협력의 증진에 관한 사항
- 관광종사원의 교육 및 훈련에 관한 사항
- 관광학술 및 연구단체의 육성
- 관광연차보고, 그밖에 통계의 종합에 관한 사항
- 한국관광공사 및 한국관광협회중앙회와 관련된 업무
- 관광산업의 정보화 촉진에 관한 사항

- 관광복지증진에 관한 사항
- 관광에 대한 인식의 개선 및 건전관광의 홍보에 관한 사항
- 국민의 국내여행 촉진에 관한 사항
- 그밖에 다른 과의 주관에 속하지 아니하는 사항 등

② **관광산업과**

- 관광숙박시설의 확충 및 운영개선을 위한 시책의 입안
- 관광숙박업에 관한 사항
- 카지노업에 관한 사항
- 관광편의시설업에 관한 사항
- 관광객이용시설업에 관한 사항
- 유원시설업에 관한 사항
- 문화관광축제의 조사 · 개발 및 육성에 관한 사항
- 산업시설 등의 관광자원화 사업 및 도시관광 육성에 관한 사항
- 고궁, 역사문화 및 템플스테이 등 전통문화체험 관광자원화에 관한 사항
- 여행업에 관한 사항
- 관광통역안내사의 양성에 관한 사항
- 관광객의 불편 · 고충의 개선
- 관광안내체계의 개선 및 편의 증진에 관한 사항
- 관광기념품 등 관광상품의 개발 · 육성 및 유통에 관한 사항
- 전통음식의 관광상품 개발에 관한 사항
- 문화관광자원의 안내 및 해설 전문인력의 양성에 관한 사항 등

③ **국제관광과**

- 해외관광객 유치 및 홍보에 관한 입안 및 시행
- 국제관광기구 및 외국정부와의 협력 증진
- 국제관광박람회 및 국제관광행사의 지원 등에 관한 사항
- 국제관광시장의 조사 · 분석

- 해외관광객을 위한 관광프로그램의 개발
- 의료 · 공연 · 태권도관광 등 융복합관광상품 개발
- 한국관광브랜드 육성 지원
- 국제회의, 인센티브관광, 전시 등(MICE) 산업 육성 및 전시산업과의 연계지원
- 국제회의, 인센티브관광, 전시 등(MICE) 산업 전문인력의 양성
- 국제회의의 국내유치 촉진 및 지원
- 한국방문의 해 사업에 관한 사항 등

④ **관광개발기획과**

- 관광개발 기본계획 및 권역계획
- 관광자원개발 가이드라인 개발 보급
- 관광두레 조성
- 농산어촌 체험관광 활성화(야생화 포함)
- 3대 문화권 문화생태 관광기반 조성사업
- 중부내륙권 광역관광개발
- 지역별 특화된 관광자원 개발 지원
- 한반도 생태평화벨트 조성
- 걷는 길 관리 등 도보여행 활성화
- 생태관광 육성 및 지원
- 노후관광시설 활성화
- 슬로시티 관광자원 활성화 등

⑤ **관광개발지원과**

- 동해안, 서해안, 남해안 관광개발 사업 지원
- 지리산권 관광개발사업 지원
- 전통문화체험 지원
- 문화관광자원 개발
- 생태녹색관광자원개발

- 관광시설 재해복구
- 사진찍기 좋은 녹색명소 조성 사업
- 관광특구 활성화 지원
- 폐광지역 관광자원화 사업
- 섬 관광 활성화
- 테마 관광가도 조성사업 등

⑥ **관광개발지원과**

- 관광레저형 기업도시 개발에 관한 정책 및 제도개선 사항
- 관광레저형 기업도시 개발구역 지정 · 해제 등에 관한 사항
- 관광레저형 기업도시 개발사업 시행자 지정 · 취소 및 대체지정에 관한 사항
- 관광레저형 기업도시 개발계획 및 실시계획의 승인 · 변경에 관한 사항
- 관광레저형 기업도시 개발사업의 준공, 검사 및 행정처분에 관한 사항
- 관광레저 기반시설 설치 및 프로그램 개발 · 보급에 관한 사항
- 관광레저형 기업도시 시설 등 지원에 관한 사항
- 관광지 · 관광단지의 개발에 관한 사항
- 대규모 관광 투자유치 촉진 및 지원에 관한 사항 등

2) 지방자치단체

지방자치단체란 광역자치단체로서 특별시 · 특별자치도 · 광역시 · 도가 있으며, 기초자치단체는 시 · 군 · 구를 말한다. 지방자치단체는 원칙적으로 독립적인 법인으로서 자치권이 있으며, 국가로부터 상대적 독립성을 갖고 있다. 그러나 자치권의 범위에는 한계가 있으며, 현행 대한민국의 법령에서는 지방자치단체는 국가 또는 광역자치단체(특별

시 · 광역시 · 도)로부터 위임을 받아 처리하는 기관위임업무 · 단체위임업무에 대해서 국가 또는 상급자치단체로부터 지도 · 감독을 받도록 규정하고 있다.

지방자치단체는 관광에 관한 국가시책에 관하여 필요한 시책을 강구하고 이에 협조하도록 규정하고 있는데, 관광조직으로서 ① 위임받은 국가적 관광사무 ② 관광공사, 다른 지방자치단체 등 공공단체가 위탁한 사무 ③ 지방자치단체가 관광진흥을 위한 고유사무를 관장하는 기능을 수행하고 있다.

구체적인 업무로는 ① 관광지 및 관광단지 조성 ②관광에 관한 국가시책에 협력하는 사업(관광진흥, 선전 · 홍보 등) ③ 우수토산품 발굴과 관광민예품 개발 ④ 도립 · 군립 및 도시공원, 녹지 등 관광휴양시설의 설치 및 관리 ⑤ 관광자원의 관리(문화재, 역사유적지, 무형문화재의 발굴 및 보존 등) 등과 같은 사업을 추진하고 있다.

또한 지방자치제는 국가적 관광사무, 자치단체의 고유한 관광사무, 다른 공공단체로부터 위임받은 사무 등 다양한 기능과 역할을 수행하고 있다. 지금까지 한국의 행정조직은 중앙집권적 구조와 기능을 갖고 있었던 것과 마찬가지로 관광에 관한 사무에 있어서도 예외는 아니었다. 따라서 앞으로 지방자치단체 등 지방관광조직의 기능과 보완이 강구되어야 할 것이다. 특히 관광지와 관광단지의 개발을 지방의 이익과 자치단체별 특수성이 반영될 수 있는 조직구조와 기능의 보완이 요구된다고 하겠다.

최근 지방자치단체에서는 관광산업의 중요성을 인식하고 지방관광공사를 설립하여 관광지 · 관광단지 개발 및 관광진흥에 주력하고 있으며, 여타 지방자치단체에서도 설립 움직임이 활발해지고 있다.

3) 한국관광공사

한국관광공사(KTO)는 경영본부, 국제관광본부, 국민관광본부, 관광산업본부의 4개 본부, 15개 실 · 단 · 원 · 부로, 48개 팀 · 센터, 9개 국내지사, 31개 해외지사 조직으로 구성되어 있다(2015년 말 기준).

한국관광공사의 주요 사업은 다음과 같다.

- 해외시장 개척
- 국내관광 진흥
- MICE 유치 · 지원 및 국제협력/이벤트 관광상품 개발
- 마케팅 지원활동
- 관광산업 조사 · 연구
- 지자체 및 업계협력/남북관광교류 촉진
- 관광 수용태세 개선/관광안내 · 정보 서비스
- 글로벌 통합형 관광컨설팅 지원/관광개발 분야에 대한 투지유치 활동
- 관광전문인력 양성
- 국민 국외여행 서비스 개선 등

4) 한국문화관광연구원

한국문화관광연구원은 문화체육관광부 산하 연구기관으로, 관광과 문화 분야의 조사 · 연구를 통하여 체계적인 정책개발 및 정책대안을 제시하고 문화 · 관광산업의 육성을 지원함으로써 국민의 복지증진 및 국가발전에 기여할 목적으로 설립되었다.

2015년 말 기준으로 연구기획조정실, 문화예술연구실, 문화산업연구실, 관광정책연구실, 관광산업연구실, 융합연구실 및 행정실 등 7개 실

과 각 실의 업무를 효율적으로 분장 · 수행하기 위한 정책정보통계센터, 국제관광연구센터, 정보통계 · R&D센터, 문화기획 · 평가센터, 통일문화연구센터, 국제관광연구센터, 지역관광기획평가센터, 관광두레센터, 여가 · 민투센터, 국제교류교육센터 등 8개 센터와 연구기획팀, 홍보협력팀, 총무회계팀, 출판정보팀 등 4개 팀으로 조직되어 있다.

한국문화관광연구원은 기본연구사업과 수탁연구사업, 관광지식정보시스템 운영사업, 지역문화관광포럼 사업, 계간「한국관광정책」발간사업, 관광아카데미 교육사업, 국제협력사업 및 연구지원 사업 등을 수행하고 있다.

5) 관광사업자 단체

관광사업자 단체로는 한국관광협회중앙회, 한국관광호텔업협회, 한국여행업협회, 한국카지노업관광협회, 한국휴양콘도미니엄경영협회, 한국종합유원시설협회, 한국외국인관광시설협회, 한국MICE협회, 한국PCO협회, 지역별 관광협회 등이 있다.

제12장

관광과 복지

1 삶의 질
2 복지관광
3 복지관광의 실태

● 제1절 삶의 질

1. 삶의 질 개념

삶의 질이라는 용어를 사전상의 의미로 풀면 '삶(life)'은 목숨 또는 생명을 의미하는 것으로 살아있음, 또는 살아있는 현상을 뜻한다. '질(quality)'은 여러 가지 의미 중에 어떤 사물의 유용성 또는 우수성의 정도, 내용의 좋고 나쁨, 가치 정도로 해석할 수 있겠다. 삶의 질은 Quality of Life를 번역한 '생활의 질'을 의미하기도 한다.

인간은 누구나 행복한 삶을 추구하며, 또한 국가나 사회는 개개인의 행복이나 삶의 질을 향상시키는 것을 가장 중요한 목표로 인식하며 삶의 질을 향상시킬 수 있는 정책의 수립을 도모하고 있다. 삶의 질에 대한 정의와 측정에 대한 많은 논의가 이루어지고 있으나 복합적인 주제로 나타나고 있다.

삶의 질이란 시대와 생활환경에 영향을 받지 않는 절대적인 개념이라기보다는 한 사회의 경제 · 정치 · 사회 · 문화 등의 발전 수준과 사회구성원들의 개인특성, 생활조건, 가치관과 관습에 따라 변화할 수 있는 상대적 개념이라 할 수 있다. 따라서 삶의 질의 개념을 정의내리기 위해서는 사회구성원들이 주변 환경의 변화에 대하여 어떻게 느끼고 생각하는가를 상대적인 관점에서 확인하고 평가해야 하며, 이러한 평가는 일반적으로 주관적인 성격을 띠게 된다.

학자에 따라서는 삶의 질을 삶에 대한 높은 만족감으로 보고 있다. 이 정의에 따르면 만족감은 자신에 의하여 경험되어지는 느낌으로서 주관적인 것이다. 사회구성원 개인들의 경험은 삶의 과정에서 얻게 되며 생활주변과의 접촉에서 발생되는 결과가 중요한 경험이 된다. 이는 비록 삶의 질이 주관적이긴 하지만 한편으로는 생활주변과의 물질적, 비물질적 관계 속에서 상대적으로 결정되는 개념임을 보여주고 있다.

삶의 질을 느끼게 해 주는 것이 만족감, 행복감 등이라고 할 때 그 만족감, 행복감을 나타나게 해 주는 요소를 크게 객관적인 요소와 주관적인 요소로 나누어 생각할 수 있다. 즉 만족감, 행복감 등 삶의 질에 있어서 사람들이 느끼는 인식은 물질적인 주거환경, 교통환경, 교육환경 등과 같이 객관적인 상황으로부터 연유할 수 있고 다른 한편으로는 비물질적인 이웃사랑, 신뢰, 애착심, 자부심 등과 같은 주관적인 감정으로부터 연유할 수 있다는 의미이다.

한편 세계보건기구(WHO)는 삶의 질을 '한 개인이 살고 있는 문화권과 가치체계의 맥락 안에서 자신의 목표, 기대, 규범, 관심과 관련하여 인생에서 자신이 차지하는 상태에 대한 개인적인 지각'이라고 정의하는 동시에 삶의 질을 단순히 현재의 삶에 대한 만족수준만을 측정하는 것이 아니라, 인식의 시점을 미래에도 현재의 삶에 대한 인식과 평가를 근거로 앞으로 자신의 삶에 대한 기대를 측정할 필요성을 제기하였다.

2. 삶의 질 인식 구성요소

1) 만족감

만족감(satisfaction)은 삶의 일상생활에서 마음에 모자람이 없이 넉넉하여 푸근한 느낌이며, 주관적인 만족감은 개인들이 느끼고 있는 내면적인 인식에 근거하고 있다. 만족감은 삶의 질에 있어서 필수적인 감정으로 인간생활에 있어서 가장 기본적이고 하위단계인 의식주 해결의 욕구에서 사회적 욕구의 단계로, 이어 자아실현 욕구의 상위단계까지 욕구충족에 따라 점차적으로 상위단계로 욕구가 이동된다.

매슬로우(A. M. Maslow)는 이러한 욕구단계에서 의식주관련 생리적 욕구의 낮은 단계 욕구가 만족됨에 따라 그 단계의 욕구는 더 이상 동기유발의 역할을 수행하지 못하고 다음 단계의 욕구가 차례로 동기요인으로 작용하게 된다고 가정하였다. 그러나 이러한 욕구계층제는 엄격하게 고정되어 있는 것은 아니며, 한 욕구가 100% 만족되어야만 다음 욕구로 옮겨가는 것은 아니지만, 인간은 의식주와 같은 기본적인 생활의 제약을 받는 존재이고 기본 생활이 불안정할 경우 삶의 질을 추구하는 것 자체가 어려운 한계가 있다.

2) 안전감

안전감(a sense of security)은 생활주변에 있어서 몸이나 마음이 편하고 좋아서 조금도 위태로움이 없는 느낌이다. 우리가 일상생활에 있어 먼저 체득해야 할 것이 있다면 그것은 '안전'이며 생활에 있어 안전감이 필요한 것은 인간의 가장 기본적인 필요이기 때문이다.

안전에는 자연재해 등의 자연적 위험과 폭력, 절도 등 각종 범죄의 사회적 위험으로부터의 안전을 예로 들 수 있다. 일상생활에서 안전감을 높이려면 안전환경이 우선적으로 확보되어야 한다. 화재 · 홍수 등 재해 예방과 방범 등 치안이 확보되지 않으면 사고로 이어지고 사고에 따른 치유과정에서 삶의 질을 급격하게 떨어뜨리게 된다. 이점에서 안전은 우선적으로 확보되고 위험요소는 사전에 예방되어야 한다.

3) 편리감

편리감(a sense of convenience)은 생활주변시설 이용에 있어서 어떤 일을 하는 데 편하고 이용하기 쉬운 느낌이다. 예를 들어 교육시설, 공공시설 이용 편리, 도로보행, 대중교통, 주차시설 이용 편리, 시장 접근 이용 편리, 쇼핑정보 확인 편리, 각종 제품 사용 편리, 기타 생활의 편리성 등이 개인의 편리감을 높일 수 있는 것이다. 이러한 편리성은 시간 절약과 노력을 감소시켜주는 매우 중요한 요인이다.

과학기술은 인간의 생활을 편리하게 해 주고 있다. 과학기술을 이용한 편리함의 추구는 사람이 하기 힘든 일을 기계가 대신하고, 앉아서도 세계의 어느 누구와 소통을 하고 있으며, 이것은 양적으로 풍요의 시대를 가져오는 데 큰 역할을 한다. 편리감은 우리가 일상생활에 필요한 물건과 시설들을 얼마나 인간적으로 생각하고 만들었나에 따라서 좌우된다. 편리하지 못한 물건과 시설들은 불편을 초래하여 우리의 삶의 질을 저하시키는 요인이 될 수도 있다.

4) 쾌적감

쾌적감(a sense of pleasantness)은 생활주변 환경에 있어서 몸과 마음에 알맞아 기분이 썩 좋은 느낌이다. 인류가 진화되고 나서 생활해 온 곳이 자연환경으로 인간의 뇌, 신경, 근육, 폐, 소화기, 간, 감각기관 등이 모두 자연환경에 적응하고 진화하여 자연환경에 맞게 만들어졌다. 따라서 인간은 자연과의 접촉에서 쾌적한 느낌을 받게 된다. 인류의 역사 중 지금과 같은 도시가 출현한 것은 비교적 최근의 일로 그동안 자연환경에 맞춰진 인간의 몸은 급격한 도시화에 따른 인공적인 환경에 적응하지 못하고 있으며, 그래서 언제나 긴장을 늦추지 못하고 스트레스 상태에 놓여 있게 된다.

우리의 생활주변 환경이 악취, 수질오염, 공해 등 각종 환경오염으로 찌들어 있으면 좋은 삶을 기대하기는 어렵다. 생활주변에 쾌적감과 관련 있는 영향요인으로 악취예방, 쾌적한 주거환경 조성, 수질오염예방 등을 우선적으로 생각해 볼 수 있다. 따라서 일상생활에서의 쾌적감을 높이기 위해서는 각종 환경오염으로부터 생활주변 자연환경을 잘 보전하고 아름답고 쾌적한 경관 조성과 청결성을 유지시켜 나가야 한다.

5) 신뢰감

신뢰감(confidence)이란 누군가를 굳게 믿고 의지하는 마음으로 인간관계에서 가장 마지막으로 형성되는 감정일 뿐만 아니라 쉽게 형성되지 않는 감정으로 타인을 오랜 시간 겪으며, 그의 일관된 행동양식을 의식·무의식으로 관찰하는 과정에서 조금씩 쌓이는 것이다. 하나의 사례가 아닌 여러 긍정적인 사례들이 누적되어야 비로소 신뢰가 쌓일 수 있는 것이다. 단 하나의 부정적인 사례만으로도 신뢰는 무너져 버릴 수 있으며, 한 번 무너진 신뢰는 회복되기 어렵다. 즉 사람들은 일단 상대를 불신하게 되면 신뢰 회복의 가능성을 더 이상 고려하지 않기 때문이다.

인간은 공동체 생활을 하기 때문에 일개인의 힘만으로는 좋은 삶을 영위할 수 없다. 이웃 간의 신뢰가 삶의 질에 영향을 미치는 중요한 요인이기 때문에 좋은 삶을 위해서는 사회의 모든 분야에서 규칙을 지키는 공동체적, 사회적 연대를 통해 서로가 신뢰를 바탕으로 한 사회생활이 이루어져야 한다.

6) 행복감

행복감(a feeling of happiness)은 생활과 삶에 있어 마음이 넉넉하여 느긋하고 편안하도록 만족하여 부족이나 불만이 없는 느낌 또는 생활에서 충분한 만족과 기쁨을 느끼는 마음, 그리고 그런 느낌으로 표현하고 있다. '행복감에 취하다', '행복감에 젖다', '행복감을 맛보다' 등으로 사용하기도 한다.

사실 모든 국가나 사회의 가장 중요한 목표는 바로 구성원 개개인의 행복 또는 삶의 질을 증진시키는 것이다. 이것은 국민 개개인들이 자신의 삶에서 얼마나 많은 행복을 느끼고 있는지를 판단함으로써 한 국가나 지역사회의 삶의 질을 평가할 수 있을 것이다.

한편 삶의 질에 영향을 미치는 요인들을 살펴보면 〈표 12-1〉과 같다.

표 12-1 삶의 질 영향요인

구분	객관적 지표	주관적 지표
지역경제 여건	재정자립도, 지방세 부담, 1인당 예산 규모, 주민 1인당 소득수준, 남녀의 경제활동 참가율, 실업률, 공업단지조성률, 공공시설투자 · 고용, 생산성지수, 실질임금지수, 생활물가 등	직업취득기회, 실직위험, 소득수준, 빈부격차, 생활물가수준 등에 대한 만족도
사회복지 여건	병원 수, 병상 수, 약국 수, 의사 수, 약사 수, 생활보호대상인구, 복지예산 비율, 장애자 비율, 양로원 수, 탁아소 수 등	병의원서비스, 한의원서비스, 약국서비스, 장애인복지시설, 여성복지시설, 노인복지시설, 아동복지시설 등에 대한 만족도
안전환경	화재발생률, 자연재해발생률, 범죄발생률, 파출소 수, 경찰관 1인당 인구 수 등	재해예방(화재, 홍수 등), 재난구호, 치안상태(방범 등) 등에 대한 만족도
주거환경	주택보급률, 공동주택비율, 불량주택률, 주택이용의 편의성 등	전반적 주거환경, 주택의 쾌적성, 주거의 일상생활 편리성 등에 대한 만족도
교통환경	자동차등록 수, 차량증가율, 차량 1대당 인구 수, 차량 당 도로연장, 도로포장비율, 교통사고율, 주차면 수 등	인도의 편의성, 차량교통질서, 자전거도로, 대중교통이용편리, 주차장 등에 대한 만족도

정보환경	일간신문 구독비율, PC통신가입자 수, 전화가입자 수, 서점 수, 스마트폰 보유 등	지역정보 전달 신속 및 구독 용이, 인터넷의 편리한 이용 등에 대한 만족도
행정여건	지방행정기관 수, 공무원 1인당 인구 수, 우체국 수 등	공무원의 친절도, 불편사항 처리 및 사후관리, 민원안내 및 접근용이성, 행정시설 편의 · 쾌적성, 시민의견반영 행정, 지방정부 정책결정과정의 투명성 등에 대한 만족도
기초생활 여건	식당 및 시장 편의성, 공원 수 등	시장 · 공원 접근도, 주변의 지형 · 지세 등에 대한 만족도
쾌적한 환경	자연녹지율, 대기오염 · 수질오염 · 소음증가율, 생활폐기물, 쓰레기, 분뇨 배출량, 상수도 보급률, 상수도 1인당 급수량, 하수처리율 등	악취예방, 공해예방, 수질오염예방, 소음예방, 쓰레기수거, 상하수도 등에 대한 만족도
문화체육 생활여건	전시공간 면적, 음악 · 연극무대 객석 수, 교향악단 수, 시립예술단체 활동, 영화관 좌석 수, 스포츠시설 면적, 공공도서관 장서 수 등	박물관 · 전시관, 음악회 · 연극공연장, 실내 · 외 체육시설, 여가공원시설, 공공도서관 등에 대한 만족도
교육환경	대학 정원 수, 초 · 중 · 고등학교의 수, 학급당 학생 수, 교사당 학생 수, 사설학원 수, 유아교육기관 수 등	대학 교육환경, 초 · 중 · 고등학교 교육수준, 평생교육환경, 학교주변의 유해환경 등에 대한 만족도
사회적 여건	인구밀도, 종교단체의 수, NGO의 수 등	공동체 참여기회, 지역사회 축제 · 문화행사 참여, 사회질서 유지, 현재의 사회생활, 여가활동, 이웃과의 관계, 친구와의 관계 등에 대한 만족도
지역에 대한 애착심	투표참여율, 지방정부 홈페이지 방문자 수, 자원봉사자 수 등	지역에 대한 애착심과 자부심의 정도, 지역에 대한 역사, 지리의식의 정도, 자원봉사활동 경험, 불우이웃에 대한 태도 등

제2절 복지관광

1. 복지관광의 개념과 대상

1) 복지관광의 개념

복지관광(Social Tourism)의 개념은 프랑스에서 노동자의 휴가권을 인정한 복지법이 채택(1936년)된 이후 국제적으로 유급휴가의 법제화가 본격화되고, 스위스 여행금고 설립(1939년) 등에서 관광의사가 있음에도 불구하고 참여하지 못하는 계층에 대한 관광활동을 보조한 것에서 태동한 것으로 보고 있는데, 국내에서는 사회복지관광 혹은 사회관광으로 사용하기도 한다.

복지관광에 대한 논의를 제일 먼저 시작한 사람은 스위스의 훈지커(W. Hunziker)이다. 그는 1951년에 복지관광을 '경제적으로 취약하거나 사회에서 다른 불이익적인 요소를 가지고 있는 대상들에게 관광에 참여시키기 위한 관광영역의 관계 및 현상'이라고 정의하였다. 이후 1957년에는 '저임금이나 특별한 서비스 제공 등을 해야 하는 사람들에게 관광에 참여할 수 있도록 하기 위해 특화된 관광의 한 영역'이라고 정의하게 된다. 이러한 훈지커의 정의는 'Social Tourism'이 사회적 약자 혹은 배려 대상자들을 관광에 참여시키는 복지적인 성격을 잘 설명하고 있어 이후 연구자들이나 각종 기구 그리고 국가의 'Social Tourism'에 있어서 복지적 성격에 대한 강조의 기초를 제공하게 된다.

우리나라에서 '복지관광(Social Tourism)'에 대한 논의는 주로 훈지커가 제시하고 있는 관광 참여의 복지적 성격에 중점을 두고 있다. 사회구성원들에게 복지제공이 인간의 욕구와 정신적 열망을 충족시키는 노력의 총칭이라고 한다면, 인간의 관광욕구 즉 휴식을 즐기고 싶은 욕구와 미지의 세계를 알고 싶어 하는 욕망 이를 위하여 일상생활권을 떠나서 여행을 하고자 하는 관광은 복지사회 건설과 밀접한 연관이 있다고 할 수 있다. 그리고 이러한 복지사회 건설에 있어서 관광과 관련된 재화와 서비스를 공급하는 것을 복지의 한 측면으로 강조하여 우리나라에서 'Social Tourism'이 복지관광이라고 부르게 되는 계기가 되었다고 볼 수 있다. 이러한 복지적 측면은 관광에서 소외된 특정집단이나 대상에게 한정적으로 보는 관점이 강조되게 된다.

관광이라는 것은 새로운 환경에 대한 경험을 하는 과정이다. 이러한 관광활동은 낯선 곳에서 새로운 환경과 사람 그리고 장소에 대한 두려움에서 이를 극복하여 관광객들에게 다양한 경험을 할 수 있는 토대를 마련해 준다. 사회적 · 경제적 · 신체적인 이유로 관광에서 배제된 계층을 관광에 참여할 수 있도록 하는 복지관광의 관광체험활동은 관광에서 소외되었던 사람들로 하여금 새로운 경험을 할 수 있는 좋은 기회를 제공하게 되는 것이다.

한편 한국관광공사에서는 복지관광을 '여가를 국민의 기본권으로 인정하고 이 권리를 행사할 수 있는 실제적인 기회를 주기 위하여 국가, 지방자치단체, 각종 사회단체 등이 신체적 · 정신적 · 금전적 기타 여러 가지 이유로 여행에 제한을 받는 계층을 대상으로 여행경비 또는 여행정보를 직접 제공하거나 그들을 수용하는 비영리 여가시설에 자금을 지원함으로써, 개인의 개성과 취미를 발전시키고 다른 사람을 보다 잘 이해할 수 있도록 공공의식과 책임감을 습득할 수 있는 장(場)을 마련해 주는 사회정책적 조치'라고 정의하였다.

2) 복지관광의 대상

복지관광을 복지국가실현을 위한 사회복지정책의 일환으로 보고 그 대상을 국민 전체로 하거나 저소득층 · 빈민 · 신체장애자 · 청소년 · 노인 · 부녀자 등의 사회적 약자를 대상으로 하는 견해도 있다. 그러나 복지관광의 대상을 규정함에 있어 인간은 일생에 한 두 번은 복지관광의 대상이 될 수 있다는 점을 간과해서는 안 된다.

즉 일생의 주기에서 예기치 못한 불의의 사고로 인한 신체적 장애가 발생할 수도 있으며, 세월이 흘러 결국은 퇴직자나 연금생활자 혹은 고령자 등이 되어 정상적인 관광활동에 참여할 수 없게 되는 것은 거역할 수 없는 사실이다. 또한 일반인들로서도 시간적 · 경제적 · 정보적 · 기능적 장애로 인해 관광활동에 참여할 수 없는 경우도 있기 때문에 복지관광의 대상에 포함되는 계층은 매우 광범위하다고 볼 수 있다.

표 12-2 복지관광의 대상

<table>
<tr><th colspan="2">대상</th><th>문제점 및 제약요인</th><th>과제</th></tr>
<tr><td colspan="2">청소년</td><td>• 관광을 즐기는 방법을 체계적으로 모름
• 즐기는 방법이 사회화되지 않음</td><td>• 관광을 즐기는 자발성 · 주체성의 육성
• 관광윤리와 도덕의 교육 및 고양
• 가족단위의 관광과 더불어 개인 및 다른 사회집단을 중심으로 한 관광의 참여기회 제공</td></tr>
<tr><td colspan="2">장애자 · 고령자</td><td>• 관광참가를 보장할 사회적 조건의 미정비
• 관광에 대한 지식 부족</td><td>• 관광에 참가할 수 있도록 설비와 제도 정비
• 관광에 관한 정보제공과 참가의욕 고취</td></tr>
<tr><td rowspan="2">일반인</td><td>시간적 장애자</td><td>• 관광할 시간이 없음</td><td>• 유급휴가의 완전 실시</td></tr>
<tr><td>경제적 장애층</td><td>• 관광할 경제적 여유가 없음</td><td>• 여행자금의 대부 · 할부 · 보조금 제도 등의 도입</td></tr>
</table>

일반인	정보소외 장애층	• 관광에 대한 정보를 입수할 수 없거나 입수할 기회가 부족함 • 정보를 이해 · 이용할 수 없음	• 관광에 관한 기초정보를 정리하여 쉽게 이용할 수 있도록 함 • 관광에 관한 정보를 알기 쉬운 형태로 제공함 • 정보의 이용과 이해의 방법에 대한 계몽
	기능적 장애층	• 관광을 즐길 수 있는 기능과 기술의 결핍으로 참가기회가 제약되어 있음	• 관광을 즐기기 위한 자발성 · 창조성 육성 • 이용이 쉬운 시설과 서비스 제공 장려

2. 삶의 질과 복지관광

먼저 관광과 주관적 삶의 질과 관련된 연구를 살펴보면 길버트(D. Gilbert & Abdullah, J.) 등은 휴가경험이 주관적 삶의 질에 긍정적인 영향을 미친다는 것을 밝혀냈고, 리차드(G. Richards)는 관광횟수의 증가는 삶의 질의 중요한 구성부분이라면서 휴가는 심리적 · 정서적 휴식과 이완을 가져다주고 자기계발의 시간을 가져다주므로 사회복지를 위해서는 휴가를 적극 권장해야 한다고 주장했다.

닐(J. D. Neal, Sirgy M. J. & Uysal M.) 등도 관광활동 혹은 관광만족은 삶의 질에 긍정적인 영향을 미친다고 진술하였다. 이명철 · 강인호는 지체장애인의 관광활동이 삶의 질에 미치는 영향에 관한 연구에서 지체장애인들의 관광활동 만족은 지체장애인의 삶의 만족과 대인관계 그리고 행동의도에 긍정적인 영향을 미친다고 하였다.

댄(G. M. Dann)은 자유와 지위 상실, 신체적 쇠퇴와 사회적 배제 경험 등에 놓인 노인들에게 관광은 주관적 삶의 질에 긍정적인 영향을 미치는 것으로 나타난다고 설명하면서, 영국의 경우 이런 노인들의 관광에 있어서 대부분 민간영역에서 수행되고 있어 공공부문에서의 지원이 필요하다고 주장하였다. 그리고 학문적인 영역에서도 복지관광과 주관적 삶의 질에 대한 관계규명이 더 필요하다고 하였다.

이상의 내용을 종합해 보면 사회복지는 국민들의 삶의 질을 높이고 복지국가를 지향한다는 점에서 매우 중요하며 사회복지의 목표가 '개인능력의 완전한 개발' 또는 '인간의 복지'라고 볼 때 복지관광이야말로 자아실현의 중요한 사회복지 수단이 될 수 있다. 이러한 관광활동은 스스로 관광활동을 할 수 없는 계층에게 참여를 통한 공동체의 규범, 네트워크를 통해 신뢰를 경험하게 함으로써 스스로의 가치관의 향상을 가져오고 사회의 구성원으로서 통합하며 그것을 통한 삶의 질을 가져오게 된다고 본다.

제3절 복지관광의 실태

1. 우리나라 복지관광의 실태

최근 관광분야에서도 '친서민 관광복지'에 대한 관심이 점차 커지고 있다. 우리 사회는 사회복지적 측면에서 관광에 대한 인식이 아직까지 낮은 편이지만, 서구에서는 오래 전부터 인간의 기본권 중의 하나로 '여가권' 또는 '관광향유권'의 중요성을 강조해왔다. 복지사회가 인간의 욕구와 정신적 열망을 충족시키는 사회적 노력의 총칭이라고 한다면, 휴식을 취하고 관광을 즐기려는 인간의 욕망을 충족시키는 것 또한 복지사회와 밀접한 연관성을 가진다.

우리나라의 경우 복지관광에 대한 소개가 1990년 초반에, 그리고 2000년대 초반에 정부 차원의 정책과 프로그램이 본격 도입되었는데, 이는 관광선진국인 유럽 주요 국가들에 비해 30년 내지 40년 정도 늦은 것이라고 할 수 있다. 따라서 복지관광에 대한 사회적 인식이 타 복지분야에 비해 낮고 체계적이기보다는 일회성사업으로 그친 경향을 보였다.

우리나라 복지관광은 관광소외계층을 위한 정책적 배려로 시작되어 관광의 기회가 상대적으로 적은 신체장애인과 근로청소년들에게 관광기회를 부여하기 위해 노력하기 시작하였다. 관광의 주무부서인 문화체육관광부에서 시행하는 'Social Tourism'은 '복지관광'이라고 하는 사업명으로 2010년까지 2만 1천 명 정도의 사람들이 이용을 하였으며, 대상자의 선발을 통해 단체여행을 실시하는 형식을 취하였다.

2010년까지 진행된 복지관광은 2011년 '여행바우처'로 그 명칭을 변경하고 예산과 운영방법 등을 변경하여 대상의 폭을 확대하게 된다. 사업수행방법도 한국관광협회중앙회에서 실시하던 것을 지방자치단체에서 실시하도록 하고 예산도 국비와 지방비로 분리하여 지방자치단체에서도 예산을 지원하도록 하였다.

여행바우처로 확대개편되면서 복지관광을 이용할 수 있는 인원을 확대하는 계기가 되어 2011년 첫 번째 여행바우처의 사업에서 약 3만 5천명이 이용하였고, 46개 여행사의 115개 여행상품이 여행바우처의 이용상품으로 선정되었다.

2011년부터 실시된 여행바우처는 기존의 복지관광의 프로그램이 대상자 선발을 통한 단체관광형식의 틀이었는데 반해 대상자에게 여행바우처 카드를 배부하여 여행프로그램을 대상자가 선택하여 이용할 수 있도록 대상의 선택권을 확대한 개념이며, 참가 대상자를 개인·단체 등으로 구분하여 복지시설에도 단체로 여행바우처를 이용할 수 있도록 하였다. 2013년에는 여행바우처를 '여행이용권'이라는 명칭으로 변경을 하게 되고 총괄운영기관을 한국관광공사에서 한국문화예술위원회로 변경을 하여 실시하고 있다.

한편 향후 우리나라 복지관광의 정책방향과 과제를 다음과 같이 살펴보았다. 첫째, 복지관광 지원대상의 확대를 검토해 나가야 할 것이다. 관광시장 확대측면을 고려할 때, 직간접적으로 혜택을 받는 복지관광 정책대상자의 확대는 반드시 필요하다. 소득기준으로 볼 때 기초생활수급대상자와 차상위계층과 더불어 중위소득 혹은 평균소득 이하의 소위 중산층 가구 및 개인까지 문화·관광활동에 경제적 제약을 받고 있는 것이 사실이다. 따라서 지원 금액을 차등화하여 본인 부담비율을 늘리더라도 혜택의 폭을 넓혀나가는 정책의 수립이 필요하다. 다만 장애인·노인·아동 등 경제적으로 열악함과 동시에 특별한 서비스 제공이 필요한 집단의 경우 정부 및 관련 단체의 전적인 지원을 토대로 초청 단체관광을 확대할 필요가 있을 것이다.

둘째, 복지관광 관련 사회서비스산업 육성을 위한 종합적인 계획이 필요하다. 복지관광은 일반적인 관광과는 달리 전문적인 서비스를 요하는 경우가 많다. 특히 장애인이나 노인을 대상으로 한 관광은 이동과 안전에 필요한 특수시설(저상버스 등), 의료, 수화 복지 등 특수서비스 제공에 필요한 전문인력 등이 필요하다. 하지만 이 모든 것을 정부가 전적으로 책임질 수 없기 때문에 민간영역에서의 서비스 제공이 반드시 요구된다. 따라서 정부는 지역사회기반형 복지관광 전문기업의 창업을 적극 지원해야 하며, 지역사회 내에서 관련 전문인력을 수급할 수 있는 체계 구축을 위해 노력해야 한다.

셋째, '접근가능한 관광(accessible tourism)'의 실현을 위한 노력이 필요하다. 이전에 비해 많이 개선되기는 했지만 장애인 · 노약자들의 물리적 제약조건은 생활환경 곳곳에 남아있다. 특히 관광지나 관광단지 등 관광 및 휴양자원은 평지보다는 산악이나 해안 등 지형적으로 힘들거나 장애인 · 노약자들에게 불편을 주는 위치에 입지한 경우가 많다. 사회복지전문가들은 경제적 지원 외에 무장애환경(barrier free) 조성이 복지관광 추진에 있어 가장 중요한 사항의 하나라고 공통적으로 지적한다. '무장애환경 조성'은 관광에 필요한 물리적 환경, 정보, 서비스 제공에 있어 장애적 요소를 최소화하는 것으로, 서구에서는 접근가능한 관광(accessible tourism)이라는 개념으로 일찍이 정착되어 왔다.

넷째, 복지관광에 대한 다각적인 이해가 필요하다. 앞으로의 복지관광은 관광소외계층에 대한 복지차원의 지원은 물론 관광산업 전체로 확장시켜 관광대상과 관광시설 그리고 재정지원 등 복지관광과 관련된 폭넓은 이해당사자까지 포함시키는 다각적인 구조로 이해할 필요가 있다.

다섯째, 안정적인 예산확보가 필요하다. 스위스, 영국 등 서구의 경우 사회기부를 통해 상당부분 재원확보가 가능한 반면, 우리의 경우 역사가 짧고 사회적 인식이 부족한 관계로 전적으로 정부예산에 의존할 수밖에 없는 구조이다. 중장기적으로 민간의 인적 · 물적 지원을 확대해 나가야겠지만 복지관광 사업들이 실효성 있게 추진되기 위해서는 안정적인 정부 예산이 필수적이다.

끝으로, '국민행복의 시대'를 국정지표로 삼고 있는 이 시기에 관광복지정책의 도입과 정책이 필수불가결한 사안이라면, 한국적 상황에 비추어 복지관광을 새롭게 해석하고 정책수혜대상, 정책수단 및 실행체계에 대한 종합적인 구상과 점검이 필요하다고 하겠다.

2. 외국의 복지관광 사례

1) 스페인

스페인은 1905년 내 · 외국인의 관광촉진을 위한 관광칙령을 제정한 이래 60년대 말 공공기관들과 사설단체인 까리따스(Caritas), 종교단체, 노인을 위한 모임(Hogaresy Clob de Ancianos)들과 여행사 등에 의해 노령자관광이 주선되고 촉진되기 시작하여 1978년 모든 노령자는 가정의 의무로부터의 독립, 적절한 연금혜택과 생활보호를 통한 충분한 경제적 풍요, 건강, 주거, 문화 및 휴식을 보장받는다는 것을 헌법에 명시하여 노령자의 삶의 질을 보장하면서 노령자관광이 더욱 활발히 추진되고 있다.

2) 스위스

스위스는 각종 보험을 비롯하여 사회보장이 매우 잘 되어 있는 나라로 국민관광이 일찍부터 발전하였다. 1880년부터 철도노동자가 협동적 차원에서 휴가숙소(masion do vacance)를 이용했으며, 이후 철도업 뿐만 아니라 금속업, 시계공업, 건설업, 임업분야 노동조합과 같은 노동자 기구들에 의해 설립되고 운영되는 휴가호텔 및 휴가숙소들이 많아졌다. 1930년대 중반에는 스위스 관광연맹의 총재였던 에런스퍼거(F. Ehrensperger)가 일반인이 자유롭게 이용할 수 있는 휴가숙사를 건설할 계획을 세우고 정부도 참여함으로써 복지관광에 대한 기초를 마련하게 되었다. 그리고 저소득층의 휴가 경비조달을 위한 안정적인 체계를 마련하기 위해 스위스여행금고(REKA: Genossenschaft Schweizer Reisekasse)를 설립하고 스위스관광협회를 통하여 필요액을 지속적으로 보조하는 지원책을 마련하였는데, 오늘날 REKA는 전 세계적으로 모범이 되는 복지관광 실천기구로서 그 위치를 확고히 하고 있다.

3) 프랑스

복지관광에 대해서 가장 선구적 역할을 하고 있는 프랑스는 1981년 복지관광을 확장하기 위한 법령을 공포하였다. 이 법령에 근거하여 노동자들의 교육활동 및 위락에 관한 모든 관광활동을 책임지도록 하였고, 특히 복지관광 활동을 담당할 'Minister for Free Time'이란 기구의 확장을 이룩하였다. 이러한 일련의 조치들은 유급휴가와 휴일의 연장이란 특색을 지니고 있다. 또한 저소득층을 위한 관광시설 운영비 및 여행비 저축, 여행정보제공 등에 필요한 자금문제 해결을 위해 정부는 관광시설 설치에 대한 융자와 운영보조금을 장기 저리로 대여하고 특정기간 세금을 면제하거나 일부 삭감해 주는 정책을 취하고 있다. 특히 비영리기관에서 경영하는 휴가촌(Holiday Village)의 관광시설에 유흥세 등을 면세해 주고 있고, 청소년 캠프장에 필요한 장비도입 시에는 정부로부터

100%의 보조금을 지원받고 있다.

4) 미국

미국의 복지관광정책은 정부주도로 발원된 것이 아니고 YMCA, YWCA, 보이스카우트와 같은 민간단체중심형으로 시작되었으며, 이들 단체에서 회원용으로 캠프를 설치한 것이 그 시작이라 할 수 있다. 그리고 1981년 레이건 대통령 시절에 'National Tourism Policy Act'가 채택되었는데, 이는 미국정부로 하여금 국민의 건강 · 교육 · 지식의 향상, 국내관광자원의 보호, 관광시설 확충 및 홍보에 앞장서도록 규정하고 있다.

5) 일본

일본에서는 특별히 어느 계층에 국한하지 않고 일반대중을 위한 편리한 여행환경조성을 통해 국민대중의 여가선용을 촉진하는 것을 목표로 하고 있다. 따라서 일본의 복지관광은 저소득층에 혜택을 주는 금전적 지원 같은 제도측면보다는 저소득층 · 청소년층을 비롯한 국민 누구나가 이용할 수 있는 저렴하고 건전한 시설의 확충에 초점을 두어 추진되고 있다. 이러한 시설의 개발은 주로 정부의 주도로 이루어지지만 실질적인 개발은 지방자치단체나 특수법인이 담당하며, 정부에서는 소관관청에 따라 보조금이나 장기저리융자의 형태로 지원되고 있다. 또한 일본은 고령화가 진전됨에 따라 복지차원의 노인대책을 활발히 마련하고 있으며, 그 일환으로 노인을 위한 여가시설 정비 및 서비스 제공에도 적극적인 힘을 기울이고 있다.

제13장

관광과 정보

1 관광정보의 개념과 중요성
2 관광정보의 기능과 특성
3 관광정보의 제공형태

제1절 관광정보의 개념과 중요성

1. 관광정보의 개념

정보(information)는 의사결정자에게 의미 있는 형태로 처리되고, 현재 또는 미래의 행위에 실질적인 혹은 인식된 가치가 있는 자료(data)이다. 의사결정에 유용한 정보란 의사결정자에게 인식된 정보의 가치를 의미하며, 이는 곧 정보의 질을 의미한다. 정보의 가치는 의사결정행위를 통해 일어난 변화에 의해 결정된다. 결국 정보는 특정한 목적을 위해 가공된 자료이다.

그러면 관광정보는 무엇인가? 관광정보는 관광객이 관광의사결정에 필요한 자료이다. 일반적으로 관광객들은 이용하려는 목적지나 호텔 등에 대해 가능한 한 많이 알려고 한다. 잘못된 정보를 믿고 의사결정을 하였을 경우에는 큰 어려움을 겪기 때문이다. 확실치 않은 관광정보를 가지고 목적지를 이용했을 때에는 기댓값에 비해 만족도가 떨어질 뿐만 아니라 경우에 따라서는 위험을 겪을 수도 있다. 그러므로 관광목적지에 대해 잘 알지 못하는 경우 사전에 정확한 관광정보를 습득하는 것은 매우 중요하다.

오늘날 관광형태의 변화에 따라 관광객의 정보 수요는 과거의 단편적인 정보에서 보다 포괄적이고 구체적인 부분까지 요구하게 되었으며, 이러한 추세는 관광정보의 확대 심화와 더불어 정보 제공매체의 다양화를 낳게 되었다.

이와 같이 관광정보란 관광객이 목표지향적인 행동을 선택하는 데 유일한 알림사항이라고 할 수 있다. 결국 관광객을 유치하고 그들에게 정보를 제공하는 모든 프로그램과 물리적 개발사항은 관광체계 내의 매우 중요한 요소가 된다. 관광객이 관광루트, 관광대상, 시설 및 서비스들에 대해서 알지 못하거나 그것들에 접근하는 방법을 모른다면 관광은 관광객뿐만 아니라 관광사업자들에게도 만족을 주지 못한다.

관광현상에 있어서 정보란 교통수단과 함께 관광의 주체인 관광객과 관광의 객체인 관광대상을 연결시켜 주는 관광매체를 이루는 것이다. 교통수단과 매스미디어의 발달은 관광객들에게 타지나 타국에 관한 정보를 용이하게 얻을 수 있도록 해 주며, 관광에 관한 정보의 보급은 사람들의 관광에 대한 욕구를 높이도록 해 주고 있다.

따라서 관광정보는 관광객에게 관광욕구를 충족시키고 관광행동 결정에 유익한 정보, 관광사업자와 관광기관에 관광수요와 공급 그리고 관광객 행동에 관한 가치 있는 정보라고 할 수 있다. 관광체계 내에서 관광정보는 교통수단과 함께 관광주체인 관광객과 관광객체인 관광대상(관광자원, 관광시설과 서비스 등)을 연결시켜 주는 관광매체(매개물)로서 바람직한 관광체험 욕구를 충족시키는 역할을 수행하며, 다양한 관광정보의 보급은 사람들의 관광에 대한 욕구를 고취시킨다.

이러한 관광정보는 수요측면과 공급측면으로 나누어 정의할 수 있다. 수요측면에서의 관광정보란 '관광객의 관광욕구를 충족시키고 목적지향적인 관광활동을 위해 가치 있는 형태로 처리 · 생산 · 전달되는 관광관련 정보'라 정의할 · 결정하는 데 필요로 하는 정보를 제공할 목적으로 관광객들의 관광경험에 관한 정보와 가치를 평가하여 이를 근거로 목적지와 목적지 내에서의 관광활동에 대한 정확하고 유익한 정보를 제공하고, 안내를 통해 관광객의 만족을 높임은 물론 목적지의 관리도 용이하게 하는 것'이라고 할 수 있다.

〈표 13-1〉은 관광정보를 정보주기, 제공방식, 이용주체 및 정보소재지 등으로 분류한 것이다.

표 13-1 관광정보의 분류

분류	종류	특성	예
정보주기	동태정보	해당 정보의 갱신 시기가 일간·주간·월간·연간 등으로 나누어지는 정보	일간지, 여행신문, 월간지, 연차보고서 등
	정태정보	관광지 소재, 위락시설의 종류 등과 같이 생산될 수 없거나 갱신 정도가 약한 정보	교재(지리, 국사), 법규 등
제공방식	직접정보	관광기업이나 기관에서 광고나 간행물 등을 통하여 관광객에게 의도적으로 전달되는 정보	E-mail, DM, 브로슈어, 동호회지 등
	간접정보	친구·친지의 이야기, 시나 기행문 등의 일반 문헌, 지리·역사 등 학습자료와 잡지, 신문, TV 등의 대중매체를 통한 정보로서 관광목적은 아니나 관광객에게 영향을 주는 정보	구전, 기행문, 소설, 시, 영화, TV드라마 등
이용자주체	공공기관정보	관광정책 결정에 필요한 공공기관 자료, 방한 외래관광객 수 등	관광공사 제공 정보, 정책보고서 등
	학술정보	관광관련 교통비, 접근소요시간, 연간 휴가일수에 관한 정보, 연구서 등	국내외 학회지
	사업정보	연간 투숙률, 평균체재일수, 이용자 수, 참여율 등	연차보고서(정부), 관광공사 제공 관광정보
	관광일반정보	숙박시설안내, 편의시설 및 관광지의 소개 등	안내책자, 인터넷 관광정보 등
정보소재지	국내정보	국내관광지의 소재지, 국내관광참여율, 숙박시설 정보 등	국내 관광통계, 연차보고서, 협회보고서 등
	국외정보	다른 나라의 외래관광객 수, 숙박현황, 국외여행경비 등	외국의 관광통계 및 현황 정보 등

2. 관광정보의 중요성

관광정보는 관광객들의 목적지향적인 선택활동을 하는 데 있어 중요한 역할을 하는데, 이는 관광주체인 관광객과 관광객체인 관광시설 및 휴양시설, 관광자원 등의 관광대상을 연결시켜 주는 관광매체로서의 관광체험 욕구를 충족시킨다.

특히 온라인 정보는 관광사업의 영역확대 측면에서도 중요한데, 인터넷을 통한 정보의 확산은 관광산업체와 타 산업에 미치는 영향이 크기 때문이다. 온라인 정보서비스는 관광정보 이용자와 제공자에게 비용감소의 효과와 정보선택의 다양성 효과를 가져 온다.

인터넷 관광정보의 중요성을 관광객 입장과 관광정보제공자의 입장으로 나누어 생각해 볼 수 있다. 우선 관광객 입장에서 관광정보의 중요성을 살펴보면 다음과 같다.

첫째, 관광객들은 인터넷 관광정보를 통하여 어떠한 관광기회가 존재하는지를 알 수 있고 또 그러한 기회를 어떻게 얻을 수 있는지를 알 수 있다. 이에 따라 관광경험에 대한 질을 높일 수 있는 것이다.

둘째, 관광정보는 관광객이 의사결정을 하는 데 있어서 위험요인을 줄여줌으로써 올바른 판단을 내리게 해준다.

셋째, 관광정보는 관광에 필요한 모든 준비물을 계획하고 교통, 숙박, 음식 등에 관련된 정보를 획득하고 쉽게 예약을 할 수 있게 해준다.

넷째, 관광정보는 관광객이 목적지에 직접 가 본 경험이 없더라도 간접적으로 체험할 수 있는 기회를 제공함으로써 목적지의 관광시설이나 관광자원을 깊이 이해하는 데 도움을 준다.

다섯째, 인터넷을 통한 관광정보는 저렴한 비용으로 시간과 공간을 초월하여 어느 때나 필요한 정보를 획득할 수 있다.

한편 관광정보제공자의 입장에서 관광정보의 중요성을 살펴보면, 관광상품이 관광객에게 구매로 연결되어 체재일수를 늘린다는 것이다. 관광시장의 경쟁환경에서 경쟁우위를 유지하기 위해서는 관광객의 유치가 필수적인데, 관광객에게 유익하고 흥미 있는 관광정보를 제공함으로써 정보자체가 경쟁력의 원천이 될 수 있는 것이다.

또한 관광정보의 제공이 쌍방향으로 이루어지는 경우 관광객들로부터 유익한 정보를 획득하여 관광시장의 특성을 알 수 있게 해주는데, 이는 관광객들로부터 얻은 정보를 통하여 문제점을 개선할 수 있고, 잠재 관광시장을 공략하는 데 도움을 줄 수 있다.

제2절 관광정보의 기능과 특성

1. 관광정보의 기능

1) 직접기능

관광정보는 관광행동선택 시 판단이나 예상의 자료가 됨으로써 의사결정에 따른 불확실성을 감소시켜 주고, 합리성과 신속성을 제공한다. 더불어 관광객에게 관광욕구나 동기를 직접적으로 자극하여 잠재관광수요를 창출한다.

2) 간접기능

관광기업이나 관련기관들이 제공하는 관광정보의 효용은 관광객의 의사결정에 절대적인 영향을 미치는 것 이외에도 다양하다.

첫째, 관광정보는 관련조직을 활성화시킨다. 관광정보제공은 수요를 창출하여 이윤을 증대시킬 수 있으므로 관광관련 조직구성원의 업무에 대한 욕구와 직무만족을 증진시킴으로써 조직의 활성화에 기여한다.

둘째, 관광정보는 관광산업의 경영합리화와 관광지 및 지역경제 활성화를 도모할 수 있다. 관광정보는 잠재관광객들의 수요를 자극하여 관광을 창출하므로 지역경제의 활성화를 가져온다.

셋째, 관광정보는 관광자원의 훼손을 방지하며, 관광지 주민들과의 갈등을 감소시킬 수 있다. 정확하고 상세한 관광정보는 관광객의 관광지에 대한 인식을 제고시킬 수 있으며, 현지사정에 대한 이해를 도와 만족스러운 관광활동에 기여한다.

2. 관광정보의 특성

1) 무형성

관광정보는 무형성을 지니고 있다. 정보의 가장 큰 특징이라 할 수 있는 무형성은 관광정보에도 예외가 될 수 없다. 관광정보는 관광지의 상황과 정세에 대한 자세한 소식이나 자료로서 일반소비재와는 달리 손에 잡힐 수 있는 일정한 형태를 취하지 않고 있다.

2) 가치특정설

관광정보는 가치특정설을 지니고 있다. 관광정보는 행위를 수반하는 의사결정에 있어 그것을 필요로 하는 사람에게만 가치를 갖는 지식이므로, 관계없는 사람에게는 단순한 일반지식에 불과하고 큰 변화를 초래하지 않는다.

3) 비체계성

관광정보는 주변의 제반 상황들과 관련이 있다. 기업경영에 중요한 정보의 상당수는 원래 비체계적인 형태를 띠고 있다. 정보의 가치는 주어진 정보를 어떻게 분석하고, 해석하며, 이해하는 데 달려 있다. 이러한 특징은 관광정보에서도 예외가 될 수 없다. 따라서 관광정보를 효과적으로 이해하기 위해서는 해당 관광정보의 배경 또는 상황의 이해가 중요하다.

4) 가치체감성

관광정보의 특징으로는 가치체감성을 들 수 있다. 정보는 어떤 행위를 수반하는 의사결정을 위한 지식이기 때문에 그 역할이 열매를 맺지 못하면 그 가치가 줄어드는 것은 당연하다. 특히 관광정보는 사회 · 경제 변화에 매우 민감하며, 관광객의 욕구가 수시로 변화하기 때문에 적재적시에 알맞은 관광정보를 제공하지 못하면 그 가치는 당연히 감소하게 될 것이다. 따라서 이러한 모든 상황에 부응하는 효율적인 관광정보의 체계적인 관리가 필요하다.

5) 매체의존성

관광정보는 매체의존성이 강하다. 관광정보는 각종 관련서적이나 TV 광고 및 선전 등과 더불어 관광안내소, 관광안내판, 관광안내원, 관광안내자료, 컴퓨터통신망(PC통신, 인터넷), SNS 등을 통해 전달 · 제공되고 있어 매체에 대한 의존성이 높다.

6) 변화성

관광정보업은 다른 업종과는 달리 상당한 변화를 요구하고 있다. 이는 다양한 주위환경의 변화와 정보의 다양화로 인해 수시로 정보가 변화하기 때문이다. 일반여행상품의 경우에는 계절과 시기에 민감하지만, 어느 정도 시간적인 여유는 있다. 그러나 관광정보업은 하루가 달리 변화하기 때문에 관광정보업체는 다양한 정보를 탐색하여 이에 대해 분석해야 한다.

7) 컴퓨터의존성

현대의 기계문명 발달과 더불어 등장하게 된 것이 컴퓨터의 보급이며, 이는 다양하게 각 업체별로 사용되고 있는데, 정보업에 있어서는 이러한 컴퓨터 시스템이야말로 필수적이다. 관광정보업에 있어서는 물론 인적 정보도 상당히 중요시 여기고 있다. 그러나 다양하고 방대한 정보를 컴퓨터를 이용한 기계에 의존하지 않고서는 불가능하다.

특히 관광에 대한 정보를 제공하고 이를 사용하는 관광정보업의 세계에서는 이를 저장하고 체계화시키는 것은 컴퓨터가 아니고서는 불가능하며, 요즘에는 인터넷을 통하여 전 세계인들도 다양한 정보를 보급받고 있어서 컴퓨터야말로 인적 자원에 못지않을 만큼 관광정보업에 있어서 중요한 요소가 되었다.

제3절 관광정보의 제공형태

1. 온라인 정보

1) 인터넷 관광정보

관광의 발전은 기존 정보제공만으로는 감당하기 어려울 정도로 급성장하였고, 고객의 욕구에 대한 좀 더 다각적인 대응이 필요하게 되었다. 이것은 정보기술의 발전에 따른 정보통신분야의 지원으로 가능하게 되었는데, 이러한 관광소비자의 욕구에 맞추어 정보제공의 수단으로 인터넷이 활용되기 시작하였다.

이제는 인터넷을 통하지 않으면 관광정보를 미리 입수하는 것이 쉽지 않으며, 인터넷을 통한 관광정보수집이 대중화되고 있기 때문에 인터넷을 통한 관광정보가 커뮤니케이션의 중요수단으로 자리를 잡고 있다.

관광정보제공이 인터넷을 통하여 제공하게 된 요인에는 여러 가지 환경적 요인이 작용하였다. 그 중에서도 PC 이용자의 급격한 증가로 인하여 인터넷 웹서비스 이용자의 증가와 함께 매체환경의 변화이다. 기존의 한방향 커뮤니케이션에서 쌍방향 커뮤니케이션으로 매체의 개념이 변화하고 있으며, 소비자의 욕구에 부응할 수 있는 매체의 출현과 이를 뒷받침할 수 있는 정보기술의 발달을 들 수 있다. 또한 소비자의 입장이 변화하였다. 인터넷의 등장으로 인하여 정보를 수동적인 입장이 아니라 보다 능동적으로 정보를 찾아가서 선택하는 상호작용적인 정보이용자로 바뀌어가고 있다. 인터넷은 현대의 관광정보 이용자들에게 보다 능동적인 행동을 할 수 있는 뒷받침이 되고 있다.

따라서 인터넷 관광정보란 웹상에서 홈페이지를 통해 제공되는 게시판, E-mail 서비스, 영상 또는 음성을 통해 각종 관광관련정보를 접할 수 있도록 제공되는 관광정보이다. 여기서 인터넷(Internet)이란 국제 컴퓨터 통신망의 한가지로 서로 다른 컴퓨터 또는 네트워크 사용자들과 연결하여 여러 가지 서비스를 제공받으며 통신할 수 있는 세계 최대의 컴퓨터 통신망이다. 웹(Web)이란 월드 와이드 웹(World Wide Web)의 준말로서 동영상 · 음성 · 문자 따위의 멀티미디어 환경으로 인터넷 정보를 찾아볼 수 있도록 해 주는 검색 서비스를 말한다.

이처럼 인터넷은 사용하기 쉽고, 전 세계의 정보를 수집 · 검색하며, 이용자가 참여할 수 있는 쌍방향적인 개방형 네트워크라는 장점을 가지고 있기 때문에 전 세계적으로 매우 효과적인 정보제공수단으로 대두되었다. 그리고 관광정보시스템에 인터넷이 도입되면서 관광사업자들은 시간적 · 공간적 제약의 극복, 유통채널의 단축, 별도의 판매거점의 불필요, 마케팅활동의 효율성 제고, 고객요구에 대한 신속한 대응, 소자본 한계극복 등과 같은 여러 가지 가능성을 제공하게 되었고 관광객들에게는 다양한 관광정보를 제공하여 사전 간접경험과 기회를 주어 관광관련 거래를 활성화시키는 계기가 되었다.

한편 관광정보의 가치는 이용자가 어떻게 정보를 이용하느냐에 따라 다르다고 할 수 있다. 비록 제공되는 인터넷 관광정보가 객관적으로 검증이 된 가치 있는 정보라 할지라도 결국은 관광객의 의사결정에 미치는 영향과 관광욕구 충족의 정도에 따라 그 가치가 결정된다고 할 수 있다. 즉 관광정보는 절대적이거나 보편적인 가치를 가지는 것이 아니라 누가, 언제, 어떤 상황에서 사용하느냐에 따라 상대적인 가치를 지닌다.

2) 인터넷 관광정보의 유형과 특성

(1) 인터넷 관광정보의 유형

국내 관광정보 및 해외 관광정보가 실시간으로 인터넷을 통해 접할 수 있기 때문에 인터넷을 통한 관광정보는 그 어느 다른 매체보다도 쉽게 접근이 가능하다. 세계 각 국가 관광청의 홍보 사이트를 비롯하여 항공사 · 여행사 · 호텔 · 관광지 및 지방자치단체 등의 관광 관련 사이트가 수도 없이 많으며, 최근 들어서는 특히 관광 관련 개인홈페이지를 개설하는 경우도 급격하게 증가하고 있어서 인터넷에서 제공하는 관광정보의 양은 무한하다고 표현할 수 있을 정도이다.

따라서 웹사이트의 유용성은 이용자들에게 얼마나 가치 있는 정보를 제공하느냐와 더불어 어떻게 효과적으로 정보를 검색하느냐가 매우 중요한 문제가 되므로, 예를 들면 관광객이 관광지를 방문하기 전에 해당 관광지에서 필요한 사전 정보를 얻을 수 있도록 관광지 유형에 맞는 필요한 정보를 알기 쉽게 제공하는 것이 중요하다.

인터넷 관광정보의 유형을 정리해 보면, 첫 번째로 예약정보는 숙박, 항공권, 렌터카 등의 예약 및 구매에 관한 정보이다. 두 번째로 여행정보는 이벤트, 자연경관, 주변관광지, 지리, 문화재, 유적 등의 관광자원에 관한 정보이다. 세 번째로 경험정보는 여행을 다녀 온 사람들의 경험에 관한 정보와 여행경험자가 제공하는 다양한 형태의 정보이다. 네 번째로 가격정보는 여행상품가격, 가격할인 정보, 할인쿠폰 등에 관한 정보이다. 마지막으로 교통정보는 교통요금이나 시간표와 같은 관광지까지의 교통편에 관한 정보를 말한다.

표 13-2 인터넷 관광정보의 유형

유형	내용
예약정보	숙박, 항공권, 렌터카, 기차표, 예약 취소 등에 관한 정보
여행정보	이벤트, 자연경관, 주변관광지, 지리, 문화재, 유적 등에 관한 정보
경험정보	추천관광지, 여행계획, 여행경험 등에 관한 정보
가격정보	여행상품가격, 가격할인, 숙박 · 먹거리 할인 등에 관한 정보
교통정보	교통, 기차시간표, 교통요금 등에 관한 정보

(2) 인터넷 관광정보의 특성

인터넷 사용이 일상생활과 밀접해지게 되면서 여행업무가 온라인 서비스로 재편되어 가고 있으며 관광객들은 여러 관광정보를 바탕으로 자동차 렌트, 항공기, 숙박시설, 관광지 등 여행예약을 손쉽게 할 수 있게 되었다. 인터넷 관광정보의 특성을 살펴보면 다음과 같다.

첫째, 공간의 제약이 없다는 점이다. 예를 들어 여행사 사무실 내의 PC를 통하여 국내는 물론이고 전 세계를 상대로 정보제공을 할 수 있다. 해외지사나 해외대리점을 연결하는 일이나 여행객으로부터 주문을 받는 일이 여행사 사무실 내에서 PC를 통해 가능하며 전 세계를 대상으로 전자게시판, 뉴스그룹, 탐색엔진, 전자신문 혹은 자신의 웹사이트를 통하여 정보를 제공할 수 있다.

둘째, 시간적인 제약이 없다. 24시간 계속해서 여행상품에 대한 정보를 제공할 수 있고, 또한 일정시간이 지나더라도 그러한 정보가 사라지지 않기 때문에 관광객들은 언제든지 자신이 원하는 시간에 접속만 하면 관광정보를 획득할 수 있기 때문에 광고효과에서도 오히려 유리한 면이 있다.

셋째, 정보전달을 위한 광고비가 저렴하다. 인터넷을 통해 관광정보를 전달하는 것은 기존 4대 매체(TV, 신문, 라디오, 잡지)에 비해 광고비가 매우 적다. 여행사는 대부분 소규모로 운영되기 때문에 대중매체를 통한 광고를 하기가 쉽지 않으므로 인터넷 관광정보에 의존하게 된다.

넷째, 쌍방향 커뮤니케이션이 가능하다. 여행사는 인터넷 홈페이지 상에서 이루어지는 온라인 채팅이나 토론그룹, 게시판 등을 통하여 여행소비자들의 여행에 대한 신뢰도 · 선호도 혹은 그들이 정말 필요로 하는 정보가 어떤 것인지를 알 수 있으며, 마케터들이 시장에 대해 알고 있는 것과 모르고 있는 것에 대한 정확한 분석도 가능하다. 여행소비자들도 여행사에 대한 불평 · 불만 · 여행상품에 대한 의견, 시장동향 등에 대한 정보를 전자우편을 통해 여행사에게 의견을 줄 수 있다.

다섯째, 광고 분량에 제한이 없다. 영상, 그래픽, 음향, 문자 등 다양한 멀티미디어 기술을 이용한 광고가 가능하며 여행사 홍보 및 여행상품 광고뿐만 아니라 다양한 정보를 결합한 정보형 광고가 가능하다.

여섯째, 광고효과 측정이 용이하다. 이용자가 자신의 정보를 몇 번 이용하였는지 얼마나 오랫동안 머물러 있었는지가 자동 측정되며, 이용자가 자신의 ID를 이용하여 들어오는 경우 보다 정확한 소비자 정보를 입수할 수 있어 이런 자료들이 축적되면 데이터베이스 마케팅(Database Marketing)이나 효과적인 직접 마케팅(Direct Marketing)을 할 수 있는 훌륭한 기초 자료가 될 수도 있다.

또한 인터넷 관련도구의 발달로 WWW(월드와이드웹)에서 각종 관광관련 정보를 영상 또는 동영상과 음성으로 접할 수 있기 때문에 관광관련 정보를 시청각으로 접할 수 있어 현장감과 생동감이 넘치는 가상 인터넷 여행을 즐길 수 있다.

2. 오프라인 정보

1) 직접체험

직접체험은 관광관련 정보취득의 가장 좋은 방법이라 할 수 있는데, 이는 관광목적지를 판단할 수 있는 훌륭한 기회가 된다. 관광시설, 숙박시설, 편의시설 등을 평가하는 데 있어 직접적인 경험 이상의 것이 없다.

관광상품에 대한 직접적인 체험지식과 정보를 얻는 데 유용한 수단으로는 시찰초대여행이 있다. 시찰초대여행은 팸투어(Familiarization Tour)라고도 하는데 이는 관광공급업자가 여행업자나 언론보도관계자 등을 초청해서 루트나 관광지, 관광시설, 관광대상 등을 시찰시키는 것이다.

관광공급자는 관광알선업자나 여행업자로 하여금 자사의 상품을 보다 많이 판매하도록 하기 위해 이러한 여행을 기획하는데, 관광공급자는 이에 소요되는 경비일체 또는 일부를 부담한다. 반면에 팸투어에 참가한 여행업자나 언론보도관계자들은 공급자에 의해서 기획된 곳을 시찰하고, 행사에 참가하고, 목적지에 대한 기록을 작성하며, 동료들과 함께 새롭게 느낀 점에 대해 의견을 나누는 등 관광정보를 습득할 수 있는 기회를 마련해 준다.

2) 구전

구전(WOM: Word of Mouth)이란 특정제품이나 서비스에 관하여 개인의 체험에 근거한 비공식적이고 비상업적인 코멘트나 의견으로서, 개인적인 의사소통 경로를 통해 긍정적이거나 부정적 혹은 중립적인 정보를 그들의 이해관계를 떠나서 교환하는 자발적인 의사소통 행위 또는 과정이라고 할 수 있다.

소비자 간의 구전활동이 소비자행동에 큰 영향을 미치게 되는 것으로 다음의 세 가지를 들 수 있다. 첫째, 소비자 간의 커뮤니케이션은 일반적으로 매우 신뢰성이 높은 정보원천이다. 둘째, 소비자 간의 구전은 TV광고와 같이 일방적인 의사소통이 아니라 쌍방적 의사소통에 의해 이루어진다. 셋째, 구전은 대리학습(vicarious learning)을 가능하게 한다.

따라서 구전은 가장 영향력 있는 정보형태의 하나이다. 일반인들은 가족 · 친구 · 친지 등을 통하여 유용한 정보를 얻을 수 있고, 관련업에 종사하는 사람들은 고객이나 다른 경로를 통해 구전정보를 얻을 수 있다.

3) 인쇄 · 멀티미디어 관광정보

인쇄 · 멀티미디어 관광정보의 대표적인 형태로는 관광안내책자, CD-ROM, 도로 · 교통 지도책자, TV · 신문 · 잡지 등을 들 수 있다. 이들의 특징을 살펴보면 다음과 같다.

첫째, 인쇄정보의 대표적 형태인 안내책자는 관광지에 관심을 보이고 있는 관광객이 목적지 정보를 접할 수 있는 판촉물이다. 정보의 내용은 풍부하고 다양하지만, 배포에 어려움이 있고 일반인이 접하기도 어려운 점이 많아 주로 특정 목적지에서 사용되는 홍보수단이다.

둘째, CD-ROM을 통한 안내정보는 CD에 수록되어 현지 관광정보와 동영상을 제공한다. 그리고 주요 목적지의 교통 · 명소 · 숙박시 · 음식점 · 쇼핑 · 오락 · 기후 등의 안내정보를 구체적으로 수록하는 경우가 많다.

셋째, 도로 · 교통지도 책자는 자세한 도로망이 수록되어 있어서 주로 개인적으로 여행하는 관광객들에게 길잡이 역할을 한다.

넷째, 언론매체의 정보로 신문에서는 특집기사의 형식으로 관광방문 경험담을 소개하고, 잡지에서도 별책부록 등으로 관광목적지에 대한 정보를 제공하기도 한다. 이들은 생생한 경험담을 바탕으로 작성한 것이기 때문에 안내정보가 매우 자세하고 현장감이 있다는 장점이 있다.

제14장

관광 법규

1 관광법규의 특성과 구조

2 관광기본법

3 관광진흥법

제1절 관광법규의 특성과 구조

1. 관광법규의 특성

1) 관광법규의 의의

관광법규는 '관광행정에 관한 국내공법'을 말한다. 즉 관광법규는 관광활동에 관한 질서유지와 권리 · 의무관계를 규율하며, 행정기관의 관광행정행위에 관하여 규정한 법이다. 그러므로 관광법규는 관광행정을 그 중심개념으로 한다. 또한 관광법규는 오로지 국내 관광행정에 관한 법이며, 국제법과 구별되는 개념으로 국내에 거주하는 내국인은 물론이고, 국내에 체재하는 외국인관광객, 외국인관광사업자, 외국인관광종사원 모두를 규율한다. 그리고 관광법규는 관광행정을 담당하는 국가 및 지방자치단체와 개인 간의 관계를 규율하며, 공익보호를 우선으로 하는 법이다. 따라서 관광행정주체가 개인에 대하여 우월적 지위에 서서 일방적으로 명령 · 강제하게 되는데, 그러한 명령 · 강제의 목적이 공공성을 지닌다는 점에서 사익보호를 우선으로 하는 사법과 다르다.

2) 관광법규의 특성

(1) 특별법적 성격

관광법규는 관광이라는 특정한 분야에 국한하여 적용되는 특별법으로서의 성격을 갖는다. 그러므로 관광분야에 관하여 적용되고 있는 관광법규 이외의 다른 법과의 관계에 있어서 이들 법보다 관광법규가 우선 적용되고 있다. 더욱이 관광법규와 동격인 다른 법률에서 금지하고 있는 사항까지도 관광법규에서 그 금지규정의 적용을 배제시키는 경우도 있다. 그 대표적인 사례를 보면「국토의 계획 및 이용에 관한 법률」(이하 '국토계획법'이라 한다)에서 숙박시설건축을 금지하고 있는 일반주거지역이나 준주거지역 내에서도 사업계획의 승인을 얻은 경우에는「관광진흥법」 제16조의 규정에 의하여 '국토계획법'의 금지규정의 적용을 배제함으로써 관광숙박시설건축을 가능하도록 하였다.

(2) 복지지향적 성격

관광법규는 여가활동을 통하여 국민의 삶을 풍요롭게 함으로써 복지를 실현하는 데 기여하는 복지지향적 법이다. 관광법규는 모든 사람이 관광의 즐거움을 누릴 수 있도록 관광질서를 유지할 뿐만 아니라 관광기회의 확대, 관광편의의 제공, 관광자원의 개발 등 관광환경을 지속적으로 개선해 나가도록 각종 정책을 제도화한 것이다.

(3) 관련법규의 다양성

관광법규가 규율하는 관광분야는 사회현상 전체와 연관되어 있는 복합적인 성격을 갖고 있기 때문에 다른 분야를 규율하는 행정법(예: 건축법, 국토의 계획 및 이용에 관한 법률, 공중위생관리법, 식품위생법, 산림법, 농지법, 하천법 등)과 직·간접적으로 연관을 맺고 있다. 부연

하면 관광산업은 관광객에게 일상생활에 필요한 모든 것, 즉 운송 · 숙박 · 음식 · 운동 · 오락 · 휴양 및 서비스까지를 제공하거나, 또는 관광에 따르는 시설의 설치 · 운영 등을 대상으로 하는 복합적인 산업이기 때문에 이러한 모든 것을 규율하는 관광법규는 이들 사업분야를 개별적으로 규율하는 다른 많은 개별법들과 연관을 맺지 아니할 수 없다. 또 관광법규에는 다른 행정법에서 규정하고 있는 행정처분(예; 허가, 인가, 승인, 지정, 면허 등)을 의제처리하는 사항이 유달리 많은 것도 관광법규가 그만큼 많은 법들과 관련을 맺고 있기 때문이고, 관광산업이 그만큼 복합적인 산업이기 때문이다.

2. 관광법규의 구조

1) 협의의 관광법규

협의의 관광법규는 인간의 관광활동을 보호 및 진흥을 하는 데 직접적으로 필요한 법을 말한다. 즉 관광활동에 직접적인 영향을 미치며, 우리나라 관광진흥을 위한 국가와 지방자치단체의 책임 및 관광사업, 관광자원개발, 관광자금 등을 내용으로 하는 법을 말한다. 협의의 관광법규 중 현행법으로는 관광기본법, 관광진흥법, 관광진흥개발기금법, 한국관광공사법, 국제회의산업 육성에 관한 법률 등을 들 수 있다.

2) 광의의 관광법규

광의의 관광법규는 관광활동을 직접적으로 보호 · 촉진하는 데 필요한 법을 제외한 관련법을 말한다. 즉 협의의 관광법규인 관광기본법, 관광진흥법, 관광진흥개발기금법, 한국관광공사법, 국제회의산업 육성에 관한 법률 등을 제외한 관광활동에 간접적으로 관련된 법을 광의의 관광법규라고 할 수 있다. 여기에는 행위제한에 관한 법규, 개발 및 이용에 관한 법규, 교통 · 운수에 관한 법규 및 자원의 보존과 관리에 관한 법규 등으로 구분할 수 있다.

행위제한에 관한 법규로는 출입국관리법, 여권법, 외환관리법, 공중위생법, 식품위생법, 검역법, 조제감면규제법, 법인세법, 부가가치세법, 특별소비세법 등이 있다. 개발 및 이용에 관한 법규로는 국토건설종합계획법, 국토이용관리법, 도시계획법, 건축법, 농지의 보전 및 이용에 관한 법률 등이 있다. 교통 · 운수에 관한 법규로는 항공법, 자동차운수사업법, 도로법 등이 있다. 그리고 자원의 보존과 관리에 관한 법규로는 공원법, 자연공원법, 도시공원법, 문화재보호법, 환경보전법, 산림개발법, 공유수면관리법 등이 있다.

제2절 관광기본법

1. 관광기본법의 제정 배경과 특성

1) 관광기본법의 제정 배경

1965년 한일회담이 정상화되어지고 일본을 비롯한 세계 각국의 관광객이 증가하면서, 관광을 국가발전의 원동력 및 국가전략산업으로 육성할 필요를 느끼게 되었다. 동시에 관광정책을 수립하는 데 근거가 될 수 있는 새로운 이념의 필요성을 인식하게 되었다.

관광사업진흥법(1961년 제정)이 폐지되면서, 국제친선의 증진과 국민경제의 향상을 기하고 건전한 국민관광의 발전을 도모하기 위하여 1975년 12월 31일 법률 제2877호로 관광법규의 헌법이라 할 수 있는 관광기본법이 제정되었다.

관광기본법은 제정 당시 15개 조항으로 시작하였으나, 두 번의 개정에도 불구하고 현재 14개 조항을 유지하고 있어 법 제정 당시와 큰 변화는 없다. 2000년 제1차 개정에서는 제1조(목적)에 '국민복지 향상'이 추가되었으며, 제15조(관광정책심의위원회) 규정이 삭제되었다.

관광정책심의위원회는 관광기본법에 근거해 1976년 9월 4일 대통령령 제8238호로 국무총리 산하에 두었으나, 2000년 4월 12일 대통령령 제

1677호에 의해 폐지되었다. 위원회의 심의사항은 관광진흥장기계획 및 연도별 계획, 관광진흥시책 및 동향에 관한 국회에 제출할 연차보고서, 관광객유치와 선전활동에 관한 주요 시책, 관광자원개발 및 수용태세 정비에 관한 주요 시책, 관광진흥에 관한 관계부처 간의 의견 조정 등을 처리하기 위하여 관광진흥 · 관광자원개발 · 관광홍보조정 등 3개의 실무위원회를 조직하였다. 관광기본법 제정 당시 관광정책심의위원회는 국무총리, 경제기획원장관, 교통부장관 등 관계부처 장관과 국무총리가 위촉한 자로 구성된 20명 이내의 조직이었지만, 1995년 위원장을 국무총리에서 문화체육부장관으로, 위원을 관계부처 장관에서 차관으로 변경하여 국무총리에게 보고하는 형태로 변경되었으나, 2000년 관광기본법의 개정에 따른 근거규정이 삭제됨에 따라 폐지되었다.

2007년 시행의 2차 개정은 법 제1조(목적) 중 "국제친선의 증진과 국민경제 및 국민복지의 향상을 기하고"를 "국제친선을 증진하고 국민경제와 국민복지를 향상시키며"와 같은 문안을 고치는 이외의 변경은 없었다.

2) 관광기본법의 특성

일반적으로 법체계에 있어 '기본법'이라는 용어에는 어떤 분야의 정책의 기본적인 방향을 정하고 관련정책의 체계화를 도모하려는 의미가 담겨져 있다. 즉 당해 분야에 있어서 정책목표 내지는 정책이념을 제시하고, 정책내용으로서 목표 · 이념 등을 실현하기 위한 시책의 기본적인 항목을 열거하는 한편 해당 분야의 정책의 책정 내지 조정에 관련한 특별기구 등의 설치와 재원에 관한 사항 등을 그 기본적인 내용으로 하고 있다. 또한 당해 분야에 있어서 운영되는 활동의 종합적 · 효율적인 전개를 위한 계획의 방식에 관하여도 규정한다.

관광기본법도 이러한 일반적 기본법의 의의에 맞추어 볼 때 우리나라 관광정책의 기본방향을 정하고 관련정책의 체계화를 도모하려는 목적을 지니고 있다. 관광분야에 있어 관광정책의 목표와 이념 제시, 이러한 목표와 이념을 실현하기 위한 시책의 기본적인 항목을 제시하고 정책실현에 필요한 재원 마련 등에 대한 사항을 규정하는 것이 관광기본법의 내용이라 할 수 있다. 즉 관광기본법은 우리나라 관광정책의 비전과 방향을 제시하고, 관광진흥법을 비롯한 관련 관광법제들의 세부시책에 대한 근거를 제공하는 이른바 관광법제의 지도법적인 성격을 가지고 있다.

한편 관광기본법의 경우 다른 기본법들과 비교할 때 관광관련 타 법제들에 대한 구속력이 약하다. 즉 현행 관광기본법은 단순히 관광정책에 대한 사항들을 언명의 형식으로 나열해 놓고 있어 선언적 성격의 기본법으로 판단할 수 있다. 이러한 특성은 관광기본법의 구성체계에서 두드러지게 나타나는데, 시행령과 시행규칙이 없이 14개의 단문의 규정으로 정해 놓고 있다. 또한 세부 시행령과 규칙을 정하지 않고 있는 기본법들의 경우 각 조에 부가조항들을 달아 정책수립의 절차와 주체 등과 같은 최소한의 사항들을 밝혀놓고 있는 데 비하여 관광기본법은 그렇지 못하다.

2. 관광기본법의 구성체계

1) 관광기본법의 목적

관광기본법은 제1조에 "이 법은 관광진흥의 방향과 시책에 관한 사항을 규정함으로써 국제친선을 증진하고 국민경제와 국민복지를 향상시키며 건전한 국민관광의 발전을 도모하는 것을 목적으로 한다"고 하여 관광기본법의 목적을 국제친선의 증진, 국민경제의 향상, 국민복지의 향상, 건전한 국민관광의 발전에 두고 있다. 관광기본법에서 추구하는 목표나 지향점은 우리나라의 관광진흥인 것임을 알 수 있다.

2) 관광정책의 시책 및 추진 방향

이 법 제2조에서 "정부는 이 법의 목적을 달성하기 위하여 관광진흥에 관한 기본적이고 종합적인 시책을 강구하여야 한다"고 규정하고 있다. 관광은 그 특성상 사회현상 전체와 연관되어 있기 때문에 범정부차원의 기본적이고 종합적인 시책이 강구되어야 효율적인 관광진흥이 이루어지기 때문이다.

이 법 제7조(외국 관광객의 유치), 제8조(시설의 개선), 제9조(관광자원의 보호 등), 제10조(관광종사자의 자질 향상), 제12조(관광지의 지정 및 개발), 제13조(국민관광의 발전) 등은 관광진흥을 위한 시책의 추진 방향으로 볼 수 있다.

3) 관광진흥정책을 위한 수단과 관련된 규정

관광진흥시책의 추진을 위한 수단과 관련된 조항으로 제3조(관광진흥계획의 수립), 제5조(법제상의 조치), 제6조(지방자치단체의 협조), 제14조(관광진흥개발기금) 등을 들 수 있다.

그림 14-1 관광기본법의 구성체계

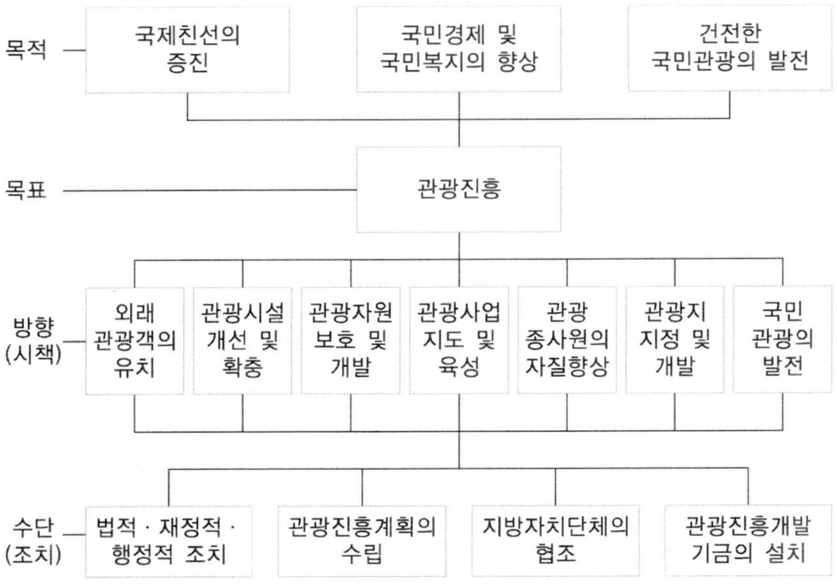

제3절 관광진흥법

1. 관광진흥법의 변천과정

1980년대는 우리나라 관광이 도약한 시기라고 할 수 있다. 1980년 1월 5일 야간통행금지의 해제, 1988년 서울올림픽 개최, 1989년 해외여행 자유화 조치 등으로 관광 도약의 여건이 조성되었다. 또 한편으로는 1970년대 후반기에 이르러 국민관광의 여건이 조성되자 이제까지의 국제관광 우선정책에서 벗어나 국민관광과의 병행발전정책으로 전환하게 됨으로써 새로이 발생하는 관광수요에 능동적으로 대처하기 위해 관광법규의 전면적인 개편이 필요하게 되었다.

1986년 12월 31일 기존의 관광사업법을 관광여건의 조성과 진흥에 기여하기 위한 관광진흥법으로 그 제명을 변경하고 관광단지개발촉진법을 폐지하여 그 내용을 이 법에 흡수 · 통합하는 한편, 현행 규정상 불합리한 제도나 행정절차를 보완하려 하였다.

1993년 12월 27일 일부개정이 있었는데, 외국인 관광객의 유치를 촉진하기 위하여 관광특구를 지정 · 운영할 수 있도록 하고, 관광자원의 효율적 개발을 위하여 관광개발을 위한 기본계획 및 권역별 계획을 수립 · 시행할 수 있는 근거를 마련하며, 여행자의 권익을 보호하기 위하여 기획여행을 실시하는 자에 대한 규제를 강화하는 한편, 관광사업의 갱신등록제도 등을 폐지하여 불합리한 행정규제를 완화하며, 기타 현행 규정의 시행상 나타난 일부 미비점을 보완하려는 것이었다.

1994년 8월 3일 일부개정이 있었는데, 카지노업이 관광외화획득뿐만 아니라 외국인 관광객 유치에도 기여하는 바가 크므로 사행행위 등 규제 및 처벌 특례법에서 사행행위영업으로 규정해 온 카지노업을 관광진흥법에 의한 관광사업으로 새로이 규정하되 카지노업의 건전한 발전을 도모할 수 있도록 관련 법제를 개선 · 보완하고, 기타 관광사업에 대한 불필요한 행정규제를 완화하려는 것이었다.

1999년 1월 21일 전부개정이 있었는데, 관광산업의 경쟁력 강화를 위하여 불필요한 규제를 폐지하고, 공중위생법에 의하여 보건복지부장관의 소관에 속하였던 유원시설업을 문화관광부장관의 소관으로 이관하며, 관광사업에 대한 문화관광부장관의 일부 권한을 시 · 도지사에게 이양하고, 관광시설의 확충에 필요한 외자유치 등을 위하여 필요한 사항을 정하려는 것이었다.

2002년 1월 26일 일부개정이 있었는데, 고부가가치산업인 관광산업을 국가전략산업으로 육성하기 위하여 민간에 의한 관광인프라의 구축을 촉진하고, 여행업자의 계약 및 약관의 위반행위로 인하여 발생하는 소비자 피해를 예방하여 건전하고 공정한 여행문화를 정착시키는 한편, 환경 · 미관을 크게 저해하는 경우 관광단지조성계획의 승인취소에 관한 근거규정을 신설하는 등 현행 제도의 운영과정에서 나타난 일부 미비점을 개선 · 보완하려는 것이었다.

2004년 10월 16일 일부개정이 있었는데, 외국인관광객의 유치촉진을 위하여 관광특구에 대한 지원을 강화하고, 행정처분효과의 실효성을 확보하기 위하여 관광사업자에게 영업의 승계원인이 발생한 경우 행정처분효과를 승계하도록 하는 한편, 관광사업의 등록 등의 업무를 지방자치단체의 장에게 이양하는 등 현행 제도의 운영과정에서 나타난 일부 미비점을 개선 · 보완하려는 것이었다.

2007년 4월 11일 전부개정이 있었는데, 법치국가에서의 법 문장은 일반 국민이 쉽게 읽고 이해해서 잘 지킬 수 있도록 해야 함은 물론이고 국민의 올바른 언어생활을 위한 본보기가 되어야 하는데, 우리의 법 문장에는 용어 등이 어려워 이해하기 힘든 경우가 많고 문장 구조도 어문(語文) 규범에 맞지 않아 국민의 일상적인 언어생활과 거리가 있다는 지적이 많음에 따라 법적 간결성 · 함축성과 조화를 이루는 범위에서, 법 문장의 표기를 한글화하고 어려운 용어를 쉬운 우리말로 풀어쓰며 복잡한 문장은 체계를 정리하여 쉽고 간결하게 다듬었다. 이렇게 함으로써 일반 국민이 쉽게 읽고 잘 이해할 수 있도록 하고, 국민의 언어생활에도 맞는 법률이 되도록 하여, 종래 공무원이나 법률 전문가 중심의 법률 문화를 국민 중심의 법률 문화로 바꾸려는 데에 기여하려는 것이었다.

2007년 7월 19일 일부개정이 있었는데, 관광숙박업의 등록 등을 받은 자에 대하여 관광숙박시설과 골프장을 연계하여 분양하거나 회원모집을 할 수 있도록 하고, 시행령에 위임된 분양 및 회원모집의 위반행위에 관한 규정을 법률에 명시하며, 카지노업 영업준칙에 반드시 포함되어야 할 사항을 법률에 명시하고, 대통령령으로 위임하고 있는 관광특구의 지정요건을 법률에 규정하며, 관광지 및 관광단지의 지정 등의 협의요청을 받은 관계 행정기관의 의견제시 의무규정을 두고, 현재 중단된 상태인 관광복권 발행 사업에 관한 근거 규정을 삭제하는 등 현행 제도의 운영상 나타난 일부 미비점을 개선 · 보완하려는 것이었다.

2008년 3월 28일 일부개정이 있었는데, 일반 관광사업자의 지위 승계시에는 현행과 같이 제7조의 일반적인 결격사유만 준용하되, 카지노사업자의 경우에는 제7조의 일반적인 결격 사유 외에 제22조의 결격사유도 적용되므로 카지노사업자에 대해서는 지위 승계 시 제7조 및 제22조의 결격사유 모두를 준용하도록 하려는 것이었다.

2008년 6월 5일 일부개정이 있었는데, 관광종사원 자격시험 관리업무를 전문 자격검정기관에 위탁할 수 있도록 하여 자격시험제도를 체계적이고 공정하게 운영할 수 있도록 하려는 것이었다.

2009년 3월 25일 일부개정이 있었는데, 급증하는 관광객의 이용 편의를 제공하기 위하여 우수숙박시설 지정제도를 도입하고, 지역관광진흥협의체에 대한 지원 근거를 마련하는 등 관광산업의 경쟁력을 높이기 위한 제도를 보완하는 한편, 여행객의 안전을 보호하고 여행계약을 성실히 이행하도록 여행계약 관련사항을 정비하는 등 현행 제도의 운영상 나타난 일부 미비점을 개선 · 보완하려는 것이었다.

2010년 3월 17일 일부개정이 있었는데, 현행 양벌규정은 문언상 영업주가 종업원 등에 대한 관리 · 감독상 주의의무를 다하였는지 여부에 관계없이 영업주를 처벌하도록 하고 있어 책임주의 원칙에 위배될 소지가 있으므로, 영업주가 종업원 등에 대한 관리 · 감독상 주의의무를 다한 경우에는 처벌을 면하게 함으로써 양벌규정에도 책임주의 원칙이 관철되도록 하려는 것이었다.

2011년 4월 5일 일부개정이 있었는데, 관광사업의 효율적 경영을 위하여 관광숙박업의 객실을 타인에게 위탁하여 경영할 수 있도록 하고, 문화관광해설사를 체계적이고 효과적으로 양성 · 활용하기 위해 문화관광해설사에 관한 법적 근거를 마련하며, 내국인의 국외여행 인솔자에 대한 등록 제도를 도입하고, 실효성이 미흡한 관광종사원 의무교육제도를 폐지하는 등 현행 제도의 운영상 나타난 일부 미비점을 개선 · 보완하려는 것이었다.

2014년 3월 11일 일부개정이 있었는데, 관광수요 증가에 대응하여 관광숙박업의 시설 및 서비스 수준을 높이고 이용자의 편의를 돕기 위하여 호텔업의 등록을 한 자 중 대통령령으로 정하는 자는 문화체육관광부장관에게 반드시 등급 결정을 신청하도록 하는 한편, 관광사업자는 호텔 등급 표지 등 관광표지를 사실과 다르게 붙이거나 관광표지에 기재되는 내용을 사실과 다르게 표시 또는 광고하는 행위를 하지 아니하도록 하고, 이를 위반한 경우에는 해당 관광사업자에 대한 등록취소 또는 영업정지 등의 행정처분을 하려는 것이었다.

2014년 5월 28일 일부개정이 있었는데, 장애인 및 저소득층 등 관광취약계층의 여행기회 확대 및 관광활동 장려를 위한 시책을 강구하고, 장애인 관광 지원사업 등에 대한 경비지원 및 관광취약계층에 대한 여행이용권 지급 근거를 마련하며, 수혜대상자의 자격검증 및 적정성을 확인하기 위한 관계부처 정보 제공 · 활용의 근거를 마련함으로써 사업의 원활한 수행 및 관광복지 대상자의 편의를 도모하려는 것이었다.

2015년 2월 3일 일부개정이 있었는데, 관광객 이용시설업에 야영장업을 추가하고, 야영장업자는 안전 · 위생기준을 지키도록 하며, 야영장업을 등록하지 않고 경영한 자에게는 2년 이하의 징역 또는 2천만원 이하의 벌금에 처하도록 함으로써 야영장에 대한 체계적인 관리 · 감독을 통해 이용자의 안전 등을 보호하고, 여행업자가 여행자와 계약 체결 시 해당 여행지에 대한 안전정보를 서면으로 제공하도록 하여 여행자에게 안전정보가 제대로 제공될 수 있도록 하였다. 또한, 유원시설에 배치되는 안전관리자는 문화체육관광부장관이 실시하는 유기시설 및 유기기구의 안전관리 등에 관한 교육을 정기적으로 받도록 하여 관리부실에 따른 안전사고를 예방할 수 있도록 하려는 것이었다.

2015년 5월 18일 일부개정이 있었는데, 보험가입 제도의 실효성을 제고하고 여행자 보호를 강화하기 위하여 여행업자는 여행계약 체결 시 여행자에게 보험 가입 등을 증명할 수 있는 서류를 내주도록 하고, 유원시설에서의 안전사고 발생 시 적절한 대응 및 추가적인 안전사고의 예방을 위하여 유기시설 또는 유기기구로 인한 중대한 사고 발생 시 사고보고를 의무화하고, 자료제출 및 현장조사 근거와 유기시설 등의 사용중지 · 개선 또는 철거 명령의 근거를 마련했다. 또한, 지역의 관광수용태세 개선 등 지역 내 관광진흥을 위하여 관광사업자, 관광 관련 사업자 및 지역주민 등이 참여하는 지역관광협의회를 설립할 수 있도록 하였다.

2015년 12월 22일 일부개정이 있었는데, 관광숙박업에 대한 사업계획의 승인 또는 변경승인을 받은 경우 그 사업계획에 따른 관광숙박시설이

학교의 보건 · 위생 및 학습 환경을 저해하는 유흥시설이나 사행행위장 등이 없고, 객실이 100실 이상이며, 학교 출입문으로부터 75미터 이상 위치하여야 하는 등의 요건에 해당하면, 이를 「학교보건법」에 따른 학교환경위생 정화구역에서도 설치할 수 있도록 하여 관광숙박시설을 확충함으로써 관광산업의 경쟁력을 높이려는 것이었다.

2016년 2월 3일 일부개정이 있었는데, 카지노업의 신규허가 시 허가 대상지역 및 세부 허가기준 등을 공고하도록 법률에 규정함으로써 「관광진흥법」에 따른 카지노업 허가뿐만 아니라 다른 법률에 따른 카지노업 허가 시에도 적용되도록 하고, 자격을 갖춘 관광통역안내사가 외국인 단체관광객에게 전문적 · 체계적인 관광안내를 제공하도록 함으로써 우리나라의 역사 · 문화 등 관광자원에 대해 올바른 인식을 심어주고, 관광통역안내사 자격제도의 실효성을 제고하기 위하여 관광통역안내의 자격이 없는 사람이 외국인 관광객을 대상으로 하는 여행업에 고용되어 외국인 관광안내를 하는 경우에는 100만원 이하의 과태료를 부과하도록 하고, 관광종사원 자격증을 다른 사람에게 대여하는 경우에는 그 자격을 취소하도록 하려는 것이었다. 또한, 폐교 및 폐산업 시설 등 유휴자원을 활용한 관광자원화를 촉진하기 위하여 유휴자원을 활용한 관광자원화 사업의 근거를 마련하려는 것이었다.

표 14-1 관광진흥법의 주요 제 · 개정 내용

구분	주요 제 · 개정 내용
법률 제3910호 1986.12.31. 전부개정	• 관광사업법에 의한 관광지에서의 관광자원 보호 · 관리업무와 관광단지개발촉진법에 의한 관광단지의 개발업무가 각각 개별법으로 이원화되어 있어 이를 통합 규정하고 그 제명을 관광진흥법으로 변경함 • 대규모 관광수요를 유발하는 국제회의의 계획 · 준비 · 진행 등을 대행하는 국제회의용역업을 이 법의 규율대상으로 함 • 대규모 국제회의나 외국인관광객을 유치하고자 하는 자는 미리 그 유치시기, 수용시설 등 유치계획을 교통부장관에게 제출하도록 하고, 교통부장관은 수용여건 등을 고려하여 그 계획의 조정을 권고할 수 있도록 함 • 관광종사원의 자격증을 5년마다 갱신하도록 함 • 관광사업의 사업정지에 갈음하여 과징금을 부과할 수 있는 근거를 마련하고, 관광사업의 등록을 취소하거나 사업정지 등 행정처분 시에는 청문을 거치도록 함
법률 제4645호 1993.12.27. 일부개정	• 여행의 목적지 · 일정 · 여행서비스의 내용과 요금을 사전에 정하여 여행자를 모집하는 형태의 기획여행을 실시하는 여행업자는 미리 이를 신고하도록 함 • 교통부장관은 특정한 지역 안의 관광사업에 대하여는 다른 법률에 의한 영업제한을 적용받지 아니하는 관광특구를 지정 · 운영할 수 있도록 함 • 관광숙박업 · 여행업 등을 경영하는 관광사업자 또는 관광종사원이 3년 또는 5년마다 하여야 하는 갱신등록제를 폐지함 • 휴양콘도미니엄을 위법 · 부당한 방법으로 분양하거나 회원을 모집할 수 없도록 하고, 이에 위반하는 사업자에 대하여는 사업계획의 승인을 취소할 수 있도록 함 • 교통부장관은 전국을 대상으로 하는 관광개발기본계획을, 도지사는 권역별 관광개발계획을 각각 수립 · 시행하도록 함 • 종전에는 한국관광공사 또는 한국관광공사가 전액출자한 법인만이 관광단지개발사업에 참여할 수 있었으나 앞으로는 한국관광공사가 출자한 법인과 민간개발자도 관광단지개발사업에 참여할 수 있도록 함

법률 제4778호 1994.8.3. 일부개정	• 카지노업을 관광외화획득을 위한 관광사업으로 육성하기 위하여 관광사업의 범위에 새로이 카지노업을 포함하도록 함 • 카지노업에 대한 허가 등 행정권한을 지방경찰청장에서 교통부장관으로 이관하고, 교통부장관이 카지노업의 허가를 함에 있어 공공의 안녕 · 질서유지, 국민정서 또는 카지노업의 건전한 발전을 위하여 필요한 경우에는 그 허가를 제한할 수 있도록 함 • 카지노사업자는 영업에 사용하는 카지노기구가 공인기준 등에 적합한지의 여부에 관하여 교통부장관의 검사를 받도록 함 • 관광사업자가 관광사업계획의 승인을 얻어 도시계획 용도지역 중 일정한 주거지역 · 공업지역 및 녹지지역 등에서 관광숙박시설 및 일정한 부대시설을 건축할 때에는 건축법에 의한 용도지역별 건축금지 및 제한을 적용하지 아니하도록 하고, 관광숙박업의 사업계획의 변경승인을 얻는 경우에는 건축법에 의한 용도변경허가를 받은 것으로 보도록 함 • 카지노사업자는 카지노사업의 건전한 육성 · 발전을 위하여 필요하다고 인정하여 교통부장관이 고시하는 영업준칙을 준수하도록 함 • 카지노사업자는 대통령령이 정하는 바에 의하여 총매출액의 100분의 10의 범위 안에서 일정금액을 관광진흥개발기금에 납부하도록 함 • 종전에 관광사업자가 요금을 신고하도록 하던 제도를 폐지하여 경영의 자율성을 높이도록 함 • 카지노사업자의 위반행위에 대한 처벌의 형량을 상향 조정하는 등 위반행위자에 대한 제재를 강화 · 보완하여 불법 및 변태영업을 방지하도록 함 • 기존의 카지노사업자에 대하여는 당해 허가의 유효기간 만료일까지 이 법에 의한 허가를 받은 것으로 보되, 그 유효기간이 1995년 12월 31일 전에 만료되는 경우에는 1995년 12월 31일까지 이 법에 의한 허가를 받은 것으로 보아 영업을 허용하고, 그 이후의 신규허가는 외화획득실적 등 교통부령이 정하는 일정 요건을 충족하는 자에게만 하도록 함

법률 제5654호 1999.1.21. 전부개정	• 종전에는 보건복지부장관의 소관으로 되어 있던 유원시설업을 문화관광부장관의 소관으로 이관하여 관광사업의 일종으로 규정하고, 유원시설업의 관리에 필요한 사항을 정함(법 제3조제1항제6호, 제5조제2항 내지 제4항 및 제30조 내지 제32조) • 관광숙박업 등 일부 관광사업에 대한 등록 및 사업계획의 승인권한을 종전의 문화관광부장관으로부터 시·도지사에게 이양함(법 제4조제2항 및 제14조) • 관광시설의 설치·운영에 따른 행정절차를 간소화하기 위하여 관광 사업에 대한 사업계획의 승인을 얻은 경우에는 농지전용허가 등 9개의 인·허가 등을 받은 것으로 의제함(법 제15조제1항) • 문화관광부장관은 외국인관광객의 유치촉진 및 수용여건 개선에 필요한 재원을 마련하기 위하여 외국인관광객을 대상으로 하는 관광복권을 발행할 수 있도록 함(법 제70조)
법률 제6633호 2002.1.26. 일부개정	• 민사소송법에 의한 경매, 파산법에 의한 환가나 국세징수법·관세법 또는 지방세법에 의한 압류재산의 매각 기타 이에 준하는 절차에 따라 관광사업자가 변동되는 경우에는 종전의 관광사업자와 공유자 또는 회원 간에 약정한 권리 및 의무사항도 함께 승계되도록 함(법 제8조제2항) • 여행업자는 여행계약을 체결하는 때에는 당해 서비스에 관한 내용을 기재한 계약서를 여행자에게 교부하도록 함(법 제13조의2 신설) • 안전성 검사를 받아야 하는 유원시설업자는 유기시설 및 유기기구에 대한 안전관리를 위하여 그 사업장에 안전관리자를 상시 배치하도록 함(법 제31조제2항 신설) • 여행업자가 고의로 계약 또는 약관을 위반하는 때에는 등록을 취소하거나 사업정지를 명할 수 있도록 함(법 제33조제1항제3호의2 신설) • 종전에는 관광단지를 개발하는 민간개발자에 대하여는 토지수용권을 부여하지 아니하였으나, 앞으로는 민간개발자가 관광단지 조성계획 상의 조성대상토지면적 중 사유지의 3분의 2 이상을 취득한 경우에는 잔여사유지에 대하여 토지수용권을 행사할 수 있도록 함(법 제52조제4항 단서 신설) • 문화관광부장관은 관광단지조성계획의 승인을 얻은 민간개발자가 사업중단 등으로 환경·미관을 크게 저해할 경우에는 당해 조성계획의 승인을 취소하거나 이의 개선을 명할 수 있도록 함(법 제53조의2 신설)

법률 제7232호 2004.10.16. 일부개정	• 여행업 · 관광숙박업 · 관광객이용시설업 및 국제회의업에 대한 문화관광부장관 또는 시 · 도지사의 등록권한을 각각 시 · 도지사 또는 시장 · 군수 · 구청장에게 이양함 • 관광사업자가 양수 또는 법인의 합병으로 관광사업자의 지위를 승계하는 경우 사업취소 · 정지처분 등의 행정처분의 효과도 함께 승계되도록 함 • 유원시설업을 하고자 하는 자에 대하여 일정한 기간 내에 문화관광부령이 정하는 기준에 적합한 시설 및 설비를 갖출 것으로 조건으로 하여 유원시설업을 허가할 수 있도록 함 • 유원시설업의 경우에 조건부허가 규정을 둠으로써, 시설과 설비를 갖춘 후 유원시설업 불허가로 인한 민간사업자의 손해를 사전에 방지하고 행정의 예측가능성을 확보하는 효과가 기대됨 • 관광지를 지정한 후 2년 이내 조성계획의 승인신청이 없거나 조성 계획 승인을 얻은 후 2년 이내에 사업을 착수하지 아니하는 때에는 관광지의 지정 또는 조성계획 승인의 효력이 상실되도록 함 • 무분별한 관광지의 지정 · 개발을 방지하고, 관광지가 장기간 방치됨으로써 대상지역의 효율적인 토지이용이 저해되는 문제가 해소될 것으로 기대됨 • 관광특구지역안의 문화 · 체육시설, 숙박시설 등으로서 관광객 유치를 위하여 특히 필요하다고 문화관광부장관이 인정하는 시설에 대하여 관광진흥개발기금의 보조 또는 융자를 할 수 있도록 함 • 관광특구에 대한 적극적인 지원으로 관광특구 내의 관광 부대시설설치가 활성화될 것으로 기대됨
법률 제8343호 2007.4.11. 전부개정	• 법치국가에서의 법 문장은 일반 국민이 쉽게 읽고 이해해서 잘 지킬 수 있도록 해야 함은 물론이고 국민의 올바른 언어생활을 위한 본보기가 되어야 하는데, 우리의 법 문장에는 용어 등이 어려워 이해하기 힘든 경우가 많고 문장 구조도 어문(語文) 규범에 맞지 않아 국민의 일상적인 언어생활과 거리가 있다는 지적이 많음. 이에 따라 법적 간결성 · 함축성과 조화를 이루는 범위에서, 법 문장의 표기를 한글화하고 어려운 용어를 쉬운 우리말로 풀어쓰며 복잡한 문장은 체계를 정리하여 쉽고 간결하게 다듬음

법률 제8531호 2007.7.19. 일부개정	• 대통령령으로 정하는 종류의 관광숙박업의 등록 등을 받은 자에 한하여 관광숙박시설과 골프장을 연계하여 분양하거나 회원모집을 할 수 있도록 함 • 현행법은 분양 및 회원모집의 위반행위에 대한 사항을 분양 또는 회원모집으로 잘못 인식될 수 있는 행위라는 애매한 표현으로 시행령에 위임하고 있어, 이를 법률에 직접 규정함으로써 내용의 명확성을 기하는 동시에 국민의 법적 안정성을 보장하려는 것임 • 카지노업 영업준칙이 행정처분의 기준이 됨에도 불구하고 현행법은 영업준칙의 내용을 지나치게 포괄적으로 문화관광부령에 위임하고 있어, 카지노업 영업준칙에 포함되어야 할 기본적인 사항을 법률에 구체적으로 명시함 • 권역별 관광개발계획, 관광지 및 관광단지의 지정, 관광지 및 관광단지 조성계획의 승인 또는 변경승인 시에 협의요청을 받은 관계행정기관의 장은 특별한 사유가 없는 한 그 요청을 받은 날부터 30일 이내에 의견을 제시하도록 함 • 관광특구는 외국인관광객의 유치촉진 등을 위하여 관광활동 및 관광 여건의 집중적인 조성을 위한 규제 완화 및 재정지원이 이루어지는 지역이므로 관광특구의 지정에 관한 사항은 법률에 규정하여야 할 중요한 사항인 점을 고려하여 대통령령에 위임하고 있는 관광특구의 지정요건을 법률에 규정함 • 외국인관광객을 대상으로 판매하는 관광복권이 매출부진으로 현재 중단된 상태이므로 관광복권의 발행에 관한 규정을 삭제함
법률 제9005호 2008.3.28. 일부개정	• 일반 관광사업자의 지위 승계 시에는 현행과 같이 제7조의 일반적인 결격사유만 준용하되, 카지노사업자의 경우에는 제7조의 일반적인 결격 사유 외에 제22조의 결격사유도 적용되므로 카지노사업자에 대해서는 지위 승계 시 제7조 및 제22조의 결격사유 모두를 준용하도록 하도록 하려는 것임
법률 제9097호 2008.6.5. 일부개정	• 관광종사원 자격시험 관리업무를 전문 자격검정기관에 위탁할 수 있도록 하여 자격시험제도를 체계적이고 공정하게 운영할 수 있도록 하려는 것임

법률 제9527호, 2009.3.25. 일부개정	• 외국인 의료관광의 활성화를 위하여 외국인 의료관광 유치 · 지원기관에 대한 관광진흥개발기금의 지원 근거를 마련함 • 여행업자가 여행자와 계약을 체결할 때에는 해당 여행지에 대한 안전정보를 제공하도록 하고, 서비스 내용을 적은 여행계약서를 여행자에게 내주도록 하며, 여행일정을 변경하려는 경우에는 여행자의 사전 동의를 받도록 함 • 문화체육관광부장관이나 지방자치단체의 장은 이 법에 따라 이미 지원을 받고 있는 호텔 및 휴양 콘도미니엄을 제외한 숙박시설 중 대통령령 또는 해당 지방자치단체의 조례로 정하는 기준에 맞는 숙박시설을 우수숙박시설로 지정하고, 관광진흥개발기금의 대여 및 홍보 등의 지원을 할 수 있도록 함 • 유원시설업자 중 물놀이형 유기시설 또는 유기기구를 설치한 자는 문화체육관광부령에 따른 안전 · 위생기준을 지키도록 함 • 외국인 관광객을 대상으로 하는 여행업자는 관광통역안내의 자격을 가진 사람을 관광안내에 종사하게 하도록 함 • 문화체육관광부장관과 지방자치단체의 장은 관광통계 작성을 위한 실태조사를 할 수 있으며, 필요하면 공공기관, 연구소 및 민간기업 등에 협조를 요청할 수 있음 • 문화체육관광부장관은 지역축제의 통폐합을 포함한 발전방향에 대하여 지방자치단체의 장에게 의견을 제시하거나 권고할 수 있고, 다양한 지역관광자원을 개발 · 육성하기 위하여 우수한 지역축제를 문화관광축제로 지정하여 지원할 수 있도록 함
법률 제10112호 2010.3.17. 일부개정	• 현행 양벌규정은 문언상 영업주가 종업원 등에 대한 관리 · 감독상 주의의무를 다하였는지 여부에 관계없이 영업주를 처벌하도록 하고 있어 책임주의 원칙에 위배될 소지가 있으므로, 영업주가 종업원 등에 대한 관리 · 감독상 주의의무를 다한 경우에는 처벌을 면하게 함으로써 양벌규정에도 책임주의 원칙이 관철되도록 하려는 것임
법률 제10556호 2011.4.5. 일부개정	• 관광숙박업의 객실을 타인에게 위탁하여 경영할 수 있도록 함(안 제11조제1항, 안 제11조제2항 신설) • 국외여행 인솔자의 등록 및 자격증 발급에 관한 규정을 신설함(안 제13조제2항부터 제4항까지 신설) • 카지노업 및 유원시설업의 조건부 영업허가 시 조건이행기간 및 조건 이행 신고의무에 관한 사항을 법률로써

법률 제10556호 2011.4.5. 일부개정	규정함(안 제24조 및 제31조) • 카지노납부금과 관광지 및 관광단지의 지원시설에 대한 이용자분담금과 원인자부담금 부과 시 이의신청 절차에 관한 규정을 신설함(안 제30조제5항 · 제6항 및 제64조제4항 · 제5항 신설) • 유기시설 또는 유기기구에 대한 안전성검사를 특별자치도지사 · 시장 · 군수 · 구청장이 실시하도록 함(안 제34조제1항) • 문화체육관광부장관이 실시하는 교육을 받도록 한 관광종사원의 의무를 폐지하고, 문화체육관광부장관은 관광업무 종사자를 위한 교육을 지원할 수 있도록 함(안 제39조) • 문화관광해설사의 양성 및 활용과, 문화관광해설사 양성교육과정 인증에 관한 규정을 신설함(안 제48조의4부터 제48조의8까지 신설) • 관광단지 지정 고시일부터 2년 이내에 조성계획 승인신청이 없거나, 조성계획 승인 고시일부터 2년 이내에 사업을 착수하지 않으면 해당 지정 또는 승인의 효력을 상실하도록 함(안 제56조) • 문화체육관광부장관의 국외여행 인솔자 등록 및 자격증 발급 권한, 문화관광해설사 양성교육과정 인증 및 인증취소 권한을 위임 · 위탁할 수 있도록 근거 규정을 신설함(안 제80조제3항)
법률 제12406호 2014.3.11. 일부개정	• 관광수요 증가에 대응하여 관광숙박업의 시설 및 서비스 수준을 높이고 이용자의 편의를 돕기 위하여 호텔업의 등록을 한 자 중 대통령령으로 정하는 자는 문화체육관광부장관에게 반드시 등급 결정을 신청하도록 하는 한편, 관광사업자는 호텔등급 표지 등 관광표지를 사실과 다르게 붙이거나 관광표지에 기재되는 내용을 사실과 다르게 표시 또는 광고하는 행위를 하지 아니하도록 하고, 이를 위반한 경우에는 해당 관광사업자에 대한 등록취소 또는 영업정지 등의 행정처분을 하려는 것임
법률 제12689호 2014.5.28. 일부개정	• 장애인 및 저소득층 등 관광취약계층의 여행기회 확대 및 관광활동 장려를 위한 시책을 강구하고, 장애인 관광 지원사업 등에 대한 경비지원 및 관광취약계층에 대한 여행이용권 지급 근거를 마련하며, 수혜대상자의 자격검증 및 적정성을 확인하기 위한 관계부처 정보 제공 · 활용의 근거를 마련함으로써 사업의 원활한 수행 및 관광복지 대상자의 편의를 도모하려는 것임

법률 제13127호 2015.2.3. 일부개정	• 관광객 이용시설업에 야영장업을 추가하고, 야영장업의 등록을 한 자는 문화체육관광부령으로 정하는 안전 · 위생기준을 지키도록 하며, 야영장업을 등록하지 않고 경영한 자에게는 2년 이하의 징역 또는 2천만원 이하의 벌금에 처하도록 함(제3조제1항제3호다목, 제20조의2 및 제83조제2항 신설) • 여행업자가 여행자와 계약 체결 시 해당 여행지에 대한 안전정보를 서면으로 제공하도록 함(제14조제1항) • 문화체육관광부장관은 야영장 이용자의 편의를 돕고, 야영장 및 서비스의 수준을 효율적으로 유지 · 관리하기 위하여 야영장업자의 신청을 받아 야영장에 대한 등급을 정할 수 있도록 함(제19조) • 유원시설에 배치되는 안전관리자는 문화체육관광부장관이 실시하는 유기시설 및 유기기구의 안전관리 등에 관한 교육을 정기적으로 받도록 함(제33조제3항 및 제4항 신설)
법률 제13300호 2015.5.18. 일부개정	• 여행업자는 여행자와 여행계약을 체결하였을 때에는 여행자에게 보험 가입 등을 증명할 수 있는 서류를 내주도록 함(제14조제2항) • 유원시설업자는 유기시설 또는 유기기구로 인하여 중대한 사고가 발생한 때에는 특별자치도지사 · 시장 · 군수 · 구청장에게 통보하도록 하고, 통보를 받은 특별자치도지사 등은 현장조사 결과 해당 유기시설 또는 유기기구가 안전에 중대한 침해를 줄 수 있다고 판단하는 경우에는 그 유원시설업자에게 사용중지 · 개선 또는 철거를 명할 수 있도록 함(제33조의2 신설) • 관광사업자, 관광 관련사업자, 관광 관련단체, 주민 등은 공동으로 지역의 관광진흥을 위하여 광역 및 기초지방자치단체 단위의 지역관광협의회를 설립할 수 있도록 함(제48조의9 신설)
법률 제13594호 2015.12.22. 일부개정	• 관광숙박업에 대한 사업계획의 승인 또는 변경승인을 받은 경우 그 사업계획에 따른 관광숙박시설이 학교의 보건 · 위생 및 학습 환경을 저해하는 유흥시설이나 사행행위장 등이 없고, 객실이 100실 이상이며, 학교 출입문으로부터 75미터 이상 위치하여야 하는 등의 요건에 해당하면, 이를 「학교보건법」에 따른 학교환경위생 정화구역에서도 설치할 수 있도록 하여 관광숙박시설을 확충함으로써 관광산업의 경쟁력을 높이려는 것임

법률 제13958호 2016.2.3. 일부개정	• 문화체육관광부장관은 카지노업 신규허가 시 허가 대상지역 등을 공고하도록 하고, 공고를 실시한 결과 적합한 자가 없을 경우에는 카지노업의 신규허가를 하지 않을 수 있도록 함(제21조의2 신설) • 관광통역안내의 자격이 없는 사람은 외국인 관광객을 대상으로 하는 관광안내(외국인 관광객을 대상으로 하는 여행업에 종사하여 관광안내를 하는 경우로 한정)를 금지하고, 관광통역안내의 자격을 가진 사람이 관광안내를 하는 경우에는 자격증을 패용하도록 하며, 위반 시 100만원 이하의 과태료를 부과하도록 함(제38조제6항 · 제7항 및 제86조제2항제4호의4 · 제4호의5 신설) • 관광종사원 자격증 대여를 금지하고, 위반 시 자격을 취소하도록 함 (제38조제8항 및 제40조제5호 신설) • 문화체육관광부장관과 지방자치단체의 장은 유휴자원을 활용한 관광자원화 사업을 추진할 수 있도록 함(제48조제4항제5호 신설)

2. 관광진흥법의 구성과 내용

1) 관광진흥법의 구성체계

관광진흥법은 관광자원 개발법제와 관광사업 법제의 근간이 된다. 관광진흥법은 '관광 여건을 조성하고 관광자원을 개발하며 관광사업을 육성하여 관광 진흥에 이바지하는 것'을 목적으로 하고 있는데, 이에 따라 관광진흥법은 관광사업, 관광 여건, 관광개발에 관한 사항을 중심으로 규정하고 있다. 관광사업에 관한 사항으로는 통칙, 여행업, 관광숙박업 및 관광객 이용시설업 등, 카지노업, 유원시설업, 영업에 대한 지도 · 감독, 관광종사원, 관광사업자단체 등이 포함된다. 관광 여건에 관한 사항으로는 관광진흥과 홍보 등이 포함된다. 그리고 관광자원의 개발에 관한 사항으로는 관광지 및 관광단지의 개발, 관광특구 등이 포함된다.

그림 14-2 관광진흥법의 구성체계

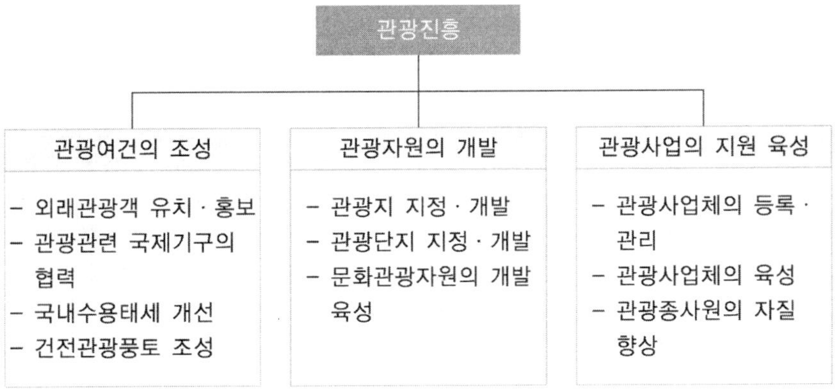

2) 관광진흥법의 주요 내용

관광진흥법은 관광개발에 관한 부분과 관광사업의 분류 및 규제에 관한 부분으로 대별할 수 있다.

(1) 관광개발

관광진흥법상 관광개발에 관련된 주요 분야는 관광개발계획과 관광지, 관광특구로 구분할 수 있다. 각 분야별 내용으로는 관광개발기본계획은 관광개발계획과 기본계획 · 권역별 관광개발계획으로, 관광지는 관광지 지정 · 조성계획의 수립과 시행 및 관리 등으로, 관광특구는 지정 · 관광특구진흥계획 등으로 다시 나눌 수 있다.

표 14-2 관광진흥법의 관광개발 관련 내용

구분		법	시행령	시행규칙
관광개발계획	관광개발계획	49조(관광개발기본계획 등)	제42조(관광개발계획의 수립시기)	제58조(관광지 등의 지정신청 등)
	기본계획	제50조(기본계획)	–	–
	권역계획	제51조(권역계획)	제43조(경미한 권역계획 변경)	–
관광지	정의	제2조(정의)	–	–
	관광지의 지정	제52조(관광지의 지정 등)	제44조(경미한 면적 변경 등) 제45조(관광지 등의 지정 · 고시 등)	제58조(관광지 등의 지정신청 등)
	조성계획의 수립	제54조(조성계획의 수립 등)	제46조(조성계획의 승인신청) 제47조(경미한 조성계획의 변경) 제50조의2(준공검사)	제59조(관광지 등의 지정신청 및 조성계획의 승인신청) 제61조(관광단지개발자) 제63조의2(준공검사 신청서 등)
	조성계획의 시행	제55조(조성계획의 시행)	제48조(조성사업의 시행허가 등) 제49조(용지매수 및 보상업무의 위탁)	제61조(관광단지개발자) 제62조(조성사업의 허가신청 등)
	관광지 지정 등의 실효 및 취소	제56조(관광지 등 지정 등의 실효 및 취소 등)	–	–
	공공시설의 우선 설치	제57조(공공시설의 우선 설치)	–	–
	관광단지의 전기시설 설치	제57조의2(관광단지의 전기시설 설치)	제49조의2(전기간선시설 등의 설치범위)	–
	인 · 허가 등의 의제	제50조(인 · 허가 등의 의제)	–	–
	준공검사	제58조의2(준공검사)	제50조의2(준공검사)	–

관광지	공공시설 등의 귀속	제58조의3(공공시설 등의 귀속)	–	–
	관광지의 처분	제59조(관광지의 처분)	–	–
	수용 및 사용	제61조(수용 및 사용)	–	–
	선수금	제63조(선수금)	제52조(선수금)	
	이용자 분담금 및 원인자 부담금	제64조(이용자 분담금 및 원인자 부담금)	제53조(이용자 분담금) 제54조(원인자 부담금) 제55조(유지 · 관리 및 보수 비용의 분담) 제56조(이용자 분담금 및 원인자 부담금의 징수위탁)	–
	강제징수	제65조(강제징수)	제56조(이용자 분담금 및 원인자 부담금의 징수위탁)	–
	이주대책	제66조(이주대책)	제57조(이주대책의 내용)	–
	입장료 등의 징수와 사용	제67조(입장료 등의 징수와 사용)	–	–
	관광지 등의 관리	제69조(관광지 등의 관리)	–	–
관광특구	정의	제2조(정의)	–	–
	지정	제70조(관광특구의 지정)	제58조(관광특구의 지정요건)	제64조(관광특구의 지정신청 등)
	진흥계획	제71조(관광특구의 진흥계획)	제59조(관광특구진흥계획의 수립 · 시행)	–
	지원	제72조(관광특구에 대한 지원)	–	–
	평가	제73조(관광특구에 대한 평가 등)	제59조(관광특구의 평가 및 조치)	–

(2) 관광사업

관광진흥법 제2조의 관광사업에 대한 정의에서 '관광사업이란 관광객을 위하여 운송 · 숙박 · 음식 · 운동 · 오락 · 휴양 또는 용역을 제공하거나 그밖에 관광에 딸린 시설을 갖추어 이를 이용하게 하는 업(業)'이라고 규정하고 있다. 관광진흥법에서 관광사업과 관련된 내용은 관광사업의 지정범위, 여행업, 관광숙박업, 관광객 이용시설업, 카지노업, 유원시설업 등의 지정 · 승인 · 인허가 등의 내용과 관광사업자 단체의 범위 및 활동내용 등을 규정하고 있다.

표 14-3 관광진흥법에 규정된 관광사업 관련 조항

구분	장	절	조항
관광사업	총칙	–	제1조(목적), 제2조(정의)
	관광사업	통칙	제3조(관광사업의 종류), 제4조(등록), 제5조(허가와 신고), 제6조(지정), 제7조(결격사유), 제8조(관광사업의 양수 등), 제9조(보험가입 등), 제10조(관광표지의 부착 등), 제11조(관광시설의 타인경영 및 처분과 위탁경영)
		여행업	제12조(기획여행의 실시), 제12조의2(의료관광의 활성화), 제13조(국외여행인솔자), 제14조(여행계약 등)
		관광숙박업 및 관광객이용시설업 등	제15조(사업계획의 승인), 제16조(사업계획 승인 시의 인 · 허가 의제 등), 제17조(관광숙박업 등의 등록심의위원회), 제18조(등록 시의 신고 · 허가 의제 등), 제18조의2(관광숙박업자의 준수사항), 제19조(관광숙박업의 등급), 제19조의2(우수숙박시설의 지정), 제20조(분양 및 회원 모집), 제20조의2(야영업자의 준수사항)
		카지노업	제21조(허가요건 등), 제21조의2(허가의 공고 등), 제22조(결격사유), 제23조(카지노의 시설기준 등), 제24조(조건부 영업허가), 제25조(카지노 기구의 규격 및 기준 등), 제26조(카지노업의 영업종류 및 영업방법 등), 제27조(지도와 명령), 제28조(카지노사업자 등의 준수사항), 제29조(카지노영업소 이용자의 준수사항), 제30조(기금 납부)

관광사업	관광사업	유원시설업	제31조(조건부 영업허가), 제32조(물놀이형 유원시설업자의 준수사항), 제33조(안전성 검사 등), 제33조의2(사고보고의무 및 사고조사), 제34조(영업질서 유지 등)
		영업에 대한 지도와 감독	제35조(등록취소 등), 제36조(폐쇄조치 등), 제37조(과징금의 부과)
		관광종사원	제38조(관광종사원의 자격 등), 제39조(교육), 제40조(자격취소 등)
	관광사업자단체	–	제41조(한국관광협회중앙회 설립), 제42조(정관), 제43조(업무), 제44조(민법의 준용), 제45조(지역별 · 업종별 관광협회), 제46조(협회에 관한 규정의 준용)

제15장

관광 마케팅

제1절 관광마케팅의 정의 및 특성

1. 관광마케팅의 정의

크리펜도르프(J. Krippendorf)에 의하면 관광마케팅은 "세분시장의 욕구를 최대한 만족시키고 적절한 이윤을 얻기 위하여 공·사기업이 지방, 지역, 국가와 국제적 각 기준에 따라 기업정책을 체계적·조정적으로 수행하는 것"이라고 정의하였다. 그는 관광마케팅을 단일조직 내의 정책집행이 아닌 몇 개의 관광관련조직의 연합에 의한 정책으로 세분시장의 욕구와 관련된 것으로 보고 있다.

세계관광기구(UNWTO)는 관광마케팅을 "최대한의 편익을 얻으려는 관광조직의 목적에 부합하기 위하여 관광수요의 측면에서 시장조사와 예측 그리고 선택을 통하여 자사의 관광상품을 시장에서 가장 좋은 위치를 차지하도록 노력하는 경영철학이다"라고 정의하였는데, 이는 다음과 같은 특징을 가지고 있다.

첫째, 관광마케팅은 관광객의 욕구와 관광기업 및 관광목적지 각자의 욕구를 만족시켜 균형을 이루게 하는 상황에 대한 사고방식이다.

둘째, 관광객의 수용과 선택을 극대화하기 위해 관광시장 조사를 강조하고 있다. 또한 관광상품이 관광시장에 보다 잘 소구되려면 좋은 위치를 차지하도록 해야 하고 그러기 위해서는 체계적인 기업정책이 수반되어야 한다는 점이다.

루이스(R. C. Lewis) 등은 “관광마케팅은 목표시장의 여행객이 원하는 것을 원하는 시기와 장소 그리고 그들이 기꺼이 지불 가능한 가격으로 여행상품을 제시하며, 목표시장과 의사소통을 하는 것”이라고 정의했고, 모리슨(A. M. Morrison)은 “관광마케팅은 관광기업 경영자들이 기업목표의 달성과 소비자 요구와 욕구를 만족시키기 위해 계획의 수립, 조사, 실행, 통제 그리고 계획된 활동을 평가하는 일이다”라고 했으며, 위트(S. F. Witt) 등은 “관광마케팅이란 관광조직이 관광객의 최적의 만족을 달성하고 조직목표의 최대화를 위해 관광상품을 만들고, 적합하게 하도록 국지적 · 국가적 그리고 국제적 레벨로 관광객의 요구 · 욕망 및 동기를 확인하고 거기에 영향을 끼치며, 현재적 · 잠재적 관광객을 선정해 그들에게 전달하는 매니지먼트 프로세스이다”라고 정의하였다.

본서에서는 여러 정의를 참고하여 관광마케팅의 정의를 다음과 같이 하고자 한다.

“관광마케팅이란 관광조직이 관광객의 필요와 욕구를 충족시켜주고 조직의 목표를 달성하기 위하여 관광상품, 가격, 유통, 촉진 등을 계획하고 수행하며, 이와 연관된 각종 마케팅 수단을 조화롭게 조합하여 펼치는 전략적 활동”이라고 할 수 있다.

여기서 관광조직이란 모든 개별 관광기업과 비영리기관인 정부, NTO 등도 포함되며, 이들의 목표란 단기적인 영리추구만이 아니라 장기적인 사회적 책임까지를 포함하는 개념이다.

또한 마케팅 수단이란 상품, 가격, 유통, 촉진을 비롯하여 패키징, 프로그래밍, 파트너십, 인적 자원 등 관광기업에 적용되는 모든 가용요소를 뜻하며, 전략적 활동이란 궁극적으로 관광객을 만족시키려는 전사적 노력으로 마케팅 조직 전체의 노력과 활동의 뜻을 담고 있다.

2. 관광마케팅의 특성

1) 무형성

서비스를 재화와 구분하는 가장 기본적인 특성은 무형성이다. 이는 서비스와 재화를 구별하는 특성 가운데 가장 핵심적인 것으로 보고, 듣고, 만지고, 냄새를 맡아서 평가할 수 있는 물체(object), 장치(device), 사물(thing)이 아니라 행위(deed), 수행(performance), 노력(effort)이라는 것이다. 이러한 서비스의 무형성으로 인해 관광기업은 자신들이 제공하는 서비스를 소비자들이 어떻게 지각하고 어떻게 서비스 품질을 평가하는지를 파악하기가 어렵게 된다.

예를 들어 태국 패키지상품을 구입했을 때 고객은 그 상품을 집에 가져올 수 있거나, 볼 수 있거나, 소유할 수 있는 즐거움 같은 것을 유형화시킬 수 없다. 고객에게 남는 것은 대부분이 태국의 문화, 정취, 아름다운 해변, 기후, 이국적 환경 등과 같은 추억만이 남을 것이다.

무형성으로 인한 마케팅상의 문제점은 다음과 같다.

첫째, 저장이 어렵다. 서비스의 무형성으로 인하여 서비스는 저장되어질 수 없다. 그 결과 서비스의 공급은 매우 높은 수요의 시기에도 완충역할을 할 수 있게끔 저장하는 것이 불가능하다. 사실상 서비스 저장의 어려움은 관광기업의 마케터들로 하여금 많은 어려움을 겪게 하는데, 이는 뒤에 언급할 서비스의 소멸성과 밀접한 관계를 가진다.

둘째, 특허보호가 어렵다. 무형적인 속성으로 인해 서비스는 특허보호를 받을 수 없다. 기업들은 때때로 자신들의 서비스 공정이 특허권을 가진다고 광고하기도 하지만 실제는 서비스 제공 과정상의 유형적인 기기들이 보호받는 것이지, 그 과정 자체가 보호받는 것은 아니다. 이러한 특허보호의 어려움은 서비스가 쉽게 복제될 수 있다는 데 기인한다. 그에 따라 장기적으로 경쟁자에 비해 차별적인 서비스를 전개하기가 어렵다.

셋째, 서비스의 진열과 커뮤니케이션의 어려움이다. 서비스의 촉진은 마케터들에게 새로운 쟁점사항이다. 즉 고객들이 직접 볼 수 없는 서비스의 경우 어떻게 고객들의 시선을 끌게 할 것인지의 문제이다.

넷째, 가격책정이 어렵다. 일반적으로 제품의 가격은 비용을 기초로 해서 결정된다. 즉 기업들은 제품을 생산하는 비용에 추가 마진을 덧붙여 가격을 책정한다는 것이다. 그러나 서비스 가격책정의 경우 기초가 되는 비용은 인력이기 때문에 이런 방식의 책정이 어려워진다.

무형성 해소를 위한 해결방안을 제시해 보면 다음과 같다.

첫째, 유형적인 단서를 이용한다. 서비스는 유형적인 속성이 결여되어 있기 때문에 제품과는 다르게 평가된다. 대개의 경우 고객들은 서비스를 평가할 때 서비스와 관련된 물적 증거나 유형적인 단서를 이용한다. 유형적인 단서에는 브로슈어 같은 홍보물, 시설물, 인테리어, 접객종업원의 외모 등이 해당된다.

둘째, 개인적인 정보 원천을 활용한다. 고객들은 서비스를 평가할 때 객관적인 평가수단이 결여되어 있기 때문에 친구, 가족 그리고 의견 선도자들에 의해 제공되는 주관적인 평가에 의존하게 된다. 더욱이 서비스를 구매하는 경우 개인적인 정보 원천은 대중매체와 같은 비 인적정보원에 비해 훨씬 더 중요한 역할을 하게 되며, 여기서 개인적 정보원은 구전광고의 원천이 되기도 한다.

셋째, 강력한 기업이미지를 창조한다. 서비스 무형성의 효과를 감소시키기 위해 활용되는 또 하나의 전략은 매우 강력한 기업이미지를 창조하는 것이다. 잘 알려진 기업이미지는 고객들의 지각된 위험의 수준을 낮춰주고, 서비스 공급자를 선택할 때 이용하는 개인정보원에 대한 의존도를 상대적으로 많이 낮게 해준다.

2) 비분리성

생산과 소비의 비분리성은 서비스 생산과정에서 소비가 동시에 이루어짐을 의미한다. 제품의 경우 먼저 생산된 다음 판매 · 소비되지만, 서비스의 경우 먼저 판매된 후 생산과 소비가 동시에 이루어진다. 서비스는 제공되는 순간과 동시에 소비되기 때문에 서비스의 품질은 서비스 제공자의 능력뿐만 아니라 서비스 제공자와 고객과의 상호작용의 질에 따라 상당히 달라질 수가 있다.

예를 들어 고객이 호텔에 숙박하는 동안, 호텔은 '휴식'이라는 서비스를 생산하는 것이며 동시에 고객은 이를 소비하는 것이다. 이러한 서비스의 비분리성과 동시성 때문에 고객은 종종 서비스의 생산에 직접 참여해야 하며 자신의 원하는 서비스가 제대로 전달되도록 도와야 한다. 가령 고객이 호텔에 체크인을 하더라도 사실상 객실에 묵지 않으면 이러한 서비스의 생산과 소비는 발생할 수 없다.

비분리성으로 인한 마케팅상의 문제점은 다음과 같다.

첫째, 서비스 전달과정에서 서비스 공급자의 현존(現存)이 필요하다. 대부분의 서비스는 서비스 공급자가 서비스 전달과정에 현존할 것을 필요로 한다. 서비스의 무형성으로 인해 서비스 공급자의 존재는 고객들에게 서비스 평가의 물리적 단서가 될 수밖에 없다. 즉 서비스 공급자들은 그들이 사용하는 언어, 복장, 개인적인 위생상태 그리고 대인관계 기술 등이 유형적 단서가 되어 고객들의 평가를 받는다.

둘째, 서비스 생산과정에 고객이 관여한다. 서비스의 비분리성이라는 말에는 종업원과 고객이 모두 서비스 상품 속에 통합되어 있다는 의미도 있다. 호텔의 객실이 아무리 훌륭하고 레스토랑의 음식이 맛이 있다 하더라도 담당 종업원의 태도가 나쁘면 호텔이용경험이 만족스러울 수 없다. 또한 호텔을 이용하는 고객들이 형성하는 분위기도 중요한 서비스 내용이 될 수 있다. 가령 다른 고객들이 로비에서 큰소리로 떠들거나 교양 없는 행동을 한다면 전반적인 호텔상품의 질과 이미지는 낮아질 수밖에 없다.

비분리성의 어려움을 해소하기 위한 해결방안을 제시해 보면 다음과 같다.

첫째, 종업원에 대한 적절한 채용과 훈련이 필요하다. 고객이 서비스 과정의 일부분이기 때문에 이들과 접촉하는 종업원 역시 서비스 경험의 일부분일 수밖에 없다. 그러나 서비스 전달과정에서 종업원들의 행동에 편차가 생길 수 있다. 이러한 이들의 행동은 그대로 고객에게 전달되고 이런 식의 전달은 고객들의 서비스 경험을 더 좋아지게 하거나 나빠지게 할 수도 있다. 따라서 대인관계 기술이 뛰어난 종업원을 선발하고, 적절하게 훈련시키는 것이 반드시 필요하다.

둘째, 적극적인 고객관리가 필요하다. 서비스의 비분리성으로 인하여 발생하는 문제는 효율적인 고객관리에 의해 극소화 시킬 수 있다. 예를 들면 식당에서 흡연자와 비흡연자를 분리시키는 것도 다른 고객들에 대한 영향력을 최소화시키는 방법이다.

3) 이질성

서비스는 그 품질을 일정수준으로 통제하고 표준화하는 데 어려움이 따른다. 예를 들어 호텔서비스의 표준화가 어려운 것에는 크게 3가지 요인이 작용하는데, 첫째는 생산과 소비가 동시에 발생하기 때문에 서비스가 고객에게 전달되기 전에 사전 품질관리가 불가능하고, 둘째는 수요의 굴곡이 심해 고객이 한꺼번에 몰리는 피크시간에 서비스의 질을 유지하기 어렵기 때문이다. 또한 셋째로는 호텔서비스의 성격상 인적 요소가 많이 가미되어 있기 때문이다. 가령 똑같은 서비스 훈련을 시킨다 할지라도 종업원에 따라 다른 품질의 서비스를 제공하기도 하며, 같은 서비스 제공자라 할지라도 시간과 기분에 따라 또는 고객에 따라 다른 수준의 서비스를 제공하기도 한다.

서비스의 이질성은 서비스가 생산 및 전달되는 과정상 계속해서 완벽한 서비스 품질을 달성하는 것이 불가능하게 하는 요소이다. 제조공정에서는 대개 문제점들이 공정 내의 같은 지점에서 발생하기 때문에 이러한 부류의 문제가 발생하더라도 장기적인 관점에서 잘못된 점을 찾아내고 바로잡는 것이 가능하다. 그러나 서비스 공정에서는 실수가 언제 어디서 어떻게 발생할지를 예측할 수가 없어서 이를 찾아내거나 바로잡는 것이 거의 불가능하다.

이질성으로 인한 마케팅상의 문제점은 다음과 같다.

서비스의 이질성으로 인해 나타날 수 있는 마케팅상의 주요 장애물은 바로 서비스의 표준화와 품질의 통제를 달성하기 어렵다는 점이다. 이러한 문제는 서비스 공급자가 서비스의 전달과정에 항상 현존해야만 하기 때문이다. 특히 서비스는 사람에 의해 생산되는 경우가 많기 때문에, 다양한 서비스 생산자들에게 일관된 품질의 서비스 생산을 기대할 수 없게 된다.

예를 들어 패스트푸드점의 경우 다수의 종업원들을 프런트에 배치하게 되는데, 이들은 각각 다양한 개성을 가지고 있고 자신들의 기분이나 다른 요인에 의해 매일매일 다르게 행동할 수도 있다. 따라서 점포에서 아무리 품질 좋은 패스트푸드를 만들어 낼 수 있다고 해도 만약 종업원이 기분 나쁜 상태로 고객을 맞게 되면 이는 고객에게 정반대의 결과를 가져오게 된다. 결국, 기업은 한 사람 이상의 고객을 놓치는 결과를 낳게 되는 것이다.

이질성의 어려움을 해소하기 위한 해결방안을 제시하면 다음과 같다.

첫째, 맞춤 서비스(customization)를 제공한다. 서비스의 이질성을 해소하기 위한 방안 중의 하나는 서비스 접촉별로 생길 수 있는 편차를 고려하여 서비스를 고객의 특성에 맞춰 제공하는 것이다. 서비스 전달과정에 고객과 서비스 공급자가 함께 관여하기 때문에 고객의 특별한 주문에 따른 서비스를 제공하는 것이 더욱 쉬워질 수도 있다.

둘째, 서비스를 표준화(standardization)한다. 종업원들에 대한 강력한 교육ㆍ훈련 등을 통해 서비스의 표준화를 시도해 볼 수 있다. 훈련은 확실히 서비스 성과의 편차를 많이 감소시켜 줄 수 있다. 그러나 아무리 훈련을 한다 하더라도 종업원들이 제공하는 서비스는 편차가 있을 수밖에 없다. 따라서 이러한 사소한 편차라도 줄이기 위해 도입할 수 있는 것이 서비스의 제공자를 사람에서 기계로 대체하는 것이다. 이런 식의 서비스 표준화는 일부 고객들로부터 자신들의 니즈에 신경 쓰지 않고 있다는 의심을 받을 가능성이 있기는 하지만, 서비스 가격을 낮춰 주고 서비스 성과의 일관성을 유지해 주며, 서비스 전달시간을 단축하게 해 주는 기능을 수행한다.

4) 소멸성

서비스의 소멸성은 제품과는 달리 서비스는 저장이 불가능하다는 것을 가리키는 것으로 향후의 수요에 대비해서 저장할 수 없다는 것을 의미한다. 즉 판매되지 않은 서비스는 사라져 버리며, 이 때문에 재고로 보관할 수 없다. 예를 들어 옷이나 TV같은 소비재나 가전제품은 오늘 팔지 못하더라도 재고품으로 저장되어 미래의 어느 시점에서 판매될 수가 있다. 그러나 오늘 어느 호텔의 전체 객실 200실 중 100실만 판매하였다면 나머지 100개의 빈 객실에 대한 매출은 영원히 잃어버리고 만다.

이러한 저장 불가능성은 서비스를 마케팅하는 데 있어 매우 심각한 영향을 미치게 한다. 대부분의 서비스는 생산되는 시점에서 소비되는데, 제품마케팅 담당자의 관점에서 보면 언제 어디서 고객이 제품을 구매할 것인지가 소비자행동을 이해하는 데 중요한 문제일 수 있지만, 서비스와 같이 매일매일 공정이 발생하는 경우에는 적합하지 못하다. 또한 앞서 지적하였지만 저장 불가능은 품질통제의 곤란함을 유발하기도 한다.

소멸성으로 인한 마케팅상의 문제점은 다음과 같다.

서비스가 일종의 행위라는 측면에서 파생되는 특성으로 인해 대부분의 관광기업들은 수요와 공급을 일치시키는 데 있어 많은 어려움에 직면한다. 사실 서비스에 대한 고객들의 예측 불가능한 수요 때문에 사안별로 수요에 대처할 수밖에 없다. 대형 슈퍼마켓의 계산대는 항상 모두 열려 있지 않고 손님의 증감에 따라 그 수를 늘렸다 줄였다 하는 것이 그러한 예라고 할 수 있다.

소멸성의 어려움을 해소하기 위한 해결방안을 제시하면 다음과 같다.

서비스의 소멸성을 해소하기 위한 방안은 주로 서비스의 수요와 공급을 어떻게 일치시킬 것인가 하는 문제이다. 구체적으로 수요에 따라 생산계획을 변경하고, 임시직원의 채용을 통해 생산의 유연성을 확보하고, 유휴시설이나 장비의 새로운 용도를 개척하며, 종업원들에게 여러 직무에 대한 교육을 시행해 유사 시 서로 도울 수 있는 기반을 만들어야 한다. 예를 들어 스키장의 경우 동절기에만 이용하는 것으로 알고 있지만 현재는 학술회의 등 각종 회의를 유치함으로써 하절기에도 시설을 적절히 활용하고 있기도 한다.

그리고 항공사나 호텔 등은 소멸성으로 인한 손실을 방지하기 위하여 초과예약(over-booking)을 실시하고 있는데, 이처럼 대기나 예약 같은 형태로 수요를 재고로 보관할 수 있어야 한다.

제2절 관광시장세분화와 관광표적 시장전략

1. 관광시장세분화

시장세분화(market segmentation)란 전체시장을 마케팅 목적에 맞도록 유사한 특성이 있는 고객들끼리 군집화하는 과정이다. 일반적으로 시장은 이질적인 욕구를 가진 다양한 소비자들의 집합으로 이루어져 있다. 그러나 소비자 개개인의 욕구는 모두 상이하지만 특정 상품 및 서비스에 대한 태도, 의견, 구매행동 등의 면에서 유사한 소비자 집단이 존재하고 있다. 이러한 비슷한 경향을 가진 사람들의 집단을 하나의 집단으로 묶는 과정을 시장세분화라 한다.

오늘날의 시장은 동질적인 고객들로 구성되어 있는 것이 아니라 추구편익 · 선호 · 수요 · 가격 등 서로 다른 특성을 가진 고객들로 구성되어 있다. 이러한 시장의 이질성은 상품구매뿐만 아니라 기업의 마케팅 프로그램에 대한 반응에도 영향을 미칠 것이며, 이러한 이질적인 시장에 효과적으로 접근함으로써 경쟁우위를 확보하기 위한 방안 중 하나가 시장세분화 전략이다. 즉 시장세분화의 목적은 기업의 마케팅 목표달성을 위해 비교적 유사한 욕구를 공유한 충분히 크고, 측정 가능하고, 접근 가능한 고객집단을 확인 · 도출해내는 것이다.

기업의 입장에서 보면 다양한 세분시장에 상품과 서비스를 모두 제공할 수 있는 능력에는 한계가 있고, 이질적인 시장과 기업의 능력을 고려할 때 때로는 강력한 경쟁자가 존재하는 전체시장에서 경쟁하기보다는 각 기업이 자신의 능력에 적합하게 가장 잘 서비스할 수 있는 세분시장을 찾아서 이 시장에 기업의 자원을 집중적으로 투자하는 일이 매우 중요하다.

결론적으로 시장을 세분화하여 표적시장을 선정하는 것이 중요한 이유는 첫째, 소비자들은 여러 가지 면에서 다르기 때문이다. 즉 소비자들은 각기 원하는 제품이 다르고 구매결정을 하는 방식이 다르기 때문에 천편일률적으로 접근을 하면 모든 사람을 만족시키기 어려운 결과를 가져오게 된다. 따라서 소비자들의 차이를 알아내고 각각에 맞는 전략을 펴야 할 것이다.

둘째, 기업의 자원은 한정되어 있기 때문이다. 만약 기업의 자원이 무한정이라면, 모든 사람의 욕구를 개개인마다 충족시켜 줄 수 있을지 모른다. 그렇지만 기업의 자원은 한정되어 있기 때문에 효율적이고 효과적으로 사용하여야 한다. 따라서 자원을 사용할 때 효과가 큰 세분시장 혹은 고객집단을 선정하여 그곳에 집중적으로 사용하는 것이 바람직하다.

마지막으로, 집중을 했을 때 자원을 투입하는 효과가 더 커지기 때문이다. 자원이 풍부하다 하더라도 모든 사람들에게 조금씩 자원을 분산하여 투입한다면, 특정 집단에 집중적으로 자원을 투입하는 것보다 효과가 떨어진다. 왜냐하면 투입자원이 효과가 있기 위해서는 일정 부분 이상의 투입량이 있어야 효과가 있기 때문이다.

2. 관광표적시장전략

1) 비차별화 마케팅 전략(undifferentiated marketing strategy)

비차별화 마케팅 전략은 시장을 구성하고 있는 소비자들의 욕구와 필요가 동일하다고 보고 한 가지 마케팅 믹스로 전체시장에 소구하려는 전략이다. 따라서 소수의 다양한 욕구는 무시해 버리고 다수의 공통되는 욕구만을 주목한다. 즉 가장 많은 수의 소비자에게 알맞은 대표적 상품 하나와 표준화된 마케팅 믹스를 개발해 내는 것이 비차별화 마케팅 전략이다.

비차별화 마케팅의 가장 큰 장점은 비용의 경제가 적용된다는 것이다. 우선 시장세분화가 필요 없으므로 시장조사 및 세분화 작업에 따른 비용이 절감된다. 상품도 한 가지만 생산하기 때문에 연구개발 및 생산관리비가 절약되며, 촉진프로그램도 표준화되어 있으므로 역시 비용이 적게 든다. 다시 말하면 마케팅을 표준화 · 대량화함으로써 규모의 경제를 획득한다는 것이 비차별화 마케팅의 장점이다.

반면에 비차별화 마케팅의 단점은 이 방법을 적용할 수 있는 분야가 제한되어 있다는 점이다. 사실상 한 가지 상품으로 모든 고객을 상대할 수 있는 경우는 매우 드물다. 왜냐하면 고객의 욕구는 다양하며, 또 갈수록 다양해지고 있기 때문이다. 따라서 비차별화 마케팅 전략을 사용할 수 있는 경우는 고객의 욕구가 동질적이어서 시장세분화가 필요 없는 분야로 국한된다. 그리고 고객의 욕구가 다양하더라도 시장세분화가 어려울 때에는 이 방법을 사용하기는 하나 이 경우는 차선책에 불과한 것이다.

예를 들어 대부분의 여행 패키지상품은 시장을 세분화하지 않고 무차별적인 신문광고를 통해서 모객을 하는 비차별적인 전략을 사용하는데 상품을 표준화하여 대량 판매를 통해서 수익을 창출하고자 하는 것이다. 그러나 패키지에 소개된 이외의 지역을 원하거나 고객이 선택 사양할 수 있는 자유가 없다는 점에서 한계가 있다.

2) 차별화 마케팅 전략(differentiated marketing strategy)

복수세분시장 전략(multi-segment strategy)이라고도 하는 차별화 마케팅 전략에서는 시장이 다양한 욕구를 가진 소비자들로 구성되어 있다고 본다. 따라서 욕구가 비슷한 소비자들을 구분해 내고 이들 중 매력적인 소비자 집단을 선택해서 그들의 욕구에 가장 잘 부응할 수 있는 마케팅 믹스를 개발하는 것이 차별화 마케팅 전략이다. 즉 차별화 마케팅 전략은 두 개 이상의 세분시장에 대해서 각각 서로 다른 마케팅 믹스를 개발하는 것이다.

이 방법의 장점은 비차별화 마케팅에 비해 총매출액을 늘릴 수 있다는 점이다. 즉 다양한 소비자의 욕구에 맞추어 여러 가지 상품을 다양한 가격으로 제공하고, 복수의 유통경로를 사용하며, 다양한 촉진을 실시하므로 차별화 마케팅은 보다 많은 소비자들을 고객으로 확보하게 된다. 다시 말하면 고객의 욕구와 편의에 보다 폭넓게 접근함으로써 더 많은 고객을 확보한다는 것이 이 전략의 강점이 되는 것이다. 그러나 이 전략을 추진하는 데에는 많은 비용이 수반된다. 우선 비차별화 마케팅에 비해 시장세분화 작업에 따르는 비용이 추가된다. 그리고 다양한 상품을 개발하고 생산해야 하므로 제품의 원가가 높아진다. 아울러 유통경로의 관리와 촉진에 추가적인 노력이 필요하게 된다. 즉 고객의 다양한 욕구를 골고루 충족시키는 과정에서 비용이 증가하게 된다는 점이 이 방법의 단점이다.

프랑스 기업인 아코르 그룹은 여러 상표명으로 영업을 하고 있다. 퍼스트 클래스(first class)급인 소피텔(Sofitel), 비즈니스 클래스(business class)급인 노보텔(Novotel)과 머큐르(Mercure), 이코노미 클래스(economy class)급인 이비스(Ibis), 염가수준(budget class)급인 포뮬 원(Formule 1) 등이다.

아코르 호텔은 1개 도시에 1개의 브랜드를 운영하는 경우보다는 3개의 서로 다른 브랜드를 한 도시에 배치하는 쪽이 호텔객실에 대한 시장점유율을 높일 수가 있었다. 소피텔은 상류 상용관광객에게 소구하고, 노보텔은 중류관광객에게 소구하며, 포뮬 원과 같은 경우는 가족이나 예산이 제한된 관광객에게 매력이 있다. 아코르 그룹은 각 표적시장에 대하여 각각 상이한 마케팅 믹스를 제공하고 있다. 동시에 그 비용은 상대적으로 높아진다. 그들은 각각의 브랜드에 대해 적합한 마케팅 계획, 마케팅 조사, 판매예측 및 분석, 판매촉진 계획 및 광고를 실시해야 한다. 따라서 기업들이 차별화 마케팅 전략을 고려할 때에는 비용증가에 대한 매출액의 증가를 고려해야 한다.

3) 집중화 마케팅 전략(concentrated marketing strategy)

단일세분시장 전략(single-segment strategy)이라고도 하는 집중화 마케팅 전략은 단 하나의 세분시장만을 표적으로 삼아서 마케팅 믹스를 개발하는 것이다. 이 방법의 장점은 기업이 표적시장을 전문화할 수 있다는 것이다. 기업은 모든 마케팅 노력을 하나의 표적시장에만 집중하므로 표적시장 내 고객의 욕구와 성격을 정밀하게 분석할 수 있고 따라서 최적의 마케팅 믹스를 개발해낼 수 있다. 그리하여 표적시장에 깊이 파고들어 감으로써 그 시장에서의 매출액 증대를 도모할 수 있다는 점이 장점이 된다.

한편, 하나의 세분시장만을 상대하므로 비용이 많이 들지 않는다는 점도 중요한 장점이 된다. 비차별화 마케팅이나 차별화 마케팅 둘 다 전체시장을 상대하므로 상당한 규모의 기업이 아니면 이들 전략에 수반되는 비용을 감당할 수가 없다. 따라서 자원이 제약된 기업의 입장에서는 집중화 마케팅이 유일한 전략적 대안이 된다. 반면에 이 전략의 단점은 시장의 불확실성에서 오는 위험이 크다는 점이다. 다른 전략과는 달리 이것은 모든 마케팅 노력을 한 세분시장에만 집중하고 모든 영업성과를 그 시장에 의존하므로 만일 그 시장에 수요의 변화가 오거나 동일시장 내에 경쟁자가 진입하게 되면 기업은 엄청난 타격을 입게 된다.

제3절 관광포지셔닝과 관광마케팅믹스 전략

1. 관광포지셔닝

기업이 시장세분화와 서비스 차별화를 아무리 잘 고안하여 실행한다 해도 시장에서 그 자신이 누릴 수 있는 위치를 정확하게 포착하여 기반을 강화하지 않으면 성공하기 어렵다. 따라서 세분시장이 선정되면 자기 기업이 현재 및 잠재 경쟁자와 어떤 다른 제공물을 시장에 공급하고 있는가를 고객에게 명확히 드러낼 필요가 있다. 즉, 동종의 서비스로 경쟁하고 있는 각 기업은 세분시장 내에서 각기 나름의 위치를 차지하고 있으므로 이에 대해 고객들이 어떻게 지각하고 있느냐를 파악하는 것은 마케팅 효율을 높이는 데 있어 매우 중요한 전제가 된다.

경영환경이 급변하고 복잡해지면서 기업이 직면한 최대 과제 중의 하나가 바로 어떻게 하면 고객들과 효과적으로 커뮤니케이션 활동을 수행하며, 보다 더 효과적으로 마케팅할 수 있을 것이냐 하는 문제이다. 현대와 같은 정보홍수의 사회에서 자사의 제품과 브랜드를 소비자에게 알리고 그 마음속에 각인시킬 것인가 하는 것이 중요한 문제로 떠오르고 있다. 일반적으로 기업이 시장세분화 전략을 구사하게 될 때, 먼저 전체 시장들 중에서 자사에 적합한 표적시장을 선정하여 그 표적시장 내에서 다른 경쟁자들과 차별적인 우위를 점할 수 있도록 자사제품이나 브랜드를 포지셔닝(positioning)시키게 된다.

원래 포지셔닝이란 용어는 리스와 트라우트(A. Ries & Trout J.)가 1972년에 Advertising age라는 학술지에 '포지셔닝의 시대(The positioning era)'라는 논문을 통해서 처음으로 사용하였다. 이는 경쟁기업과 효과적으로 경쟁하기 위해서 소비자의 마음속에 제품이나 서비스의 차별적 위치를 정확하게 심어주는 활동으로 정의될 수 있다. 쉽게 말하자면 소비자들에게 자사제품이나 브랜드에 대한 핵심적인 편익이 무엇이냐고 물었을 때, 그들이 대답하는 말들이 포지셔닝의 핵심이다.

포지셔닝이란 자사의 제공물(offering) 및 이미지가 표적시장의 마음속에 차별화될 수 있는 위치를 차지하도록 계획하는 기업의 활동으로, 상품이나 서비스에 대해 어떤 행동을 취하는 것이 아니라 잠재고객의 마음속에 어떤 행동을 취하게 하는 것을 말한다. 즉 잠재고객의 머릿속에 상품이나 서비스의 위치를 잡아주는 것이 포지셔닝이다. 다시 말하면 소비자들이 일정한 속성을 기준으로 해서 경쟁제품들을 어떻게 인지하고 있느냐를 의미하게 된다. 또한 포지셔닝은 특정 조직체의 제품이나 서비스를 고객이 우수한 것으로 인식하게끔 만들고 동시에 표적고객의 마음속에 경쟁자의 그것과 구별되게끔 해 주는 경쟁적 우위를 찾아내어 개발하고 이를 커뮤니케이션하는 것이라고도 할 수 있다.

2. 관광마케팅믹스전략

1) 관광상품

유형재를 생산 · 판매하는 제조기업이든 무형재를 생산 · 판매하는 기업이든 소비자에게 공급하게 되는 판매대상물을 갖게 마련이다. 여기서 소비자가 지불하는 대가의 반대급부로 제공되는 욕구만족의 제공물이 곧 상품이다.

세계관광기구(UNWTO)는 관광상품을 "관광지 · 숙박시설 · 교통수단 · 각종 서비스와 관광매력물을 결합시킨 것으로서 관광객의 욕구만족을 전제로 하고, 장소적 이동을 통해서 다양한 관광욕구 충족을 추구하는 것"이라고 정의하였고, 홀로웨이(J. C. Holloway) 등은 "상품이란 고객욕구와 욕망을 만족시키기 위하여 시장에서 제공하는 것들로 정의되며, 무형재인 서비스 · 사람 · 장소 · 조직이나 아이디어를 모두 포함한다. 따라서 관광상품은 관광지, 각종 관광서비스, 관광관련 유형상품 등을 포함하는 복합체다"라고 하였다.

그러나, 관광기업이 생산해내는 관광상품이란 관광객에게 무엇을 제공하는가 하는 생산 및 판매 관점에서의 정의가 아니라 고객은 무엇 때문에 우리를 찾는가 하는 고객 및 편익중심적인 관점에서 상품을 정의할 필요가 있다. 다시 말하면, 소비자는 상품 그 자체를 구매하는 것이 아니라 특정 상품이 제공하는 편익이나 가치를 구매하게 된다. 마찬가지로 기업은 상품이나 서비스를 판매하는 것이 아니라 가치를 판매해야 한다.

레블론 화장품 회사의 사장은 "공장에서는 화장품을 만들고 있지만 화장품 상점에서는 희망을 팔고 있다"고 말함으로써 자신이 파는 상품의 개념을 명확히 했고, 마찬가지로 맥도날드는 햄버거와 콜라를 파는 것이 아니라 스피드, 청결, 즐거움을 상품으로 팔고 있다.

따라서 소비자들은 상품을 구입하는 것이 아니라 편익을 구매하기 때문에 모든 기업은 마케팅 믹스 전략을 수립할 때 유형적인 상품과 그와 연관된 모든 제공물을 믹스의 가장 중요한 요소로 고려하여야 한다. 예를 들어 한 고객이 호텔을 찾았을 때 그는 일련의 상품 · 서비스 묶음을 구매하게 된다(bundle purchase). 그가 호텔에서 기대하는 효익은 휴식, 편안한 수면, 격조 있는 분위기, 좋은 음식, 종업원의 친절하고 신속한 서비스, 호텔의 등급 및 지명도 등 다양하게 나타날 수 있다. 그런데 이

중 하나라도 불만족스럽다면 그 호텔에 대한 고객의 지각은 전체적으로 하락하고 만다. 고객은 호텔서비스 상품에 대해 하나하나 별도로 평가를 하는 것이 아니라 호텔이 제공하는 서비스 상품의 질을 하나로 묶어서 인식하기 때문이다.

2) 관광가격

모든 기업과 많은 비영리단체들은 자신들이 제공하고 있는 상품 및 서비스에 대하여 가격을 설정하고 있다. 가격은 상품의 종류에 따라 다르게 사용되는데 여러 가지 가격의 형태를 살펴보면 아파트를 빌려서 주거할 경우 월세나 전세금(rent)을 내야 한다. 학교 교육을 받을 때는 공납금(tuition)을 내야 한다. 비행기, 기차, 택시 그리고 버스를 탈 때는 운임(fare)을 내고 지역 가스회사나 전력회사는 사용요금(rate)을 받는다. 고속도로를 빠져나갈 때는 통행료(toll)를, 보험회사에서는 보험료(premium)를 받는다. 관광분야에서도 객실은 요금 및 사용료(room charge/rate), 항공좌석은 운임(fare)이라고 하며, 알선료(commission)와 봉사료(service charge) 및 입장료(fee) 등도 사용된다.

이처럼 가격(price)은 보는 시각에 따라 많은 용어로 사용되고 있는데, 판매자로부터 제공받은 상품이나 서비스에 대하여 구매자가 지급하는 상품이나 서비스의 양을 화폐가치로 나타낸 것이다. 그러므로 소비자의 입장에서 보면 가격이란 상품이나 서비스의 획득 또는 이용을 통해서 얻게 되는 가치에 대하여 지불하는 대가라고 할 수 있다. 따라서 관광상품은 관광객의 욕구를 충족시키는 사용가치와 이것이 다른 생산물과 교환된다고 하는 교환가치를 가지고 있는데 이 교환가치를 화폐로 나타낸 것이 관광가격이다.

기업의 입장에서도 가격은 대단히 중요하다. 가격은 기업의 총수익에 영향을 준다. 가격은 마케팅 믹스 요소 중 수익을 생기게 하는 유일한 요소이며, 다른 요소들은 모두 비용을 발생시키는 요인이 되는 것이다. 그러므로 적정한 가격을 설정한다는 것은 매우 중요한 일이다. 또한 상품의 가격은 상품의 시장수요를 결정짓는 중요한 요인이고 기업의 경쟁적 지위와 시장점유율에 결정적인 영향을 미치게 된다. 가격은 또한 기업의 마케팅 프로그램 전체에도 영향을 준다. 기업이 기존 상품의 품질을 개선하거나 특성을 추가하려고 계획하고 있다면, 그에 필요한 비용으로 가격의 상승에 대한 시장의 수용 여부를 먼저 확인해야 한다. 그뿐만 아니라 가격은 곧 기업의 이익수준을 결정하는 요인이 되고 있으며, 다른 마케팅 믹스 요소와는 달리 시장 환경의 변화에 따라 가장 신속히 조정될 수 있다는 점에서 마케팅 활동의 가장 능률적인 수단이 될 수 있다. 따라서 가격을 결정할 때는 상품 · 유통 · 촉진 등 여타의 마케팅 믹스 요소들을 고려한 다음 맨 마지막에 결정해야 하는 것이다.

소비자의 입장에서도 가격은 중요한 의미를 갖는다. 현대의 소비자들은 대부분 자급자족보다는 구매에 의존하여 소비생활을 영위하고 있으므로, 상품의 가격은 소비의 양과 질에 직접적인 영향을 미친다. 소비자들은 상품의 소비를 통해 얻을 수 있는 가치 또는 편익이, 그 대가로 지불하는 화폐가치에 비해 최소한 같거나 높다고 판단될 때 상품을 구매하게 된다. 그러므로 특정한 상품의 가격이 상승해도 상품의 가치가 크다고 판단되면 계속 그 상품을 구매하지만, 상품의 가치보다 가격이 비싸다고 판단되면 구매를 중단하게 된다.

가격은 가격 및 이폭(margin)의 안정, 목표이익률의 확보, 시장점유율의 유지 및 확대, 경쟁에의 순응 및 우위 확보, 시장침투의 용이, 조기현금 회수 등의 목표를 적어도 한 가지 이상은 달성할 수 있도록 결정되어야 한다.

또한 가격결정에 있어서도 소비자의 복리증진과 장기적 적정이윤의 추구라는 현대 마케팅의 이념에 상응하는 마케팅 콘셉트의 적용이 필요하다. 다시 말해서 기업이 단기적으로 손실이 예상되더라도 소비자가 원하는 가격 즉, 소비자의 지불능력을 벗어나지 않는 가격으로 상품 및 서비스를 공급하는 것이 곧 기업의 장기적인 이익을 달성하는 중요한 수단의 하나임을 인식해야 한다는 것이다.

3) 관광유통

유통(place)은 목표시장인 소비자가 편리하게 접근할 수 있는 지점에다 상품 및 서비스를 도달시키는 활동으로, 여기에는 유통장소와 유통경로 모두가 포함된다. 기업이 소비자가 원하는 상품을 만드는 것도 중요하지만 그 상품이 소비자에게 적절한 시간에, 접근이 용이한 위치에, 적절한 수량으로 제공될 수 있어야만 소비자에게 의미를 갖게 되는 것으로, 만일 소비자가 원하는 시점과 원하는 장소에 상품 및 서비스가 제공되지 못하면 구매 · 판매는 이루어질 수가 없게 된다. 따라서 유통경로(channel of distribution)의 역할이 중요하게 대두된다.

항공사는 여행사를 거치지 않고 고객에게 항공권을 직접 판매할 수도 있다. 그러기 위해서는 수요가 발생하는 많은 도시에서 사무실을 운영해야 한다. 사무실을 운영하려면 고급인력과 사무실의 구입 또는 임대 그리고 운영을 위한 상당한 경비를 지출해야 한다. 또 상대적으로 수요가 적게 발생하는 소도시에 사무실을 내기란 불가능하다. 이러한 점은 소도시에 거주하는 고객에게 예약, 발권, 여행정보 입수 등에서 불편을 줄 수밖에 없을 것이다. 물론 우편판매, 전화예약(수신자 부담), 인터넷 예약 등으로 어느 정도 불편을 상쇄시킬 수는 있겠지만 한계가 있다. 고객의 입장에서 보면 여러 항공사 또는 여러 여행상품에 대한 정보를 입수한 후 선택해야 하는데 일일이 항공사를 찾아가거나 전화하는 불편이 따르게 된다. 항공기 좌석의 70~80%가 여행사와 같은 대리점을 통해 판매되는 것이 일반적이다. 여행사를 통한 간접 판매를 실시함으로써 소요 비용을 줄이고 여행사 직원들로 하여금 자사상품을 판매하도록 설득하는 것이 효율적이다.

일반적으로 관광유통은 관광공급자와 소비자인 관광객 사이에 여행사와 같은 알선업체가 유통을 담당한다. 즉 관광유통은 관광공급자가 관광객을 위한 시설, 호텔, 항공사, 테마파크, 리조트, 렌터카 등의 상품을 여행사에 제공하고 여행사는 관광공급자의 관광상품을 받아 관광객에게 판매하는 유통구조를 가지고 있다.

오늘날 기업에서 만들어진 모든 상품과 서비스는 다양한 유통경로를 통해 소비자에게 전달되고, 소비자들은 자신이 원하는 상품을 가장 편리한 공간에서 구매하고 있다. 특히 인터넷이 등장하기 전까지 유통의 개념은 주로 장소에 국한되었지만, 최근에는 인터넷의 활성화로 시간과 공간을 초월하는 개념이 적용되고 있다.

4) 관광촉진

마케팅은 단지 훌륭한 제품을 개발하여 적정한 가격을 설정한 후 소비자들에게 유통시켜 주는 것만으로 끝나서는 안 된다. 즉 마케팅의 목표가 원만히 달성되기 위해서는 제품의 존재 · 특색 · 거래조건 · 이점 등에 관한 정보를 설계하여 소비자에게 알려주는 촉진활동이 따르지 않으면 안 된다는 것이다.

촉진(promotion)이란 '기업의 제품이나 서비스를 주어진 가격에 구매하거나 구매를 계속하도록 유도할 목적으로 제품 또는 서비스의 성능이나 가치에 대하여 현재 및 잠재고객을 대상으로 정보를 제공하거나 설득하는 것과 관련된 마케팅 노력의 일체'를 말한다. 즉 촉진은 자사의 제품이 다른 회사의 제품보다 더 우수하다는 것을 현재 또는 잠재고객에게 알리고, 그들로 하여금 자사제품을 구매하도록 유도하기 위해 광고, 홍보 등 다양한 수단을 활용하여 정보를 제공하고 설득하는 일체의 활동을 말한다.

관광기업은 기존고객뿐만 아니라 잠재고객에게도 서비스가 존재한다는 것을 알리고 언제, 어디서 이용이 가능하며 서비스를 통해 얻는 혜택이 무엇인가를, 그리고 서비스를 어떻게 이용하는가를 알려야 한다. 고객을 설득한다는 것은 경쟁브랜드가 아닌 자사의 상품을 구매하고 사용함으로써 만족과 효용을 얻을 수 있음을 고객이 깨닫게 하는 것을 말한다.

관광기업이 아무리 좋은 서비스 상품의 개발과 매력적인 가격의 설정 그리고 고객이 이용하기 편리한 유통경로를 형성해서 판매하더라도 잘 알려지지 않으면 최종 판매가 어려울 수도 있다. 따라서 관광에서의 촉진은 관광객에게 유용한 정보를 제공하여 관광상품을 알게 하고 호의적인 태도를 갖게 하여 궁극적으로는 구매행동을 유발시키는 커뮤니케이션활동이다. 구체적인 방법으로는 광고, 홍보, PR, 인적판매, 판매촉진 등이 있다.

5) 관광패키징과 프로그래밍

전통적으로 일반 소비재 상품에서 패키징(packaging: 포장)이란 유통 중의 상품이 변질 혹은 파손되지 않도록 보호하고, 생산 · 운송 중의 취급비용을 절감하며, 소비자가 편리하게 사용할 수 있도록 제품을 담거나 싸는 용기나 포장지로서, 제품을 다듬는 수단이라고 할 수 있다. 하지만 관광기업에 있어서 패키징이란 여러 보완관계에 있는 관광상품을 단일가격으로 묶은 상품을 말한다. 즉 여러 종류의 서비스를 잘 조화시켜 고객에게 매력적이고 편리한 상품을 만드는 것이다. 관광객의 입장에서는 각 상품을 낱개로 구입하는 것보다 일괄(패키지) 구입하게 되면 상대적으로 가격이 저렴하고 구매과정이 간단하며, 현지에서의 안전하고 편리한 여행과 언어소통의 문제가 해결된다. 관광기업의 측면에서는 관광객을 유인하여 판매를 극대화시키는 상품전략이라고 할 수 있다.

관광분야에서 패키징이란 용어는 주로 여행업이나 숙박업 등에서 사용되고 있다. 호텔은 객실과 식 · 음료 또는 기타의 부대시설을 함께 이용하는 것을 서비스 내용으로 하는 복합상품에 대하여, 여행업자는 여행일정이나 여행경비 등을 미리 산출하여 개별 및 단체 소비자에게 판매하는 복합상품에 대하여 패키지상품이란 용어를 쓰고 있다. 특히 우리나라 관광진흥법에서는 여행사의 패키지상품(package tour)을 기획여행이라 칭하면서 '여행업을 경영하는 자가 국외여행을 하려는 여행자를 위하여 여행의 목적지 · 일정, 여행자가 제공받을 운송 또는 숙박 등의 서비스 내용과 그 요금 등에 관한 사항을 미리 정하고 이에 참가하는 여행자를 모집하여 실시하는 여행을 말한다.'라고 정의하고 있다.

관광상품을 구입하려는 고객은 욕구만족을 위해 여러 개별적인 서비스를 따로 구입하기보다는 포괄적인 시스템으로서 구입하게 되는 경우가 많다. 따라서 패키징 내에 어떤 서비스를 포함할 것인가 하는 의사결정은 기업 활동의 성패를 결정할 정도로 중요하다. 왜냐하면 패키징 내에 포함한 특정 서비스에 대해 고객이 불만족 한다면 흔히 서비스 전체에 대한 불만을 초래하여 스스로 반복구매를 않거나 부정적인 정보를 전달할 것이기 때문이다. 이러한 패키징은 고객의 구매선택에 소비할 시간을 절약하려는 욕구와 결합하여 점차 그 이용규모가 확대되고 있으므로 기업에서는 이를 체계적으로 기획 · 고안 · 평가하기 위한 노력이 요구된다.

한편, 프로그래밍(programing) 역시 관광기업에서 매우 중요한 개념으로 패키징과 관련된 개념이다. 이는 고객의 지출을 늘리고 패키지나 다른 서비스의 매력을 높이기 위해 특별한 이벤트 또는 프로그램을 개발하는 것이다. 즉 관광목적지에서 보다 유익하고 즐거운 관광이 되도록 추가적으로 기획된 행사나 특별활동을 말한다.

패키징과 프로그램은 서로 관련된 개념이다. 일부 프로그램들이 많은 패키지에 포함되고 있으며, 종종 프로그램은 패키지의 여행수요를 창출하기도 한다. 프로그래밍을 하지 않고 패키지를 만들거나 패키징을 하지 않고 프로그램을 개발하는 것도 가능하다.

6) 관광파트너십

지금까지의 마케팅 전략은 오직 자회사 대 경쟁회사라는 경쟁구도에서 어떻게 하면 경쟁회사를 이길 수 있는가에 초점을 맞춰왔다. 그러나 국경이 사라지고 무한경쟁의 시대로 기업 환경이 급변함에 따라 어느 기업도 모든 경쟁기업을 넘어서서 시장을 석권하기란 불가능하게 되었다. 따라서 급속히 변화하는 시장에 대응하기 위해서 새로운 전략의 필요성이 대두하였으며, 이는 기업 간의 파트너십을 통해 공생공존을 추구할 수밖에 없게 되었다. 파트너십의 관계를 기업 간 협력관계로 이해할 수 있고 많은 연구에서 이러한 관계에 대해 전략적 제휴(strategic alliances), 제휴 네트워크(alliances network), 결합(coalition), 연합(linkage), 협력(collaboration) 또는 협력 협정(collaboration arrangement) 등 여러 용어로 연구되어 왔다.

일반적으로 파트너십(partnership)이란 상호성이 작용하는 교환관계로 기업 간에 이루어지는 양립 가능한 목표의 공유, 상호 이익의 추구, 높은 수준의 상호의존성을 인정하는 독립된 두 기업 간의 의도적인 전략적 관계로 정의된다. 이러한 파트너십의 필요충분조건으로는 첫째, 두 개 또는 그 이상의 기업들이 독립된 정체성을 유지하면서 상호 동의한 목표의 달성을 위하여 결합하고 둘째, 파트너 기업은 제휴의 이익을 공유하고 각자에게 주어진 임무 및 성과를 통제하며 셋째, 파트너 기업은 기술, 상품 등과 같이 하나 또는 그 이상의 주요 전략 분야에서 연속적으로 공헌하는 것 등의 3가지를 들고 있다.

관광기업에서 파트너십이란 공동 목적을 가지고 부분적으로 사업영역과 특정 자원을 공유하고 있는 몇 개의 자율적인 관광기업에 의해 이루어지는 유연한 결합을 의미한다. 이러한 결합은 경쟁관계가 날로 심화되어 가고 있는 오늘날의 관광업계에서 영역이 다른 기업의 자원을 활용함으로써 마케팅 비용을 절약하고 이용객의 유치를 더욱 적극화하여 수입증대를 도모하므로 유용한 대안으로 평가받고 있다. 다시 말하면 관광기업 간의 파트너십은 불확실한 환경 하에서 동종 서비스 기업과 이종 서비스 기업 간의 서로 특정한 목적과 목표를 달성하기 위하여 부족한 부분을 보완하고, 일정기간 동안 경영자원을 공유함으로써 시장에서의 경쟁우위를 확보하기 위한 전략적 · 전술적 협력관계이자 수단이라고 할 수 있다.

예를 들어 항공사와 호텔 간의 마일리지 제휴, 카드사와 호텔의 제휴, 항공사와 항공사 간의 좌석 및 마일리지 공유 등을 들 수 있다.

관광기업 간의 파트너십의 필요성을 제시해 보면 첫째, 시장참여의 확대와 규모의 경제 효과이다. 관광기업은 수요와 공급이 국내에 한정되지 않고 해외시장을 확보해야 하는데 국내외 관광기업과 파트너십을 통해 국제시장으로 점차 확대할 수 있다. 둘째, 자원과 위협의 공유이다. 관광기업은 전 세계적인 시장에 걸쳐 마케팅 활동을 펼쳐야 한다. 그러나 기업의 한정된 자원으로는 해외시장의 마케팅 활동에 제약이 따른다. 또한 관광기업 간의 경쟁이 점차 치열해지고 해외기업의 국내진출로 인해 국내 관광기업의 경영에 위협이 되고 있다. 관광기업은 한정된 자원, 국내외 경쟁적 위협요소 등의 경영 문제를 해결하기 위해 국내기업 뿐만 아니라 해외 관광기업과의 파트너십을 통해 자원을 공유하고 위협을 분산시킬 수 있다. 셋째, 관광객 만족도 제고이다. 관광기업은 파트너십을 통해 최종 소비자인 관광객에게 적절한 서비스를 제공하기 위해 상호 간 협조 체제를 이룸으로써 관광객의 만족도를 높일 뿐만 아니라 개별기업의 이윤을 극대화 시킬 수 있다.

7) 인적요소

관광마케팅에는 고객(guests)과 종업원(hosts)이라는 두 집단의 인적 요소(people)가 있다. 고객-종업원의 관계를 관리하는 것은 관광기업의 핵심 기능 중의 하나이다. 인적 요소는 고객의 지각에 영향을 미치는 서비스 제공 상의 모든 인간 활동으로 관광기업의 종업원은 물론 고객과 그 옆에 있는 고객까지도 포함된다. 관광기업은 근본적인 출발점이 노동집약적이고 인간중심적이다. 서비스를 창출하기 위해 서비스 제공자와 고객이 상호작용을 하기 때문이다. 즉 서비스는 생산과 소비가 동시에 발생하며 그 과정에 고객이 참여하기 때문이다. 따라서 고객의 행동패턴이 서비스 산출과정에 영향을 미치고 서비스 제공자인 종업원의 행동 특성이 또 고객만족에 큰 영향을 미친다.

서비스는 사람과 관련된 인적 요소 때문에 고객에게 결함이 없는 서비스를 전달하는 것이 매우 어렵고, 공장라인에서처럼 대량으로 생산되는 것이 아니며, 한 번에 한 명의 고객에게 전해진다. 서비스는 고객과 종업원 또는 고객과 다른 고객 사이에 나타나는 사람과 사람 간의 상호작용을 포함한다.

종업원은 고객을 위해서 관광기업이 창출한 서비스를 제공하는 사람이다. 이들은 기업에서 핵심 역할을 하며 이들의 행동여하에 따라 고객은 경험이 만들어지거나 깨져버릴 수 있다. 평소보다 극진한 대우와 관심으로 특별한 경험을 만들 수도 있으며, 반면에 우수한 환경과 시설이 무관심하고 불친절한 서비스로 인해 그 진가를 발휘하지 못하는 경우도 있다. 즉 종업원의 행동이나 태도가 그 기업의 인상을 좌우하는 것이다. 이들은 서비스 생산의 일을 할 뿐만 아니라 운영, 마케팅의 업무도 수행한다. 얼마나 효과적으로 또 효율적으로 서비스를 잘 수행하느냐에 따라 관광기업의 성패가 이들에게 달렸다고 해도 과언이 아니다. 왜냐하면 고객은 종업원을 통해서 기업을 평가한다. 종업원은 일선에서 고객과 접촉하는 사람들이다. 그들은 고객이 원하는 서비스가 무엇인지를 알고 제공해 준다. 따라서 관광기업에서는 각 종업원이 바로 기업서비스의 판매원이라는 인식을 해야 하고, 종업원에 대한 관심과 관리는 매우 중요한 문제가 된다.

한편으로 중요한 다른 요소는 바로 고객인데 서비스 종업원과 고객 간의 관계뿐만 아니라 다른 고객 간의 관계도 고객의 서비스 질 인식에 영향을 주기 때문이다. 고객은 다른 고객과 기업이나 서비스 질에 대해서 서로 얘기를 나눈다. 그런 과정에서 직접적인 접촉을 갖지 않더라도 그들의 행동과 태도에서 서비스에 대한 전반적인 평가를 내리기도 한다.

참고문헌 및 사이트

강신민 외 2인(2007).『관광학원론』, 대경.

강영철(1984). 고려역제의 성립과 변천, 사학연구 38.

강인호(2010). 관광학 분야의 최근 연구동향 연구, 계명대학교 경영경제 43(3).

강한승 외 2인(2010).『의료관광마케팅』, 대왕사.

강현철 · 류성진(2014). 문화관광콘텐츠산업 분야의 글로벌 법제전략 연구, 한국법제연구원.

강호석(2015). 광주전남지역 의료관광 현황 및 정책과제, 한국은행 광주전남본부.

경상북도(2014). 경상북도 MICE산업 활성화 방안 연구 보고서.

고동환(1996). 조선후기 교통발달과 전국적 시장권의 형성, 문화역사지리 8.

고석면 외 2인(2008).『관광정책론』, 대왕사.

고정민(2012). 한류문화와 관광, 한국문화관광연구원 한국관광정책, 49.

국사편찬위원회 편(2008).『여행과 관광으로 본 근대』, 두산동아.

김경추(2000). 역로조직과 입지에 관한 연구, 지리학연구 34(2).

김광근 외 7인(2001).『관광학원론』, 백산출판사.

김광근(2008).『관광정책론』, 대왕사.

김도희(2003).『관광학개론』, 백산출판사.

김민자(2014). 템플스테이 체험이 감정 및 여가생활의 질에 미치는 영향, 박사학위논문 동국대학교대학원.

김봉(2010).『관광사』, 대왕사.

김봉(2016).『관광마케팅의 이해』, 대왕사.

김봉 · 송성진(2014).『관광지리자원론』, 대왕사.

김선웅 외 6인(2014). 부산지질공원의 지오투어리즘, 지질학회지 50(1).

김사헌(2008).『관광경제학』, 백산출판사.

김상원(2007).『관광학』, 대왕사.

김영숙(2014). 템플스테이와 운영사찰의 상호변용 연구, 석사학위논문 중앙승가대학교대학원.

김용상 외 7인(2000).『관광학』, 백산출판사.

김원인 · 김수경(2015).『관광학원론』, 백산출판사.

김정준(2009). 관광지의 유형에 따른 관광동기 · 관여도와 관광매력성 연구, 박사학위논문 경기대학교대학원.

김종은(2001).『관광학개론』, 형설출판사.

김진섭(1999).『고대관광사』,대왕사.

김진섭(1999).『중세관광사』, 대왕사.

김창곤 외 3인(2007).『관광학원론』, 대왕사.

김창수(2013).『지역축제』, 대왕사.
김창환(2011). 지오파크 명칭에 대한 논의, 한국지형학회지 18(1).
김태영(2013). 호국 · 민주주의 정신과 경남의 다크투어리즘, 경남정책.
김향 역(2004).『고대의 여행이야기』, Lionel Casson, 가람기획.
김향자(2002). 관광산업 경쟁력 강화를 위한 재정투자 전략, 한국관광연구원.
남기범(2015). 지오투어리즘의 지속가능관광 실현을 위한 활성화 방안 연구, 석사학위논문 서울시립대학교 도시과학대학원.
노영순(2013). 국민행복시대, 복지관광의 현안과 정책방향, 한국문화관광연구원 한국관광정책.
노원중 · 오훈성(2015). 문화관광축제의 로컬거버넌스 조직연구, 관광레저연구 27(7).
농림축산식품부(2014). 향토음식자원을 활용한 음식관광 활성화를 위한 조사연구.
문창현(2012). 광주시 MICE산업 활성화 방안, 광주발전연구원.
문화체육관광부.『(연도별) 관광동향에 관한 연차보고서』.
문화체육관광부(2013). 음식관광 활성화 방안.
문화체육관광부(2014). 문화관광축제의 성과 및 선정、평가제도 개선방안에 관한 연구.
문화체육관광부(2014). 체류형 의료관광 클러스터 모델 개발 연구.
박길용(2015). 지속가능한 발전을 위한 생태관광전략에 관한 연구, 한、독사회과학논총 25(3).
박민영(2012). 한국형 지오투어리즘 정착을 위한 연구, 박사학위논문 성신여자대학교대학원.
박석희(2012).『신관광자원론』, 대왕사.
박인호(2011). 도시관광의 동기와 매력성에 관한 연구, 박사학위논문 제주대학교대학원.
박정민 · 김종남(2002).『관광학원론』, 백산출판사.
박종덕 외 2인(2015).『국제의료관광상품론』, 대왕사.
서원재(2015). 아웃도어레저산업의 블루오션: 스포츠관광, 한국여가레크리에이션학회 학술세미나 자료집.
설혜심(1997). 중세 유럽에서의 순례의 대중성 분석, 영국연구 1.
설혜심(2007). 근대 초 유럽의 그랜드 투어, 서양미술사학회논문집 27(1).
손대현(2000).『관광론: 관광학 어떻게 볼 것인가』, 백산출판사.
신경이(2015). 사찰음식관여도가 템플스테이의 체험만족도、추천、재방문의도에 미치는 영향, 석사학위논문 을지대학교대학원.
신용석 · 심원섭(2006). 관광법제 체계화 및 개선방안, 한국문화관광정책연구원.
심원섭(2011). 관광정책 추진체계 개편방향 연구, 한국문화관광연구원.
심원섭(2012). 미래 관광환경 변화 전망과 新 관광정책 방향, 한국문화관광연구원.
심창섭(2014). 도시관광에서 장소의 의미, 한양대학교 관광연구논총 26(1).
안영훈(2014). 국가정책으로서의 관광정책의 정치적 의미와 기능, 박사학위논문 경기대학교 정치전문대학원.

엄완용(2012). 복지관광 참가대상자의 참가동기와 만족도의 관계, 관광연구 27(5).
원영래(2014). 우리나라 관광법제의 문제점과 개선방안에 관한 연구, 석사학위논문 가톨릭관동대학교대학원.
유경진 외 2인(2014). 신한류 효과, 한국언론정보학회 65.
유목화(2015). 문화관광축제 선정 제도가 지역축제에 미치는 영향, 실천민속학연구 25.
윤경호 · 김남조(2015). 국가지질공원으로 본 지오투어리즘의 의미와 역할, 한양대학교 관광연구논총 27(2).
이경모(2002).『이벤트학원론』, 백산출판사.
이길호(2014). 해양관광유형과 관광자원 가치가 주민참여의도에 미치는 영향, 박사학위논문 경기대학교대학원.
이동기 외 3인(2013). 전라북도 의료관광 발전 방안, 전북발전연구원.
이명철 · 강인호(2012). 지체장애인의 관광활동이 삶의 질에 미치는 영향에 관한 연구, 관광연구 27(2).
이민수 역(2003).『여행의 역사』, Winfried Löschburg, 효형출판.
이병연 외 2인(2002).『현대관광학』, 백산출판사.
이봉석 외 10인(2007).『관광사업론』, 대왕사.
이서현(2015). 유네스코 세계유산 PR실태에 대한 국가간 비교 연구, 박사학위논문 제주대학교대학원.
이수창(2012). 공정관광 개념에 기초한 광역 도보관광 코스 설계, 석사학위논문 서울대학교대학원.
이연택(1994).『학제적 접근에서 본 관광학연구의 이해』, 일신사.
이연택(2012).『관광정책학』, 백산출판사.
이정학(2005).『관광학원론』, 대왕사.
이판제(2016). 한방의료관광활성화 정책방안에 관한 연구, 박사학위논문 대구가톨릭대학교대학원.
이후석 외 3인(2002).『현대관광학의 이해』, 학문사.
임근식(2012). 지역주민의 삶의 질 인식과 영향요인에 관한 연구, 강원행정학회 한국행정과 정책연구 10(1).
임영신 · 이혜영(2009).『희망을 여행하라: 공정여행 가이드북』, 소나무.
임윤정(2011).『관광관광론』, 대왕사.
정강환(2009). 관광이벤트와 문화관광축제,『관광학총론』, 백산출판사.
정요근(2001). 고려시대 역제의 정비와 22역도, 서울대학교 한국사론 45.
정석중(2011).『해양관광론』, 대왕사.
정석중 · 이미혜(2002).『관광개발론』, 대왕사.
정찬종 · 강인호(2006).『관광학원론』, 형설출판사.
정희천(2013).『최신관광법규론』, 대왕사.

조현호 외 2인(2006).『관광이벤트의 기획과 실제』, 대왕사.
조현희(2012). 다크투어리즘의 장소활용 사례분석을 통한 5ㆍ18 사적지의 장소마케팅 전략, 석사학위논문 전남대학교대학원.
주종대(2007).『문화관광론』, 대왕사.
최병길(2004).『IT혁명과 관광』, 백산출판사.
최병길(2010). 슬로우 투어리즘의 만족과 재방문의도 결정요인에 관한 연구, 박사학위논문 순천향대학교대학원.
최수남(2014). 복지관광이 사회적 자본 형성과 삶의 질에 미치는 영향 연구, 박사학위논문 한양대학교대학원.
최수남(2014). 복지관광의 정책변화 분석, 한양대학교 관광연구논총 26(1).
최승이 · 이미혜(2008).『국제관광론』, 대왕사.
최옥환(2014). 스포츠관광 분쟁의 ADR에 의한 해결, 한국스포츠엔터테인먼트법학회 17(4).
하인수 · 권혁률(2006).『관광일반론』, 대왕사.
한경수(1999). 삼국시대의 여행에 관한 연구, 대한관광경영학회 관광연구 14.
한경수(2001). 한국에 있어서 관광의 역사적 의미 및 용례, 관광학연구 25(3).
한경수(2002). 개화기 서구인의 조선여행, 관광학연구 26(3).
한경수(2005). 한국의 근대 전환기 관광, 관광학연구 29(2).
한국관광공사(2012). 한류관광 장기화 방안마련을 위한 연구.
한국관광학회(2009).『관광학총론』, 백산출판사.
한국관광협회(1984).『한국관광발전사』.
한국관광협회(1982).『한국관광호텔발전사』.
한국교통연구원(2006).『교통, 발전의 발자취 100선』.
한국문화관광연구원(2013). 관광도시지정 방안연구.
한국컨벤션전시산업연구원(2015). 강원 국제회의도시 육성전략 연구용역.
한숙영(2015). 세계유산의 보존관리와 관광과의 관계, 한국문화관광연구원 문화정책논총 20(1).
한승엽 외 3인(2009).『관광학』, 현학사.
한영권(2003).『관광학개론』, 미학사.
한혜숙 외 2인(2015).『관광학개론』, 한올출판사.
허권(2007). 세계유산보호와 개발, 지속가능발전의 국제적 동향, 역사와 실학 Vol 32.
허정봉 · 김재석(2007).『관광경영정보의 이해』, 대왕사.

津田 昇(1969).『國際觀光論』, 東洋經濟新聞社.
岡本伸之(2003),『관광학입문』, (최규환 역), 백산출판사.

前田 勇(1996),『現代觀光總論』, (金鎭卓 譯), 백산출판사.
鈴木忠義 編(1974).『現代觀光論』, 有斐閣.
日本觀光協會((1976).『觀光計劃の 手法』.

Borden N.(1964), "The Concept of the Marketing Mix", Journal of Advertising Research, June.
Cowell D. W.(1984), The Marketing of Services, Heinmann.
Dann, G. M.(2002). Senior tourism and quality of life. Journal of Hospitality & Leisure Marketing, 9(1-2).
Dowing R. K. & Newsome D.(2006), Geotourim, Elsevier/Heineman, Oxford, UK.
Foley, M. & J. J. Lennon(1996). Heart of Darkness. International Journal of Heritage Studies.
Foley, M. & J. J. Lennon(2000). Dark Tourism: The attraction of death and disaster. London: Continnum.
Gibson, H. J.(2013). Sport tourism: An introduction to the special issue. Journal of Sport management. 17(3)
Gilbert, D., & Abdullah, J.(2004). Holiday taking and the sense of well-being. Annals of Tourism Research, 31(1).
Hall, C.M & Mitchell, R.(2001). Wine and food tourism< N. Douglas, N. Douglas and R. Derrett(eds), Special Interest Tourism: Context and Cases, Brisbane, Australia: John Wile & Sons.
Holloway J. C. and R. V. Plant(1992), Marketing for Tourism, Pitman Pub.
Hose, T. A.(2007), Geotourism in Almeria Province, Southeast Spain, Tourism 55(3).
Krippendorf J.(1971), Marketing et Tourisme, Herbert lang, Berne, and Peter Lang, Frankfurt.
Lewis R. C. and R. E. Chambers(1987), Marketing Leadership in Hospitality, Van Nostrand Reinhold.
Lovelock C. H.(1984), Service Marketing, Prentice-Hall.
McCarthy E. J.(1968), Basic Marketing : A Managerial Approach, Richard d. Irwin.
Mckercher, B. & du Cros, H.(2002). Cultural Tourism: The Partnership between Tourism and Cultural Heritage Management. New York: The Haworth Hospitality Press.
Mohr J. and R. Spekman(1994), "Characteristics of Partnership Success : Partnership attributes, Communication behavior and Conflict resolution techniques", Strategic Management Journal, 15.
Morrison A. M.(1989), Hospitality and Travel Marketing, Delmar Publishers, Witt S. F. and L. Moutinho, eds., Tourism Marketing and Management Handbook, Prentice-Hall.
MTOUR(2005). Culinary Tourism in Ontario Strategy and Action Plan 2005~2015.
Neal, J. D., Sirgy, M. J., & Uysal, M.(1999). The role of satisfaction with leisure travel/tourism services and experience in satisfaction with leisure life and overall life. Journal of Business Research, 44(3).
Richards, G.(1998). Time for a holiday? Social rights and international tourism consumption. Time &

Society, 7(1).

Robertson T. S.(1971), Innovative Behavior and Communication, Holt Rinehart and Winston, Inc.

Seaton, A. V.(1996). Guided by the dark: From Thanatopsis to Thanatourism. International Journal of Heritage Studies.

Sharpley, R.(2015). Travels to the edge of darkness: towards a typology of "Dark Tourism". In Ryan, co.

Stueve, A. M., Cook,S. D. & Drew, D.(2002), The Geotourism Study: Phase 1 Executive Summary, National Geographic Travller.

UNWTO(2012). Global Report on Food Tourism.

World Tourism Organization(1975), Tourism Marketing Definition.

WTO(1978), Integrated Tourism Planning, Madrid.

Yoshino M. Y. and U. S. Rangan(1995), Strategic Alliance-An Entrepreneurial Approach to Globalization, Harvard Business School Press.

Yuill, S. M.(2003), Dark tourism: Understanding visitor motivations at sites of death and disaster, Masters dissertation, Department of Parks, Recreation and Tourism Sciences, Texas A&M University.

http://www.cittaslow.kr

http://www.conmaulkj.co.kr/

http://www.convention.visitkorea.or.kr/

http://www.donghwasa.templestey.com

http://www.geumsansa.org/

http://www.golgulsa.com

http://www.kbuddhism.com

http://www.ko.wikipedia.org

http://www.law.go.kr

http://www.tongdosa.or.kr/

http://www.lonelyplanet.com

http://www.mcst.go.kr

http://www.naesosa.org/

http://www.templestay.com

http://www.unesco.org/en/list

http://www.unesco.or.kr

http://www.yongjoosa.or.kr/

찾아보기

ㄱ

ㅇ

ㅈ

관광학개론

초판 1쇄 발행 / 2017년 1월 26일
초판 3쇄 발행 / 2024년 3월 15일

저자 김봉
발행처 형설출판사
경기도 파주시 회동길 37-23 · 전화 (031) 955-2361~4 · 팩시밀리 (031) 955-2341
발행인 장진혁
등록 라-제9호 · 1962년 5월 1일
홈페이지 http://www.hyungseul.co.kr
e-mail hs@hyungseul.co.kr

정가 32,000원

ISBN 978-89-472-8132-4 93320

이 도서의 국립중앙도서관 출판시도서목록(CIP)은 서지정보유통지원시스템 홈페이지(http://seoji.nl.go.kr)와
국가자료공동목록시스템(http://www.nl.go.kr/kolisnet)에서 이용하실 수 있습니다.(CIP제어번호 : CIP2016026341)

관광학개론